咨询工程师（投资）职业资格考试参考教材之一

U0490046

宏观经济政策与发展规划

HONGGUAN JINGJI ZHENGCE YU FAZHAN GUIHUA

全国咨询工程师（投资）职业资格考试参考教材编写委员会　编著

（2019年版）

中国统计出版社
China Statistics Press

图书在版编目（CIP）数据

宏观经济政策与发展规划／全国咨询工程师（投资）职业资格考试参考教材编写委员会编著. —— 北京：中国统计出版社，2018. 12（2019. 11重印）

2019年版咨询工程师（投资）职业资格考试参考教材

ISBN 978－7－5037－8752－2

Ⅰ. ①宏… Ⅱ. ①全… Ⅲ. ①宏观经济－经济政策－中国－资格考试－自学参考资料②中国经济－经济规划－资格考试－自学参考资料 Ⅳ. ①F120

中国版本图书馆 CIP 数据核字（2018）第264496号

宏观经济政策与发展规划

作　　者／全国咨询工程师（投资）职业资格考试参考教材编写委员会
责任编辑／尹　伊　郑淼淼　王振宇　丁小珊　杜珞维
封面设计／黄　晨
出版发行／中国统计出版社
通信地址／北京市丰台区西三环南路甲6号　　邮政编码／100073
电　　话／邮购（010）63376909　书店（010）68783171
网　　址／http：//www. zgtjcbs. com/
印　　刷／河北鑫兆源印刷有限公司
开　　本／787mm×1092mm　1/16
字　　数／465千字
印　　张／20. 25
印　　数／42001－44000册
版　　别／2018年12月第1版
版　　次／2019年11月第3次印刷
定　　价／82. 00元

全国咨询工程师（投资）职业资格考试
参考教材编写委员会

《宏观经济政策与发展规划》编写组

组　长：杨　萍

副组长：程　选

成　员：（以姓氏笔画为序）

　　　　刘西友　江显华　许有志　李　华　吴亚平

　　　　邱全宁　徐伟金　董亚秋

前　言

自 2001 年我国设立咨询工程师（投资）执业资格制度以来，咨询工程师（投资）资格经历了从准入类到水平评价类的转变，但是咨询工程师（投资）作为工程咨询行业骨干核心力量的地位没有变。2004 年，我国开始组织第一次咨询工程师（投资）资格考试，参加咨询工程师（投资）资格考试自此成为取得咨询工程师（投资）资格证书的唯一途径。十几年中，全国共有 759960 人报名考试，457690 人参加考试，93766 人取得咨询工程师（投资）资格证书，一支以咨询工程师（投资）为核心的高素质工程咨询专业技术人才队伍已经形成，在为政府、社会和企业提供咨询服务的过程中，展现出了良好的职业素养和较高的业务水平，为我国经济社会发展做出了重要贡献。

根据考试工作需要，中国工程咨询协会组织成立的考试参考教材编写委员会，依据不同时期的考试大纲，适应不断变化的新形势和新要求，先后组织编写了 2003 年版、2008 年版、2012 年版和 2017 年版咨询工程师（投资）职业资格考试参考教材，为帮助考生备考和专家命题发挥了积极的作用。

在习近平新时代中国特色社会主义思想指导下，近年来，我国各领域"放管服"改革进一步深化，使得工程咨询业所处的政策、法律以及经济社会环境发生了重大变化，工程咨询业管理体制以及与之相适应的咨询工程师（投资）管理制度发生了重大变革，工程咨询服务的范围、内容、方式、技术方法和要求等也有了新的发展。

为满足新时期咨询工程师（投资）考试工作的需要，在人力资源社会保障部、国家发展和改革委员会的指导下，全国咨询工程师（投资）职业资格考试专家委员会组织编制了 2019 年版《咨询工程师（投资）职业资格考试大纲》。依据新的考试大纲，教材编写委员会组织业内专家和学者在 2017 年版参考教材的基础上，修订出版了 2019 年版《咨询工程师（投资）职业资格考试参考教材》。

新版《咨询工程师（投资）职业资格考试参考教材》在沿用 2017 年版考试参考教材体系并继承历年版考试参考教材内容精华的基础上，以习近平新时代中国特色社会主义思想为指导，按照新时期工程咨询管理体制和咨询工程师管理制度的新特点和新要求，充分反映了工程咨询服务内容、服务方式和技术方法的新变化。

一、在政策依据上，突出与时俱进。根据党的十八大尤其是党的十九大以来国家各领域改革的最新发展以及与工程咨询行业相关的各类法律法规、标准规范和政策文件的最新要求，对工程咨询行业如何按照习近平新时代中国特色社会主义思想贯彻新发展理念，做了最新阐述。

二、在内容编排上，理论与实践并重。对有关科目存在的内容交叉重复的部分，进行了调整；对涉及到的方法体系，按照全过程工程咨询服务的理念重新进行了梳理；广泛吸收国内外有关工程咨询的最新理论成果和最佳实践经验，对相关案例进行了调整，使之更加贴近实际工作需要。

三、在篇幅结构上，适当进行压缩。对内容相近的部分进行了合并，对已经完成的各类规划、已废止执行的各项政策规定以及陈旧过时的内容进行了删除，对部分过于专业和复杂、考试中很难涉及的内容也进行了压减。

这次修订出版的《咨询工程师（投资）职业资格考试参考教材》，可作为2019年及其以后年份咨询工程师（投资）考试命题、考前辅导和考生复习备考的参考用书，也可供投资建设领域相关业务主管部门的人员以及工程咨询从业人员在工作中选择性使用，还可作为有关高等院校、科研机构的专业教学和研究用书。

2019年版《咨询工程师（投资）职业资格考试参考教材》，全套共4册，与考试科目一一对应，分别由各科目编写组撰写、修改，最后由教材编写委员会组织终审、定稿。在修订过程中，吴萨、孙彦明、马念君、汪文祥、何晓光、杨晓春、石国虎、王艳华、杨克磊、陶黎敏等同志，或参与了提纲讨论，或提出了修改意见，或给予了其他帮助；不少作者编写的相关著作、论文和工作成果，也提供了有价值的观点和资料，在此一并表示衷心感谢。

我们正处在深化改革的时代，与工程咨询相关的新政策不断出台，加上本次修订工作量大、时间紧，新版考试参考教材难免有不尽人意之处，欢迎广大读者予以指正。

全国咨询工程师（投资）职业资格考试
参考教材编写委员会
二〇一八年十二月

目　录

第一章　习近平新时代中国特色社会主义思想

工程咨询是遵循独立、公正、科学的原则，综合运用多学科知识、工程实践经验、现代科学和管理方法，在经济社会发展、境内外投资建设项目决策与实施活动中，为投资者和政府部门提供阶段性或全过程咨询和管理的智力服务。工程咨询服务范围包括：规划咨询、项目咨询、评估咨询和全过程工程咨询。工程咨询理念是指导工程咨询服务的思想。在工程咨询服务中，要根据经济社会发展的阶段性特点及要求，不断更新工程咨询理念。当前，就是要根据习近平中国特色社会主义思想的内涵和要求更新工程咨询理念。

第一节　中国特色社会主义进入新时代

党的十九大报告指出，经过长期努力，中国特色社会主义进入了新时代，这是我国发展新的历史方位。习近平总书记强调，新时代是中国特色社会主义新时代，而不是别的什么新时代。用新时代界定当前我国发展新的历史方位，有利于进一步统一思想、凝聚力量，在新的起点上把中国特色社会主义事业推向前进。

一、对我国发展新的历史方位作出的重大政治判断

中国特色社会主义进入了新时代这一重大政治论断，是我们党在科学把握时代趋势和国际局势重大变化，科学把握世情国情党情深刻变化的基础上作出的，有着充分的时代依据、理论依据和实践依据。

（一）中国特色社会主义进入新的发展阶段

党的十八大以来，以习近平同志为核心的党中央科学把握国内外发展大势，顺应实践要求和人民愿望，推动党和国家事业发生历史性变革，领导人民取得改革开放和社会主义现代化建设的历史性成就。在新中国成立以来特别是改革开放以来我国发展取得的重大成就基础上，我国发展站到新的历史起点上，中国特色社会主义进入新的发展阶段。这个新的发展阶段，是改革开放 40 年来发展历程的必然接续，又有很多与时俱进的新特征，比如党的理论创新实现了新飞跃，党的执政方式和执政方略有重大创新，党推动发展的理念和方式有重大转变，我国发展的环境和条件有重大变化，对发展水平和质量的要求比以往更高，等等。需要从新的历史方位、新的时代坐标，科学认识和全面把握中国特色社会主义新的发展阶段。

（二）社会主要矛盾转化为人民日益增长的美好生活需要和不平衡不充分的发展之间的矛盾

社会主要矛盾状况及其变化是社会发展阶段性划分的重要依据。党的十九大提出，我国社会主要矛盾已经由人民日益增长的物质文化需要同落后的社会生产之间的矛盾，转化为人民日益增长的美好生活需要和不平衡不充分的发展之间的矛盾。这个论断，反映了我国发展的实际状况，揭示了制约我国发展的症结所在，指明了解决当代中国发展主要问题的根本着力点。经过改革开放 40 年努力，我国稳定解决了十几亿人的温饱问题，总体上实现了小康，不久将全面建成小康社会，人民美好生活需要日益广泛，不仅对物质文化生活提出了更高要求，而且在民主、法治、公平、正义、安全、环境等方面的要求日益增长。同时，我国社会生产力水平显著提高，社会生产能力在很多方面进入世界前列，更加突出的问题是发展不平衡和不充分，这已经成为满足人民美好生活需要的主要制约因素。我国社会主要矛盾发生变化，对我国发展全局产生广泛而深刻的影响。需要从新的历史方位、新的时代坐标，科学认识和全面把握我国社会主要矛盾的变化。

（三）"两个一百年"奋斗目标的历史交汇期

从党的十九大到党的二十大，是"两个一百年"奋斗目标的历史交汇期，我们既要全面建成小康社会、实现第一个百年奋斗目标，又要乘势而上开启全面建设社会主义现代化国家新征程，向第二个百年奋斗目标进军。党的十九大综合分析国际国内形势和我国发展条件，既对决胜全面建成小康社会提出明确要求，又将实现第二个百年奋斗目标分为两个阶段安排。从 2020 年到 2035 年，在全面建成小康社会基础上，再奋斗 15 年，基本实现社会主义现代化；在基本实现现代化的基础上再奋斗 15 年，到本世纪中叶把我国建成富强民主文明和谐美丽的社会主义现代化强国。这是新时代中国特色社会主义发展的战略安排，不仅使实现"两个一百年"奋斗目标的路线图、时间表更加清晰，而且意味着原定的我国基本实现现代化的目标将提前 15 年完成，第二个百年奋斗目标则充实提升为全面建成社会主义现代化强国。需要从新的历史方位、新的时代坐标，科学认识和全面把握这一鼓舞人心、切实可行的奋斗目标、宏伟蓝图。

（四）我国国际环境发生新变化

世界正处于大发展大变革大调整时期，我国发展仍处于重要战略机遇期和历史机遇期。当代中国已不再是国际秩序的被动接受者，而是积极的参与者、建设者、引领者。中国日益走近世界舞台中央，世界对中国的关注，从未像今天这样广泛、深切、聚焦；中国对世界的影响，也从未像今天这样全面、深刻、长远。同时也要看到，前景十分光明，挑战也十分严峻，我国正处在从大国走向强国的关键时期，"树大招风"效应日益显现，外部环境更加复杂，一些势力对我的阻遏、忧惧、施压不断增大。需要从新的历史方位、新的时代坐标，科学认识和全面把握国际局势及周边环境的新变化。

二、新时代的丰富内涵

中国特色社会主义进入了新时代，是经济社会发展到一定阶段发生的必然历史飞跃，具有丰富厚重的思想内涵、实践内涵和历史内涵。

（一）在新的历史条件下继续夺取中国特色社会主义伟大胜利的时代

中国特色社会主义是党和人民90多年来奋斗、创造、积累的根本成就。改革开放以来特别是党的十八大以来，我们党带领人民走中国特色社会主义道路，极大激发了中国人民的创造力，极大解放和发展了社会生产力，极大增强了社会活力，极大提升了我国国际地位，社会主义在中国展现出强大生命力。中国特色社会主义是不断发展、不断前进的，需要一代又一代中国共产党人带领人民接续奋斗。

（二）决胜全面建成小康社会、进而全面建设社会主义现代化强国的时代

党的十九大围绕实现"两个一百年"奋斗目标，对经济建设、政治建设、文化建设、社会建设、生态文明建设等作出战略部署，具有很强的战略性、前瞻性、针对性。到2020年如期全面建成小康社会，是我们党向人民、向历史作出的庄严承诺，实现这个目标，今后还有许多"雪山""草地"需要跨越，必须举全党全国之力不懈奋斗。全面建成社会主义现代化强国，是第二个百年奋斗目标，更有不少"娄山关""腊子口"需要征服。从世界发展史看，已经实现现代化的国家和地区，其现代化大多经历了产业革命以来近300年时间才逐步完成，而我国要用100年时间走完发达国家几百年走过的现代化路程，这种转变不但速度、规模超乎寻常，变化的广度、深度和难度也超乎寻常。因此，坚忍不拔、锲而不舍地为全面建成小康社会、全面建成社会主义现代化强国而奋斗，是中国特色社会主义新时代的必然要求和历史任务。

（三）全国各族人民团结奋斗、不断创造美好生活、逐步实现全体人民共同富裕的时代

人民对美好生活的向往，始终是我们党的奋斗目标。在中国特色社会主义新时代，我们党把不断创造美好生活、逐步实现全体人民共同富裕作为发展的目标和归宿，体现了以人民为中心的发展思想，体现了我们党全心全意为人民服务的根本宗旨，体现了中国特色社会主义的本质要求。我们党的重大任务，就是更加关注人民对美好生活新的多样化需求，更加关注社会公平正义，更加注重多谋民生之利、多解民生之忧，着力使全体人民在共建共享发展中有更多获得感、幸福感、安全感，着力使全体人民享有更加幸福安康的生活，着力在实现全体人民共同富裕上不断取得实实在在的新进展。

（四）全体中华儿女勠力同心、奋力实现中华民族伟大复兴中国梦的时代

实现中华民族伟大复兴，是近代以来中国人民最伟大的梦想，凝聚了几代中国人的夙愿。新中国的成立，为民族复兴奠定了坚实基础。改革开放新的伟大革命，为民族复兴注入了强大生机活力。在中国共产党领导下，中国这个世界上最大的发展中国家创造了人类社会发展史上惊天动地的发展奇迹。在中国特色社会主义新时

代，中国比历史上任何时期都更接近、更有信心和能力实现中华民族伟大复兴的目标。凝聚起全体中华儿女同心共筑中国梦的磅礴力量，接续奋斗、砥砺前行，就一定能够到达民族复兴的光辉彼岸。

（五）我国日益走近世界舞台中央、不断为人类作出更大贡献的时代

当今世界，中国人民的梦想同各国人民的梦想息息相通，实现中国梦离不开和平的国际环境和稳定的国际秩序。在中国特色社会主义新时代，面对国际格局和国际关系的深度调整，面对局部冲突和动荡频发、人类需要应对许多共同挑战的外部环境，我们必须统筹国内国际两个大局，始终高举和平、发展、合作、共赢的旗帜，恪守维护世界和平、促进共同发展的外交政策宗旨，牢牢把握构建人类命运共同体的目标追求，始终不渝走和平发展道路、奉行互利共赢的开放战略，坚持正确义利观，树立共同、综合、合作、可持续的新安全观，谋求开放创新、包容互惠的发展前景，促进和而不同、兼收并蓄的文明交流，始终做世界和平的建设者、全球发展的贡献者、国际秩序的维护者。中国为人类文明作出过卓越贡献，在中国特色社会主义新时代，中国一定能为世界的和平与发展、人类的繁荣与进步作出新的更大贡献。

三、新时代的重要意义

习近平总书记指出："中国特色社会主义进入新时代，在中华人民共和国发展史上、中华民族发展史上具有重大意义，在世界社会主义发展史上、人类社会发展史上也具有重大意义。"党的十九大用"三个意味着"，对中国特色社会主义进入新时代的重大意义作出高度概括。

（一）迎来了实现中华民族伟大复兴的光明前景

中国特色社会主义进入新时代，意味着近代以来久经磨难的中华民族迎来了从站起来、富起来到强起来的伟大飞跃，迎来了实现中华民族伟大复兴的光明前景。实现中华民族伟大复兴是近代以来中华民族团结奋斗的最大公约数，是中国共产党与生俱来的历史使命。鸦片战争后，中国陷入黑暗境地，中国人民经历深重苦难。无数仁人志士不屈不挠、前仆后继，矢志不渝探索复兴之路。中国共产党在民族蒙受苦难、探求光明的逆境中应运而生，带领人民历经 28 年浴血奋战，建立新中国，使"占人类总数四分之一的中国人从此站立起来了"。新中国成立以来特别是改革开放 40 年来，我们党团结带领人民成功走出一条中国特色社会主义道路，稳定解决了十几亿人的温饱问题，总体上实现小康，不久将全面建成小康社会，中国人民逐步富裕起来。历经苦难与辉煌、曲折与胜利、付出与收获，中国特色社会主义进入了新时代，中华民族正在实现从富起来到强起来的伟大飞跃。到 21 世纪中叶，我国将全面建成富强民主文明和谐美丽的社会主义现代化强国，物质文明、政治文明、精神文明、社会文明、生态文明将全面跃升，成为综合国力和国际影响力领先的国家，中华民族将以更加昂扬的姿态屹立于世界民族之林。

（二）在世界上高高举起了中国特色社会主义伟大旗帜

中国特色社会主义进入新时代，意味着科学社会主义在 21 世纪的中国焕发出强大生机活力，在世界上高高举起了中国特色社会主义伟大旗帜。习近平总书记指出："科学社会主义在中国的成功，对马克思主义、科学社会主义的意义，对世界社会主义的意义，是十分重大的。"20 世纪 80 年代末 90 年代初，苏联解体、苏共垮台、东欧剧变，世界社会主义遭受严重曲折。"社会主义失败论""历史终结论"一度甚嚣尘上，"中国崩溃论"在西方也不绝于耳。然而，中国顶住了巨大压力和挑战，坚守和捍卫了社会主义。中国特色社会主义取得了巨大成功，创造出令人惊叹的"中国奇迹"，谱写了社会主义发展的辉煌篇章，为历经磨难的社会主义注入强大生命力，在世界上重振了人们对社会主义的信心。邓小平同志曾经指出："最终说服不相信社会主义的人要靠我们的发展。如果我们本世纪内达到了小康水平，那就可以使他们清醒一点；到下世纪中叶我们建成中等发达水平的社会主义国家时，就会进一步地说服他们。"进入新时代，中国特色社会主义这面旗帜在当今世界更加鲜艳夺目、更加令人神往，成为引领 21 世纪科学社会主义发展的伟大旗帜，成为振兴世界社会主义的中流砥柱。

（三）为解决人类问题贡献了中国智慧和中国方案

中国特色社会主义进入新时代，意味着中国特色社会主义道路、理论、制度、文化不断发展，拓展了发展中国家走向现代化的途径，给世界上那些既希望加快发展又希望保持自身独立性的国家和民族提供了全新选择，为解决人类问题贡献了中国智慧和中国方案。目前世界上 200 多个国家和地区中，走资本主义道路的占绝大多数，但搞得比较像样的还是二三十个老牌资本主义国家。即使欧美几个主要资本主义国家，近年来也麻烦不断、衰象纷呈。广大发展中国家追随欧美资本主义国家的发展理念和发展道路，到头来并没有解决发展问题，有的甚至战乱不断、民不聊生。原社会主义阵营中，不少国家选择了走西方道路，结果大多数发展缓慢、困难重重。与之形成鲜明对比的是，在中国共产党领导下，改革开放 40 年来中国创造了世界历史上的发展奇迹，成功走出了一条独具特色的社会主义现代化道路，打破了发展中国家对西方国家现代化的"路径依赖"，为它们树立了发展榜样，提供了全新选择。我国的实践向世界说明了一个道理，世界上没有一种普遍适用的发展模式，推动一个国家实现现代化并不是只有西方制度模式这一条道，各国完全可以走出自己的路。

四、新时代的发展理念

党的十八大以来，习近平总书记顺应时代和实践发展的新要求，坚持以人民为中心的发展思想，鲜明提出要坚定不移贯彻创新、协调、绿色、开放、共享的新发展理念，引领我国发展全局发生历史性变革。党的十九大把坚持新发展理念作为新时代坚持和发展中国特色社会主义的基本方略，对发展内涵作了具有新的时代特点的全方位拓展，把关于发展的思想和理论提升到新的高度。贯彻新发展理念首先要深入理解、科学把握其科学内涵和实践要求。

（一）创新是引领发展的第一动力

发展动力决定发展速度、效能、可持续性。对我国这么大体量的经济体来讲，如果动力问题解决不好，要实现经济高质量发展是难以做到的。坚持创新发展，是分析近代以来世界发展历程特别是总结我国改革开放成功实践得出的结论，是应对发展环境变化、增强发展动力、把握发展主动权、更好引领新常态的根本之策。

树立创新发展理念，就必须把创新摆在国家发展全局的核心位置，不断推进理论创新、制度创新、科技创新、文化创新等各方面创新，让创新贯穿党和国家一切工作，让创新在全社会蔚然成风。

（二）协调是持续健康发展的内在要求

我国发展不协调是一个长期存在的问题，突出表现在区域、城乡、经济和社会、物质文明和精神文明、经济建设和国防建设等关系上。树立协调发展理念，就必须牢牢把握中国特色社会主义事业总体布局，正确处理发展中的重大关系，重点推动区域协调发展、城乡协调发展、物质文明精神文明协调发展，推动经济建设国防建设融合发展，不断增强发展整体性协调性。

（三）绿色是永续发展的必要条件

人因自然而生，人与自然是一种共生关系，人类发展活动必须尊重自然、顺应自然、保护自然。当前，我国生态环境保护形势依然非常严峻，人民群众对清新空气、干净饮水、安全食品、优美环境的要求越来越强烈。树立绿色发展理念，就必须坚持节约资源和保护环境的基本国策，坚持可持续发展，坚定走生产发展、生活富裕、生态良好的文明发展道路，加快建设资源节约型、环境友好型社会，形成人与自然和谐发展现代化建设新格局，推进美丽中国建设，为全球生态安全作出新贡献。

（四）开放是国家繁荣发展的必由之路

开放带来进步，封闭必然落后。实践告诉我们，要发展壮大，必须主动顺应经济全球化潮流，坚持对外开放。现在推进开放发展，面临的国际国内形势与以往有很大不同，国际经济合作和竞争局面正在发生深刻变化，全球经济治理体系和规则正在面临重大调整，引进来、走出去在深度、广度、节奏上都是过去所不可比拟的，应对外部经济风险、维护国家经济安全的压力也是过去所不能比拟的。树立开放发展理念，就必须提高对外开放的质量和发展的内外联动性，主动参与和推动经济全球化进程，发展更高层次的开放型经济，积极参与全球经济治理和公共产品供给，提高我国在全球经济治理中的制度性话语权，不断壮大我国经济实力和综合国力。

（五）共享是中国特色社会主义的本质要求

让广大人民群众共享改革发展成果，是社会主义的本质要求，是社会主义制度优越性的集中体现，是我们党坚持全心全意为人民服务根本宗旨的重要体现。这方面问题解决好了，全体人民推动发展的积极性、主动性、创造性就能充分调动起来，国家发展也才能具有最深厚的伟力。当前我国发展的"蛋糕"不断做大，但分配不公的问题仍然比较突出。在共享改革发展成果上，无论是实际情况还是制度设计，都还有不完善的地方。树立共享发展理念，就必须坚持发展为了人民、发展依靠人民、发展成果由人民共享，作出更有效的制度安排，坚持全民共享、全面共享、共建共享、渐进共享，使全体人民有更多获得感、幸福感、安全感，朝着共同富裕方向稳步前进。

创新、协调、绿色、开放、共享的发展理念，相互贯通、相互促进，是具有内在联系的集合体，要统一贯彻，不能顾此失彼，也不能相互替代，哪一个发展理念贯彻不到位，发展进程都会受到影响。要深化认识，从整体上、内在联系中把握新发展理念，不断提高贯彻新发展理念的能力和水平。

第二节 习近平新时代中国特色社会主义思想

习近平新时代中国特色社会主义思想，是对马克思列宁主义、毛泽东思想、邓小平理论、"三个代表"重要思想、科学发展观的继承和发展，是马克思主义中国化最新成果，是党和人民实践经验和集体智慧的结晶，是中国特色社会主义理论体系的重要组成部分，是全党全国人民为实现中华民族伟大复兴而奋斗的行动指南，必须长期坚持并不断发展。

一、习近平新时代中国特色社会主义思想的创立

中国特色社会主义进入新时代，是习近平新时代中国特色社会主义思想产生的时代背景。国内外形势变化和我国各项事业发展，向中国共产党提出了一个重大时代课题，这就是必须从理论和实践结合上系统回答新时代坚持和发展什么样的中国特色社会主义、怎样坚持和发展中国特色社会主义。包括新时代坚持和发展中国特色社会主义的总目标、总任务、总体布局、战略布局和发展方向、发展方式、发展动力、战略步骤、外部条件、政治保证等基本问题，并且要根据新的实践对经济、政治、法治、科技、文化、教育、民生、民族、宗教、社会、生态文明、国家安全、国防和军队、"一国两制"和祖国统一、统一战线、外交、党的建设等各方面作出理论分析和政策指导，以利于更好坚持和发展中国特色社会主义。正是围绕这个重大时代课题，我们党坚持以马克思列宁主义、毛泽东思想、邓小平理论、"三个代表"重要思想、科学发展观为指导，坚持解放思想、实事求是、与时俱进、求真务实，坚持辩证唯物主义和历史唯物主义，紧密结合新的时代条件和实践要求，以全新的视野深化对共产党执政规律、社会主义建设规律、人类社会发展规律的认识，进行艰辛理论探索，取得重大理论创新成果，创立了习近平新时代中国特色社会主义思想。

习近平新时代中国特色社会主义思想是对马克思列宁主义、毛泽东思想、邓小平理论、"三个代表"重要思想、科学发展观的继承和发展，是马克思主义中国化

最新成果，是党和人民实践经验和集体智慧的结晶，是中国特色社会主义理论体系的重要组成部分，是全党全国人民为实现中华民族伟大复兴而奋斗的行动指南，必须长期坚持并不断发展。

习近平新时代中国特色社会主义思想的精神实质和丰富内涵，集中体现在党的十九大报告的"八个明确"和"十四个坚持"之中。习近平总书记明确指出：新时代中国特色社会主义思想是指导思想层面的表述——理论层面的行动指南，侧重回答我们党在新时代坚持和建设什么样的社会主义；在行动纲领层面的表述称之为新时代坚持和发展中国特色社会主义的基本方略——实践层面的行动纲领，侧重回答我们党在新时代各个领域怎么样坚持和建设中国特色社会主义。

二、习近平新时代中国特色社会主义思想的核心要义

坚持和发展中国特色社会主义，是改革开放以来我们党全部理论和实践的鲜明主题，也是习近平新时代中国特色社会主义思想的核心要义。对坚持和发展什么样的中国特色社会主义，习近平总书记从理论渊源、历史根据、本质特征、独特优势、强大生命力等多方位多角度作出了深刻回答，强调中国特色社会主义是既坚持科学社会主义基本原则，又具有鲜明实践特色、理论特色、民族特色、时代特色的社会主义，是中国特色社会主义道路、理论、制度、文化四位一体的社会主义，是统揽伟大斗争、伟大工程、伟大事业、伟大梦想的社会主义，是根植于中国大地、反映中国人民意愿、适应中国和时代发展进步要求的社会主义。

习近平新时代中国特色社会主义思想内容十分丰富，涵盖改革发展稳定、内政外交国防、治党治国治军等各个领域、各个方面，构成了一个系统完整、逻辑严密、相互贯通的思想理论体系：

（1）明确坚持和发展中国特色社会主义，总任务是实现社会主义现代化和中华民族伟大复兴，在全面建成小康社会的基础上，分两步走，在本世纪中叶建成富强民主文明和谐美丽的社会主义现代化强国。

（2）明确新时代我国社会主要矛盾是人民日益增长的美好生活需要和不平衡不充分的发展之间的矛盾，必须坚持以人民为中心的发展思想，不断促进人的全面发展、全体人民共同富裕。

（3）明确中国特色社会主义事业总体布局是"五位一体"、战略布局是"四个全面"，强调坚定道路自信、理论自信、制度自信、文化自信。

（4）明确全面深化改革总目标是完善和发展中国特色社会主义制度、推进国家治理体系和治理能力现代化。

（5）明确全面推进依法治国总目标是建设中国特色社会主义法治体系、建设社会主义法治国家。

（6）明确党在新时代的强军目标是建设一支听党指挥、能打胜仗、作风优良的人民军队，把人民军队建设成为世界一流军队。

（7）明确中国特色大国外交要推动构建新型国际关系，推动构建人类命运共

同体。

（8）明确中国特色社会主义最本质的特征是中国共产党领导，中国特色社会主义制度的最大优势是中国共产党领导，党是最高政治领导力量，提出新时代党的建设总要求，突出政治建设在党的建设中的重要地位。

三、新时代中国特色社会主义建设的基本方略

党的十九大报告提出了新时代坚持和发展中国特色社会主义的十四条基本方略。

（1）坚持党对一切工作的领导。党政军民学，东西南北中，党是领导一切的。必须增强政治意识、大局意识、核心意识、看齐意识，自觉维护党中央权威和集中统一领导，自觉在思想上政治上行动上同党中央保持高度一致，完善坚持党的领导的体制机制，坚持稳中求进工作总基调，统筹推进"五位一体"总体布局，协调推进"四个全面"战略布局，提高党把方向、谋大局、定政策、促改革的能力和定力，确保党始终总揽全局、协调各方。

（2）坚持以人民为中心。人民是历史的创造者，是决定党和国家前途命运的根本力量。必须坚持人民主体地位，坚持立党为公、执政为民，践行全心全意为人民服务的根本宗旨，把党的群众路线贯彻到治国理政全部活动之中，把人民对美好生活的向往作为奋斗目标，依靠人民创造历史伟业。

（3）坚持全面深化改革。只有社会主义才能救中国，只有改革开放才能发展中国、发展社会主义、发展马克思主义。必须坚持和完善中国特色社会主义制度，不断推进国家治理体系和治理能力现代化，坚决破除一切不合时宜的思想观念和体制机制弊端，突破利益固化的藩篱，吸收人类文明有益成果，构建系统完备、科学规范、运行有效的制度体系，充分发挥我国社会主义制度优越性。

（4）坚持新发展理念。发展是解决我国一切问题的基础和关键，发展必须是科学发展，必须坚定不移贯彻创新、协调、绿色、开放、共享的发展理念。必须坚持和完善我国社会主义基本经济制度和分配制度，毫不动摇巩固和发展公有制经济，毫不动摇鼓励、支持、引导非公有制经济发展，使市场在资源配置中起决定性作用，更好发挥政府作用，推动新型工业化、信息化、城镇化、农业现代化同步发展，主动参与和推动经济全球化进程，发展更高层次的开放型经济，不断壮大我国经济实力和综合国力。

（5）坚持人民当家作主。坚持党的领导、人民当家作主、依法治国有机统一是社会主义政治发展的必然要求。必须坚持中国特色社会主义政治发展道路，坚持和完善人民代表大会制度、中国共产党领导的多党合作和政治协商制度、民族区域自治制度、基层群众自治制度，巩固和发展最广泛的爱国统一战线，发展社会主义协商民主，健全民主制度，丰富民主形式，拓宽民主渠道，保证人民当家作主落实到国家政治生活和社会生活之中。

（6）坚持全面依法治国。全面依法治国是中国特色社会主义的本质要求和重要

保障。必须把党的领导贯彻落实到依法治国全过程和各方面，坚定不移走中国特色社会主义法治道路，完善以宪法为核心的中国特色社会主义法律体系，建设中国特色社会主义法治体系，建设社会主义法治国家，发展中国特色社会主义法治理论，坚持依法治国、依法执政、依法行政共同推进，坚持法治国家、法治政府、法治社会一体建设，坚持依法治国和以德治国相结合，依法治国和依规治党有机统一，深化司法体制改革，提高全民族法治素养和道德素质。

（7）坚持社会主义核心价值体系。文化自信是一个国家、一个民族发展中更基本、更深沉、更持久的力量。必须坚持马克思主义，牢固树立共产主义远大理想和中国特色社会主义共同理想，培育和践行社会主义核心价值观，不断增强意识形态领域主导权和话语权，推动中华优秀传统文化创造性转化、创新性发展，继承革命文化，发展社会主义先进文化，不忘本来、吸收外来、面向未来，更好构筑中国精神、中国价值、中国力量，为人民提供精神指引。

（8）坚持在发展中保障和改善民生。增进民生福祉是发展的根本目的。必须多谋民生之利、多解民生之忧，在发展中补齐民生短板、促进社会公平正义，在幼有所育、学有所教、劳有所得、病有所医、老有所养、住有所居、弱有所扶上不断取得新进展，深入开展脱贫攻坚，保证全体人民在共建共享发展中有更多获得感，不断促进人的全面发展、全体人民共同富裕。建设平安中国，加强和创新社会治理，维护社会和谐稳定，确保国家长治久安、人民安居乐业。

（9）坚持人与自然和谐共生。建设生态文明是中华民族永续发展的千年大计。必须树立和践行绿水青山就是金山银山的理念，坚持节约资源和保护环境的基本国策，像对待生命一样对待生态环境，统筹山水林田湖草系统治理，实行最严格的生态环境保护制度，形成绿色发展方式和生活方式，坚定走生产发展、生活富裕、生态良好的文明发展道路，建设美丽中国，为人民创造良好生产生活环境，为全球生态安全作出贡献。

（10）坚持总体国家安全观。统筹发展和安全，增强忧患意识，做到居安思危，是我们党治国理政的一个重大原则。必须坚持国家利益至上，以人民安全为宗旨，以政治安全为根本，统筹外部安全和内部安全、国土安全和国民安全、传统安全和非传统安全、自身安全和共同安全，完善国家安全制度体系，加强国家安全能力建设，坚决维护国家主权、安全、发展利益。

（11）坚持党对人民军队的绝对领导。建设一支听党指挥、能打胜仗、作风优良的人民军队，是实现"两个一百年"奋斗目标、实现中华民族伟大复兴的战略支撑。必须全面贯彻党领导人民军队的一系列根本原则和制度，确立新时代党的强军思想在国防和军队建设中的指导地位，坚持政治建军、改革强军、科技兴军、依法治军，更加注重聚焦实战，更加注重创新驱动，更加注重体系建设，更加注重集约高效，更加注重军民融合，实现党在新时代的强军目标。

（12）坚持"一国两制"和推进祖国统一。保持香港、澳门长期繁荣稳定，实现祖国完全统一，是实现中华民族伟大复兴的必然要求。必须把维护中央对香港、澳门特别行政区全面管治权和保障特别行政区高度自治权有机结合起来，确保"一国两制"方针不会变、不动摇，确保"一国两制"实践不变形、不走样。必须坚持一个中国原则，坚持"九二共识"，推动两岸关系和平发展，深化两岸经济合作和文化往来，推动两岸同胞共同反对一切分裂国家的活动，共同为实现中华民族伟大复兴而奋斗。

（13）坚持推动构建人类命运共同体。中国人民的梦想同各国人民的梦想息息相通，实现中国梦离不开和平的国际环境和稳定的国际秩序。必须统筹国内国际两个大局，始终不渝走和平发展道路、奉行互利共赢的开放战略，坚持正确义利观，树立共同、综合、合作、可持续的新安全观，谋求开放创新、包容互惠的发展前景，促进和而不同、兼收并蓄的文明交流，构筑尊崇自然、绿色发展的生态体系，始终做世界和平的建设者、全球发展的贡献者、国际秩序的维护者。

（14）坚持全面从严治党。勇于自我革命，从严管党治党，是我们党最鲜明的品格。必须以党章为根本遵循，把党的政治建设摆在首位，思想建党和制度治党同向发力，统筹推进党的各项建设，抓住"关键少数"，坚持"三严三实"，坚持民主集中制，严肃党内政治生活，严明党的纪律，强化党内监督，发展积极健康的党内政治文化，全面净化党内政治生态，坚决纠正各种不正之风，以零容忍态度惩治腐败，不断增强党自我净化、自我完善、自我革新、自我提高的能力，始终保持党同人民群众的血肉联系。

第三节　贯彻新发展理念　建设现代化经济体系

我国经济已由高速增长阶段转向高质量发展阶段，正处在转变发展方式、优化经济结构、转换增长动力的攻关期，建设现代化经济体系是跨越关口的迫切要求和我国发展的战略目标。必须坚持质量第一、效益优先，以供给侧结构性改革为主线，推动经济发展质量变革、效率变革、动力变革，提高全要素生产率，着力加快建设实体经济、科技创新、现代金融、人力资源协同发展的产业体系，着力构建市场机制有效、微观主体有活力、宏观调控有度的经济体制，不断增强我国经济创新力和竞争力。

一、建设现代化经济体系

现代化经济体系主要包括以下七个方面内容：（1）创新引领、协同发展的产业体系，实现实体经济、科技创新、现代金融、人力资源协同发展，科技创新在实体经济发展中的贡献份额不断提高，现代金融服务实体经济的能力不断增强，人力资源支撑实体经济发展的作用不断优化。（2）统一开放、竞争有序的市场体系，实现市场准入畅通、市场开放有序、市场竞争充分、市场秩序规范，加快形成企业自主经营公平竞争、消费者自由选择自主消费、商品和要素自由流动平等交换的现代市场体系。（3）体现效率、促进公平的收入分配体系，实现收入分配合理、社会公平正义、全体人民共同富裕，推进基本公共服务均等化，逐步缩小收入分配差距。（4）彰显优势、协调联动的城乡区域发展体系，实现区域良性互动、城乡融合发展、陆海统筹整体优化，培育和发挥区域比较优势，加强区域优势互补，塑造区域协调发展新格局。（5）资源节约、环境友好的绿色发展体系，实现绿色循环低碳发展、人与自然和谐共生，牢固树立和践行绿水青山就是金山银山理念，形成人与自然和谐发展现代化建设新格局。（6）多元平衡、安全高效的全面开放体系，发展更高层次开放型经济，推动开放朝着优化结构、拓展深度、提高效益方向转变。（7）充分发挥市场作用、更好发挥政府作用的经济体制，实现市场机制有效、微观主体有活力、宏观调控有度。

建设现代化经济体系，要突出抓好以下几方面工作：（1）深化供给侧结构性改革。这是建设现代化经济体系的战略措施。（2）加快建设创新型国家。这是建设现代经济体系的战略支撑。（3）实施乡村振兴战略。这是建设创新型国家的重要基础。（4）实施区域协调发展战略。这是建设现代经济体系的内在要求。（5）加快完善社会主义市场经济体制。这是建设现代经济体系的制度保障。（6）推动形成全面开放新格局。这是建设现代经济体系的必要条件。

二、深化供给侧结构性改革

随着我国社会主要矛盾转化和经济由高速增长转向高质量发展阶段，供给侧和结构性问题成为制约我国经济持续健康发展的主要因素。因此，必须深化供给侧结构性改革，必须把发展经济的着力点放在实体经济上，以提高供给体系质量作为主攻方向，显著增强我国经济质量优势。

一是推动产业优化升级，加快发展先进制造业、现代服务业，加强基础设施网络建设，促进我国产业迈向全球价值链中高端。二是加快形成新动能，鼓励更多社会主体投身创新创业，在中高端消费、创新引领、绿色低碳、共享经济、现代供应链、人力资本服务等领域，培育更多增长点。三是改造提升传统动能，推动互联网、大数据、人工智能和实体经济深度融合，支持传统产业优化升级。四是坚持去产能、去库存、去杠杆、降成本、补短板，优化存量资源配置，扩大优质增量供应，实现供需动态平衡。

三、加快建设创新型国家

创新是引领发展的第一动力。科技创新是国家竞争力的核心，是全面创新的主要引领。必须坚定不移地贯彻创新发展理念，深入实施科教兴国战略、人才强国战略、创新驱动发展战略，努力实现到 2035 年跻身创新型国家前列。

一是加强国家创新体系建设，强化基础研究和战略科技力量，实现重大突破和颠覆性创新。二是建立以企业为主体、市场为导向、产学研深度融合的技术创新体系，促进科技成果转化。三是倡导创新文化，支持大众创业、万众创新，强化知识产权保护。四是实行更加积极、更加开放、更加有效的人才政策，培养造就一大批具有国际水平的人才和高水平创新团队。

四、实施乡村振兴战略

进入 21 世纪以来，我国农业的主要矛盾已由总量不足转变为结构性失衡，矛盾的主要方面在供给侧。必须始终把解决"三农"问题作为全党工作的重中之重，建立健全城乡融合发展体制机制和政策体系，加快推进农业农村现代化，深化农业供给侧结构性改革。

按照党的十九大提出的决胜全面建成小康社会、分两个阶段实现第二个百年奋斗目标的战略安排，实施乡村振兴战略的目标任务是：

到 2020 年，乡村振兴取得重要进展，制度框架和政策体系基本形成。农业综合生产能力稳步提升，农业供给体系质量明显提高，农村一二三产业融合发展水平进一步提升；农民增收渠道进一步拓宽，城乡居民生活水平差距持续缩小；现有标准下农村贫困人口实现脱贫，贫困县全部摘帽，解决区域性整体贫困；农村基础设施建设深入推进，农村人居环境明显改善，美丽宜居乡村建设扎实推进；城乡基本公共服务均等化水平进一步提高，城乡融合发展机制初步建立；农村对人才吸引力逐步增强；农村生态环境明显好转，农业生态服务能力进一步提高；以党组织为核心的农村基层组织建设进一步加强，乡村治理体系进一步完善；党的农村工作领导体制机制进一步健全；各地区各部门推进乡村振兴战略的思路举措得以确立。

到 2035 年，乡村振兴取得决定性进展，农业农村现代化基本实现。农业结构得到根本性改善，农民就业质量显著提高，相对贫困进一步缓解，共同富裕迈出坚实步伐；城乡基本公共服务均等化基本实现，城乡融合发展体制机制更加完善，乡风文明达到新高度，乡村治理体系更加完善；农村生态环境根本好转，美丽宜居乡村基本实现。

到 2050 年，乡村全面振兴，农业强、农村美、农民富全面实现。

五、实施区域协调发展战略

我国幅员辽阔，各地发展很不平衡，必须坚持协调发展理念，优化区域发展格局，推进新型城镇化，逐步缩小区域差距。

一是加大对特殊困难地区的发展支持。加大力度扶持革命老区、民族地区、边疆地区、贫困地区加快发展，进一步健全现有帮扶机制，实施精准扶贫和精准脱贫。支持资源型地区转型发展，特别是加大对资源枯竭城市转型发展的支持力度，尽快形成新的发展支撑和发展机制。加强边疆发展和治理，确保边疆巩固、边境安全，健全戍边机制，以发展促巩固，以治理保安全。

二是深入推进"四大板块"协调发展。进一步围绕基础设施网络建设、生态环境保护、绿色和优势新兴产业、新型城镇化等重点，强化举措推进西部大开发形成新格局。针对制约东北等老工业基地振兴的体制机制难题，特别是国有企业改革、市场机制维护、营商环境改善等，通过深化改革营造更好的振兴环境，激励各类市场主体广泛参与结构调整与升级，加快东北等老工业基地振兴。充分发挥中部地区连接东西南北的区位、四通八达的基础设施网络、产业和资源条件较好等优势，推动中部地区崛起。通过创新引领，发挥东部地区高端要素聚集、创新能力较强、开放条件和市场环境好等优势，加快创新驱动发展，尽快实现发展动能变革，率先实现东部地区优化发展。

三是以疏解北京非首都功能为"牛鼻子"推动京津冀协同发展。完善区域内现代基础设施网络，健全区域合作机制，科学布局卫星城和产业园区，高起点规划、高标准建设雄安新区，合理疏解区域内超大城市非核心功能，形成分工布局合理、相互协作配套、利益补偿共享的区域合作新局面。

四是以共抓大保护、不搞大开发为导向促进长江经济带发展。长江经济带建设必须走生态优先、绿色发展的道路，始终把生态环境保护放在第一位，形成更加有效的上下游联动保护机制，在经济发展的同时，保护好长江一江清水。

五是深化区域合作，建立更加有效的区域协调发展新机制。要通过统一市场为基础的要素自由流动，以及有效激励先进、更好帮扶落后的政策机制，更加有效地深化区域合作，不断健全区域协调发展新机制。

六是坚持陆海统筹，建设海洋强国。加强陆海开发和保护的统一规划与协调，在大力发展海洋经济的同时保护好海洋生态，加快推进海洋强国建设。

七是以城市群为主体构建大中小城市和小城镇发展的城镇格局，提高城市承载能力，加快农业转移人口市民化，推进新型城镇化发展新格局。

六、加快完善社会主义市场经济体制

推动经济转型升级，要害在创新，关键靠改革。必须以完善产权制度和要素市场配置为重点深化经济体制改革，坚决破除制约发展活力和动力的体制机制障碍。

一是坚持和完善我国社会主义基本经济制度和分配制度，毫不动摇巩固和发展公有制经济，毫不动摇鼓励支持引导非公有制经济发展，完善国有资产管理体制，深化国有企业改革，支持民营企业发展。二是深化商事制度改革，全面实施市场准入负面清单制度，加快要素价格市场化改革，完善市场监管体制。三是创新和完善宏观调控，发挥国家发展规划战略导向作用，健全财政、货币、产业、区域、消费、投资等经济政策协调机制，加快建立现代财政制度，深化金融体制改革。

七、推动形成全面开放新格局

开放是活力的源泉，全面改革、全面发展离不开全面开放。必须统筹国内国际两个大局，贯彻开放发展理念，坚持对外开放基本国策，发展更高层次的开放型经济。

扎实推进"一带一路"建设。加强同沿线国家发展战略对接，增进战略互信，将"一带一路"建成和平之路；大力推动互联互通和产业合作，拓展金融合作空间，将"一带一路"建成繁荣之路；提高贸易和投资自由化便利化水平，将"一带一路"建成开放之路；加强创新能力开放合作，将"一带一路"建成创新之路；建立多层次的人文合作机制，将"一带一路"建成文明之路。

加快贸易强国建设。加快转变外贸发展方式，从以货物贸易为主向货物和服务贸易协调发展转变，从依靠模仿跟随向依靠创新创造转变，从大进大出向优质优价、优进优出转变；加快货物贸易优化升级，促进服务贸易创新发展，培育贸易新业态新模式，打造外贸新的增长点；实施更加积极的进口政策，主动扩大进口，促进进出口平衡发展。

改善外商投资环境。加强利用外资法治建设，完善外商投资管理体制，营造公平竞争的市场环境，全面实行准入前国民待遇加负面清单管理制度，依法给予内外资企业同等待遇；大幅度放开市场准入，放宽银行、证券、保险行业外资股比限制，放宽外资金融机构设立限制，扩大外资金融机构在我国业务范围，拓宽中外金融市场合作领域；保护外商投资合法权益，不以强制转让技术作为市场准入的前提条件，加强知识产权保护，严厉打击侵权假冒违法犯罪行为。

优化区域开放布局。加大西部开放力度，完善口岸、跨境运输等开放基础设施，实施更加灵活的政策，在西部地区形成若干开放型经济新增长极；赋予自贸试验区更大改革自主权，进一步彰显全面深化改革和扩大开放的试验田作用；支持海南全岛建设自由贸易区，稳步推进中国特色的自由贸易港建设，打造开放层次更高、营商环境更优、辐射作用更强的开放新高地。

创新对外投资合作方式。促进国际产能合作，加强对海外并购的引导，重在扩大市场渠道、提高创新能力、打造国际品牌，增强企业核心竞争力；规范海外经营行为，引导企业遵守东道国法律法规、保护环境、履行社会责任，遏制恶性竞争；健全服务保障，加强和改善信息、法律、领事保护等服务，保障海外人员安全，维护海外利益。

促进贸易和投资自由化便利化。支持多边贸易体制，稳步推进自由贸易区建设，继续与有关国家商谈高水平的投资协定以及各种形式的优惠贸易安排，妥善应对贸易摩擦，既管控好贸易摩擦，又维护好利益。

第二章 宏观经济管理

我国实行社会主义市场经济。市场决定资源配置是市场经济的一般规律，健全社会主义市场经济体制必须遵循这条规律。政府的职责和作用主要是保持宏观经济稳定，加强和优化公共服务，保障公平竞争，加强市场监管，维护市场秩序，推动可持续发展，促进共同富裕，弥补市场失灵。

第一节 市场经济

市场经济是一种经济体系，在这种体系下市场在资源配置中起决定性作用。市场经济中价格主要由供给和需求决定，并通过价格引导资源的配置，解决生产什么、怎样生产以及为谁生产的问题。

一、需求、供给与均衡价格

（一）市场需求

1. 需求的含义

需求是指在一定时间内和一定价格条件下，消费者对某种商品或服务愿意而且能够购买的数量。需求的构成要素有两个：一是消费者有购买意愿，二是消费者具有支付能力。二者缺一不可。

某种产品的市场需求是指在一定时间内和一定价格条件下，所有消费者对某种商品或服务愿意并能够购买的数量。

2. 影响需求的基本因素

（1）消费者偏好。

（2）消费者的个人收入。一般而言，消费者收入增加将引起需求增加。反之，则需求减少。

（3）产品（或服务）价格。

（4）替代品的价格。在相互替代商品之间，某一种商品价格上升，消费者就会把其需求转向替代品，从而使替代品需求增加，被替代品需求减少。

（5）互补品的价格。在互补商品之间，一种商品价格上升，需求数量降低，另一种商品需求数量也会降低。

（6）预期。如果消费者预期价格上涨，会刺激人们提前购买；反之则推迟购买。

（7）其他因素。如商品的品种、质量、广告宣传、地理位置、季节、国家政策等。

3. 需求规律和需求曲线

一般情况下，需求数量和价格的变动呈反方向变化。价格与需求数量之间这种反方向变化的关系构成需求规律，反映这种关系的曲线称作需求曲线。

(二) 市场供给

1. 供给的含义

供给是指在一定时间内和设定价格水平下，生产者愿意并能够为市场提供某种商品或服务的数量。市场供给是指所有生产者供给某种商品或服务的总合。

2. 影响供给的基本因素

(1) 产品价格。在其他条件不变的情况下，某种产品的价格和其供给数量的变动呈正方向变化。

(2) 生产成本。在其他条件不变的情况下，成本降低，供给数量会增加。反之，则供给减少。

(3) 生产技术。技术水平在一定程度上决定着生产成本并进而影响供给数量。

(4) 预期。生产者或销售者的价格预期往往会引起供给数量的变化。

(5) 相关产品的价格。

(6) 其他因素。包括生产要素供求变化以及国家政策变化等。

3. 供给规律和供给曲线

市场上商品或服务的供给数量和市场价格呈正方向关系变化。这种供给数量与价格之间的正向关系构成供给规律，反映这种关系的曲线称作供给曲线。

(三) 均衡价格

1. 均衡价格及其形成

均衡价格是指一种商品需求量与供给量相等时的价格。此时，消费者为购买一定商品量所愿意支付的价格与生产者为提供同一商品量所愿意接受的价格一致。在图形上，均衡价格是商品的供给曲线与需求曲线相交时的价格。

如果市场价格高于均衡价格，市场上出现超额供给，超额供给会使市场价格趋于下降至均衡价格；如果市场价格低于均衡价格，则市场上出现超额需求，超额需求会使市场价格趋于上升至均衡价格。供给和需求力量的相互作用，使市场价格趋于并稳定于均衡价格。与均衡价格对应的供给量称为均衡产量。

均衡价格的形成就是价格决定的过程，是在市场上供求双方互动过程中自发形成的。如果有外力的干预（如垄断力量、政府价格干预），所形成的价格就不是均衡价格。

2. 最高限价与保护价格的影响

最高限价和保护价格（最低限价）是世界上许多政府为响应公众要求而经常采用的、有理由的价格干预措施。但仅从经济角度看，其后果通常是：当实行最高限价时，会出现市场短缺现象、排队现象、以次充好和缺斤短两等变相涨价现象。在对生活必需品持续实行最高限价后，政府往往不得不放弃最高限价或实行配给制；

当实行保护价格时，会出现过剩现象，如果没有伴随政府收购，就会出现变相降价。

3. 需求与供给变动对均衡价格的影响

均衡价格会随着市场供求关系的变化而变化。

（1）需求变动对均衡价格的影响

当需求增加时，会引起均衡价格上升，均衡产量增加；当需求减少时，会引起均衡价格下降，均衡产量减少。也就是说，需求变动引起均衡价格与均衡产量同方向变动。

（2）供给变动对均衡价格的影响

当供给增加时，会引起均衡价格下降，均衡产量增加；当供给减少时，会引起均衡价格上升，均衡产量减少。也就是说，供给变动引起均衡价格反方向变动，均衡产量同方向变动。

二、市场如何解决三大基本问题

任何一个经济体，都面对着三个基本问题，即"生产什么、生产多少"，"如何生产"，"为谁生产"。以价格机制为核心的市场机制，能自发解决这三个基本问题。市场解决这三个基本问题的过程，也就是市场经济的自组织过程。

1. 市场怎样解决"生产什么、生产多少"的问题

如果市场上某种产品相对于其用途过于稀缺，其价格会过高，传递出供不应求的信息，生产者就会产生多生产该产品的动机，而消费者就会产生少用或不用该产品的动机，进而引起价格下落，直到其稀缺程度符合其用途为止。

如果某种产品相对于其用途过于丰裕，其价格会过低，传递出供过于求的信息，消费者就产生多使用该产品的动机，而生产者则产生少生产或不生产该种产品的动机，进而带来价格上涨，直至其稀缺程度符合其用途为止。

由此，市场自动解决了"生产什么、生产多少"的问题。

2. 市场怎样解决"如何生产"的问题

"如何生产"是指生产者如何组合配置资源。生产既定产品，采用相对劳动密集的组合方案，抑或相对资本密集的组合方案，企业会通过成本核算，选择成本最低的要素组合方案进行产品生产。市场竞争环境，促使生产者不断追求技术进步，降低要素组合成本，提高资源利用效率。

由此，市场自动解决了"如何生产"的问题。

3. 市场怎样解决"为谁生产"的问题

"为谁生产"是指产品在社会成员之间如何分配的问题。它取决于市场上的家庭、个人的收入状况。市场经济条件下的收入分配格局，取决于各种生产要素在生产过程中的贡献以及生产要素的占有结构。收入格局将决定人们对各种产品的消费意愿和支付能力，并使产品在社会成员（要素所有者）之间进行分配。

由此，市场自动解决了"为谁生产"，即产品在社会成员之间的分配问题。

三、市场效率与市场失灵

（一）市场效率

市场效率是指资源配置效率。在完全竞争状态下，当整个经济的价格体系恰好使所有的商品供求都相等时，经济就处于一般均衡状态。此时，资源配置实现了"帕累托效率"。其标准是，当一种资源的任何重新分配，已经不可能使任何人的境况变好，而不使一个人的境况变坏。

如果既定的资源配置状态能够在其他人福利不下降的情况下，通过重新配置资源，使得至少一个人的福利水平有所提高，则这种资源重新配置被称为"帕累托改进"。

帕累托效率状态是不存在帕累托改进可能的资源配置状态。

（二）实现市场效率的条件

整个经济实现一般均衡，资源配置达到帕累托效率状态，是一种理想状态。这种理想状态的实现是有条件的。

市场效率实现的条件在于完全竞争市场。在完全竞争市场中，有大量的买者和卖者；市场上同种商品的每一个厂商生产的产品是无差异的；所有的经济资源在各行业间完全自由流动；市场上从事交易的每一个人掌握的信息是完全的；经济主体是完全理性的。

在上述条件约束下，市场上每一个消费者和生产者都是既定市场价格的接受者。

（三）市场失灵

现实市场经济中，市场机制在一些场合不能导致资源的最优配置，这种情况称为"市场失灵"。

（1）不完全竞争市场

在完全竞争条件下，任何企业或个人都无法影响价格。而当买者或卖者能够左右一种商品的价格时，就出现了不完全竞争。例如，一个电话公司大到足以影响电话服务收费水平。

不完全竞争市场分为三种类型，即垄断市场、寡头市场和垄断竞争市场。它们的垄断程度依次降低。

①垄断市场是指整个行业只有一个厂商的市场结构。在这个市场中，排除了任何竞争，垄断厂商控制了整个行业的生产和销售，可以控制和操纵市场价格。

②寡头市场是指少数几家厂商控制产品生产和销售的市场结构。

③垄断竞争市场是指，一个市场中有许多厂商生产和销售有差别的同种产品，而每个厂商对自己的产品价格都具有一定的垄断力量。

竞争是导向经济效率的基本环节。不完全竞争市场不能实现最有效率的资源分配，垄断产量和垄断价格均不满足帕累托最优条件。其中垄断市场的效率最低。

（2）外部性

在很多时候，某个人（生产者或消费者）的一项经济活动会给其他社会成员的福利带来好的或坏的影响，而他本人又未因此获得补偿或支付费用。这种对其他社会成员的福利影响称为"外部性"。

正外部性：当一个人（生产者或消费者）的经济活动给其他社会成员带来好处，但他自己却不能由此获得全部补偿。这个人从其活动中获得的利益小于该活动带给全社会的利益。如许多技术创新使全世界受益，而创新者只获得了交易中的利润。

负外部性：当一个人（生产者或消费者）的经济活动给其他社会成员带来危害，但他自己却未为此支付足够抵偿这种危害的成本。这个人为其活动所支付的私人成本小于该活动带来的社会成本。如航空公司制造了大量噪声，但其并未对机场附近的居民予以补偿。

外部性又因经济活动主体的不同分为：生产的正外部性、生产的负外部性；消费的正外部性、消费的负外部性。

在存在各种形式的外部性影响的情况下，完全竞争条件下的资源配置将偏离帕累托最优状态。原因在于：

在存在正外部性的情况下，某人采取某项行动的私人利益小于社会利益，这个人会不进行或少进行这项活动，尽管这项活动对社会福利的改进是有利的；

在存在负外部性的情况下，某人采取某项活动的私人成本小于社会成本，获取的私人利益大于社会利益，这个人会积极于这项活动，尽管这项活动有损于社会福利的改进。

（3）公共物品

经济社会生产的产品大致可以分为两类，一类是私人物品，一类是公共物品。

私人物品具有两个鲜明的特点。第一是"排他性"：只有对商品支付了价格的人才能享受该商品；第二是"竞争性"：如果某人已经消费了某商品，则其他人就不可能再同时消费该商品。市场机制的配置只有在具备上述两个特点的私人物品场合才能真正有效率。

公共物品具有两个鲜明的特点：第一是"非排他性"，第二是"非竞争性"。国防是缺乏排他性和竞争性的典型例子。一个公民拒绝支付国防费用，依然可以享受国防的好处（非排他性）；一个新生人口的出现，并没有减少原有人口的国防消费水平（非竞争性）。由于非排他性与非竞争性的存在，消费者会产生不支付或少支付公共物品价格的动机和行为，导致私人厂商不愿进入公共物品领域，最终导致公共物品供给量通常会低于最优数量。

公共物品的存在，是导致市场失灵的一个重要原因。

（4）信息不完全和不对称

信息的作用在于减少经济主体的决策风险和失误。完全竞争市场的一个重要假定是完全信息。在现实生活中，信息常常是不完全的，在买方与卖方之间有时是不对称的，此时市场机制不能很好地起作用，生产者可能带有一定的"盲目"性，导致实际产量过分高于或低于均衡产量；消费者的消费选择也会出现"失误"，购买了坏产品或错过了好产品。

当市场信息不充分和不对称时，还会产生"逆向选择"问题。逆向选择是指由于交易双方信息不对称和市场价格下降产生的劣质品驱逐优质品，进而出现市场交易产品平均质量下降的现象。例如，在产品市场上，特别是在旧货市场上，由于卖方比买方拥有更多的关于商品质量的信息，买方由于无法识别商品质量的优劣，只愿根据商品的平均质量付价，这就使优质品价格被低估而退出市场交易，结果只有劣质品成交，进而导致交易的停止。

本来按常规，降低商品的价格，该商品的需求量就会增加；提高商品的价格，该商品的供给量就会增加。但是，由于逆向选择的存在，有时降低商品的价格，消费者也不会增加购买；提高价格，生产者也不会增加供给。

对于市场机制来说，逆向选择意味着市场的低效率，意味着市场的失灵。

四、市场经济中的国家（政府）职能

（一）国家（政府）干预的逻辑依据

1. 市场经济本质上是法治经济。市场在资源配置中决定作用的发挥，有赖于国家法律制度捍卫产权尊严，维护市场秩序，保障公平竞争。

2. 对于市场失灵（不完全竞争、外部性、公共物品、信息不完全与不对称）的问题，需要政府相应法规及微观干预措施加以克服。

3. 有效率的经济仍然可能存在公平方面的缺憾，市场经济并不必然带来公平（均等）的收入分配。公平与否属于伦理规范性问题，是一个政治问题。

4. 宏观经济运行的周期性波动。在市场经济中，基于上述逻辑，政府的作用主要表现在：维护市场秩序、提供公共服务、影响收入分配、稳定宏观经济。

（二）市场经济中的国家（政府）职责

1. 用法律制度维护市场经济秩序

法治经济，是指国家通过制定法律、法规，调整经济关系，维护经济秩序，规范经济行为，使整个经济在法律的约束下运行。用法律捍卫产权、维护契约、统一市场，保障平等交换、公平竞争。用负面清单管理市场，法无禁止皆可为；用正面清单约束公权，法无授权不可为。

2. 针对市场失灵的公共政策

矫正市场失灵的政府政策措施，概括为提高市场效率的微观经济政策（干预）。

（1）针对不完全竞争（垄断）的对策

· 反垄断法。用反垄断法来规范垄断企业的市场力量，确保经济自由，尤其是要保护小企业进入市场和生存的自由；

· 价格管制。价格管制可以通过设定最高利润率、固定资本收益率、最高价格（限价）等方式进行；

· 设立公共企业。在自然垄断环境下设立公共企业，在欧洲曾被认为是有效工具，而在美、日被赋予的作用则较小。目前对公共企业的看法趋于消极。

（2）针对负的外部性的公共政策

外部性问题的根源在于私人成本不等于社会成本。解决外部性问题的核心是使行为主体造成的社会成本内部化。可以通过以下方式来达到目的：

- 对产生负外部性的活动征税；
- 提供消除负外部性的激励措施（包括通过补贴促进市场上使用净化技术、改用清洁能源、原材料等，减少污染）；
- 可转让产生负的外部性的权力（污染许可证）；
- 规范经济主体的行为（管制）。

（3）公共物品与公共政策

纯粹的公共物品是少而又少的，非排他性和非竞争性都只是程度问题。同时具有一定公共物品和私人物品特性的产品被称为"混合物品"。

- 纯公共物品要通过公共部门预算来提供；
- 由公共部门预算提供，并不意味着必定由公共部门生产；可以把该产品的生产承包给私人部门生产；
- 混合物品或服务的供给，一部分可以由私人部门通过市场提供，另一部分也可以通过政府部门直接提供，或是通过市场提供但由政府部门给予补贴。

（4）针对信息不完全和不对称问题的政策

市场机制本身可以解决"信息不完全和信息不对称"带来的相当一部分问题。如厂商会自觉地在信息不完全和不对称环境下追求建立"信誉"。所谓信誉，是消费者对企业行为的一种主观评价。消费者可以根据自己购买和消费某种产品的亲身体验以及来自其他消费者的"忠告"，对企业的诚信程度做出判断，并依据这种判断来进行购买决策。

政府有必要加强信息方面管理，促进信息公开，增加市场的"透明度"，以便让消费者、生产者以及投资者能够得到充分和正确的市场信息进而做出正确的选择。例如，政府应制定明确的规则：发行新股票或新债券的公司必须公布公司的相关信息；产品必须有详细的使用说明书；香烟包装必须标明"吸烟有害健康"字样等等。

3. 收入调节

国民收入最终分配结果通过初次收入分配和二次收入分配达成。

初次分配主要是通过市场机制按要素（劳动、资金、土地、技术等）的贡献分配。政府凭借权力在初次分配中取得生产税。初次分配是国民收入分配的基础。只有按要素贡献分配才能保证市场效率，使各项财富源泉充分涌流。

二次分配指在初次分配结果的基础上，各收入主体之间通过各种渠道实现转移的收入再次分配，是政府对初次收入进行再调节的过程。再分配转移渠道包括：

- 收入税。政府通过所得税、利润税、资本收益税等对初次分配收入进行流量调节。
- 财产税。政府通过房产税、遗产税等对居民收入进行存量调节。

·社会缴款和社会福利。前者指居民为维持未来的福利，对政府组织的社会保险计划所缴纳的款项，如失业保险、退休保险、医疗保险等；后者指居民从政府获取的、维持最基本生活的收入，主要包括社会保险福利金和社会救济金。

·其他转移收支：包括政府转移收支；本国政府与外国政府、国际组织之间的援助、捐赠、会费缴纳等，对私人非营利性机构的捐赠、赞助等转移收支；居民之间的转移收支等。

政府进行必要的收入调节，是保持社会稳定、促进收入公平的基本机制。

4. 经济稳定职能

经济波动带来国民财富损失、生产力浪费以及社会动荡。政府有责任采取宏观经济管理政策，减轻周期振荡幅度，保持宏观经济总量平衡，促进国民经济长期稳定增长。

第二节 宏观经济学基础

宏观经济学旨在研究一个经济体的总体运行表现，包括整个国家的产出、就业和价格，并以此区别于关注单个产品的价格、数量和市场的微观经济学。宏观经济学重点关注整个经济的短期波动（经济周期）和长期变动趋势（经济增长）。

一、宏观经济运行的衡量

反映宏观经济运行的关键变量包括产出、就业和价格，分别通过不同指标加以衡量。

（一）产出的衡量

1. 国内生产总值

国内生产总值（GDP），指一个国家（或地区）所有常住单位在一定时期内生产活动的最终成果。从价值形态看，它是所有常住单位在一定时期内生产的全部货物和服务价值超过同期投入的全部非固定资产货物和服务价值的差额，即所有常住单位的增加值之和；从收入形态看，它是所有常住单位在一定时期内创造并分配给常住单位和非常住单位的初次收入之和；从产品形态看，它是所有常住单位在一定时期内最终使用的货物和服务价值减去货物和服务进口价值。国内生产总值是衡量一国产出最全面的指标。

（1）名义 GDP 和实际 GDP

名义 GDP 是用实际市场价格衡量的 GDP。实际 GDP 则按固定价格或不变价格（如 2010 年价格）来计算。实际 GDP 被广泛用来监测一国的增长情况。

（2）三种 GDP 统计核算方法

在实际核算中，国内生产总值有三种计算方法，即生产法、收入法和支出法。三种方法分别从不同的方面反映国内生产总值及其构成。

1）从生产方面统计 GDP（生产法）：对经济中所有企业在一定时期内的增加值

进行加总。所谓增加值是企业产出价值减去企业购买的中间产品价值。对于整个经济来说，所有企业的增加值之和必定等于所有最终产品和劳务的价值。

国内生产总值（GDP）＝第一产业（企业）增加值＋第二产业（企业）增加值
＋第三产业（企业）增加值

2）从收入方面统计GDP（收入法）：统计经济中一定时期内所有生产要素的收入（工资、利息、地租、利润）的总合，加上折旧和政府间接税收入。

国内生产总值（GDP）＝工资＋租金＋利息＋利润＋折旧＋间接税

3）从支出方面统计GDP（支出法）：把一个国家或地区在一定时期内所有个人和部门购买最终产品和劳务的支出进行汇总。

国内生产总值（GDP）＝消费（C）＋投资（I）＋政府购买（G）＋净出口（X）

（3）潜在GDP

潜在GDP是指经济处于充分就业时的产出。它由可获得的投入（资本、劳动、土地等）及技术效率决定。它是在保持价格相对稳定的情况下，一国经济所能生产的最大产量。

潜在GDP多呈现较为稳定的增长，因为劳动和资本等投入以及技术水平的变化是缓慢的。相反，实际GDP会由于消费模式、经济周期以及经济制度、政策等变化出现较大的变动。

2. 国民总收入（GNI）

国民总收入（GNI）即国民生产总值，指一个国家（或地区）所有常住单位在一定时期内收入初次分配的最终结果。一国常住单位从事生产活动所创造的增加值在初次分配中主要分配给该国的常住单位，但也有一部分以生产税及进口税（扣除生产和进口补贴）、劳动者报酬和财产收入等形式分配给非常住单位；同时，国外生产所创造的增加值也有一部分以生产税及进口税（扣除生产和进口补贴）、劳动者报酬和财产收入等形式分配给该国的常住单位，从而产生了国民总收入的概念。它等于国内生产总值加上来自国外的净要素收入。与国内生产总值不同，国民总收入是个收入概念，而国内生产总值是个生产概念。

国民总收入（GNI）＝GDP＋来自国外的要素收入－向国外的要素支付

3. 其他衡量产出与收入的指标

（1）国内生产净值（NDP）与国民生产净值（NNP）：GDP扣除折旧以后的余额。它们是一个国家或地区一定时期内财富存量新增加的部分。

国内生产净值（NDP）＝国内生产总值－折旧
国民净产值（NNP）＝国民生产总值－折旧

（2）国民收入（NI）：NNP或NDP扣除间接税后的余额。它体现为一个国家或地区一定时期内生产要素收入，即工资、利息、租金和利润的总和。

$$国民收入＝国民生产净值－企业间接税$$

（3）个人收入（PI）：一国以当年价格（或不变价格）计算的个人一年内所得到的收入总和。它是国民收入进一步必要调整后形成的一个指标。最主要的扣减项有：公司未分配利润、社会保障支付。最主要的增加项有：政府对个人的转移支付，如失业救济、退休金、医疗补助等。

$$个人收入＝国民收入－公司未分配利润－社会保险税－净利息$$
$$＋红利＋政府向个人的转移支付＋个人利息收入$$

（4）个人可支配收入（DPI）：个人收入扣除个人纳税部分所余下的收入。

$$个人可支配收入＝个人收入－个人税收支付$$

（二）就业与失业的衡量

宏观经济运行的一个重要方面是一国经济利用自己资源的情况。由于劳动是任何经济的主要资源，从而充分就业是各国经济决策首先关注的目标。就业情况的变动和实际产出变动趋向一致：当实际产出上升时，对劳工的需求上升，就业率上升，失业率下降；当实际产出下降时，对劳工的需求下降，就业率下降，失业率上升。

1. 失业的类型

（1）按失业的原因分类

根据劳动市场上失业的原因，失业归纳为三类：摩擦性失业、结构性失业、周期性失业。

1）摩擦性失业是指，由于人们在各地区之间迁移、各种工作岗位变动而产生的失业。例如刚从学校毕业的学生正在寻找工作，刚刚生育后的母亲正在寻找工作，或者离开原岗位试图寻找更好的工作等。这种失业，即使经济处在充分就业水平时也会存在。

2）结构性失业是指：由于劳动力的供给与需求不匹配所导致的失业。如果对不同类型劳动的需求发生变动，而劳动的供给未能及时调整，就会发生结构性失业。常见的案例是某些部门或地区的兴起和衰落所引起的职业间或地区间的结构失衡。

3）周期性失业是指：当总支出和产出下降时，对劳动整体需求下降所引起的失业。许多地区和职业的劳动市场同时呈现失业率上升，是周期性失业的标志。

区分失业类型有助于人们对劳动市场作出诊断。较高水平的摩擦性失业和结构性失业，甚至可能发生在劳动力市场总体均衡时；而周期性失业发生在经济衰退时期，是就业的总供给与总需求不平衡的结果。

（2）按就业意愿分类

按就业意愿分类，失业又被划分为自愿失业和非自愿失业。

1）自愿失业，是指劳动者不愿意按照现行货币工资水平和工作条件就业而引起的失业。

2）非自愿失业，是指愿意接受现行工资但仍找不到工作的失业。

2. 充分就业和充分就业失业率

（1）充分就业并不意味着零失业率。因为摩擦性失业和结构性失业在动态经济中是不可避免的。

（2）充分就业失业率是周期性失业率为零时的失业率，又被称作自然失业率。充分就业失业率等于摩擦性失业率和结构性失业率之和，是稳定状态的失业率，是经济长期中趋近的失业率。充分就业失业率下的实际产出就是经济的潜在产出。

（三）价格水平变动的衡量

价格变化与实际产出的波动有密切联系，通货膨胀率是经济运行状况的主要指示器。

1. 通货膨胀

（1）通货膨胀的概念

通货膨胀是指总物价或一般物价水平在一定时期内持续的普遍的上升过程，或者说货币价值在一定时期内持续的下降过程。当总物价水平下降（即通货膨胀率为负）时，被称作通货紧缩。通货膨胀率则是指总物价水平变化的程度。

（2）通货膨胀的类型

按照价格上升的速度，通货膨胀有三种类型：

1）温和的通货膨胀，年物价水平上升速率在10％以内，也称爬行式的通货膨胀。

2）严重的通货膨胀，年物价水平上升速率在10％－100％。

3）恶性的通货膨胀，年物价水平上升速率超过100％。

（3）通货膨胀的成因

1）需求拉动型通货膨胀，指总需求过度增长，远远超过总供给所引起的通货膨胀，即太多的货币追逐有限的货物。

2）成本推动型通货膨胀，指在没有超额需求的情况下由于供给方面成本的提高所引起的一般价格水平持续和显著的上涨。

3）需求拉动与成本推进相互作用型通货膨胀，指由于总需求和总供给两方面因素的共同作用所引起的一般价格水平上涨。

4）结构性通货膨胀，是指经济结构不平衡引起的一般物价水平的持续上涨。具体而言，可以分为两种情况：由于个别关键性商品的供求比例失调而引起的通货膨胀和由于经济部门发展不平衡而引起的通货膨胀。

2. 衡量价格水平变动的指标

（1）消费物价指数（CPI）

消费价格指数（CPI）度量的是普通消费者购买一组固定消费品（包括食品、住房、服装及医疗服务等）的价格变动。该指数的权数是按照消费者预算支出中的比例确定的。

（2）GDP 平减指数

GDP 平减指数是名义 GDP 和实际 GDP 的比率，衡量经济体所生产的所有物品和劳务的价格变动，可以解释 GDP 的所有组成部分（消费、投资、政府购买、净出口）的价格水平。该指数的权数随不同产品的份额而改变。

（3）生产价格指数（PPI）

生产价格指数衡量的是生产或批发环节的价格指数。计算 PPI 的固定权数是每种商品的净销售额。由于这种指数涵盖详细，在商业领域广为使用。

二、宏观经济的不稳定性：经济周期

在一个理想的经济中，实际国内生产总值随时间以快速稳定的步伐增长，价格水平保持不变或缓慢增长，既没有大量的失业也没有显著的通货膨胀。然而世界各国经验表明：国民总产出、总收入、总就业量的波动是一个反复出现的问题。宏观经济学把这种短期波动称为经济周期（经济周期）。

（一）经济周期的定义、形式、衡量

1. 经济周期的定义

经济周期指的是经济活动水平的交替增长和下降，持续时间通常为 2～10 年，它以大多数经济部门的扩张或收缩为标志。

2. 经济周期的形式

经济周期一般被划分为两个阶段：衰退和扩张。"峰"和"谷"代表着周期的转折点。衰退是经济周期的下降期，始于峰而止于谷；扩张是经济周期的上行期，始于谷而止于峰。

经济周期虽然有着共同的阶段形式，但不同经济周期在持续时间和强度上有很大的不同。到目前为止，还没有两个完全相同的经济周期，也没有精确的模型可以预测经济周期的发生和持续时间。

3. 经济周期的衡量

一个经济体的经济活动在相当长的时期内，表现出一个长期增长趋势，即潜在 GDP 的长期变动趋势。潜在 GDP 是经济处于充分就业时的产出水平。

（1）周期性波动是用实际 GDP 与长期增长趋势背离的程度来衡量的。在衰退时期，实际 GDP 低于潜在 GDP；在经济高涨时期，实际 GDP 会在短期内高于潜在 GDP。

（2）衰退。当实际产出连续 1～2 年下降，而实际 GDP 与潜在 GDP 之间的缺口并不大时，经济的下降被称作衰退；

（3）萧条。当实际产出持续下降，实际 GDP 与潜在 GDP 之间的缺口巨大时，经济的下降被称作萧条。

（二）经济周期中的失业和价格水平

1. 经济周期中的失业

产出水平与就业水平紧密相连，并同向变动。潜在 GDP 是充分就业条件下的产出水平，当实际产出低于潜在产出水平，存在产出缺口时，无法为能够工作并且愿意工作的人创造足够的就业机会。产出缺口越大，失业率越高。奥肯定律显示，美国实际产出

每下降两个百分点，实际失业率将增加一个百分点。周期性失业发生在经济周期的衰退阶段，是由总支出不足引起的，因此，周期性失业又称做需求不足失业。

（1）当经济处于潜在产出水平以下时，实际失业率高于自然失业率，等于摩擦性失业、结构性失业以及周期性失业之和；

（2）当经济处于潜在产出水平时，实际失业率等于自然失业率，等于摩擦性失业加结构性失业，周期性失业为零；

（3）当经济处于潜在产出水平以上时，实际失业率低于自然失业率。

2．经济周期中的价格水平

（1）当经济明显处于潜在产出水平以下，远离充分就业状态时，会伴随通货紧缩或受其威胁；

（2）当经济接近或处于潜在产出水平时，由于各种经济资源供给陆续出现瓶颈，价格水平上涨的节奏会加快；

（3）当经济处于潜在产出水平以上，接近或达到最大产出能力时，经济难于或无法供给更多的资源，需求的扩张只会带来价格的急剧跳升，而无法带来产出的增加。

（三）周期性波动的原因

经济周期性波动来自于总需求或总供给的变动冲击，通常是由总需求的变动引起的。当消费者、企业及政府改变总支出水平时，波动就会发生。总需求大幅下降会导致衰退或萧条，经济活动的大幅上升将会导致通货膨胀。此外，重大发明发生的无规律性、自然灾害与战争等随机事件发生、以及货币政策失误等也是导致经济波动的原因。

（四）周期状态监测指标——PMI 指数

采购经理指数（PMI）体系，涵盖着生产与流通、制造业与非制造业等领域，是国际上通行的宏观经济监测指标体系之一，对国家经济活动所处周期状态的监测和预测具有重要作用。中国物流与采购联合会和中国国家统计局从 2005 年开始共同发布中国的制造业 PMI 数据。

制造业 PMI 指数基于对样本企业采购经理的月度问卷调查，对生产、新订单、雇员、供应商配送与库存五项类指标加权计算得出。

PMI 指数 50 为荣枯分水线。当 PMI 大于 50 时，说明经济在发展；PMI 略大于 50，说明经济在缓慢前进；越大于 50 说明经济发展越强势。当 PMI 小于 50 时，说明经济在衰退；PMI 略小于 50 说明经济在慢慢走向衰退；向下偏离 50 幅度越大说明经济衰退越快。PMI 指数与 GDP 具有高度相关性，且其转折点往往领先于 GDP 几个月。PMI 已成为监测经济运行的及时、可靠的先行指标。

三、总需求与总供给

（一）总需求

总需求（AD）是指：经济中的所有实体（消费者、企业、政府和外国人）在其他条件不变的情况下，在每一个价格水平上愿意购买的总产出数量。

总需求数量和社会整体物价水平之间呈现反向相关的关系，即社会整体物价水平越高，总需求数量越小；物价水平越低，总需求数量越大。

1. 总需求的构成

总需求（AD）由四个部分组成：消费需求（C），投资需求（I），政府需求（G），以及净出口（X）。

（1）消费需求。消费需求主要取决于可支配收入（个人收入减去税收）。其他影响因素包括：收入的长期趋势、居民财富、总体价格水平。

（2）投资需求。投资需求包括对建筑物和设备的私人购买以及库存的增加。决定投资的主要因素是产出水平、资本成本（取决于税收政策、利率和其他金融条件），以及对将来的预期。

（3）政府开支。政府开支包括对公务人员、法官、公立学校教师工资的支付等。与私人消费和投资不同，总需求的这一部分直接由政府的支出政策决定。

（4）净出口。总需求最后一个组成部分是净出口（X）。净出口取决于国内和国外的收入水平、相对价格和汇率。

2. 影响总需求变动的因素

影响总需求变动的因素可分为两类：一类是由政府控制的主要政策变量，另一类是外生变量。

（1）政策变量

1）货币政策：货币供应量增加会使利率降低并改变贷款条件，从而增加投资和耐用消费品消费数量。

2）财政政策：政府在商品和劳务上的开支增加，会直接增加支出总量；减税或增加转移支付会提高可支配收入数量，并导致消费量增加；税收刺激政策，例如投资税减免可以导致某个领域增加支出。

（2）外生变量

1）国外产出：国外产出的增长会导致净出口的增加。

2）资产价值：股票价格或住宅价格的上升增加家庭财富，从而增加消费数量；还会导致较低的资本成本，使企业投资增加。

3）技术进步：技术进步可以为商业投资提供新的机会。

4）其他：政治事件、自由贸易协定以及冷战结束提高了企业和消费者的信心，并增加了投资和对耐用消费品的开支。

（二）总供给

总供给（AS）是指：在其他条件不变的情况下，经济体内的企业在每一个价格水平上所愿意生产和出售的商品和服务的数量。

社会的总供给量和物价水平之间呈现正向相关的关系。

1. 总供给的构成

（1）按照供给物形态，总供给可分为产品供给和服务供给。

（2）按照最终用途，总供给可分为消费品供给和投资品供给。

（3）按照来源，总供给可分为国内供给和国外供给。

2. 总供给（AS）变动的决定因素

总供给基本取决于两组截然不同的因素：潜在产出和投入成本。

（1）潜在产出是总供给的基本决定因素

潜在产出是在劳动、资本和土地数量以及其他资源既定的条件下，经济所能提供的最大的可持续产出。潜在产出的变动受投入品增长和技术水平及效率变动的影响。

1）投入品：资本、劳动、土地的供给决定了进入生产过程的投入品数量。劳工的失业率和其他资源的闲置率处于最低可持续水平。投入品的增长会带来潜在产出和总供给的上升。

2）技术和效率：潜在产出受效率和企业使用的技术水平的影响。创新和技术进步都会提高潜在产出水平。

（2）投入成本变动对总供给的影响

1）工资：较低的工资导致较低的生产成本（其他条件不变时）。特定的潜在产出的较低成本，意味着在每一个价格水平上，供给的数量都会增加。

2）进口品价格：国外价格的降低或汇率的下降会引起进口品价格的下降，这会导致生产成本的下降和总供给的增加。

3）其他投入品成本：较低的石油价格或较少的环境负担会降低生产成本，从而提高总供给。

（三）总供给和总需求共同决定实际产出水平和价格总水平

根据总需求（AD）与总供给（AS）的定义可知，在其他条件不变的情况下，它们分别是价格水平的反函数和正函数。在由价格水平和产出数量组成的二维空间上，总需求（AD）表现为向下倾斜的曲线，总供给（AS）表现为向上倾斜的曲线。

1. 总供求的均衡决定实际产出水平和价格水平

国民产出和价格水平在两条曲线的交点上达成平衡：总需求等于总供给，即需求方所愿意购买的数量正好等于供给方所愿意出售的数量。在均衡点的上方，总需求小于总供给，价格面对向下的压力；在均衡点的下方，总需求大于总供给，价格面对向上的压力。

总供给与总需求均衡指的是总产量和总价格水平的这样一种组合：此时，需求方和供给方都不再愿意改变它们的购买量、销售量，不存在价格变动的压力。总供求的均衡决定实际产出水平和价格水平。

2. 实际均衡产出不一定等于充分就业的产出（潜在产出）

在经济运行于长期趋势线下方时，总需求（AD）低于充分就业条件下的总需求水平，与总供给（AS）形成低水平均衡，决定了低于潜在产出水平的产出。

在经济运行于长期趋势线上方时，总需求（AD）高于充分就业条件下的总需求水平，与总供给（AS）形成高水平均衡，决定了高于潜在产出水平的产出。

宏观经济政策的目标是使实际均衡产出趋近于充分就业条件下的潜在产出水平。

四、宏观经济政策目标与工具

(一) 宏观经济政策目标

宏观经济政策试图实现下述总量经济变量定义的目标：充分就业、经济增长、价格稳定和国际收支平衡。

(二) 宏观经济政策工具

当经济停滞或陷于衰退（通常会伴生失业率高企），即相对于潜在产出水平，总需求受到抑制时，扩张性的货币政策和财政政策可以用于刺激经济，促使经济复苏；

当经济过热面对通胀威胁，即相对于潜在产出水平，总需求大于总供给时，紧缩性的货币政策和财政政策有助于减缓经济增长速度，熄灭"通货膨胀之火"。

1. 货币政策

(1) 货币政策目标

货币政策的根本目标是保持货币币值的稳定，并以此促进经济增长。

货币政策通过改变经济中的货币供给量，在衰退时期增加货币供给以刺激支出，在通货膨胀时期减少货币供给以抑制支出，帮助稳定总产出、就业和价格水平。

(2) 货币政策类型

1) 宽松货币政策。针对由于总需求不足导致的失业与衰退局面，中央银行会采取宽松的货币政策，增加货币供应。措施包括：在公开市场上购买政府债券，降低准备金率，降低贴现率。结果将导致商业银行体系的超额准备金增加，扩大货币供给，利率水平下降，进而使投资、总需求和实际国内生产总值上升。

2) 紧缩货币政策。针对由于总需求过剩导致的通货膨胀局面，中央银行会采取紧缩的货币政策，减少货币供应。措施包括：在公开市场上出售政府债券，提高准备金率，提高贴现率。结果将导致商业银行体系的超额准备金减少，收缩货币供给，利率水平上升，进而抑制投资和总需求，使通货膨胀受到抑制。

(3) 货币政策对贸易平衡的影响

1) 当存在巨额贸易逆差时，在其他条件不变的条件下，宽松的货币政策能够降低利率，进而使本币贬值，导致出口增加、进口下降，有助于恢复贸易平衡；

2) 当存在巨额贸易顺差时，在其他条件不变的条件下，紧缩的货币政策能够提高利率，进而使本币升值，导致出口下降、进口增加，有助于恢复贸易平衡。

2. 财政政策

财政政策是政府实施宏观调控的重要手段。财政政策主要通过税收、补贴、赤字、国债、收入分配和转移支付等手段对经济运行进行调节，是政府进行反经济周期调节、熨平经济波动的重要工具，也是财政有效履行配置资源、公平分配和调控经济等职能的主要手段。

在反经济周期调节、熨平经济波动方面，财政政策包括酌情使用的财政政策和非酌情使用的财政政策两类。

（1）酌情使用的财政政策

1）扩张性的财政政策。当出现经济萧条时，政府可采用扩张性的政策措施，包括：

• 增加政府开支。政府开支的增加会直接使经济的总需求扩大。

• 减税。政府可以通过减税，使居民的可支配收入增加，扩大总需求。由于新增的可支配收入中的一部分会自动转化为居民储蓄，从而减税措施的扩张效果没有增加政府支出的扩张效应显著。

• 组合使用两种办法。政府还可以通过组合使用支出增加和税收削减，来扩张经济的总需求。

2）紧缩性的财政政策。当发生需求拉动型通货膨胀时，紧缩性财政政策有助于控制通货膨胀。采取的措施与扩张性措施相反：削减政府支出，加税，组合使用以上两种措施。

（2）非酌情使用的财政政策：自动或内在稳定器

内在稳定器的作用机制在于：税收增加（减少）使支出和总需求降低（上升）。随着 GDP 在繁荣期的上升，任何税种的税基都会增大，结果是产生更多的税收收入，特别是具有累进税率的税种，会以更快的速度增长；因为税收收入的增加会约束纳税人的支出，从而约束经济的扩张。税收收入的自动增加，会使政府预算由赤字转向盈余，自动产生一个紧缩性的效果。相反当 GDP 在衰退期间下降时，税收收入将自动减少，相应使支出增加，从而缓解经济紧缩；随着税收下降，使政府预算由盈余移向赤字，自动形成一个扩张性的效果。

转移支付与税收收入的表现恰好相反。失业补偿支付、福利支付和对农民的补贴在经济扩张期自动减少，在经济收缩时期自动增加。

尽管税收体系所提供的内在稳定性减少了经济波动的严重性，但是内在稳定器只能减轻而不能纠正均衡 GDP 的变化趋势。需要采用酌情使用的财政政策来纠正大幅度的通货膨胀或经济衰退。

（3）财政政策对贸易平衡的影响

在其他条件不变的条件下，扩张性的财政政策将扩大国内需求，政府为赤字融资会使利率上升，进而引起本币升值，导致出口减少、进口增加。紧缩性财政政策效应相反。

五、经济增长

经济增长代表的是一国潜在 GDP 或国民产出的增加。它决定一国生活水平提高的速度。

（一）衡量经济增长的指标

1. GDP 增长率。

2. 人均 GDP 增长率。

3. 劳动生产率。劳动生产率指从业人员平均每人创造的国内生产总值，它综合反映社会经济活动中活劳动消耗的经济效益。计算公式为：

劳动生产率（元/人）＝国内生产总值/全社会从业人员年均人数×100％

4. 全要素生产率。全要素生产率（Total Factor Productivity）是指经济增长中减去所有投入要素（劳动力、资本）加权平均后的总和增长，也就是经济增长中除去劳动力、资本等要素投入的贡献后的"余值"部分。计算公式为：

$$TFP = Y - \alpha K - \beta L$$

其中，Y 是经济增长；K 是总资本投入量的增长；L 是总劳动投入量的增长；α 是资本对经济增长贡献的权数；β 是劳动力对经济增长贡献的权数。

（二）经济增长的要素和主要源泉

1. *经济增长的要素*

（1）人力资源（劳动力的供给、教育、纪律、激励）

（2）自然资源（土地、矿产、燃料、环境质量）

（3）资本（机器、工厂、道路）

（4）技术（科学、管理、企业家才能）

总生产函数（APF）表明了这些要素之间的关系，它把国民总产出、总投入和技术联系在一起。其数学表达式为：

$$Q = AF(K,\ L,\ R)$$

其中：Q＝产出，K＝资本对产出的贡献，L＝投入的劳动力，R＝投入的自然资源，A 代表经济中的技术水平，F 是生产函数。

2. *经济增长的源泉*

所谓增长源泉是指劳动、资本和技术对经济增长的相对贡献。对经济增长源泉的研究依赖于增长核算。

增长核算通常依赖生产函数 $Q = AF(K,\ L,\ R)$。由于土地数量是常数，故常被忽略不计。于是产出（Q）可以分解为三个部分：劳动（L）、资本（K）和技术进步（TFP）的贡献。增长核算的基本方程为：

Q 的增长率 ＝α（L 的增长率）＋（$1-\alpha$）（K 的增长率）＋TFP

这里的 α 和 $1-\alpha$，分别代表劳动和资本对经济增长的相对贡献。

不同的国家增长模式不同，各个增长源泉的相对贡献会有很大差异。根据美国劳工部公布的研究结论：1948～1994 年美国私人部门产出年均增长 3.4％，其中投入品（劳动、资本等）贡献了 2.1％，技术进步贡献了 1.3％。也就是说，国民产出增长大大高于加权平均后的投入要素的增长，技术进步在经济增长中起着关键的作用。

更有说服力的是，真正有意义的经济增长体现为人均产出的增长。对美国人均产出增长源泉的考察发现：1900 年～1996 年，人均产出的年均增长率为 1.8%，资本深化（人均资本增长）贡献仅为 0.3%。也就是说，绝大部分的增长来源于技术进步贡献。

土地、劳动、资本都是经济增长不可或缺的生产要素，均构成经济增长的源泉。技术进步（提高要素生产率）是经济持续增长的最根本的源泉。

（三）促进长期增长的政策

促进长期增长的政策目标是将经济的长期总供给曲线向右移动，在长期增加经济潜在产出水平。主要的政策措施有：

1. 增加国家人力资源储备的教育和培训投资；

2. 鼓励技术进步，鼓励创新，知识产权保护；

3. 加大对包括公共教育基础设施建设、研究基金、基础教育、技能培训等方面的支出；

4. 实施有助于增加国民储蓄、投资和研究开发活动的税收政策。

六、国际收支、贸易、资本流动及汇率

（一）国际收支

国际收支是指一个经济体与其他经济体之间发生的进出口贸易、投融资往来等各类经济交易。国际收支平衡表是某个时期内居民与非居民之间的交易汇总统计表，反映一个国家在一定时期，从国外收进的全部货币资金和向国外支付的全部货币资金之间的对比关系以及对外金融资产负债的存量状况。国际收支相等称为国际收支平衡；收入大于支出称为国际收支顺差（盈余）；支出大于收入称为国际收支逆差（赤字）。逆差表示对外负债，一般要用外汇或黄金偿付。

1. 国际收支平衡表的结构

根据国际货币基金组织《国际收支和国际投资头寸（第六版）》（2009）规定，国际收支平衡表主要结构包括经常账户、资本账户、金融账户。我国从 2015 年起，按照第六版编制和发布国际收支平衡表。

（1）经常账户。用于统计商品、劳务和单方面转移等国际收支活动的项目，包括以下三个子项目：

1）货物和服务账户。货物和服务账户列示属于生产活动成果的交易项目。

2）初次收入账户。初次收入账户显示居民与非居民机构单位之间的初次收入流量。初次收入为提供劳务、金融资产和出租自然资源而获得的回报。

3）二次收入账户。二次收入账户显示收入的再分配，包括移民转移款项、侨民汇款，政府无偿援助、赠款，政府向国际组织缴纳的行政费用等。

（2）资本账户。资本账户的资项目包括：

• 应收和应付资本转移；

• 非生产非金融资产的取得和处置〔如：向使馆出售的土地，租赁和许可、

营销资产（和商誉）的出售]。

（3）金融账户（含净误差和遗漏）。金融账户含两个子项目。

• 非储备性质的金融账户。包括直接投资、证券投资、金融衍生工具、雇员认股权等一级子项目。

• 储备资产帐户。储备资产是一国用以平衡国际收支或对本国货币对外汇率进行干预的手段。主要包括货币黄金（即一国官方持有的作为货币资金使用的黄金）、外汇储备、国际货币基金组织的特别提款权和国际货币基金组织成员国在基金组织的储备头寸、外汇，如货币、存款、可转让或贴现的证券及其他债权等。

2．国际收支平衡表中差额的含义

（1）贸易收支差额是指包括货物与服务在内的进出口贸易之间的差额。贸易收支差额具有特殊的重要性。对许多国家来说，贸易收支在全部国际收支中所占的比重较大，贸易收支差额反映了一国（或地区）的产品和服务在国际市场上的竞争力，是一国对外经济交往的基础，影响和制约着其他账户的变化。

（2）经常账户差额显示的是出口和应收收入之和与进口和应付收入之和之间的差额。这里出口和进口指货物和服务，而收入指初次收入和二次收入。经常账户差额等于经济体的储蓄－投资缺口。经常项目顺差反映的是当期国内储蓄超过了国内投资，逆差则表明当期国内投资超过来国内储蓄。

经常账户差额反映同期经济体持有国外资产的变动。经常账户顺差反映了私人部门或政府持有的对非居民净债权（NKF）的增加或官方储备资产（NRT）的增长，或两者的同时发生；逆差必须通过增加向非居民的负债和减少对于非居民的债权弥补，从而降低国外净资产。

（3）净贷款/净借款（来自经常账户差额和资本账户差额之和）在概念上等于来自金融账户的净贷款/净借款。其中，金融账户包括储备资产。

（4）国际收支（综合）差额。国际收支（综合）差额是将各账户差额合并，剔除官方储备与错误和遗漏后所得的余额。该指标具有非常重要的意义，可以根据这一差额判断一国资产负债表、国际投资头寸、外汇储备的变动情况以及货币汇率的未来走势。如果综合差额为正，该国外汇储备就会不断增加，本国货币将面临升值的压力；如果综合差额为负，该国外汇储备就会下降，本国货币将面临贬值的压力。政府可根据这一差额进行经济政策的调整。

（二）国际贸易

1．国际贸易的含义与分类

国际贸易是指一个国家（或地区）同其他国家（或地区）之间进行商品和劳务的交换活动。国际贸易可以从不同角度进行分类：

（1）根据货物移动方向，可分为出口贸易、进口贸易和过境贸易。

（2）按照贸易品物质形态，可分为货物贸易和服务贸易。

2．国际贸易的基础和贸易利益

国际贸易的基础在于国家间在要素禀赋、生产技术与效率、消费偏好等方面存在差异。只要国家间在不同产品生产上存在相对效率差异,各国就会在不同产品上表现出比较优势;如果每个国家出口具有比较优势的产品,进口其生产成本相对较高的产品,各国均会从贸易中获得福利改善。通过国际贸易,全球通过在更大范围内组织专业化生产而扩张了生产可能性。没有国际贸易的均衡是无效率的均衡。

3.国际贸易政策

国际贸易改善了所有贸易国的福利,但福利改善的幅度,无论在国家之间还是一国之内不同群体之间,却不是均等的。从而产生了对待自由贸易的不同立场、态度和政策。

(1)国际贸易政策分类

国际贸易政策一般可分为自由贸易政策和保护贸易政策。

1)自由贸易政策的主要内容是:国家对国际贸易活动采取不干涉或少干涉的基本立场,取消对进出口贸易的限制和障碍,取消对本国进出口商的各种特权和优惠,关税税率逐步降低,纳税商品项目减少,税法简化,使商品自由进出,在国内外市场上自由竞争。

2)保护贸易政策是指,在对外贸易中实行限制进口以保护本国商品在国内市场免受外国商品竞争,并向本国商品提供各种优惠以增强其国际竞争力的主张和政策。

(2)国际贸易政策的具体措施

在限制进口方面,主要是采取关税壁垒和非关税壁垒两类措施。

1)关税壁垒是指用征收高额进口税和各种进口附加税的办法,以限制和阻止外国商品进口的一种手段。这可以提高进口商品的成本从而削弱其竞争能力,起到保护国内生产和国内市场的作用。反倾销税是目前经常被使用的限制进口的手段。

2)非关税壁垒指一国政府采取除关税以外的各种办法,对本国的对外贸易活动进行调节、管理和控制的一切政策与手段的总和,其目的是试图在一定程度上限制进口,以保护国内市场和国内产业的发展。非关税壁垒大致可以分为直接的和间接的两大类:前者是由海关直接对进口商品的数量、品种加以限制,其主要措施有:进口限额制、进口许可证制、出口许可证制等;后者是指进口国对进口商品制订严格的条例和标准,间接地限制商品进口,如进口押金制、苛刻的技术标准和卫生检验规定等。

在激励出口方面,出口补贴是最常用的措施。政府资助降低了出口产品成本,使他们能以更有竞争力的价格向国际市场销售更多的产品。

(三)国际资本流动

1.国际资本流动的含义

国际资本流动是指资本在国际间转移,或者说,资本在不同国家或地区之间作单向、双向或多向流动。

2.国际资本流动的分类

(1)按照国际资本流动的方向,流动可以分为资本流入和资本流出。

（2）按照资本的使用期限长短将其分为长期资本流动和短期资本流动两大类。

长期资本流动是指使用期限在 1 年以上或未规定使用期限的资本流动，它包括国际直接投资、国际证券投资和国际贷款三种主要方式。

短期国际资本流动，是指期限为 1 年或 1 年以内或即期支付资本的流入与流出。它主要包括贸易资本流动、银行资金调拨、保值性资本流动、投机性资本流动。

3．国际直接投资

（1）国际直接投资的含义

国际直接投资是指一个国家的企业或个人对另一国企业部门进行的投资。直接投资可以取得某一企业的全部或部分管理和控制权，或直接投资新建企业。国际直接投资往往和生产要素的跨国界流动联系在一起。国际直接投资是现代的国际资本流动的主要形式之一。

（2）国际直接投资的方式

①在国外创办新企业，包括创办独资企业、设立跨国公司分支机构及子公司；②与东道国或其他国家共同投资，合作建立合营企业；③投资者直接收购现有的外国企业；④购买外国企业股票，获得一定比例以上的股权及控制权；⑤以投资者在国外企业投资所获利润作为资本，对该企业进行再投资。

4．国际间接投资

国际间接投资是指发生在国际资本市场中的投资活动，包括国际信贷投资和国际证券投资。前者是指一国政府、银行或者国际金融组织向第三国政府、银行、自然人或法人提供信贷资金；后者是指以购买国外股票和其他有价证券为内容，以实现货币增值为目标而进行的投资活动。

国际间接投资与国际直接投资的区别主要表现在：国际证券投资只是为了获取债券、股票回报的利息和红利，对所投资企业无实际控制和管理权。

（四）汇率及汇率制度

汇率是开放经济中最重要的基础性价格之一，对宏观经济变量均有重要影响。

1．汇率

汇率是一国货币相对于另一国货币的价格，也是一种资产价格。

（1）汇率标价。汇率有两种标价方法：

直接标价法（应付标价法），是指外国货币的本币价格（例如"一美元等于 6.2 元人民币)。包括中国在内的世界上绝大多数国家目前都采用直接标价法。

间接标价法（应收标价法），是以一定单位的本国货币为标准，来计算应收若干单位的外汇货币。在国际外汇市场上，欧元、英镑、澳元等均为间接标价法。

（2）汇率类别

·即期汇率与远期汇率。根据外汇交易中所约定的生效日（交割日）的不同，外汇交易分为即期交易和远期交易。即期交易是指交易生效日比交易日迟两个工作日，在即期交易中约定的汇价为即期汇率。远期交易是指生效日超过两天，可以长达 30 日、90 日、180 日甚至数年，远期交易中所约定的汇价，称为远期汇率。

· 名义汇率与实际汇率

名义汇率是指在社会经济生活中被直接公布、使用的表示两国货币之间比价关系的汇率。名义汇率又称市场汇率。

实际汇率是用两国价格水平对名义汇率进行调整后的汇率，即 eP^*/P（其中，e 为直接标价法的名义汇率，即用本币表示的外币价格，P^* 为以外币表示的外国商品价格水平，P 为以本币表示的本国商品价格水平）。实际汇率反映了以同种货币表示的两国商品的相对价格水平以及竞争力。

2. 外汇市场

国际货币的交易场所，称为外汇市场。

（1）外汇市场的特征

1）竞争性市场。现实生活中的外汇市场符合竞争性市场的特征，大量的买者和卖者对标准化的产品（美元、日元、英镑等）进行买卖。

2）国内和国外价格的连接器。一国货币的市场价格或汇率，将所有国内（商品和服务）价格与国外（商品和服务）价格连接在一起。

（2）外汇市场的参与者

外汇市场的主要参与者包括：商业银行、国际贸易公司、非银行金融机构（资产管理公司和保险公司等）和各国的中央银行。其中作用突出的是商业银行。商业银行之间的交易是外汇市场的核心，银行间交易规模占到外汇市场交易活动的绝大部分。中央银行虽然交易规模不大，但产生的影响很大，因为市场参与者会密切注意中央银行（官方参与者）的举动，从中获取可能影响未来汇率的宏观经济政策动向。

（3）汇率变动的原因

某种货币汇率变动的决定因素与其它任何产品价格变动的决定因素相同，决定于对该种货币供给与需求。从长期看，引起某种货币供求变动的因素很多，包括经济体的经济实力及增长表现、国际收支健康状况等。从短期汇率变动看，关键的因素是两个：各国利率的相对变动和价格水平的相对变动。

1）当某国货币的实际利率水平相对其它货币升高，全球的投资者会更愿意持有该国资产，从而扩大对该国货币的需求，导致其升值；反之，则会导致其贬值。

2）当某国产品和服务价格水平相对于其它国家价格水平降低，会刺激全球的消费者更多消费该国产品和服务，从而刺激对该国货币的需求，导致其升值。反之，则会导致其贬值。

3. 汇率制度

（1）固定汇率制度。固定汇率制度是指货币当局把本币与某种外币的比价固定在某个水平上。为了维持固定汇率，中央银行必须按照固定汇率同私人部门兑换货币，而无论市场需求有多大。当市场对本币需求上升，本币有升值压力时，货币当局会购入外币，平抑对本币的需求；当市场对本币需求下降，本币有贬值压力时，货币当局会抛出外币，平抑对本币的抛售。因此，实行固定汇率制度的国家，官方外汇储备规模及其变动幅度远大于实行浮动汇率制度的国家。

（2）可调整的钉住汇率制度：是指政府预先确定、公开承诺，并用干预市场的方法而得到的本国货币与某种（或某些）主要外币的法定平价和允许汇率上下波动的幅度，但是可以定期地调整法定的平价，以利用货币的贬值或升值来校正国际收支的不平衡。

（3）有管理的浮动汇率：汇率的长期走势不受政府管理的影响而由市场供求关系所决定，但汇率的短期波动受到货币当局干预的影响。目前，世界上多数国家实行有管理的浮动汇率制度。

（4）浮动汇率制度。浮动汇率制度是指本币与外币的比价由市场自行调节，政府既不规定本国货币与外国货币的兑换比例，也不限定汇率波动幅度。

4. 宏观经济政策与汇率制度

在开放条件下，财政政策与货币政策的有效性将受制于汇率制度的选择。

在固定汇率制度且资本具有流动性的情况下，两国的利率必须保持同步变动，任何利率差异都将引致投机者买入一种货币并卖出另一种货币，直至利率达到同一水平。货币政策有效性将受到资本流动的显著限制。

相反，在浮动汇率制度且资本具有流动性的情况下，货币政策可以通过对汇率、进而对净出口的影响，更有效地控制总需求的水平；财政政策有效性将受到资本流动的显著限制。

第三节 我国的基本经济制度与宏观经济管理

一、基本经济制度

(一)《中华人民共和国宪法》关于我国基本经济制度的规定

我国社会主义经济制度的基础是生产资料的社会主义公有制，即全民所有制和劳动群众集体所有制。实行各尽所能、按劳分配的原则。国家在社会主义初级阶段，坚持公有制为主体、多种所有制经济共同发展的基本经济制度，坚持按劳分配为主体、多种分配方式并存的分配制度。

国有经济是国民经济中的主导力量。国家保障国有经济的巩固和发展。农村、城镇各种形式的合作经济，都是社会主义劳动群众集体所有制经济。国家保护城乡集体经济组织的合法的权利和利益，鼓励、指导和帮助集体经济的发展。在法律规定范围内的个体经济、私营经济等非公有制经济，是社会主义市场经济的重要组成部分。国家保护非公有制经济的合法的权利和利益。国家鼓励、支持和引导非公有制经济的发展，并对非公有制经济依法实行监督和管理。

矿藏、水流、森林、山岭、草原、荒地、滩涂等自然资源，都属于国家所有；由法律规定属于集体所有的森林和山岭、草原、荒地、滩涂除外。城市的土地属于国家所有。农村和城市郊区的土地，除由法律规定属于国家所有的以外，属于集体所有；宅基地和自留地、自留山，也属于集体所有。国家为了公共利益的需要，可以依照法律规定对土地实行征收或者征用并给予补偿。土地的使用权可以依照法律的规定转让。

社会主义的公共财产神圣不可侵犯。公民的合法的私有财产不受侵犯。国家为了公共利益的需要，可以依照法律规定对公民的私有财产实行征收或者征用并给予补偿。

国家建立健全同经济发展水平相适应的社会保障制度。

国家实行社会主义市场经济。国家加强经济立法，完善宏观调控。国有企业在法律规定的范围内有权自主经营。集体经济组织在遵守有关法律的前提下，有独立进行经济活动的自主权。在中国境内的外国企业和其他外国经济组织以及中外合资经营企业的合法权利和利益受中华人民共和国法律保护。

（二）中共中央十八届三中全会提出坚持和完善基本经济制度

《中共中央关于全面深化改革若干重大问题的决定》（以下简称《全面深化改革决定》）立足于我国长期处于社会主义初级阶段这个最大实际，提出坚持和完善基本经济制度。

公有制为主体、多种所有制经济共同发展的基本经济制度，是中国特色社会主义制度的重要支柱，也是社会主义市场经济体制的根基。公有制经济和非公有制经济都是社会主义市场经济的重要组成部分，都是我国经济社会发展的重要基础。必须毫不动摇巩固和发展公有制经济，坚持公有制主体地位，发挥国有经济主导作用，不断增强国有经济活力、控制力、影响力。必须毫不动摇鼓励、支持、引导非公有制经济发展，激发非公有制经济活力和创造力。

产权是所有制的核心。健全归属清晰、权责明确、保护严格、流转顺畅的现代产权制度。公有制经济财产权不可侵犯，非公有制经济财产权同样不可侵犯。国家保护各种所有制经济产权和合法利益，保证各种所有制经济依法平等使用生产要素、公开公平公正参与市场竞争、同等受到法律保护，依法监管各种所有制经济。

积极发展混合所有制经济。国有资本、集体资本、非公有资本等交叉持股、相互融合的混合所有制经济，是基本经济制度的重要实现形式，有利于国有资本放大功能、保值增值、提高竞争力，有利于各种所有制资本取长补短、相互促进、共同发展。允许更多国有经济和其他所有制经济发展成为混合所有制经济。国有资本投资项目允许非国有资本参股。允许混合所有制经济实行企业员工持股，形成资本所有者和劳动者利益共同体。

二、宏观经济管理

我国社会主义市场经济体制初步形成，市场体系尚在不断完善，宏观经济管理制度也需要通过深化改革逐步定型。我国仍存在市场体系不完善、政府干预过多和监管不到位的问题，影响了经济发展活力和资源配置效率。

（一）加快完善社会主义市场经济体制和宏观经济管理

十九大报告提出：着力构建市场机制有效、微观主体有活力、宏观调控有度的经济体制，不断增强我国经济创新力和竞争力。经济体制改革必须以完善产权制度和要素市场化配置为重点，实现产权有效激励、要素自由流动、价格反应灵活、竞争公平有序、企业优胜劣汰。要完善各类国有资产管理体制，改革国有资本授权经营体制，加快国有经济布局优化、结构调整、战略性重组，促进国有资产保值增值，推动国有资本做强做优做大，有效防止国有资产流失。深化国有企业改革，发展混合所有制经济，培育具有全球竞争力的世界一流企业。全面实施市场准入负面清单制度，清理废除妨碍统一市场和公平竞争的各种规定和做法，支持民营企业发展，激发各类市场主体活力。深化商事制度改革，打破行政性垄断，防止市场垄断，加快要素价格市场化改革，放宽服务业准入限制，完善市场监管体制。创新和完善宏观调控，发挥国家发展规划的战略导向作用，健全财政、货币、产业、区域等经济政策协调机制。完善促进消费的体制机制，增强消费对经济发展的基础性作用。深化投融资体制改革，发挥投资对优化供给结构的关键性作用。加快建立现代财政制度，建立权责清晰、财力协调、区域均衡的中央和地方财政关系。建立全面规范透明、标准科学、约束有力的预算制度，全面实施绩效管理。深化税收制度改革，健全地方税体系。深化金融体制改革，增强金融服务实体经济能力，提高直接融资比重，促进多层次资本市场健康发展。健全货币政策和宏观审慎政策双支柱调控框架，深化利率和汇率市场化改革。健全金融监管体系，守住不发生系统性金融风险的底线。

（二）我国的宏观调控

1. 我国宏观调控的目标和任务

宏观调控是宏观经济管理的核心内容，以保持总量平衡，促进宏观经济持续健康增长为主要目标。总量平衡是四个关键宏观变量之间的平衡，健康可持续增长是指宏观变量相互协调状态下的增长。宏观调控目标可分解为四个方面的目标，即充分就业、物价稳定、经济增长和国际收支平衡。

不同时期国民经济的运行状态决定宏观调控的重点方向和主要任务。中共十八届三中全会《全面深化改革决定》提出，宏观调控的主要任务是保持经济总量平衡，促进重大经济结构协调和生产力布局优化，减缓经济周期波动影响，防范区域性、系统性风险，稳定市场预期，实现经济持续健康发展。中共中央"十三五"规划建议提出，宏观调控要更加注重扩大就业、稳定物价、调整结构、提高效益、防控风险、保护环境。

2. 我国宏观调控体系

我国宏观经济调控体系可概括为：以国家发展战略和规划为导向、以财政政策和货币政策为主要手段的宏观调控体系。国家发展规划集中体现党和国家的战略意图和中长期发展目标，规划目标和总体要求构成确定政策方向、政策力度的依据。

与我国社会主义市场经济体制需要进一步完善相一致，宏观经济调控体系也还需要进一步健全。《全面深化改革决定》指出：推进宏观调控目标制定和政策手段运用机制化，加强财政政策、货币政策与产业、价格等政策手段协调配合，提高相机抉择水平，增强宏观调控前瞻性、针对性、协同性。形成参与国际宏观经济政策协调的机制，推动国际经济治理结构完善。要发挥财政政策在促进经济增长、优化结构、调节收入方面的重要功能，发挥货币政策在保持币值稳定和总量平衡方面的重要功能。加强财政政策、货币政策与产业、价格等政策手段协调配合。同时，还要发挥投资、消费、外资外贸、市场准入、土地、区域政策、节能环保等政策工具的支撑作用。

3. 宏观调控手段

（1）经济手段。是指政府在依据经济规律和运用价值规律的基础上借助于经济杠杆的调节作用，通过对经济利益的调整影响市场行为和调节社会经济活动，实现宏观调控目标的手段。经济手段包括规划和政策。规划展现国家意图起导向作用，规划目标和总体要求构成确定政策方向、政策力度的依据。政策是影响经济活动所规定并付诸实施的准则和措施，财政政策、货币政策、税收政策、价格政策等通过税率、利率、汇率、价格等影响市场行为和调节社会经济活动。

（2）法律手段。法律手段是指政府依靠法制力量，运用经济法规来调节经济关系和经济活动，以达到宏观调控目标的手段。法律手段的内容包括经济司法和经济立法两个方面。经济立法主要是由立法机关制定各种经济法规，保护产权，维护契约、统一市场，促进商品和要素自由流动、平等交换、公平竞争，保证经济运行的正常秩序；经济司法主要是由司法机关按照法律规定的制度、程序，对经济案件进行检察和审理的活动，维护市场秩序，惩罚和制裁经济犯罪。

（3）必要的行政手段。即依靠行政机构，采取强制性的命令、指示、规定等行政措施来调节经济活动，以达到宏观调控目标的一种手段。我国市场经济体制初步形成，市场体系尚不完善，宏观管理制度尚未定型，经济手段和法律手段的调节功能都还有一定的局限性，宏观经济调控还不能放弃必要的行政手段。尤其当国民经济重大比例关系失调或社会经济某一领域失控时，运用行政手段调节将能更迅速地扭转失控，更快地恢复正常的经济秩序。当前的主要问题是行政干预过多、行政手段使用过于频密。

4. 宏观政策体系

（1）货币政策

货币政策是指中央银行为实现既定的目标，运用各种工具调节货币供应量及市场利率，进而调节总需求以及宏观经济运行的各种措施。中国人民银行法规定：我国货币政策目标是保持货币币值的稳定，并以此促进经济增长。

目前中国人民银行调节总需求的货币政策工具包括公开市场业务、存款准备金、中央银行贷款、利率政策、常备借贷便利（SLF）、中期借贷便利（MLF）、抵押补充贷款（PSL）。央行利用这些工具实现吞吐基础货币，调节市场流动性；稳定市场预期和有效防范金融风险；运用利率工具，对利率水平和利率结构进行调整，进而影响社会资金供求状况；支持国民经济重点领域、薄弱环节和社会事业发展等目标。

在克服经济周期影响以保持经济总量平衡及经济稳定增长方面，货币政策按调控方向的不同，可以分为"松"的货币政策和"紧"的货币政策。所谓"松"是指扩大货币供应量、降低利率、放松信用控制等；"紧"的货币政策则正好相反。货币当局根据经济运行状况确定货币政策调控方向，当市场上物价持续下降、社会总需求小于总供给时，中央银行会采取扩大货币供应的办法增加总需求；当市场上物价上涨、通货膨胀明显、社会总需求大于总供给时，中央银行会采取紧缩货币供应的办法以减少总需求。

（2）财政政策

财政政策同样服务于整个宏观经济调控的目标，包括充分就业、物价稳定、经济增长、公平分配等。政府通过调整财政收支实现社会总需求与总供给之间的均衡。财政政策主要通过税收、补贴、赤字、国债、收入分配和转移支付等对经济运行进行调节，是政府进行反经济周期调节、熨平经济波动的重要工具，也是财政有效履行配置资源、公平分配和稳定经济等职能的主要手段。

在克服经济周期影响以保持经济总量平衡及经济稳定增长方面，财政当局可根据总需求不足、总需求过旺及总量基本平衡等经济运行状况，确定扩张性、紧缩性或中性三种不同的调控方向，帮助经济恢复到充分就业的增长路径。扩张性财政政策是指通过减税、增支进而扩大财政赤字的财政分配方式增加和刺激社会总需求；紧缩性财政政策是指通过增税、减支进而压缩财政赤字或增加盈余的财政分配方式减少和抑制总需求。中性财政政策是指财政的分配活动对社会总需求的影响保持中性，既不产生扩张效应，也不产生紧缩效应。

（3）投资政策

投资政策是政府对全社会固定资产投资活动施加的直接或间接干预。投资政策的主要目标是：调控投资总量，保持合理的投资规模；调控投资结构，促进产业结构升级和经济、社会协调可持续发展；调控投资地区布局，促进地区经济协调发展；调控重大项目的安排，发挥社会主义集中力量办大事的优越性。

投资宏观调控的政策手段来自多方面的组合，包括财政政策、金融政策、产业政策、地区政策等，分别通过政府直接投资规模、税率、利率等杠杆实现调控目的。此外，中长期规划、专项规划、重大项目建设计划等计划指导和信息引导，经济法规以及必要的行政手段（如项目审批）都对投资行为产生显著的调控作用。

（4）产业政策

产业政策是指政府对资源在各产业间配置过程的干预。产业政策体系包括结构政策、组织政策、技术政策、布局政策。通过结构政策加速国民经济结构实现优化升级；通过组织政策促进竞争、抑制垄断、发挥规模经济；通过技术政策推动产业技术进步，限制淘汰落后产能；通过布局政策加快主体功能区布局和生态安全屏障基本形成。

我国的产业政策体现在国民经济和社会发展战略、中长期发展规划以及专项规划、区域规划中，并通过安排国家预算内投资资金，产业目录、核准项目目录，信贷政策、财政贴息等手段加以落实和实施。

（5）区域政策

区域政策是政府对人口、经济活动空间分布的干预。我国的区域政策包括如下目标：根据不同区域的资源环境承载能力、现有开发强度和发展潜力；统筹谋划人口分布、经济布局、国土利用和城镇化格局；确定不同区域的主体功能，并据此明确开发方向，完善开发政策，控制开发强度，规范开发秩序，逐步形成人口、经济、资源环境相协调的国土开发格局和空间均衡；推进区域协调发展，缩小地区间基本公共服务和人民生活水平的差距；从源头上扭转生态环境恶化趋势，促进资源节约和环境保护，应对和减缓气候变化，实现可持续发展；打破行政区划界限，制定实施更有针对性的区域政策和绩效考核评价体系，加强和改善区域调控。

（6）信贷政策

信贷政策是我国宏观经济政策的重要组成部分，是中国人民银行根据国家宏观调控和产业政策要求，对金融机构信贷总量和投向实施引导、调控和监督，促使信贷投向不断优化，实现信贷资金优化配置并促进经济结构调整的重要手段。目前的信贷政策大致包含四方面内容：

1）与货币信贷总量扩张有关，政策措施影响货币乘数和货币流动性，如规定汽车和住房消费信贷的首付款比例、证券质押贷款比例等；

2）配合国家产业政策，通过贷款贴息等多种手段，引导信贷资金流向需要鼓励和扶持的地区及行业；

3）限制性的信贷政策。通过"窗口指导"或引导商业银行通过调整授信额度、调整信贷风险评级和风险溢价等方式，限制信贷资金向某些领域、区域过度投放；

4）制定信贷法律法规，引导、规范和促进金融创新，防范信贷风险。

货币政策主要着眼于调控总量，促进社会总供求大体平衡，从而保持币值稳定。信贷政策主要着眼于经济结构问题，通过引导信贷投向，促进产业结构调整和区域经济协调发展。信贷政策的有效贯彻实施，不仅要依靠经济手段和法律手段，必要时还须借助行政性手段。

（7）消费政策

消费政策是指政府基于结构优化、实现经济健康发展的需要，对各种社会消费主体的行为施加的干预（影响）。消费政策包含宏观消费政策、微观消费政策。前者调节储蓄（投资）与消费的关系；后者通过消费引导（如新能源汽车）、消费教育（如倡导绿色消费）、消费信贷（如购房贷款条件调整）等政策影响消费结构，进而调节产出结构。增强消费拉动经济增长的基础作用。适应消费升级趋势，破除政策障碍，优化消费环境，维护消费者权益。支持发展养老、健康、家政、教育培训、文化体育等服务消费。壮大网络信息、智能家居、个性时尚等新兴消费。鼓励线上线下互动，推动实体商业创新转型。完善物流配送网络，促进快递业健康发展。活跃二手车市场，加快建设城市停车场和新能源汽车充电设施。在全国开展消费金融公司试点，鼓励金融机构创新消费信贷产品。降低部分消费品进口关税，增设免税店。落实带薪休假制度，加强旅游交通、景区景点、自驾车营地等设施建设，规范旅游市场秩序，迎接正在兴起的大众旅游时代。

（8）价格政策

在社会主义市场经济条件下，价格是引导经济主体行为、调节市场供求关系的基本信号。中共中央《全面深化改革决定》进一步要求完善主要由市场决定价格的机制，"凡是能由市场形成价格的都交给市场，政府不进行不当干预"，要求推进水、石油、天然气、电力、交通、电信等领域价格改革，放开竞争性环节价格。

我国对价格管理的主要目标和内容是：调控价格总水平，抑制、缓解通货膨胀或通货紧缩，实现价格总水平的基本稳定；维护正常价格秩序，形成协调合理的价格体系；政府定价范围主要限定在重要公用事业、公益性服务、网络型自然垄断环节，提高透明度，接受社会监督。

三、在新的历史起点上持续创新和完善宏观调控

1. 发挥国家发展规划的战略导向作用

国家发展规划是宏观调控的重要载体，集中体现党和国家的战略意图和中长期发展目标，必须举全党全社会之力推进实施。一是强化规划引导约束。增强国家中长期规划和年度计划对公共预算、国土开发、资源配置等政策措施的宏观引导、统筹协调功能，实现宏观调控的目标和手段有机结合，提高规划的引领性、指导性和约束性。二是健全规划体系。加强规划统筹管理，构建层次分明、功能清晰、相互协调的发展规划体系，强化专项规划和区域规划对总体规划、地方规划对国家规划的支撑，提升规划的系统性。三是创新规划实施机制。在对中长期规划纲要的实施进行中期评估和终结评估基础上，再组织开展年度监测评估，强化国家战略在各层面的统一落实，确保一张蓝图干到底。

2. 健全宏观调控政策体系

把握我国供求关系的深刻变化，更好发挥财政、货币、消费、投资、产业、区域等政策工具的支撑作用，构建更加有效有力的宏观政策体系。一是更好发挥财政政策对平衡发展的积极作用。加快建立现代财政制度，建立权责清晰、财力协调、区域均衡的中央和地方财政关系。建立全面规范透明、标准科学、约束有力的预算制度，健全地方税体系。加大财政支出优化整合力度，提高资金使用效率和效益，保障调结构、促改革、补短板、惠民生等重点领域支出需要。持续推进减税降费，降低实体经济企业负担。二是提高货币政策的适应性和灵活性。深化金融体制改革，增强金融服务实体经济能力，提高直接融资比重，促进多层次资本市场健康发展。健全货币政策和宏观审慎政策双支柱调控框架，深化利率和汇率市场化改革。健全金融监管体系，守住不发生系统性金融风险的底线。三是优化促进消费转型升

级的政策组合。把握消费转型升级的新趋势，努力增加高品质产品和服务的有效供给。持续深化收入分配制度改革，扩大中等收入群体。完善促进消费的体制机制，增强消费对经济发展的基础性作用。四是强化投融资政策对优化供给结构的关键作用。深化投融资体制改革，发挥好政府资金的撬动作用，促进政银企社结合，扩大有效投资，提高资金使用效率和增量资本产出率。进一步放宽准入、提升服务、改善环境、强化监管，激发民间投资活力。五是精准实施产业政策。围绕构建现代产业体系、推动产业迈向中高端水平，统筹存量调整和增量优化，大力实施创新驱动发展战略，在人力资本提升、知识产权保护、科技创新等方面加大投入支持和制度政策保障力度，促进新旧动能接续转换。六是创新完善区域政策。以"一带一路"建设、京津冀协同发展、长江经济带发展三大战略为引领，持续推进西部开发、东北振兴、中部崛起、东部优化"四大板块"和城乡协调发展，深入推进以人为核心的新型城镇化，发挥国家级新区等创新发展龙头的引领示范效应，拓展经济发展新空间。

3. 完善宏观经济政策协调机制

加强对宏观经济政策的综合协调，实现宏观调控目标制定和政策手段运用机制化，增强宏观调控的针对性、前瞻性、灵活性和协同性，促进多重目标、多种政策、多项改革平衡协调联动。一是部门层面的协调。强化宏观经济政策统筹，加强对政策时序、边界、方向、目标的协调，实现财政、货币、产业、区域、投资等政策的优化组合，形成调控合力。二是中央和地方层面的协调。中央层面要搞好顶层设计，充分考虑地方实际，最大限度调动地方积极性；地方层面要强化对宏观经济政策的理解、执行和传导，引导市场主体积极响应和实现宏观政策意图。三是国际层面的沟通协调。以更加宽广的全球视野，积极主动参与国际宏观经济政策沟通协调及国际经济规则调整和构建，努力营造良好的外部经济环境。

4. 注重引导市场行为和社会预期

围绕处理好政府和市场关系，提高宏观调控的科学性和艺术性。一是加强风险防范和应对处置。强化底线思维，建立健全风险识别和监测预警体系，重点提高财政、金融、房地产、能源资源、生态环境等方面的风险防控能力，坚决防范系统性区域性风险。二是提升服务监管水平。密切关注新技术新产业新业态新模式发展，主动优化服务、创新监管，明规矩于前、寓严管于中、施重惩于后、存包容于严，为新兴生产力成长开辟更大空间。三是强化社会预期管理。把预期管理作为宏观调控的重要内容，提高政策透明度和可预期性，用稳定的宏观经济政策稳住市场预期，用重大改革举措落地增强发展信心。

第三章 投资体制与投资政策

投资是现代社会中最常见、最重要的经济活动之一。投资支出具有极强的易变性，是引起经济周期性波动的关键因素；投资是实现资源配置的手段和过程，与经济发展密切相关。因此，投资成为政府宏观经济政策关注的一个重要变量。本章在简述投资基本理论的基础上，重点介绍我国投资项目管理制度、投融资体制改革及投资政策。

第一节 投资概述

一、投资的含义及分类

（一）投资含义

在现实生活中，投资通常被理解为购买证券、土地和其他资产的行为。而经济学一般考察的投资却是物质资本的变化。在宏观经济学中，投资指的是一个国家或地区一定时期内社会资本的形成和增加。所谓社会资本是指一个国家或地区某一时刻以厂房、机器、设备和存货形式存在的那部分资产的价值，它们是生产新产品、创造新价值的物质条件。因此，经济学中的投资指的是物质资本存量的增加或更新，其实质是储蓄转化为资本的过程。购买证券、土地和其他资产等经济活动，引起的仅仅是财产转移，而不是物质资本存量的变化，因而不是宏观经济学考察的投资活动。工程咨询业涉及的投资是经济学意义上投资。

（二）投资主体

投资活动的发起人或行为主体，通常称为投资主体或投资者。在现实经济活动中，投资主体可以是政府部门和机构，也可以是私营部门和个人。需要强调的是，在市场经济中，私营部门的投资领域和投资目的不同于政府部门。一般情况下，私营投资主要集中于竞争性行业，利润最大化是私营投资的首要目的，而政府投资主要集中于自然垄断行业和公共产品部门，即市场失灵的领域，政府投资的目的是最大限度地提高国民经济效益，虽然政府也考虑投资回报，但更强调国民经济和社会发展的需要。

（三）投资分类

1. 固定资产投资和存货投资

投资按其具体形式可分为固定资产投资和存货投资。前者包括企业用来增加新厂房、新设备、营业用建筑物（即非住宅建筑物）以及住宅建筑物的支出，存货投资指的是企业持有的存货价值的变化，存货变动可以是正值，也可以是负值，正值表示存货上升，负值表示存货下降。存货包括生产单位购进的原材料、燃料和储备物资等，以及生产单位生产的产成品、半成品和在制品等。存货投资在国民经济核算中所占比重较小，但其变化与整个经济周期变动有着密切的关系。通常将存货投资变动情况作为判断国民经济运行变化的重要先行指标。

2. 总投资和净投资

投资和资本是两个不同的概念，投资强调的是资本形成过程，因此它是一个流量。而资本强调的是投资行为的结果，因此它是一个存量。如果一个期初资本存量为零的国家，资本每年以 1000 万元的规模增长，10 年以后该国的资本总量将为 1 亿元。在这个例子中，每年新增的资本是投资活动的结果。当然，资本总量会因投资而增加，也会因使用而磨损（减少）。所以严格地讲，每年新增的资本应该是净投资，即投资减去磨损后的余额。从会计学的角度看，对资本磨损的补偿就是折旧，也称重置投资，即为保证原有生产能力不变而进行的投资。因此，净投资等于总投资减去折旧（重置投资）。

3. 自发投资和引致投资

自发投资又称自主投资，指不受国民收入和消费水平影响，而是由人口、技术、资源、政府政策等外生变量所引起的投资，通常为一固定数值。一般说来，新发明、新技术、新产品开发投资属于自发投资。

引致投资又称诱发性投资，指受国民收入影响，随国民收入变化而变动的投资。引致投资是由国民收入变动引起的投资，国民收入增加，消费需求提高，将导致投资的增加。换句话讲，在总需求增大的情况下，需要更多的引致投资。

4. 有形投资和无形投资

有形投资是指对使用期限在一年以上、单位价值在规定标准以上的房屋、建筑物及设备工器具的投资。无形投资是指用于获得无形资产的投资。无形资产是指没有实物形态，而以某种特殊权利、技术、知识等价值形态存在于企业并长期发挥作用的资产，如土地使用权、专利权、非专利技术、商标、商誉等。在现代社会，特别是知识经济时代，无形资产的地位和作用越来越显著。本书讨论的投资，一般是作为有形固定资产投资的简称。

二、投资的决定

企业进行投资的目的在于预期可以获得利润，只有预期收益大于投资成本时，企业才会投资。经济理论认为，是否要对新的实物资本如机器、设备、厂房、仓库等进行投资，取决于这些新投资的预期利润率同为购买这些资产而必须借进的款项所要求的利率的比较。前者大于后者，投资是值得的，前者小于后者，投资就不值得。因此，在决定投资的诸多因素中，利率是首要因素。在投资的预期利润率既定时，企业是否进行投资，首先就决定于利率的高低，利率上升时，投资需求减少，利率下降时，投资需求增加。总之，企业投资是利率的减函数。

三、投资的意义

（一）一国经济增长的基本推动力

投资对国民经济具有双重作用。一方面，投资影响总支出，即总需求，从而影响国民收入；另一方面，投资导致资本存量的增加，提升经济中的生产能力，增加潜在国民收入，促进经济增长。

（二）政府宏观调控的关键环节

由于消费水平相对稳定，净出口增减虽然幅度可能较大但绝对量一般较小，因此在总需求构成中，固定资产投资就是最具决定性的变量，它的增减对国民经济状况关系甚大。经济学概括、解释投资与国民收入之间变动关系的理论分别是"乘数原理"和"加速数原理"。

1. 乘数原理

乘数原理说明投资变化如何引起收入变化，即一定量的投资在已知边际消费倾向的条件下对收入的影响。一方面，增加的投资支出用于购买投资品时，推动投资品生产和供给的增长，在此过程中，就业和收入水平同步提升。在已知边际消费倾向下，收入提高，消费支出增加，消费品的生产和供给增长。换句话讲，已知边际消费倾向条件下投资支出的增加可导致国民收入若干倍的增加。以上是从投资增加的方面说明乘数效应的。实际上，投资减少也会引起收入若干倍的减少。投资乘数指收入的变化（收入增量）与带来这种变化的投资支出的变化（投资增量）的比率。投资乘数可用公式表示为：

$$K = \Delta Y / \Delta I$$

式中，K 表示乘数，ΔY 表示收入增量，ΔI 表示投资增量。同时，由于投资增加引起的总收入增长中还包括所引致的消费增量（ΔC），即 $\Delta Y = \Delta I + \Delta C$，这使得投资乘数的大小与消费边际倾向密切相关，两者之间关系的数学表达式为：

$$K = 1 / \left(1 - \frac{\Delta C}{\Delta Y}\right)$$

其中，$\frac{\Delta C}{\Delta Y}$ 为边际消费倾向，一般记作 MPC。由上式可见，边际消费倾向越高，投资乘数越大，反之则投资乘数越小。

另外，经济学将 $\frac{\Delta I}{\Delta Y}$ 定义为边际储蓄倾向，记作 MPS。由于 $MPS = 1 - MPC$，因此，投资乘数还可以用公式表示为：

$$K = 1 / MPS$$

上式表明，投资乘数是边际储蓄倾向的倒数。

2. 加速数原理

如果说乘数原理说明的是投资变动对国民收入变动的影响，那么加速数原理则说明的是国民收入变动对投资变动的影响。根据加速数原理，投资不是产量或收入绝对量的函数，而是产量或收入变化率的函数。产量或收入的较小变化会引起投资水平的大幅度变化，不仅如此，产量或收入增长速度放慢也会造成投资大幅度下滑。加速数原理的数学表达式为：

$$I = I_0 + D = \mu \Delta Y + D$$

在上式中，I 代表总投资，I_0 为净投资，D 为重置投资。净投资 I_0 取决于加速数 μ 和国民收入（或产出）的增量。加速数又称"加速系数"，是指产出的变化所引致的净投资的倍增或倍减的变化。

3. 乘数－加速模型

宏观经济学将乘数原理和加速数原理结合起来，建立了乘数－加速模型，用"乘数"和"加速数"的相互作用来解释经济的周期性波动。

乘数和加速数相互作用引起经济周期的具体过程是：根据乘数原理，投资增加引起产量的更大增加，而在加速数原理作用下，产量的增加将引发投资的进一步增加，于是经济进入繁荣期；当产量达到一定水平，增长速度放缓，受加速数原理影响，投资增速更快下降，而投资增长放缓甚至减少又会由于乘数作用使产量继续减少，于是经济运行进入萧条期。

宏观经济学认为，政府可以通过相机抉择的宏观调控政策熨平经济周期。

四、投资的宏观调控

投资宏观调控是指政府从国民经济运行的总体发展目标出发，对整个投资活动进行的调节与控制。投资宏观调控是政府宏观调控的重要组成部分，其最终目标应当与国民经济宏观调控的最终目标相一致，即促进经济增长、充分就业、物价稳定与国际收支平衡，实现国民经济持续、稳定、协调发展。

（一）主要任务

根据保持社会总供求基本平衡和经济结构调整优化的要求，我国投资宏观调控的主要任务包括：①调控投资总量，保持合理投资规模；②调控投资产业结构和部门结构，促进产业结构优化升级；③调控投资地区布局，促进区域经济协调发展；④调控重大建设项目安排，发挥中国特色社会主义市场经济制度的优越性；⑤建立和完善有利于提高投资效益的制度环境和市场条件。

（二）主要调控方式和手段

在社会主义市场经济条件下，我国投资宏观调控以间接调控方式为主，其主要手段有：

（1）经济政策和经济杠杆。经济政策主要指货币政策、金融政策、财政政策、投资政策、产业政策、地区政策等，经济杠杆主要包括利率、汇率、税收和价格等手段。

（2）计划指导和信息引导。制定国民经济和社会发展中长期规划、制定重点领域专项规划和重点区域专项发展规划、建设国家和地方重大建设项目库是其主要实现手段。

（3）法律手段。包括与投资宏观调控直接相关的各种法律、法令和条例，以及与之相联系的法律法规。

（4）必要的行政手段。如政府直接投资项目的审批，企业投资项目的核准、备案等。

（三）近期工作重点

当前，我国经济已由高速增长阶段转向高质量发展阶段，正处在转变发展方式、优化经济结构、转换增长动力的攻关期。必须坚持质量第一、效益优先，以供给侧结构性改革为主线，推动经济发展质量变革、效率变革、动力变革。投资工作要围绕中心、服务大局，突出抓重点、补短板、强弱项，进一步深化投融资体制改革，发挥投资对优化供给结构的关键性作用。

近期投资工作的主要任务是，认真贯彻落实党中央、国务院决策部署，切实加大关键领域和薄弱环节补短板工作力度，着力推进供给侧结构性改革；全面深化投融资体制改革，进一步简政放权、放管结合、优化服务；大力促进民间投资持续健康发展，为鼓励社会投资创造良好环境；优化调整中央投资结构，集中用于"十三五"时期全局性、基础性、战略性重大工程项目；规范推广政府和社会资本合作（PPP）模式，完善配套政策，加大协调力度，加强跟踪指导。

五、投资与工程咨询

工程咨询是遵循独立、公正、科学的原则，综合运用多学科知识、工程实践经验、现代科学和管理方法，在经济社会发展、境内外投资建设项目决策与实施活动中，为投资者和政府部门提供阶段性或全过程咨询和管理的智力服务。工程咨询服务范围包括：（1）规划咨询：含总体规划、专项规划、区域规划及行业规划的编制；（2）项目咨询：含项目投资机会研究、投融资策划，项目建议书（预可行性研究）、项目可行性研究报告、项目申请报告、资金申请报告的编制，政府和社会资本合作（PPP）项目咨询等；（3）评估咨询：各级政府及有关部门委托的对规划、项目建议书、可行性研究报告、项目申请报告、资金申请报告、PPP项目实施方案、初步设计的评估，规划和项目中期评价、后评价，项目概预决算审查，及其他履行投资管理职能所需的专业技术服务；（4）全过程工程咨询：采用多种服务方式组合，为项目决策、实施和运营持续提供局部或整体解决方案以及管理服务。有关工程设计、工程造价、工程监理等资格，由国务院有关主管部门认定。

与发达国家相比，我国工程咨询业起步晚、基础薄弱，整体发展水平与经济社会发展的要求还有一定距离。经过长期努力，中国特色社会主义进入了新时代，我国社会主要矛盾已经转化为人民日益增长的美好生活需要和不平衡不充分的发展之间的矛盾。当前，我国正在按照十九大提出的建设现代化经济体系和推进高质量发展的各项要求，紧扣我国社会主要矛盾变化，统筹推进经济建设、政治建设、文化建设、社会建设、生态文明建设，坚定实施科教兴国战略、人才强国战略、创新驱动发展战略、乡村振兴战略、区域协调发展战略、可持续发展战略、军民融合发展战略，突出抓重点、补短板、强弱项，坚决打好防范化解重大风险、精准脱贫、污染防治的攻坚战。新的时代为工程咨询业带来了新的机遇，同时提出了更高要求。2017 年 11 月，为加强对工程咨询行业的管理，规范从业行为，保障工程咨询服务质量，国家发展和改革委发布《工程咨询业管理办法》（国家发展改革委 2017 年第 9 号令）。

第二节 投资项目管理制度

依法落实投资项目管理制度，规范企业投资行为，是我国改善企业投资管理的重要环节。我国目前实施的投资项目管理制度有：项目法人责任制、项目资本金制度、招标投标制度、工程监理制度和合同管理制度。

一、项目法人责任制

（一）实行项目法人责任制的目的

为了建立投资责任约束机制，规范项目法人的行为，明确其责、权、利，提高投资效益，依照《中华人民共和国公司法》（以下简称《公司法》），原国家计委于 1996 年制定并颁布了《关于实行建设项目法人责任制的暂行规定》（以下简称《暂行规定》）。

（二）项目法人责任制的适用范围

《暂行规定》明确指出：国有单位经营性基本建设大中型项目在建设阶段必须组建项目法人。凡应实行项目法人责任制而没有实行的建设项目，投资主管部门不予批准开工，也不予安排年度投资计划。

（三）项目法人的设立及职责

（1）设立形式。项目法人可按《公司法》的规定设立有限责任公司（包括国有独资公司）和股份有限公司等形式。

（2）设立时间。新上项目在项目建议书批准后，应及时组建项目法人筹备组，具体负责项目法人的筹建工作，项目法人筹备组应主要由项目投资方代表组成。

有关单位在申报项目可行性研究报告时，须同时提出项目法人的组建方案。否则，其项目可行性研究报告不予审批。

项目可行性研究报告经批准后，正式成立项目法人。并按有关规定确保资本金按时到位，同时办理公司设立登记。

（3）项目法人职责。实行项目法人责任制，由项目法人对项目的策划、资金筹措、建设实施、生产经营、债务偿还和资产的保值增值，实行全过程负责。

（四）项目法人的组建

项目法人组织要精干。建设管理工作要充分发挥咨询、监理、会计师和律师事务所等各类中介组织的作用。

由原有企业负责建设的基建大中型项目，需新设立子公司的，要重新设立项目法人，并按照规定的程序办理；只设分公司或分厂的，原企业法人即是项目法人，对这类项目，原企业法人应向分公司分厂派遣文职管理人员。

项目法人以国有独资公司的形式存在的，要设立董事会。董事会由投资方负责组建。项目法人是国有控股或参股的有限责任公司、股份有限公司的，要设立股东会、董事会和监事会。董事会、监事会由出资方按照《公司法》的有关规定进行组建。

二、项目资本金制度

（一）适用范围

国务院明文规定，对各种经营性投资项目，包括国有单位的基本建设、技术改造、房地产开发项目和集体投资项目，试行资本金制度，投资项目必须首先落实资本金才能进行建设。个体和私营企业的经营性投资项目参照相关规定执行。

公益性投资项目不实行资本金制度。

（二）投资项目资本金的含义

投资项目资本金，是指在投资项目总投资中，由投资者认缴的出资额，对投资项目来说是非债务性资金，项目法人不承担这部分资金的任何利息和债务；投资者可按其出资的比例依法享有所有者权益，也可转让其出资，但不得以任何方式抽回。

作为计算资本金基数的总投资，是指投资项目的固定资产投资与铺底流动资金之和，具体核定时以经批准的动态概算为依据。

（三）投资项目资本金的出资方式

（1）出资方式。投资项目资本金可以用货币出资，也可以用实物、工业产权、非专利技术、土地使用权作价出资。对作为资本金的实物、工业产权、非专利技术、土地使用权，必须经过有资格的资产评估机构依照法律、法规评估作价，不得高估或低估。以工业产权、非专利技术作价出资的比例不得超过投资项目资本金总额的20％，国家对采用高新技术成果有特别规定的除外。

（2）以货币出资的资本金来源。投资者以货币方式认缴的资本金，其资金来源有：①各级人民政府的财政预算内资金、国家批准的各种专项建设基金、"拨改贷"和经营性基本建设基金回收的本息、土地批租收入、国有企业产权转让收入、地方人民政府按国家有关规定收取的各种规费及其它预算外资金；②国家授权的投资机构及企业法人的所有者权益（包括资本金、资本公积金、盈余公积金和未分配利润、股票上市收益资金等）、企业折旧资金以及投资者按照国家规定从资金市场上筹措的资金；③社会个人合法所有的资金；④国家规定的其它可以用作投资项目资本金的资金。

（四）投资项目资本金的比例规定

2015年9月，为进一步解决重大民生和公共领域投资项目融资难、融资贵问题，增加公共产品和公共服务供给，补短板、增后劲，扩大有效投资需求，促进投资结构调整，保持经济平稳健康发展，国务院下发《关于调整和完善固定资产投资项目资本金制度的通知》（国发〔2015〕51号），决定对固定资产投资项目资本金制度进行调整和完善。

（1）各行业固定资产投资项目的最低资本金比例按以下规定执行。

——城市和交通基础设施项目：城市轨道交通项目由25％调整为20％，港口、沿海及内河航运、机场项目由30％调整为25％，铁路、公路项目由25％调整为20％。

——房地产开发项目：保障性住房和普通商品住房项目维持20％不变，其他项目由30％调整为25％。

——产能过剩行业项目：钢铁、电解铝项目维持40％不变，水泥项目维持35％不变，煤炭、电石、铁合金、烧碱、焦炭、黄磷、多晶硅项目维持30％不变。

——其他工业项目：玉米深加工项目由30％调整为20％，化肥（钾肥除外）项目维持25％不变。

——电力等其他项目维持20％不变。

（2）城市地下综合管廊、城市停车场项目，以及经国务院批准的核电站等重大建设项目，可以在规定最低资本金比例基础上适当降低。

（五）投资项目资本金的其他管理规定

（1）认缴方式。投资项目的资本金一次认缴，并根据批准的建设进度按比例逐年到位。

（2）可行性研究报告应包括与资本金有关的内容。试行资本金制度的投资项目，在可行性研究报告中要就资本金筹措情况做出详细说明，包括出资方、出资方式、资本金来源及数额、资本金认缴进度等有关内容。上报可行性研究报告时须附有各出资方承诺出资的文件，以实物、工业产权、非专利技术、土地使用权作价出资的，还须附有资产评估证明等有关材料。

（3）投资项目概算变动，项目资本金应进行相应调整。对投资项目概算要实行静态控制、动态管理。凡实际动态概算超过原批准动态概算的，投资项目资本金应按本通知规定的比例，以经批准调整后的概算为基数，相应进行调整，并按照国家有关规定，确定各出资方应增加的资本金。实际动态概算超过原批准动态概算10％的，其概算调整须报原概算审批单位批准。

（4）项目资本金的存放和使用。主要使用商业银行贷款的投资项目，投资者应将资本金按分年应到位数量存入其主要贷款银行；主要使用国家开发银行贷款的投资项目，应将资本金存入国家开发银行指定的银行。投资项目资本金只能用于项目建设，不得挪作它用，更不得抽回。有关银行承诺贷款后，要根据投资项目建设进度和资本金到位情况分年发放贷款。

（5）对投资项目资本金到位和使用情况的监督管理规定。对资本金未按照规定进度和数额到位的投资项目，投资管理部门不发给投资许可证，金融部门不予贷款。对将已存入银行的资本金挪作他用的，在投资者未按规定予以纠正之前，银行要停止对该项目拨付贷款。对资本金来源不符合有关规定、弄虚作假，以及抽逃资本金的，要根据情节轻重，对有关责任者处以行政处分或经济处罚，必要时停缓建有关项目。

三、招标投标制度

（一）法律法规

《中华人民共和国招标投标法》和《中华人民共和国政府采购法》是规范我国境内招标采购活动的两大基本法律。在总结我国招标采购实践经验和借鉴国际经验的基础上，《招标投标法实施条例》和《政府采购法实施条例》作为两大法律的配套行政法规，对招标投标制度做了补充、细化和完善，进一步健全和完善了我国招标投标制度。另外，国务院各相关部门结合本部门、本行业的特点和实际情况相应制订了专门的招投标管理的部门规章、规范性文件及政策性文件。地方人大及其常委会、人民政府及其有关部门也结合本地区的特点和需要，相继制定了招标投标方面的地方性法规、规章和规范性文件。

（二）政府职责及分工

国务院发展改革部门指导和协调全国招标投标工作，对国家重大建设项目的工程招标投标活动实施监督检查。国务院工业和信息化、住房城乡建设、交通运输、铁道、水利、商务等部门，按照规定的职责分工对有关招标投标活动实施监督。财政部门依法对实行招标投标的政府采购工程建设项目的预算执行情况和政府采购政策执行情况实施监督。监察机关依法对与招标投标活动有关的监察对象实施监察。

县级以上地方人民政府发展改革部门指导和协调本行政区域的招标投标工作。县级以上地方人民政府有关部门按照规定的职责分工，对招标投标活动实施监督，依法查处招标投标活动中的违法行为。县级以上地方人民政府对其所属部门有关招标投标活动的监督职责分工另有规定的，从其规定。

（三）必须招标的工程项目

1. 必须招标的工程项目

根据《招标投标法》（2017年12月28日起施行）、《必须招标的工程项目规定》（发展改革委令第16号）和《必须招标的基础设施和公用事业项目范围规定》（发改法规规〔2018〕843号），必须招标的工程项目有：

（1）大型基础设施、公用事业等关系社会公共利益、公众安全的项目，主要包括：①煤炭、石油、天然气、电力、新能源等能源基础设施项目；②铁路、公路、管道、水运，以及公共航空和A1级通用机场等交通运输基础设施项目；③电信枢纽、通信信息网络等通信基础设施项目；④防洪、灌溉、排涝、引（供）水等水利基础设施项目；⑤城市轨道交通等城建项目。

（2）全部或者部分使用国有资金投资或者国家融资的项目，主要包括：①使用预算资金200万元人民币以上，并且该资金占投资额10%以上的项目；②使用国有企业事业单位资金，并且该资金占控股或者主导地位的项目。

（3）使用国际组织或者外国政府贷款、援助资金的项目，主要包括：①使用世界银行、亚洲开发银行等国际组织贷款、援助资金的项目；②使用外国政府及其机构贷款、援助资金的项目。

2. 招标方式

根据《招标投标法》，招标分为公开招标和邀请招标。①公开招标，是指招标人以招标公告的方式邀请不特定的法人或者其他组织投标。招标人采用公开招标方式的，应当发布招标公告。依法必须进行招标的项目的招标公告，应当通过国家指定的报刊、信息网络或者其他媒介发布。招标公告应当载明招标人的名称和地址、招标项目的性质、数量、实施地点和时间以及获取招标文件的办法等事项。②邀请招标，是指招标人以投标邀请书的方式邀请特定的法人或者其他组织投标。招标人采用邀请招标方式的，应当向三个以上具备承担招标项目的能力、资信良好的特定的法人或者其他组织发出投标邀请书。投标邀请书应当载明的内容与公开招标公告相同。③国务院发展改革部门确定的国家重点项目和省、自治区、直辖市人民政府确定的地方重点项目不适宜公开招标的，经国务院发展改革部门或者省、自治区、直辖市人民政府批准，可以进行邀请招标。

根据《招标投标法实施条例》，按照国家有关规定需要履行项目审批、核准手续的必须招标项目，其招标范围、招标方式和招标组织形式应当报项目审批、核准部门审批、核准。国有资金占控股或者主导地位的依法必须进行招标的项目，应当公开招标；但有下列情形之一的，可以邀请招标：①技术复杂、有特殊要求或者受自然环境限制，只有少量潜在投标人可供选择；②采用公开招标方式的费用占项目合同金额的比例过大，其中按照国家有关规定需要履行项目审批、核准手续的依法必须进行招标的项目，由项目审批、核准部门在审批、核准项目时作出认定，其他项目由招标人申请有关行政监督部门作出认定。

另外，使用国际组织或者外国政府贷款、援助资金的项目进行招标，贷款方、资金提供方对招标投标的具体条件和程序有不同规定的，可以适用其规定，但违背中华人民共和国的社会公共利益的除外。

招标人有权自行选择招标代理机构，委托其办理招标事宜。任何单位和个人不得以任何方式为招标人指定招标代理机构。招标人具有编制招标文件和组织评标能力的，可以自行办理招标事宜。任何单位和个人不得强制其委托招标代理机构办理招标事宜。依法必须进行招标的项目，招标人自行办理招标事宜的，应当向有关行政监督部门备案。

（四）可以不进行招标的项目

根据《招标投标法》，涉及国家安全、国家秘密、抢险救灾或者属于利用扶贫资金实行以工代赈、需要使用农民工等特殊情况，不适宜进行招标的项目，按照国家有关规定可以不进行招标。

除《招标投标法》规定的可以不进行招标的特殊情况外，依据《招标投标法实施条例》，有下列情形之一的，也可以不进行招标：①需要采用不可替代的专利或者专有技术；②采购人依法能够自行建设、生产或者提供；③已通过招标方式选定的特许经营项目投资人依法能够自行建设、生产或者提供；④需要向原中标人采购工程、货物或者服务，否则将影响施工或者功能配套要求；⑤国家规定的其他特殊情形。

（五）公开招标的一般程序

1. 招标

招标人依照《招标投标法》规定提出招标项目、进行招标。这一阶段的工作主要有：确定招标方式，发布招标公告，选择和委托招标代理机构（自行办理招标事宜的，向有关行政监督部门备案），编制招标文件，编制招标预审文件等。

2. 投标

投标人是响应招标、参加投标竞争的法人或者其他组织。投标人参加依法必须进行招标的项目的投标，不受地区或者部门的限制。与招标人存在利害关系可能影响招标公正性的法人、其他组织或者个人，不得参加投标。单位负责人为同一人或者存在控股、管理关系的不同单位，不得参加同一标段投标或者未划分标段的同一招标项目投标。投标阶段的工作主要有：按照招标文件的要求编制和提交投标文件。投标文件应当对招标文件提出的实质性要求和条件作出响应。招标项目属于建设施工的，投标文件的内容应当包括拟派出的项目负责人与主要技术人员的简历、业绩和拟用于完成招标项目的机械设备等。

3. 开标

招标人应当按照招标文件规定的时间、地点开标。投标人少于3个的，不得开标；招标人应当重新招标。投标人对开标有异议的，应当在开标现场提出，招标人应当当场作出答复，并制作记录。

4. 评标

评标由招标人依法组建的评标委员会负责。依法必须进行招标的项目，其评标委员会由招标人的代表和有关技术、经济等方面的专家组成，成员人数为五人以上单数，其中技术、经济等方面的专家不得少于成员总数的三分之二。

国家实行统一的评标专家专业分类标准和管理办法。具体标准和办法由国务院发展改革部门会同国务院有关部门制定。省级人民政府和国务院有关部门应当组建综合评标专家库。

除特殊招标项目外，依法必须进行招标的项目，其评标委员会的专家成员应当从评标专家库内相关专业的专家名单中以随机抽取方式确定。所谓特殊招标项目，是指技术复杂、专业性强或者国家有特殊要求，采取随机抽取方式确定的专家难以保证胜任评标工作的项目。评标完成后，评标委员会应当向招标人提交书面评标报告和中标候选人名单。评标报告应当由评标委员会全体成员签字。

5. 中标

依法必须进行招标的项目，招标人应当自收到评标报告之日起3日内公示中标候选人，公示期不得少于3日。中标候选人应当不超过3个，并标明排序。中标人的投标应当符合下列条件之一：①能够最大限度地满足招标文件中规定的各项综合评价标准；②能够满足招标文件的实质性要求，并且经评审的投标价格最低；但是投标价格低于成本的除外。

招标人和中标人应当自中标通知书发出之日起三十日内，按照招标文件和中标人的投标文件订立书面合同。招标人和中标人不得再行订立背离合同实质性内容的其他协议。招标文件要求中标人提交履约保证金的，中标人应当提交。履约保证金不得超过中标合同金额的10%。依法必须进行招标的项目，招标人应当自确定中标人之日起十五日内，向有关行政监督部门提交招标投标情况的书面报告。

中标人应当按照合同约定履行义务，完成中标项目。中标人不得向他人转让中标项目，也不得将中标项目肢解后分别向他人转让。中标人按照合同约定或者经招标人同意，可以将中标项目的部分非主体、非关键性工作分包给他人完成。接受分包的人应当具备相应的资格条件，并不得再次分包。中标人应当就分包项目向招标人负责，接受分包的人就分包项目承担连带责任。

四、工程监理制度

（一）相关法律法规

《中华人民共和国建筑法》明确指出，国家推行建筑工程监理制度，国务院可以规定实行强制监理的建筑工程的范围。建筑工程监理应当依照法律、行政法规及有关的技术标准、设计文件和建筑工程承包合同，对承包单位在施工质量、建设工期和建设资金使用等方面，代表建设单位实施监督。

《建设工程质量管理条例》规定，实行监理的建设工程，建设单位应当委托具有相应资质等级的工程监理单位进行监理，也可以委托具有工程监理相应资质等级并与被监理工程施工承包单位没有隶属关系或者其他利害关系的该工程的设计单位进行监理。

为了确定必须实行监理的建设工程项目具体范围和规模标准，规范建设工程监理活动，根据《建设工程质量管理条例》，我国制定和施行了《建设工程监理范围和规模标准规定》。

（二）监理合同与建筑施工企业

《建筑法》规定，实行监理的建筑工程，由建设单位委托具有相应资质条件的工程监理单位监理。建设单位与其委托的工程监理单位应当订立书面委托监理合同。

实施建筑工程监理前，建设单位应当将委托的工程监理单位、监理的内容及监理权限，书面通知被监理的建筑施工企业。

（三）工程监理单位及人员的质量责任和义务

工程监理单位应当依法取得相应等级的资质证书，并在其资质等级许可的范围内承担工程监理业务。工程监理单位应当根据建设单位的委托，客观、公正地执行监理任务。工程监理单位与被监理工程的承包单位以及建筑材料、建筑构配件和设备供应单位不得有隶属关系或者其他利害关系。禁止工程监理单位超越本单位资质等级许可的范围或者以其他工程监理单位的名义承担工程监理业务。禁止工程监理单位允许其他单位或者个人以本单位的名义承担工程监理业务。工程监理单位不得转让工程监理业务。

工程监理单位不按照委托监理合同的约定履行监理义务，对应当监督检查的项目不检查或者不按照规定检查，给建设单位造成损失的，应当承担相应的赔偿责任。工程监理单位与承包单位串通，为承包单位谋取非法利益，给建设单位造成损失的，应当与承包单位承担连带赔偿责任。

工程监理单位应当选派具备相应资格的总监理工程师和监理工程师进驻施工现场。未经监理工程师签字，建筑材料、建筑构配件和设备不得在工程上使用或者安装，施工单位不得进行下一道工序的施工。未经总监理工程师签字，建设单位不拨付工程款，不进行竣工验收。监理工程师应当按照工程监理规范的要求，采取旁站、巡视和平行检验等形式，对建设工程实施监理。

工程监理人员认为工程施工不符合工程设计要求、施工技术标准和合同约定的，有权要求建筑施工企业改正。工程监理人员发现工程设计不符合建筑工程质量标准或者合同约定的质量要求的，应当报告建设单位要求设计单位改正。

（四）必须实行监理的建设工程及规模标准

1. 必须实行监理的建设工程

下列建设工程必须实行监理：①国家重点建设工程；②大中型公用事业工程；③成片开发建设的住宅小区工程；④利用外国政府或者国际组织贷款、援助资金的工程；⑤国家规定必须实行监理的其他工程。

2. 建设工程监理的范围和规模

（1）国家重点建设工程，是指依据《国家重点建设项目管理办法》所确定的对国民经济和社会发展有重大影响的骨干项目。

（2）大中型公用事业工程，是指项目总投资额在3000万元以上的下列工程项目：供水、供电、供气、供热等市政工程项目；科技、教育、文化等项目；体育、旅游、商业等项目；卫生、社会福利等项目；其他公用事业项目。

（3）成片开发建设的住宅小区工程，建筑面积在5万平方米以上的住宅建设工程必须实行监理；5万平方米以下的住宅建设工程，可以实行监理，具体范围和规模标准，由省、自治区、直辖市人民政府建设行政主管部门规定。为了保证住宅质量，对高层住宅及地基、结构复杂的多层住宅应当实行监理。

（4）利用外国政府或者国际组织贷款、援助资金的工程范围包括：使用世界银行、亚洲开发银行等国际组织贷款资金的项目；使用国外政府及其机构贷款资金的项目。

使用国际组织或者国外政府援助资金的项目。

（5）国家规定必须实行监理的其他工程是指：①项目总投资额在3000万元以上关系社会公共利益、公众安全的下列基础设施项目：煤炭、石油、化工、天然气、电力、新能源等项目；铁路、公路、管道、水运、民航以及其他交通运输业等项目；邮政、电信枢纽、通信、信息网络等项目；防洪、灌溉、排涝、发电、引（供）水、滩涂治理、水资源保护、水土保持等水利建设项目；道路、桥梁、地铁和轻轨交通、污水排放及处理、垃圾处理、地下管道、公共停车场等城市基础设施项目；生态环境保护项目；其他基础设施项目。②学校、影剧院、体育场馆项目。

国务院建设行政主管部门商国务院有关部门后，可以对本规定确定的必须实行监理的建设工程具体范围和规模标准进行调整。

五、合同管理制度

（一）相关法律法规

为了保护合同当事人的合法权益，维护社会经济秩序，促进社会主义现代化建设，我国制定并施行了《中华人民共和国合同法》。《合同法》中所称合同是平等主体的自然人、法人、其他组织之间设立、变更、终止民事权利义务关系的协议。《合同法》对买卖合同，供用电、水、气、热力合同，赠与合同，借款合同，租赁合同，融资租赁合同，承揽合同，建设工程合同，运输合同，技术合同，保管合同，仓储合同，委托合同，行纪合同，居间合同等做出了明确的法律规定。

（二）建设工程合同管理

1. 概念、构成及形式

建设工程合同是承包人进行工程建设，发包人支付价款的合同。建设工程合同包括工程勘察、设计、施工合同。建设工程合同应当采用书面形式。

2. 合同的订立

（1）发包人可以与总承包人订立建设工程合同，也可以分别与勘察人、设计人、施工人订立勘察、设计、施工承包合同。发包人不得将应当由一个承包人完成的建设工程肢解成若干部分发包给几个承包人。总承包人或者勘察、设计、施工承包人经发包人同意，可以将自己承包的部分工作交由第三人完成。第三人就其完成的工作成果与总承包人或者勘察、设计、施工承包人向发包人承担连带责任。承包人不得将其承包的全部建设工程转包给第三人或者将其承包的全部建设工程肢解以后以分包的名义分别转包给第三人。禁止承包人将工程分包给不具备相应资质条件的单位。禁止分包单位将其承包的工程再分包。建设工程主体结构的施工必须由承包人自行完成。

（2）国家重大建设工程合同，应当按照国家规定的程序和国家批准的投资计划、可行性研究报告等文件订立。

（3）建设工程实行监理的，发包人应当与监理人采用书面形式订立委托监理合同。发包人与监理人的权利和义务以及法律责任，应当依照合同法委托合同以及其他有关法律、行政法规的规定。

3．合同的内容

（1）勘察、设计合同的内容包括提交有关基础资料和文件（包括概预算）的期限、质量要求、费用以及其他协作条件等条款。

（2）施工合同的内容包括工程范围、建设工期、中间交工工程的开工和竣工时间、工程质量、工程造价、技术资料交付时间、材料和设备供应责任、拨款和结算、竣工验收、质量保修范围和质量保证期、双方相互协作等条款。

六、其他制度规定

在我国，除了上述投资项目管理制度，各类企业的投资活动还要严格遵守城乡规划、土地管理、环境保护、安全生产等方面的法律法规，认真执行相关政策、标准和规范。

（一）城乡规划管理

《中华人民共和国城乡规划法》规定，在规划区内进行建设活动，必须遵守该法。城市、镇、以及确定区域内乡和村庄规划区内的建设活动，应当符合城市规划、镇规划、乡规划、村庄规划的要求。

按照国家规定需要有关部门批准或者核准的建设项目，以划拨方式提供国有土地使用权的，建设单位在报送有关部门批准或者核准前，应当向城乡规划主管部门申请核发选址意见书。在城市、镇规划区内以划拨方式提供国有土地使用权的建设项目，经有关部门批准、核准、备案后，建设单位应当向城市、县人民政府城乡规划主管部门提出建设用地规划许可申请，由城市、县人民政府城乡规划主管部门依据控制性详细规划核定建设用地的位置、面积、允许建设的范围，核发建设用地规划许可证。建设单位在取得建设用地规划许可证后，方可向县级以上地方人民政府土地主管部门申请用地，经县级以上人民政府审批后，由土地主管部门划拨土地。

在城市、镇规划区内以出让方式提供国有土地使用权的，在国有土地使用权出让前，城市、县人民政府城乡规划主管部门应当依据控制性详细规划，提出出让地块的位置、使用性质、开发强度等规划条件，作为国有土地使用权出让合同的组成部分。未确定规划条件的地块，不得出让国有土地使用权。按照国家规定需要有关部门批准或者核准的建设项目，以出让方式取得国有土地使用权的建设项目，在签订国有土地使用权出让合同后，建设单位应当持建设项目的批准、核准、备案文件和国有土地使用权出让合同，向城市、县人民政府城乡规划主管部门领取建设用地规划许可证。城市、县人民政府城乡规划主管部门不得在建设用地规划许可证中，擅自改变作为国有土地使用权出让合同组成部分的规划条件。

规划条件未纳入国有土地使用权出让合同的，该国有土地使用权出让合同无效；对未取得建设用地规划许可证的建设单位批准用地的，由县级以上人民政府撤销有关批准文件；占用土地的，应当及时退回；给当事人造成损失的，应当依法给予赔偿。

（二）国土资源管理

1. 严格建设用地管理

《中华人民共和国土地管理法》明确规定，我国实行土地用途管理制度。国家编制土地利用总体规划，规定土地用途，将土地分为农用地、建设用地和未利用地。严格限制农用地转为建设用地，对建设用地实行总量控制，对耕地实行特殊保护。农用地是指直接用于农业生产的土地；建设用地是指建造建筑物、构筑物的土地，包括城乡住宅和公共设施用地、工矿用地、交通水利设施用地、旅游用地、军事设施用地等；未利用地是指农用地和建设用地以外的土地。使用土地的单位和个人必须严格按照土地利用总体规划确定的用途使用土地。任何单位和个人进行建设，需要使用土地的，必须依法申请使用国有土地，包括国家所有的土地和国家征收的原属于农民集体所有的土地。

根据《建设项目用地预审管理办法》（国土资源部令第 27 号），国土资源管理部门在建设项目审批、核准、备案阶段，依法对建设项目涉及的土地利用事项进行的审查，预审内容包括：①建设项目用地选址是否符合土地利用总体规划，是否符合土地管理法律、法规规定的条件；②建设项目是否符合国家供地政策；③建设项目用地标准和总规模是否符合有关规定；④占用耕地的，补充耕地初步方案是否可行，资金是否有保障；⑤属《土地管理法》第二十六条规定情形，建设项目用地需修改土地利用总体规划的，规划的修改方案、建设项目对规划实施影响评估报告等是否符合法律、法规的规定。

2. 保障矿产资源的合理开发利用

根据《中华人民共和国矿产资源法》及其实施条例，矿产资源属于国家所有，由国务院行使国家对矿产资源的所有权。地表或者地下的矿产资源的国家所有权，不因其所依附的土地的所有权或者使用权的不同而改变。国家保障矿产资源的合理开发利用。禁止任何组织或者个人用任何手段侵占或者破坏矿产资源。各级人民政府必须加强矿产资源的保护工作。国家对矿产资源的勘查、开采实行许可证制度。勘查矿产资源，必须依法申请登记，领取勘查许可证，取得探矿权；开采矿产资源，必须依法申请登记，领取采矿许可证，取得采矿权。从事矿产资源勘查和开采的，必须符合规定的资质条件。国家实行探矿权、采矿权有偿取得的制度。开采矿产资源，必须按照国家有关规定缴纳资源税和资源补偿费。

（三）环境保护管理

为了实施可持续发展战略，预防因规划和建设项目实施后对环境造成不良影响，促进经济、社会和环境的协调发展，我国对规划和建设项目实施实行环境影响评价制度。《中华人民共和国环境影响评价法》规定，环境影响评价必须客观、公开、公正，综合考虑规划或者建设项目实施后对各种环境因素及其所构成的生态系统可能造成的影响，为决策提供科学依据。建设单位应当按照规定组织编制环境影响报告书、环境影响报告表或者填报环境影响登记表（以下统称环境影响评价文件）。环境影响评价文件中的环境影响报告书或者环境影响报告表，应当由具有相应环境影响评价资质的机构编制。建设项目的环境影响评价文件，由建设单位按照国务院的规定报有审批权的环境保护行政主管部门审批；建设项目有行业主管部门的，其环境影响报告书或者环境影响报告表应当经行业主管部门预审后，报有审批权的环境保护行政主管部门审批。建设项目的环境影响评价文件未经法律规定的审批部门审查或者审查后未予批准的，该项目审批部门不得批准其建设，建设单位不得开工建设。

1. 规划的环境影响评价

国务院有关部门、设区的市级以上地方人民政府及其有关部门，对其组织编制的土地利用的有关规划，区域、流域、海域的建设、开发利用规划，应当在规划编制过程中组织进行环境影响评价，编写该规划有关环境影响的篇章或者说明。

国务院有关部门、设区的市级以上地方人民政府及其有关部门，对其组织编制的工业、农业、畜牧业、林业、能源、水利、交通、城市建设、旅游、自然资源开发的有关专项规划（以下简称专项规划），应当在该专项规划草案上报审批前，组织进行环境影响评价，并向审批该专项规划的机关提出环境影响报告书。

2. 建设项目的环境影响评价

国家根据建设项目对环境的影响程度，对建设项目的环境影响评价实行分类管理。①可能造成重大环境影响的，应当编制环境影响报告书，对产生的环境影响进行全面评价；②可能造成轻度环境影响的，应当编制环境影响报告表，对产生的环境影响进行分析或者专项评价；③对环境影响很小、不需要进行环境影响评价的，应当填报环境影响登记表。

（四）安全生产管理

为了加强建设工程安全生产监督管理，保障人民群众生命和财产安全，根据《中华人民共和国建筑法》《中华人民共和国安全生产法》，我国政府制定了《建设工程安全生产管理条例》（以下简称《条例》）。在中华人民共和国境内从事建设工程的新建、扩建、改建和拆除等有关活动及实施对建设工程安全生产的监督管理，必须遵守该条例。《条例》要求，建设单位、勘察单位、设计单位、施工单位、工程监理单位及其他与建设工程安全生产有关的单位，必须遵守安全生产法律、法规的规定，保证建设工程安全生产，依法承担建设工程安全生产责任。建设单位不得对勘察、设计、施工、工程监理等单位提出不符合建设工程安全生产法律、法规和强制性标准规定的要求，不得压缩合同约定的工期。建设单位在编制工程概算时，应当确定建设工程安全作业环境及安全施工措施所需费用。建设单位在申请领取施工许可证时，应当提供建设工程有关安全施工措施的资料。依法批准开工报告的建设工程，建设单位应当自开工报告批准之日起 15 日内，将保证安全施工的措施报送建设工程所在地的县级以上地方人民政府建设行政主管部门或者其他有关部门备案。依照《中华人民共和国安全生产法》的规定，国务院负责安全生产监督管理的部门对全国建设工程安全生产工作实施综合监督管理，县级以上地方人民政府负责安全生产监督管理的部门对本行政区域内建设工程安全生产工作实施综合监督管理。

（五）投资项目纵横联动协同监管

随着简政放权的深入推进，对投资项目的接住管好和协同监管亟待加强，为此，我国加快建立投资项目纵横联动协同监管机制。根据《关于创新投资管理方式建立协同监管机制的若干意见》（国办发〔2015〕12号），我国从创新管理入手，围绕既放权到位、接住管好，又服务到位、监管有效，促进市场秩序更加规范，市场活力充分释放的改革目标，通过建设信息共享、覆盖全国的投资项目在线审批监管平台，实现"制度＋技术"的有效监管。具体要求如下：

一是切实接住管好。在取消下放核准事项的同时，有关部门要主动协同放权。按照方便办事、就近服务原则，充分考虑基层承接能力，合理确定下放层级。同时，提高基层承接和监管能力，确保接得住、管得好。

二是突出监管重点。各级项目审批、核准、备案机关和国土资源、城乡规划、环境保护、安全监管、建设、审计及行业管理等部门，要依据法律法规和发展规划、产业政策、技术政策和准入标准等，重点围绕开工建设和竣工投产环节开展全过程监管。

三是落实监管责任。各有关部门要严格履行法律法规赋予的监管职责。地方各级政府要按照"权力与责任同步下放"，"谁承接、谁监管"的要求，切实承担起监管责任。同时，要进一步加强监管能力建设。

四是创新监管方式。依托国家电子政务外网，加快建设投资项目在线审批监管平台，横向联通发展改革、国土资源、城乡规划、环境保护等部门，纵向贯通各级政府，逐步实现非涉密投资项目"平台受理、在线办理、限时办结、依法监管、全程监察"，做到全透明、可核查。同时，实施投资项目信息在线备案制度。

五是健全约束惩戒机制。加强在线监测、项目稽察等监督执法和信息公开，设立"异常信用记录"和"黑名单"，对守法者开设快速通道，对失信者采取联合惩戒，形成"一处失信，处处受制"的失信惩戒长效机制。

第三节　投融资体制改革

投融资体制是指固定资产投资管理制度和运行机制的总称。党的十八大以来，党中央、国务院大力推进简政放权、放管结合、优化服务改革，投融资体制改革取得新的突破，投资项目审批范围大幅度缩减，投资管理工作重心逐步从事前审批转向过程服务和事中事后监管，企业投资自主权进一步落实，调动了社会资本积极性。但是，与政府职能转变和经济社会发展要求相比，投融资管理体制仍然存在一些问题。

为了进一步转变政府职能，深入推进简政放权、放管结合、优化服务改革，建立完善企业自主决策、融资渠道畅通、职能转变到位、政府行为规范、宏观调控有效、法治保障健全的新型投融资体制，2016年7月，中共中央、国务院印发《关于深化投融资体制改革的意见》（中发［2016］18号）。提出了当前和今后一个时期投融资体制改革的主要任务。

一、改善企业投资管理

（一）"不再审批"管理模式

坚持企业投资核准范围最小化，原则上由企业依法依规自主决策投资行为。在一定领域、区域内先行试点企业投资项目承诺制。企业投资项目承诺制改革，就是要建立"政府定标准，企业作承诺、过程强监管、信用有褒惩"的新型企业投资项目管理框架和模式。

（二）"三个清单"管理制度

建立健全"三个清单"动态管理机制，根据情况变化适时调整。及时修订并公布政府核准的投资项目目录，实行企业投资项目管理负面清单制度，建立企业投资项目管理权力清单制度和责任清单制度。清单应及时向社会公布，接受社会监督，做到依法、公开、透明。

（三）优化管理流程

（1）实行备案制的投资项目，备案机关要通过投资项目在线审批监管平台或政务服务大厅，提供快捷备案服务，不得设置任何前置条件。

（2）实行核准制的投资项目，政府部门要依托投资项目在线审批监管平台或政务服务大厅实行并联核准。

（3）精简投资项目准入阶段的相关手续，只保留选址意见、用地（用海）预审以及重特大项目的环评审批作为前置条件。

（4）按照并联办理、联合评审的要求，相关部门要协同下放审批权限，探索建立多评合一、统一评审的新模式。

二、完善政府投资体制

（一）进一步明确政府投资范围

政府投资资金只投向市场不能有效配置资源的社会公益服务、公共基础设施、农业农村、生态环境保护和修复、重大科技进步、社会管理、国家安全等公共领域的项目，以非经营性项目为主，原则上不支持经营性项目。建立政府投资范围定期评估调整机制，不断优化投资方向和结构，提高投资效率。

（二）优化政府投资安排方式

（1）政府投资资金按项目安排，以直接投资方式为主。

（2）对确需支持的经营性项目，主要采取资本金注入方式投入，也可适当采取投资补助、贷款贴息等方式进行引导。

（3）安排政府投资资金不得设置歧视性条件。

（4）根据发展需要，依法发起设立基础设施建设基金、公共服务发展基金、住房保障发展基金、政府出资产业投资基金等各类基金，充分发挥政府资金的引导作用和放大效应。

（三）规范政府投资管理

（1）依据国民经济和社会发展规划及国家宏观调控总体要求，编制三年滚动政府投资计划。

（2）依据三年滚动政府投资计划及国家宏观调控政策，编制政府投资年度计划。

（3）建立覆盖各地区各部门的政府投资项目库，未入库项目原则上不予安排政府投资。

（4）完善政府投资项目信息统一管理机制，建立贯通各地区各部门的项目信息平台，并尽快拓展至企业投资项目，实现项目信息共享。

（5）改进和规范政府投资项目审批制，采用直接投资和资本金注入方式的项目，对经济社会发展、社会公众利益有重大影响或者投资规模较大的，要在科学论证基础上，严格审批项目建议书、可行性研究报告、初步设计。

（四）加强政府投资事中事后监管

（1）加强政府投资项目建设管理，严格投资概算、建设标准、建设工期等要求。

（2）进一步完善政府投资项目代理建设制度。

（3）完善政府投资监管机制，加强投资项目审计监督，强化重大项目稽察制度，完善竣工验收制度，建立后评价制度，健全政府投资责任追究制度。

（4）建立社会监督机制，推动政府投资信息公开，鼓励公众和媒体对政府投资进行监督。

（五）鼓励政府和社会资本合作

各地区各部门可以根据需要和财力状况，通过特许经营、政府购买服务等方式，在交通、环保、医疗、养老等领域采取单个项目、组合项目、连片开发等多种形式，扩大公共产品和服务供给。

三、创新融资机制

（一）大力发展直接融资

依托多层次资本市场体系，拓宽投资项目融资渠道，支持有真实经济活动支撑的资产证券化，盘活存量资产，优化金融资源配置，更好地服务投资兴业。开展金融机构以适当方式依法持有企业股权试点。

（二）充分发挥政策性、开发性金融机构积极作用

在国家批准的业务范围内，政策性、开发性金融机构要加大对城镇棚户区改造、生态环保、城乡基础设施建设、科技创新等重大项目和工程的资金支持力度。

（三）完善保险资金等机构资金对项目建设的投资机制

在风险可控的前提下，逐步放宽保险资金投资范围，创新资金运用方式。鼓励通过债权、股权、资产支持等多种方式，支持重大基础设施、重大民生工程、新型

城镇化等领域的项目建设。

（四）加快构建更加开放的投融资体制

创新有利于深化对外合作的投融资机制，加强金融机构协调配合，用好各类资金，为国内企业走出去和重点合作项目提供更多投融资支持。

四、切实转变政府职能

（一）创新服务管理方式

（1）探索建立并逐步推行投资项目审批首问负责制，投资主管部门或审批协调机构作为首家受理单位"一站式"受理、"全流程"服务，一家负责到底。

（2）充分运用互联网和大数据等技术，加快建设投资项目在线审批监管平台，实现一口受理、网上办理、规范透明、限时办结。

（3）完善投资项目统一代码制度，严格执行项目代码制度，依法实现"一项一码"，做好项目代码日常管理，防止多码、错码问题，加强项目代码应用，利用项目代码归集和共享信息，以及加强项目调度和事中事后监管。

（4）各有关部门要制定项目审批工作规则和办事指南，及时公开受理情况、办理过程、审批结果，发布政策信息、投资信息、中介服务信息等，为企业投资决策提供参考和帮助。

（二）加强规划政策引导

充分发挥发展规划、产业政策、行业标准等对投资活动的引导作用，并为监管提供依据。加快制定修订能耗、水耗、用地、碳排放、污染物排放、安全生产等技术标准，实施能效和排污强度"领跑者"制度，鼓励各地区结合实际依法制定更加严格的地方标准。

（三）健全监管约束机制

（1）按照谁审批谁监管、谁主管谁监管的原则，明确监管责任，注重发挥投资主管部门综合监管职能、地方政府就近就便监管作用和行业管理部门专业优势，整合监管力量，共享监管信息，实现协同监管。

（2）依托投资项目在线审批监管平台，加强项目建设全过程监管，确保项目合法开工、建设过程合规有序。

（3）各有关部门要完善规章制度，制定监管工作指南和操作规程，促进监管工作标准具体化、公开化。要严格执法，依法纠正和查处违法违规投资建设行为。

（4）实施投融资领域相关主体信用承诺制度，建立异常信用记录和严重违法失信"黑名单"，纳入全国信用信息共享平台。

第四节　投资政策

一、利用外资政策

利用外资是我国对外开放基本国策和构建开放型经济新体制的重要内容。当前我国经济已由高速增长阶段转向高质量发展阶段，利用外资面临新形势新挑战。

（一）积极有效利用外资推动经济高质量发展的若干措施

为贯彻落实党中央、国务院关于推动形成全面开放新格局的决策部署，实行高水平投资自由化便利化政策，对标国际先进水平，营造更加公平透明便利、更有吸引力的投资环境，保持我国全球外商投资主要目的地地位，进一步促进外商投资稳定增长，实现以高水平开放推动经济高质量发展，国务院下发《关于积极有效利用外资推动经济高质量发展若干措施的通知》（国发〔2018〕19号）。具体内容如下：

1. 大幅度放宽市场准入，提升投资自由化水平

（1）全面落实准入前国民待遇加负面清单管理制度

修订出台全国和自由贸易试验区外商投资准入特别管理措施（负面清单），与国际通行规则对接，全面提升开放水平，以开放促改革、促发展、促创新。负面清单之外的领域，各地区各部门不得专门针对外商投资准入进行限制。

（2）稳步扩大金融业开放

放宽外资金融机构设立限制，扩大外资金融机构在华业务范围，拓宽中外金融市场合作领域。修订完善合格境外机构投资者（QFII）和人民币合格境外机构投资者（RQFII）有关规定，建立健全公开透明、操作便利、风险可控的合格境外投资者制度，吸引更多境外长期资金投资境内资本市场。大力推进原油期货市场建设，积极推进铁矿石等期货品种引入境外交易者参与交易。深化境外上市监管改革，支持符合条件的境内企业到境外上市，稳妥有序推进在境外上市公司的未上市股份在境外市场上市流通。支持外资金融机构更多地参与地方政府债券承销。

（3）持续推进服务业开放

取消或放宽交通运输、商贸物流、专业服务等领域外资准入限制。加大自由贸易试验区范围内电信、文化、旅游等领域对外开放压力测试力度。

（4）深化农业、采矿业、制造业开放

取消或放宽种业等农业领域，煤炭、非金属矿等采矿业领域，汽车、船舶、飞机等制造业领域外资准入限制。

2. 深化"放管服"改革，提升投资便利化水平

（1）持续推进外资领域"放管服"改革

外商投资准入负面清单内投资总额10亿美元以下的外商投资企业设立及变更，由省级人民政府负责审批和管理。支持地方政府开展相对集中行政许可权改革试点。在全国推行负面清单以外领域外商投资企业商务备案与工商登记"一口办理"。

（2）提高外商投资企业资金运用便利度

进一步简化资金池管理，允许银行审核真实、合法的电子单证，为企业办理集中收付汇、轧差结算业务。放宽企业开展跨国公司外汇资金集中运营管理试点备案条件。支持跨国企业集团办理跨境双向人民币资金池业务。

（3）提升外国人才来华工作便利度

研究出台支持政策，依法保障在华工作外国人才享有基本公共服务。为符合国家支持导向的中国境内注册企业急需的外国人才提供更加便利的外国人来华工作许可管理服务。积极推进外国高端人才服务"一卡通"试点，进一步简化工作许可办理程序。

（4）提升外国人才出入境便利度

中国境内注册企业选聘的外国人才，符合外国人才签证实施办法规定条件的，可凭外国高端人才确认函向驻外使馆、领馆或者外交部委托的其他驻外机构申请5—10年有效、多次入境，每次停留期限不超过180天的人才签证，免除签证费和急件费，可在2个工作日内获发签证。

3. 加强投资促进，提升引资质量和水平

（1）优化外商投资导向

积极吸引外商投资以及先进技术、管理经验，支持外商全面参与海南自由贸易港建设，强化自由贸易试验区在扩大开放吸引外资方面的先行先试作用。引导外资更多投向现代农业、生态建设、先进制造业、现代服务业，投向中西部地区。进一步落实企业境外所得抵免、境外投资者以境内利润直接投资以及技术先进型服务企业的税收政策。

（2）支持外商投资创新发展

积极落实外商投资研发中心支持政策，研究调整优化认定标准，鼓励外商投资企业加大在华研发力度。进一步落实高新技术企业政策，鼓励外资投向高新技术领域。

（3）鼓励外资并购投资

鼓励地方政府根据市场化原则建立并购信息库，引导国内企业主动参与国际合作。允许符合条件的外国自然人投资者依法投资境内上市公司。比照上市公司相关规定，允许外商投资全国中小企业股份转让系统挂牌公司。完善上市公司国有股权监督管理制度，进一步提高国有控股上市公司及其国有股权流转的公开透明程度，为符合条件的国内外投资者参与国有企业改革提供公平机会。

（4）降低外商投资企业经营成本

允许各地支持制造业企业依法按程序进行厂房加层、厂区改造、内部用地整理及扩建生产、仓储场所，提升集约化用地水平，不再增收地价款。支持外商投资企业科学用工，通过订立以完成一定工作任务为期限的劳动合同、短期固定期限劳动合同满足灵活用工需求。完善外商投资企业申请实行综合计算工时工作制和不定时工作制的审批流程，缩短审批时限。加快推进多双边社会保障协定商签工作，切实履行已签署社会保障协定的条约义务，依据协定内容维护在华外国劳动者的社会保障权益，免除企业和员工对协定约定社会保险险种的双重缴费义务。

（5）加大投资促进工作力度

鼓励各地提供投资促进资金支持，强化绩效考核，完善激励机制。支持各地在法定权限范围内制定专项政策，对在经济社会发展中作出突出贡献的外商投资企业及高层次人才给予奖励。充分运用因公临时出国管理有关政策，为重大项目洽谈、重大投资促进活动等因公出访团组提供便利。各地在招商引资过程中，应遵守国家产业政策、土地利用政策、城乡规划和环境保护等要求，注重综合改善营商环境，给予内外资企业公平待遇，避免恶性竞争。

4. 提升投资保护水平，打造高标准投资环境

（1）加大知识产权保护力度

推进专利法等相关法律法规修订工作，大幅提高知识产权侵权法定赔偿上限。严厉打击侵权假冒行为，加大对外商投资企业反映较多的侵犯商业秘密、商标恶意抢注和商业标识混淆不正当竞争、专利侵权假冒、网络盗版侵权等知识产权侵权违法行为的惩治力度。严格履行我国加入世界贸易组织承诺，外商投资过程中技术合作的条件由投资各方议定，各级人民政府工作人员不得利用行政手段强制技术转让。加强维权援助和纠纷仲裁调解，推进纠纷仲裁调解试点工作，推动完善知识产权保护体系。

（2）保护外商投资合法权益

完善外商投资企业投诉工作部际联席会议制度，协调解决涉及中央事权的制度性、政策性问题。建立健全各地外商投资企业投诉工作机制，各部门要加强对地方对口单位的指导和监督，及时解决外商投资企业反映的不公平待遇问题。各地不得限制外商投资企业依法跨区域经营、搬迁、注销等行为。

5. 优化区域开放布局，引导外资投向中西部等地区

（1）拓宽外商投资企业融资渠道

允许西部地区和东北老工业基地的外商投资企业在境外发行人民币或外币债券，并可全额汇回所募集资金，用于所在省份投资经营。在全口径跨境融资宏观审慎管理框架内，支持上述区域金融机构或经批准设立的地方资产管理公司按照制度完善、风险可控的要求，向境外投资者转让人民币不良债权；在充分评估的基础上，允许上述区域的银行机构将其持有的人民币贸易融资资产转让给境外银行。

（2）降低外商投资企业物流成本

在中西部地区和东北老工业基地建设陆空联合开放口岸和多式联运枢纽，加快发展江海、铁空、铁水等联运。支持增加中西部和东北老工业基地国际国内航线和班次。加强中欧班列场站、通道等基础设施建设，优化中欧班列发展环境，促进中欧班列降本增效。完善市场调节机制，调整运输结构，提高运输效率，加强公路、铁路、航空、水运等领域收费行为监管，进一步降低西部地区物流成本。

（3）加快沿边引资重点地区建设

鼓励地方统筹中央有关补助资金和自有财力，支持边境经济合作区、跨境经济合作区、边境旅游试验区建设。鼓励政策性、开发性金融机构在业务范围内加大对边境经济合作区、跨境经济合作区企业的信贷支持力度。积极支持注册地和主要生产地均在边境经济合作区、跨境经济合作区，符合条件的内外资企业，申请首次公开发行股票并上市。

（4）打造西部地区投资合作新载体

　　在有条件的地区高标准规划建设若干个具有示范引领作用的国际合作园区，试点探索中外企业、机构、政府部门联合整体开发，支持园区在国际资本、人才、机构、服务等领域开展便利进出方面的先行先试。

　　（5）促进开发区优化外资综合服务

　　省级人民政府依法赋予国家级开发区地市级经济管理权限，制定发布相应的赋权清单，在有条件的国家级开发区试点赋予适宜的省级经济管理审批权限，支持国家级开发区稳妥高效用好相关权限，提升综合服务能力。支持国家级开发区复制推广上海市浦东新区"证照分离"改革经验，创新探索事中事后监管制度措施。借鉴国际先进经验，鼓励外商投资企业参与区中园、一区多园等建设运营。

　　（6）发挥开发区示范带动提高利用外资水平的作用

　　省级人民政府依法制定支持国家级开发区城市更新、工业区改造的政策，优化土地存量供给，引进高技术、高附加值外商投资企业和项目。各地在安排土地利用计划时，对国家级开发区主导产业引进外资、促进转型升级等用地予以倾斜支持。在国家级开发区招商引资部门、团队等实行更加灵活的人事制度，提高专业化、市场化服务能力。进一步提升国家级开发区建设的国际化水平。

　　（7）加大开发区引资金融支持力度

　　引导各类绿色环保基金，按照市场化原则运作，支持外资参与国家级开发区环境治理和节能减排，为国家级开发区引进先进节能环保技术、企业提供金融支持。地方政府可通过完善公共服务定价、实施特许经营模式等方式，支持绿色环保基金投资国家级开发区相关项目。鼓励设立政府性融资担保机构，提供融资担保、再担保等服务，支持国家级开发区引进境外创新型企业、创业投资机构等，推进创新驱动发展。

　　（8）健全开发区双向协作引资机制

　　在东部地区国家级开发区建设若干产业转移协作平台，推进产业项目转移对接合作。支持地方制定成本分担和利益分享、人才交流合作、产业转移协作等方面的措施，推动东部地区国家级开发区通过多种形式在西部地区、东北老工业基地建设产业转移园区。支持东部与中西部地区国家级开发区合作引入国际双元制职业教育机构，增加外商投资企业人力资源有效供给。

　　（二）外商投资准入负面清单

　　（1）《外商投资准入特别管理措施（负面清单）》（2018 年版）（以下简称《外商投资准入负面清单》）统一列出股权要求、高管要求等外商投资准入方面的特别管理措施；《自由贸易试验区外商投资准入特别管理措施（负面清单）》（2018 年版）（以下简称《自贸试验区负面清单》）统一列出股权要求、高管要求等外商投资准入方面的特别管理措施，适用于自由贸易试验区。《外商投资准入负面清单》《自贸试验区负面清单》之外的领域，按照内外资一致原则实施管理。

　　（2）《外商投资准入负面清单》《自贸试验区负面清单》对部分领域列出了取消或放宽准入限制的过渡期，过渡期满后将按时取消或放宽其准入限制。

（3）境外投资者不得作为个体工商户、个人独资企业投资人、农民专业合作社成员，从事投资经营活动。

（4）境外投资者不得投资《外商投资准入负面清单》《自贸试验区负面清单》中禁止外商投资的领域；投资《外商投资准入负面清单》《自贸试验区负面清单》之内的非禁止投资领域，须进行外资准入许可；投资有股权要求的领域，不得设立外商投资合伙企业。

（5）境内公司、企业或自然人以其在境外合法设立或控制的公司并购与其有关联关系的境内公司，涉及外商投资项目和企业设立及变更事项的，按照现行规定办理。

（6）《外商投资准入负面清单》《自贸试验区负面清单》中未列出的文化、金融等领域与行政审批、资质条件、国家安全等相关措施，按照现行规定执行。

（7）《内地与香港关于建立更紧密经贸关系的安排》及其后续协议、《内地与澳门关于建立更紧密经贸关系的安排》及其后续协议、《海峡两岸经济合作框架协议》及其后续协议、我国与有关国家签订的自由贸易区协议和投资协定、我国参加的国际条约对符合条件的投资者有更优惠开放措施的，按照相关协议或协定的规定执行。

（8）《外商投资准入负面清单》《自贸试验区负面清单》由发展改革委、商务部会同有关部门负责解释。

二、对外投资政策

（一）对外投资

对外投资是指在中华人民共和国境内依法设立的企业通过新设、并购及其他方式在境外拥有企业或取得既有企业所有权、控制权、经营管理权及其他权益的行为。

根据《境外投资管理办法》，我国对外投资实行"备案为主、核准为辅"的管理模式，除在敏感国家和地区、敏感行业的投资实行核准管理外，其余均实行备案。

敏感国家和地区包括：未建交和受国际制裁的国家，发生战争、内乱等国家和地区。敏感行业包括：基础电信运营，跨境水资源开发利用，大规模土地开发，输电干线、电网，新闻传媒等行业。

（二）国际产能和装备制造合作

当前，全球产业结构加速调整，基础设施建设方兴未艾，发展中国家大力推进工业化、城镇化进程，为推进国际产能和装备制造合作提供了重要机遇。为抓住有利时机，推进国际产能和装备制造合作，实现我国经济提质增效升级，国务院于2015年5月出台《关于推进国际产能和装备制造合作的指导意见》（国发〔2015〕30号）。

（1）总体要求。将与我装备和产能契合度高、合作愿望强烈、合作条件和基础好的发展中国家作为重点国别，并积极开拓发达国家市场，以点带面，逐步扩展。将钢铁、有色、建材、铁路、电力、化工、轻纺、汽车、通信、工程机械、航空航天、船舶和海洋工程等作为重点行业，分类实施，有序推进。

（2）主要任务。立足国内优势，推动钢铁、有色行业对外产能合作。结合当地市场需求，开展建材行业优势产能国际合作。加快铁路"走出去"步伐，拓展轨道交通装备国际市场。大力开发和实施境外电力项目，提升国际市场竞争力。加强境外资源开发，推动化工重点领域境外投资。发挥竞争优势，提高轻工纺织行业国际合作水平。通过境外设厂等方式，加快自主品牌汽车走向国际市场。推动创新升级，提高信息通信行业国际竞争力。整合优势资源，推动工程机械等制造企业完善全球业务网络。加强对外合作，推动航空航天装备对外输出。提升产品和服务水平，开拓船舶和海洋工程装备高端市场。

（三）对外投资项目管理

境外投资项目是指投资主体通过投入货币、有价证券、实物、知识产权或技术、股权、债权等资产和权益或提供担保，获得境外所有权、经营管理权及其他相关权益的活动。

根据《境外投资项目核准和备案管理办法》，国家根据不同情况对境外投资项目分别实行核准和备案管理。国家发展和改革委员会会同有关部门加强对企业境外投资的宏观指导、投向引导和综合服务，并通过多双边投资合作和对话机制，为投资主体实施境外投资项目积极创造有利的外部环境。

（四）深化境外投资管理制度改革

进一步加大简政放权力度，深化境外投资管理制度改革，取消境外投资审批，除敏感类投资外，境外投资项目和设立企业全部实行告知性备案，做好事中事后监管工作。完善对中央和地方国有企业的境外投资管理方式，从注重事前管理向加强事中事后监管转变。

三、支持和鼓励民间投资发展政策

（一）鼓励和引导民间投资发展政策

1. 进一步拓宽民间投资的领域和范围

鼓励和引导民间资本进入法律法规未明确禁止准入的行业和领域。对于可以实行市场化运作的基础设施、市政工程和其他公共服务领域，应鼓励和支持民间资本进入。进一步调整国有经济布局和结构。在一般竞争性领域，要为民间资本营造更广阔的市场空间。将民办社会事业作为社会公共事业发展的重要补充，统筹规划，合理布局，加快培育形成政府投入为主、民间投资为辅的公共服务体系。

2. 鼓励和引导民间资本进入基础产业和基础设施领域

（1）鼓励民间资本参与交通运输建设。探索建立铁路产业投资基金，积极支持铁路企业加快股改上市，拓宽民间资本进入铁路建设领域的渠道和途径。

（2）鼓励民间资本参与水利工程建设。建立收费补偿机制，实行政府补贴，通过业主招标、承包租赁等方式，吸引民间资本投资建设农田水利、跨流域调水、水资源综合利用、水土保持等水利项目。

（3）鼓励民间资本参与电力建设。鼓励民间资本参与新能源产业建设。支持民间资本以独资、控股或参股形式参与水电站、火电站建设，参股建设核电站。进一步放开电力市场，积极推进电价改革，加快推行竞价上网，推行项目业主招标，完善电力监管制度，为民营发电企业平等参与竞争创造良好环境。

（4）鼓励民间资本参与石油天然气建设。支持民间资本进入油气勘探开发领域，与国有石油企业合作开展油气勘探开发。支持民间资本参股建设原油、天然气、成品油的储运和管道输送设施及网络。

（5）鼓励民间资本参与电信建设。鼓励民间资本以参股方式进入基础电信运营市场。支持民间资本开展增值电信业务。加强对电信领域垄断和不正当竞争行为的监管，促进公平竞争，推动资源共享。

（6）鼓励民间资本参与土地整治和矿产资源勘探开发。积极引导民间资本通过招标投标形式参与土地整理、复垦等工程建设，鼓励和引导民间资本投资矿山地质环境恢复治理，坚持矿业权市场全面向民间资本开放。

3. 鼓励和引导民间资本进入市政公用事业和政策性住房建设领域

（1）鼓励民间资本参与市政公用事业建设。鼓励民间资本积极参与市政公用企事业单位的改组改制，具备条件的市政公用事业项目可以采取市场化的经营方式，向民间资本转让产权或经营权。

（2）进一步深化市政公用事业体制改革。积极引入市场竞争机制，大力推行市政公用事业的投资主体、运营主体招标制度，建立健全市政公用事业特许经营制度。改进和完善政府采购制度，建立规范的政府监管和财政补贴机制，加快推进市政公用产品价格和收费制度改革，为鼓励和引导民间资本进入市政公用事业领域创造良好的制度环境。

（3）鼓励民间资本参与政策性住房建设。支持和引导民间资本投资建设经济适用住房、公共租赁住房等政策性住房，参与棚户区改造，享受相应的政策性住房建设政策。

4. 鼓励和引导民间资本进入社会事业领域

（1）鼓励民间资本参与发展医疗事业。切实落实非营利性医疗机构的税收政策。鼓励医疗人才资源向民营医疗机构合理流动，确保民营医疗机构在人才引进、职称评定、科研课题等方面与公立医院享受平等待遇。

（2）鼓励民间资本参与发展教育和社会培训事业。支持民间资本兴办高等学校、中小学校、幼儿园、职业教育等各类教育和社会培训机构。修改完善《中华人民共和国民办教育促进法实施条例》，落实对民办学校的人才鼓励政策和公共财政资助政策，加快制定和完善促进民办教育发展的金融、产权和社保等政策，研究建立民办学校的退出机制。

（3）鼓励民间资本参与发展社会福利事业。通过用地保障、信贷支持和政府采购等多种形式，鼓励民间资本投资建设专业化的服务设施，兴办养（托）老服务和残疾人康复、托养服务等各类社会福利机构。

（4）鼓励民间资本参与发展文化、旅游和体育产业。鼓励民间资本从事广告、印刷、演艺、娱乐、文化创意、文化会展、影视制作、网络文化、动漫游戏、出版物发行、文化产品数字制作与相关服务等活动，建设博物馆、图书馆、文化馆、电影院等文化设施。鼓励民间资本合理开发旅游资源，建设旅游设施，从事各种旅游休闲活动。鼓励民间资本投资生产体育用品，建设各类体育场馆及健身设施，从事体育健身、竞赛表演等活动。

5. 鼓励和引导民间资本进入金融服务领域

允许民间资本兴办金融机构。在加强有效监管、促进规范经营、防范金融风险的前提下，放宽对金融机构的股比限制。支持民间资本以入股方式参与商业银行的增资扩股，参与农村信用社、城市信用社的改制工作。鼓励民间资本发起或参与设立村镇银行、贷款公司、农村资金互助社等金融机构，放宽村镇银行或社区银行中法人银行最低出资比例的限制。落实中小企业贷款税前全额拨备损失准备金政策，简化中小金融机构呆账核销审核程序。适当放宽小额贷款公司单一投资者持股比例限制，对小额贷款公司的涉农业务实行与村镇银行同等的财政补贴政策。支持民间资本发起设立信用担保公司，完善信用担保公司的风险补偿机制和风险分担机制。鼓励民间资本发起设立金融中介服务机构，参与证券、保险等金融机构的改组改制。

6. 鼓励和引导民间资本进入商贸流通领域

鼓励民间资本进入商品批发零售、现代物流领域。支持民营批发、零售企业发展，鼓励民间资本投资连锁经营、电子商务等新型流通业态。引导民间资本投资第三方物流服务领域，为民营物流企业承接传统制造业、商贸业的物流业务外包创造条件，支持中小型民营商贸流通企业协作发展共同配送。加快物流业管理体制改革，鼓励物流基础设施的资源整合和充分利用，促进物流企业网络化经营，搭建便捷高效的融资平台，创造公平、规范的市场竞争环境，推进物流服务的社会化和资源利用的市场化。

7. 鼓励和引导民间资本进入国防科技工业领域

鼓励民间资本进入国防科技工业投资建设领域。引导和支持民营企业有序参与军工企业的改组改制，鼓励民营企业参与军民两用高技术开发和产业化，允许民营企业按有关规定参与承担军工生产和科研任务。

8. 鼓励和引导民间资本重组联合和参与国有企业改革

鼓励和引导民营企业通过参股、控股、资产收购等多种形式，参与国有企业的改制重组。合理降低国有控股企业中的国有资本比例。民营企业在参与国有企业改制重组过程中，要认真执行国家有关资产处置、债务处理和社会保障等方面的政策要求，依法妥善安置职工，保证企业职工的正当权益。

9. 推动民营企业加强自主创新和转型升级

贯彻落实鼓励企业增加研发投入的税收优惠政策；加快实施促进科技成果转化的鼓励政策；鼓励民营企业加大新产品开发力度，实现产品更新换代；鼓励和引导民营企业发展战略性新兴产业。

10. 鼓励和引导民营企业积极参与国际竞争

鼓励民营企业"走出去"，积极参与国际竞争。完善境外投资促进和保障体系。通过签订双边民间投资合作协定、利用多边协定体系等，为民营企业"走出去"争取有利的投资、贸易环境和更多优惠政策。健全和完善境外投资鼓励政策，在资金支持、金融保险、外汇管理、质检通关等方面，民营企业与其他企业享受同等待遇。

（二）创新重点领域投融资机制鼓励社会投资政策

为推进经济结构战略性调整，加强薄弱环节建设，促进经济持续健康发展，迫切需要在公共服务、资源环境、生态建设、基础设施等重点领域进一步创新投融资机制，充分发挥社会资本特别是民间资本的积极作用。

1. 创新生态环保投资运营机制

深化林业管理体制改革，推进生态建设主体多元化，推动环境污染治理市场化，积极开展排污权、碳排放权交易试点。

2. 鼓励社会资本投资运营农业和水利工程

培育农业、水利工程多元化投资主体，保障农业、水利工程投资合理收益，通过水权制度改革吸引社会资本参与水资源开发利用和保护。

3. 推进市政基础设施投资运营市场化

改革市政基础设施建设运营模式，积极推动社会资本参与市政基础设施建设运营。通过特许经营、投资补助、政府购买服务等多种方式，鼓励社会资本投资城镇供水、供热、燃气、污水垃圾处理、建筑垃圾资源化利用和处理、城市综合管廊、公园配套服务、公共交通、停车设施等市政基础设施项目，政府依法选择符合要求的经营者。政府可采用委托经营或转让—经营—转让（TOT）等方式，将已经建成的市政基础设施项目转交给社会资本运营管理。

4. 改革完善交通投融资机制

（1）加快推进铁路投融资体制改革。用好铁路发展基金平台，吸引社会资本参与，扩大基金规模。充分利用铁路土地综合开发政策，以开发收益支持铁路发展。按照市场化方向，不断完善铁路运价形成机制。向地方政府和社会资本放开城际铁路、市域（郊）铁路、资源开发性铁路和支线铁路的所有权、经营权。鼓励按照"多式衔接、立体开发、功能融合、节约集约"的原则，对城市轨道交通站点周边、车辆段上盖进行土地综合开发，吸引社会资本参与城市轨道交通建设。

（2）完善公路投融资模式。建立完善政府主导、分级负责、多元筹资的公路投融资模式，完善收费公路政策，吸引社会资本投入，多渠道筹措建设和维护资金。逐步建立高速公路与普通公路统筹发展机制，促进普通公路持续健康发展。

（3）鼓励社会资本参与水运、民航基础设施建设。探索发展"航电结合"等投融资模式，按相关政策给予投资补助，鼓励社会资本投资建设航电枢纽。鼓励社会资本投资建设港口、内河航运设施等。积极吸引社会资本参与盈利状况较好的枢纽机场、干线机场以及机场配套服务设施等投资建设，拓宽机场建设资金来源。

5. 鼓励社会资本加强能源设施投资

鼓励社会资本参与电力建设、电网建设及油气管网、储存设施和煤炭储运建设运营。

6. 推进信息和民用空间基础设施投资主体多元化

鼓励电信业进一步向民间资本开放。吸引民间资本加大信息基础设施投资力度。支持基础电信企业引入民间战略投资者。推动中国铁塔股份有限公司引入民间资本，实现混合所有制发展。鼓励民间资本参与国家民用空间基础设施建设。

7. 鼓励社会资本加大社会事业投资力度

加快社会事业公立机构分类改革。鼓励社会资本加大社会事业投资力度。通过独资、合资、合作、联营、租赁等途径，采取特许经营、公建民营、民办公助等方式，鼓励社会资本参与教育、医疗、养老、体育健身、文化设施建设。

8. 建立健全政府和社会资本合作（PPP）机制

推广政府和社会资本合作（PPP）模式，规范合作关系保障各方利益，健全风险防范和监督机制，健全退出机制。

政府和社会资本合作（PPP）模式是公共服务供给机制的重大创新，即政府采取竞争性方式择优选择具有投资、运营管理能力的社会资本，双方按照平等协商原则订立合同，明确责权利关系，由社会资本提供公共服务，政府依据公共服务绩效评价结果向社会资本支付相应对价，保证社会资本获得合理收益。政府和社会资本合作模式有利于充分发挥市场机制作用，提升公共服务的供给质量和效率，实现公共利益最大化。

四、投资结构调整政策

（一）产业结构调整指导目录

1.《产业结构调整指导目录》是引导投资方向，政府管理投资项目，制定和实施财税、信贷、土地、进出口等政策的重要依据，由国家发展和改革委员会同国务院有关部门依据国家有关法律法规制订，经国务院批准后公布。《产业结构调整指导目录》原则上适用于我国境内的各类企业。其中外商投资按照《外商投资产业指导目录》执行。

2.《产业结构调整指导目录》由鼓励、限制和淘汰三类目录组成。不属于鼓励类、限制类和淘汰类，且符合国家有关法律、法规和政策规定的，为允许类。

3. 对鼓励类投资项目，按照国家有关投资管理规定进行审批、核准或备案；各金融机构应按照信贷原则提供信贷支持；对鼓励类产业项目的税收等优惠政策，按照国家有关规定执行。

4. 对属于限制类的新建项目，禁止投资。投资管理部门不予审批、核准或备案，各金融机构不得发放贷款，土地管理、城市规划和建设、环境保护、质检、消防、海关、工商等部门不得办理有关手续。对属于限制类的现有生产能力，允许企业在一定期限内采取措施改造升级，金融机构按信贷原则继续给予支持。

5. 对淘汰类项目，禁止投资。各金融机构应停止各种形式的授信支持，并采取措施收回已发放的贷款；各地区、各部门和有关企业要采取有力措施，按规定限期淘汰。在淘汰期限内国家价格主管部门可提高供电价格。

（二）化解产能严重过剩政策

1. 总体要求

坚持以转变发展方式为主线，把化解产能严重过剩矛盾作为产业结构调整的重点，按照尊重规律、分业分类施策、多管齐下、标本兼治的总原则，立足当前，着眼长远，着力加强宏观调控和市场监管，坚决遏制产能盲目扩张；着力发挥市场机制作用，完善配套政策，"消化一批、转移一批、整合一批、淘汰一批"过剩产能；着力创新体制机制，加快政府职能转变，建立化解产能严重过剩矛盾长效机制，推进产业转型升级。

2. 政策措施

（1）加强行业准入和规范管理，公告符合条件的生产线和企业名单。适时发布产能严重过剩行业产能利用、市场供需等相关信息。定期发布淘汰落后产能企业名单。加强产品质量管理，推行产能严重过剩行业产品质量分类监管。发挥行业协会在行业自律、信息服务等方面的重要作用。

（2）强化环保硬约束监督管理。加强环保准入管理，严格控制区域主要污染物排放总量，完善区域限批措施。

（3）加强土地和岸线管理。强化项目用地、岸线管理，对产能严重过剩行业企业使用土地、岸线进行全面检查，对违规建设项目使用土地、岸线进行清理整顿，对发现的土地违法行为依法进行查处。加强对产能严重过剩行业新增使用土地、岸线的审核，对未经核准、备案的项目，一律不得批准使用土地、岸线。

（4）落实有保有控的金融政策。对产能严重过剩行业实施有针对性的信贷指导政策，加强和改进信贷管理。大力发展各类机构投资，鼓励创新基金品种，开拓企业兼并重组融资渠道。加大企业"走出去"的贷款支持力度、适当简化审批程序，完善海外投资保险产品，研究完善"走出去"投融资服务体系，支持产能向境外转移。

（5）完善和规范价格政策。按照体现资源稀缺性和环境成本的原则，深化资源性产品价格改革。继续实施并完善非居民用水超定额加价和环保收费政策。完善差别电价政策，各地对产能严重过剩行业优惠电价政策进行清理整顿，禁止自行实行电价优惠和电费补贴。对钢铁、水泥、电解铝、平板玻璃等高耗能行业，能耗、电耗、水耗达不到行业标准的产能，实施差别电价和惩罚性电价、水价。

（6）完善财税支持政策。中央财政加大对产能严重过剩行业实施结构调整和产业升级的支持力度，各地财政结合实际安排专项资金予以支持。中央财政利用淘汰落后产能奖励资金等现有资金渠道，适当扩大资金规模，支持产能严重过剩行业压缩过剩产能。完善促进企业兼并重组的税收政策，鼓励企业重组，提高市场竞争力。对向境外转移过剩产能的企业，其出口设备及产品可按现行规定享受出口退税政策。修订完善资源综合利用财税优惠政策，支持生产高标号水泥、高性能混凝土以及利用水泥窑处置城市垃圾、污泥和产业废弃物。

（7）落实职工安置政策。各级政府要切实负起责任，将化解产能严重过剩矛盾中企业下岗失业人员纳入就业扶持政策体系。

（8）建立项目信息库和公开制度。建立全国统一的投资项目信息库，充分发挥信息化在市场监管中的作用。加强建设项目信息公开和服务，并与国土、环保、金融等信息系统互联互通，形成协同监管机制。同时，建立和完善举报查处制度，鼓励和引导社会参与监管。

（9）强化监督检查。把化解产能严重过剩矛盾工作列为落实中央重大决策部署监督检查的重要内容，加强对本意见贯彻落实情况的监督检查，落实地方政府主体责任。

第四章 财税体制与财税政策

财政是以国家为主体，通过政府的收支活动，集中一部分社会资源，用于履行政府职能和满足社会公共需要的经济活动。财政是国家治理的基础和重要支柱，科学的财税体制是优化资源配置、维护市场统一、促进社会公平、实现国家长治久安的制度保障。

第一节 财政概述

一、财政的基本含义

财政是以国家为主体，为了实现国家职能的需要，参与社会产品的分配和再分配以及由此而形成的国家与各有关方面之间的分配关系。

二、公共财政及其特征

（一）公共财政

所谓公共财政，是指为社会提供公共产品与公共服务的政府分配行为，主要着眼于满足社会公共需要，弥补"市场失灵"缺陷，是与市场经济体制相适应的一种财政管理体制。

（二）公共财政特征

1. 以弥补市场失灵为行为准则

在市场经济条件下，市场在资源配置中发挥决定性的作用，但依然存在市场自身无法解决的公共问题，如宏观经济波动、垄断、外部性以及收入公平问题等。解决这些问题，政府是首要的"责任人"。公共财政既是公共政策的重要组成部分，又是执行公共政策的保障手段。

2. 非营利性

公共财政只能以满足社会公共需要为己任，追求公益目标，一般不直接从事市场活动。公共财政的收入，是为满足社会公共需要而筹措资金；公共财政的支出，是以满足社会公共需要和追求社会公共利益为宗旨，不以盈利为目标。

3. 法制性

公共财政以满足社会公共需要为基本出发点，与全体社会成员的切身利益直接挂钩。不仅财政收入要来自于社会成员的缴纳，财政支出要用于向社会成员提供公共物品和服务的事项，而且财政收支出现差额带来的成本和效益，最终仍要落到社会成员的身上，从而要求政府财政收支行为必须以法制为基础、全部政府收支进入预算、财税部门总揽政府收支。

（三）公共财政的职能

1. 资源配置职能

公共财政的资源配置职能，是指将一部分社会资源集中起来，形成财政收入，然后通过财政支出活动，由政府提供公共物品或服务，引导社会资金流向，弥补市场缺陷，优化全社会的资源配置。作为政府履行职能的手段之一，财政既是满足社会公共需要资源的直接分配者，也是全社会资源配置的间接调节者。

2. 收入分配职能

公共财政的收入分配职能，是指政府财政收支活动对各个社会成员收入在社会财富中所占份额施加影响，以公平收入分配。在政府不加干预的情况下，市场会依据个人财产多少和对生产所做贡献大小进行收入分配。它有利于提高效率，但容易造成社会成员间收入差距过大问题。政府要通过税收、转移性支出等手段，对市场初次分配结果实施再分配调节，以促进社会公平与和谐。

3. 调控经济职能

公共财政的调控经济职能是指通过实施特定的财政政策，促进较高的就业水平、物价稳定和经济增长等目标的实现。政府根据宏观经济运行的不同状况，采取相应的财政政策措施进行调节。

4. 监督管理职能

在财政的资源配置、收入分配和调控经济各项职能中，都隐含了监督管理职能，以规范财经秩序、促进社会主义市场经济健康发展。我国是以公有制为基础的社会主义国家，必须保证政令统一，维护国家和人民的根本利益，这就更需要强化财政的监督管理职能。

第二节　财政管理制度

一、财政支出的分类与主要内容

财政支出也称公共财政支出，是指在市场经济条件下，政府为提供公共产品和服务，满足社会共同需要而对财政资金进行分配和使用的过程。

（一）我国财政部门目前采用的分类

我国现行支出分类采用了国际通行做法，即同时使用支出功能分类和支出经济分类。

1. 支出功能分类

支出功能分类是按政府主要职能活动分类。我国政府支出功能分类设置一般公共服务、外交、国防等大类，类下再分款、项两级。主要支出功能科目包括：一般公共服务、外交、国防、公共安全、教育、科学技术、文化体育与传媒、社会保障和就业、社会保险基金支出、医疗卫生、环境保护、城乡社区事务、农林水事务、交通运输、采掘电力信息等事务、粮油物资储备及金融监管等事务、国债事务、其他支出和转移性支出。

2. 支出经济分类

支出经济分类是按支出的具体用途所作的一种分类。我国支出经济分类科目设工资福利支出、商品和服务支出等12类，具体包括：工资福利支出、商品和服务支出、对个人和家庭的补助、对企事业单位的补贴、转移性支出、赠与、债务利息支出、债务还本支出、基本建设支出、其他资本性支出、贷款转贷及产权参股和其他支出。

（二）用于支出结构分析的其他视角的分类

从不同视角对财政支出进行分类，有助于客观观察、分析和发现财政支出结构中的不足，改进财政支出的效率和公平性。

1. 购买性支出和转移性支出分类

购买性支出是指政府按照等价交换原则购买商品和劳务，以便向公众提供各种公共产品和服务的支出。

转移性支出指政府单方面把部分收入的所有权无偿转移出去的支出。它包括各项财政补贴支出、社会保障支出、国债的利息支出等。

2. 不可控制性支出和可控制性支出分类

不可控制性支出是指受法律、法规约束，必须按时、如数支付的刚性支出。不可控制性支出一般包括两种情况，一是个人享受的最低收入保障和社会保障；二是政府遗留义务和以前年度设置的固定支出项目（如债务利息支出、对地方政府的补贴等）。

可控制性支出是指不受法律和契约约束，可由政府部门根据每个预算年度的需要分别决定或加以增减的、具有一定弹性的支出。

此外，还有按财政支出在社会再生产中的作用，划分的补偿性支出、积累性支出与消费性支出分类；按财政支出的目的性，划分的预防性支出和创造性支出分类；按财政支出受益范围，划分的一般利益支出和特殊利益支出分类。

二、财政收入的主要来源

财政收入是指国家为了满足实现其职能的需要，依据其政治和经济权力主要采取税收和国有资产权益收入等形式所筹集的一部分社会产品或社会产品价值。财政收入的内容包括：

（一）税收收入

税收随着国家的产生而产生，是政府实现其职能的重要形式。在现代市场经济条件下，税收具有组织财政收入、调节经济和调节收入分配的基本职能。税收是财政收入的主要来源，我国税收收入占财政收入的90%左右。

（二）非税收入

政府非税收入，是指除税收和政府债务收入以外的财政收入，是由各级政府、国家机关、事业单位、代行政府职能的社会团体及其他组织依法利用政府权力、政府信誉、国家资源、国有资产或提供特定公共服务和准公共服务取得的财政资金。具体包括行政事业性收费、政府性基金等。社会保险基金、住房公积金不纳入非税收入管理。

（1）行政事业性收费，是指国家机关、事业单位、代行政府职能的社会团体及其他组织根据法律、行政法规、地方性法规等有关规定，依照国务院规定程序批准，在向公民、法人提供特定服务的过程中，按照成本补偿和非盈利原则向特定服务对象收取的费用。

（2）政府性基金，是指各级政府及其所属部门根据法律、行政法规和中央有关文件规定，为支持某项特定基础设施建设和社会公共事业发展，向公民、法人和其他组织无偿征收的具有专项用途的财政资金。

（3）国有资源有偿使用收入，包括土地出让收入，新增建设用地土地有偿使用费，海域使用金，探矿权和采矿权使用费及价款收入，场地和矿区使用费收入，出租汽车经营权、公共交通线路经营权、汽车号牌使用权等有偿出让取得的收入，政府举办的广播电视机构占用国家无线电频率资源取得的广告收入，以及利用其他国有资源取得的收入。

（4）国有资产有偿使用收入，包括国家机关、实行公务员管理的事业单位、代行政府职能的社会团体以及其他组织的固定资产和无形资产出租、出售、出让、转让等取得的收入，世界文化遗产保护范围内实行特许经营项目的有偿出让收入和世界文化遗产的门票收入，利用政府投资建设的城市道路和公共场地设置停车泊位取得的收入，以及利用其他国有资产取得的收入。

（5）国有资本经营收入，包括国有资本分享的企业税后利益，国有股股利、股息，企业国有产权（股权）出售、拍卖、转让收益和依法由国有资本享有的其他收益。

（6）彩票公益金，是指政府按彩票销售额的一定比例提取的专项用于支持社会公益事业发展的资金。2008年以前，彩票公益金纳入财政专户管理，从2008年起按政府性基金管理办法纳入预算，实行"收支两条线"管理，专款专用，结余结转资金下年继续使用。

（7）罚没收入，是指国家司法机关、依法具有行政处罚权的国家行政机关、法律法规授权的具有管理公共事务职能的组织等依据法律、法规和规章规定，对公民、法人或者其他组织实施处罚所取得的罚款、没收的违法所得、没收的非法财物及其变价收入等。

（8）以政府名义接受的捐赠收入，是指以各级政府、国家机关、实行公务员管理的事业单位、代行政府职能的社会团体以及其他组织以政府名义接受的非定向货币捐赠收入，不包括上述机构和组织接受的定向货币和非货币捐赠收入、以及不代行政府职能的社会团体、企业、个人或者其他民间组织接受的捐赠收入。

（9）主管部门集中收入，是指国家机关、实行公务员管理的事业单位、代行政府职能的社会团体及其他组织集中的所属事业单位收入。

（10）政府财政资金产生的利息收入，是指国库和财政专户中的财政资金，按照中国人民银行规定计息产生的利息收入。

（三）国债

国债是中央政府为实现公共财政职能、平衡财政收支、按照有借有还的信用原则筹集财政资金的一种方式，是政府债务管理的重要组成部分。国债管理是指财政部代表中央政府制定并执行中央政府债务结构（包括债务品种结构和债务期限结构）管理计划或战略的过程，目标是在中长期的时间范围内，尽可能采用最低的资金成本和可承受的市场风险的管理方式，确保中央政府的筹资及支付需求得到及时满足。

三、预算体制

《中华人民共和国预算法》（以下简称《预算法》）是国家预算、决算编制、审查、批准、监督，以及预算的执行和调整的法律依据。

（一）预算体制的含义

预算体制是处理中央和地方以及地方各级政府之间财政关系的各种制度的总称。其主要内容包括：确定预算管理主体和级次，预算收支的划分原则和方法，预算管理权限的划分，预算调节制度和方法。预算体制是财政管理体制的主导环节。

（二）我国的预算体制

1. 预算层级

国家实行一级政府一级预算，设立中央，省、自治区、直辖市，设区的市、自治州、县、自治县、不设区的市、市辖区，乡、民族乡、镇五级预算。不具备设立预算条件的乡、民族乡、镇，经省、自治区、直辖市政府确定，可以暂不设立预算。

全国预算由中央预算和地方预算组成。地方预算由各省、自治区、直辖市总预算组成。

地方各级总预算由本级预算和汇总的下一级总预算组成；下一级只有本级预算的，下一级总预算即指下一级的本级预算。没有下一级预算的，总预算即指本级预算。

2. 预算原则

各级预算应当遵循统筹兼顾、勤俭节约、量力而行、讲求绩效和收支平衡的原则。各级政府应当建立跨年度预算平衡机制。

3. 预算构成

预算由预算收入和预算支出组成。政府的全部收入和支出都应当纳入预算。

预算包括一般公共预算、政府性基金预算、国有资本经营预算、社会保险基金预算。各项预算应当保持完整、独立。政府性基金预算、国有资本经营预算、社会保险基金预算应当与一般公共预算相衔接。

（1）一般公共预算是对以税收为主体的财政收入，安排用于保障和改善民生、推动经济社会发展、维护国家安全、维持国家机构正常运转等方面的收支预算。

中央一般公共预算包括中央各部门（含直属单位，下同）的预算和中央对地方的税收返还、转移支付预算。中央一般公共预算收入包括中央本级收入和地方向中央的上解收入。中央一般公共预算支出包括中央本级支出、中央对地方的税收返还和转移支付。

地方各级一般公共预算包括本级各部门（含直属单位，下同）的预算和税收返还、转移支付预算。地方各级一般公共预算收入包括地方本级收入、上级政府对本级政府的税收返还和转移支付、下级政府的上解收入。地方各级一般公共预算支出包括地方本级支出、对上级政府的上解支出、对下级政府的税收返还和转移支付。

各部门预算由本部门及其所属各单位预算组成。

（2）政府性基金预算是对依照法律、行政法规的规定在一定期限内向特定对象征收、收取或者以其他方式筹集的资金，专项用于特定公共事业发展的收支预算。政府性基金预算应当根据基金项目收入情况和实际支出需要，按基金项目编制，做到以收定支。

（3）国有资本经营预算是对国有资本收益作出支出安排的收支预算。国有资本经营预算应当按照收支平衡的原则编制，不列赤字，并安排资金调入一般公共预算。

（4）社会保险基金预算是对社会保险缴款、一般公共预算安排和其他方式筹集的资金，专项用于社会保险的收支预算。社会保险基金预算应当按照统筹层次和社会保险项目分别编制，做到收支平衡。

4．分税制财政体制框架

《预算法》规定，国家实行中央和地方分税制。分税制是指中央政府和地方政府在划分事权的基础上，区分不同的税种，建立相对独立的中央税收体系和地方税收体系的一种税收体制。

（1）我国中央地方事权及支出责任划分

目前属于中央财政支出的责任包括：国防、武警经费，外交支出，中央级行政管理费，中央统管的基本建设投资，中央直属企业的技术改造和新产品试制费，地质勘探费，中央安排的农业支出，中央负担的国内外债务的还本付息支出，以及中央负担的公检法支出和文化、教育、卫生、科学等各项事业费支出。

属于地方财政支出的责任包括：地方行政管理费，公检法经费，民兵事业费，地方统筹安排的基本建设投资，地方企业的改造和新产品试制经费，地方安排的农业支出，城市维护和建设经费，地方文化、教育、卫生等各项事业费以及其他支出。

根据中共十八大和十八届三中、四中、五中全会提出的建立事权和支出责任相适应的制度、适度加强中央事权和支出责任、推进各级政府事权规范化法律化的要求，2016年8月16日国务院发布《推进中央与地方财政事权和支出责任划分改革提出指导意见》。改革内容包括：

1) 推进中央与地方财政事权划分

①适度加强中央的财政事权。坚持基本公共服务的普惠性、保基本、均等化方向，加强中央在保障国家安全、维护全国统一市场、体现社会公平正义、推动区域协调发展等方面的财政事权。要逐步将国防、外交、国家安全、出入境管理、国防公路、国界河湖治理、全国性重大传染病防治、全国性大通道、全国性战略性自然资源使用和保护等基本公共服务确定或上划为中央的财政事权。

②保障地方履行财政事权。加强地方政府公共服务、社会管理等职责。将直接面向基层、量大面广、与当地居民密切相关、由地方提供更方便有效的基本公共服务确定为地方的财政事权，赋予地方政府充分自主权，依法保障地方的财政事权履行，更好地满足地方基本公共服务需求。要逐步将社会治安、市政交通、农村公路、城乡社区事务等受益范围地域性强、信息较为复杂且主要与当地居民密切相关的基本公共服务确定为地方的财政事权。

③减少并规范中央与地方共同财政事权。针对现阶段中央与地方共同财政事权过多且不规范的情况，必须逐步减少并规范中央与地方共同财政事权。要逐步将义务教育、高等教育、科技研发、公共文化、基本养老保险、基本医疗和公共卫生、城乡居民基本医疗保险、就业、粮食安全、跨省（区、市）重大基础设施项目建设和环境保护与治理等体现中央战略意图、跨省（区、市）且具有地域管理信息优势的基本公共服务确定为中央与地方共同财政事权，并明确各承担主体的职责。

④建立财政事权划分动态调整机制。财政事权划分要根据客观条件变化进行动态调整。在条件成熟时，将全国范围内环境质量监测和对全国生态具有基础性、战略性作用的生态环境保护等基本公共服务，逐步上划为中央的财政事权。对新增及尚未明确划分的基本公共服务，要根据社会主义市场经济体制改革进展、经济社会发展需求以及各级政府财力增长情况，将应由市场或社会承担的事务交由市场主体或社会力量承担，将应由政府提供的基本公共服务统筹研究划分为中央财政事权、地方财政事权或中央与地方共同财政事权。

2) 完善中央与地方支出责任划分

①中央的财政事权由中央承担支出责任。属于中央的财政事权，应当由中央财政安排经费，中央各职能部门和直属机构不得要求地方安排配套资金。中央的财政事权如委托地方行使，要通过中央专项转移支付安排相应经费。

②地方的财政事权由地方承担支出责任。属于地方的财政事权原则上由地方通过自有财力安排。对地方政府履行财政事权、落实支出责任存在的收支缺口，除部分资本性支出通过依法发行政府性债券等方式安排外，主要通过上级政府给予的一般性转移支付弥补。地方的财政事权如委托中央机构行使，地方政府应负担相应经费。

③中央与地方共同财政事权区分情况划分支出责任。根据基本公共服务的属性，体现国民待遇和公民权利、涉及全国统一市场和要素自由流动的财政事权，如基本养老保险、基本公共卫生服务、义务教育等，可以研究制定全国统一标准，并

由中央与地方按比例或以中央为主承担支出责任；对受益范围较广、信息相对复杂的财政事权，如跨省（区、市）重大基础设施项目建设、环境保护与治理、公共文化等，根据财政事权外溢程度，由中央和地方按比例或中央给予适当补助方式承担支出责任；对中央和地方有各自机构承担相应职责的财政事权，如科技研发、高等教育等，中央和地方各自承担相应支出责任；对中央承担监督管理、出台规划、制定标准等职责，地方承担具体执行等职责的财政事权，中央与地方各自承担相应支出责任。

3）加快省以下财政事权和支出责任划分

省级政府要参照中央做法，结合当地实际，按照财政事权划分原则合理确定省以下政府间财政事权。省级政府要根据省以下财政事权划分、财政体制及基层政府财力状况，合理确定省以下各级政府的支出责任，避免将过多支出责任交给基层政府承担。

（2）我国中央政府与地方政府税收收入划分

目前中央政府固定收入包括：消费税（含进口环节海关代征的部分）、车辆购置税、关税、海关代征的进口环节增值税等。

地方政府固定收入包括：城镇土地使用税、耕地占用税、土地增值税、房产税、车船税、契税。

中央政府与地方政府共享收入包括：增值税和城市维护建设税（铁道部、各银行总行、各保险总公司集中缴纳的部分归中央政府，其余部分归地方政府）、企业所得税、个人所得税、资源税（海洋石油企业缴纳的部分归中央政府，其余部分归地方政府）、证券交易的印花税。

5. 财政转移支付制度

《预算法》规定，国家实行财政转移支付制度。财政转移支付应当规范、公平、公开，以推进地区间基本公共服务均等化为主要目标。

财政转移支付包括中央对地方的转移支付和地方上级政府对下级政府的转移支付，以均衡地区间基本财力、由下级政府统筹安排使用的一般性转移支付为主体。目前一般性转移支付包括均衡性转移支付、民族地区转移支付等。

按照法律、行政法规和国务院的规定可以设立专项转移支付，用于办理特定事项。建立健全专项转移支付定期评估和退出机制。市场竞争机制能够有效调节的事项不得设立专项转移支付。

上级政府在安排专项转移支付时，不得要求下级政府承担配套资金。但是，按照国务院的规定应当由上下级政府共同承担的事项除外。

中共十八届三中全会全面深化改革决定要求，完善一般性转移支付增长机制，重点增加对革命老区、民族地区、边疆地区、贫困地区的转移支付。中央出台增支政策形成的地方财力缺口，原则上通过一般性转移支付调节。清理、整合、规范专项转移支付项目，逐步取消竞争性领域专项和地方资金配套，严格控制引导类、救济类、应急类专项，对保留专项进行甄别，属地方事务的划入一般性转移支付。

6. 预算管理职权

《预算法》规定了人民代表大会、人民政府、财政部门的预算管理职权。

(1) 各级人民代表大会的预算管理职权是：审查本级总预算草案及本级总预算执行情况的报告；批准本级预算和本级预算执行情况的报告；改变或撤销本级人民代表大会常务委员会关于预算、决算的不适当的决议；撤销本级政府关于预算、决算的不适当的决定和命令。

经人民代表大会批准的预算，非经法定程序，不得调整。各级政府、各部门、各单位的支出必须以经批准的预算为依据，未列入预算的不得支出。

(2) 各级人民代表大会常务委员会的预算管理职权是：监督本级总预算的执行；审查和批准本级预算的调整方案；审查和批准本级政府决算；撤销本级政府关于预算、决算的不适当的决定和命令；撤销下一级人民代表大会及其常务委员会关于预算、决算的不适当的决定和命令。

(3) 各级人民政府的预算管理职权是：编制本级预算、决算草案；向本级人民代表大会作关于本级总预算草案的报告；将下一级政府报送备案的预算汇总后报本级人民代表大会常务委员会备案；组织本级总预算的执行；决定本级预算预备费的动用；编制本级预算的调整方案；监督本级和下级政府各部门关于预算、决算的不适当的决定、命令；向本级人民代表大会及其常务委员会报告本级总预算的执行情况。

(4) 各级政府财政部门的预算管理职权是：具体编制本级预算、决算草案；具体组织本级总预算的执行；提出本级预算预备费动用方案；具体编制本级预算的调整方案；定期向本级政府和上一级政府财政部门报告本级总预算的执行情况。

7. 预算收支范围

(1) 一般公共预算收支范围

一般公共预算收入包括各项税收收入、行政事业性收费收入、国有资源（资产）有偿使用收入、转移性收入和其他收入。

一般公共预算支出按照其功能分类，包括一般公共服务支出，外交、公共安全、国防支出，农业、环境保护支出，教育、科技、文化、卫生、体育支出，社会保障及就业支出和其他支出。

一般公共预算支出按照其经济性质分类，包括工资福利支出、商品和服务支出、资本性支出和其他支出。

(2) 政府性基金预算、国有资本经营预算和社会保险基金预算的收支范围

政府性基金预算、国有资本经营预算和社会保险基金预算的收支范围按照法律、行政法规和国务院的规定执行。

(3) 中央预算与地方预算收支范围

中央预算与地方预算有关收入和支出项目的划分、地方向中央上解收入、中央对地方税收返还或者转移支付的具体办法，由国务院规定，报全国人民代表大会常务委员会备案。

上级政府不得在预算之外调用下级政府预算的资金。下级政府不得挤占或者截留属于上级政府预算的资金。

8. 预算编制

(1) 编制预算草案的具体事项由国务院财政部门部署

各级政府、各部门、各单位应当按照国务院规定的时间编制预算草案。各级预算应当根据年度经济社会发展目标、国家宏观调控总体要求和跨年度预算平衡的需要，参考上一年预算执行情况、有关支出绩效评价结果和本年度收支预测，按照规定程序征求各方面意见后，进行编制。省、自治区、直辖市政府应当按照国务院规定的时间，将本级总预算草案报国务院审核汇总。

(2) 债务管理

中央一般公共预算中必需的部分资金，可以通过举借国内和国外债务等方式筹措，举借债务应当控制适当的规模，保持合理的结构。对中央一般公共预算中举借的债务实行余额管理，余额的规模不得超过全国人民代表大会批准的限额。国务院财政部门具体负责对中央政府债务的统一管理。

地方各级预算按照量入为出、收支平衡的原则编制，除《预算法》另有规定外，不列赤字。经国务院批准的省、自治区、直辖市的预算中必需的建设投资的部分资金，可以在国务院确定的限额内，通过发行地方政府债券举借债务的方式筹措。举借债务的规模，由国务院报全国人民代表大会或者全国人民代表大会常务委员会批准。省、自治区、直辖市依照国务院下达的限额举借的债务，列入本级预算调整方案，报本级人民代表大会常务委员会批准。举借的债务应当有偿还计划和稳定的偿还资金来源，只能用于公益性资本支出，不得用于经常性支出。

除上述规定外，地方政府及其所属部门不得以任何方式举借债务。除法律另有规定外，地方政府及其所属部门不得为任何单位和个人的债务以任何方式提供担保。

国务院建立地方政府债务风险评估和预警机制、应急处置机制以及责任追究制度。国务院财政部门对地方政府债务实施监督。

(3) 预算支出的编制

各级预算支出应当按其功能和经济性质分类编制。

各级一般公共预算应当按照本级一般公共预算支出额的百分之一至百分之三设置预备费，用于当年预算执行中的自然灾害等突发事件处理增加的支出及其他难以预见的开支。

各级一般公共预算按照国务院的规定可以设置预算周转金，用于本级政府调剂预算年度内季节性收支差额。

各级一般公共预算按照国务院的规定可以设置预算稳定调节基金，用于弥补以后年度预算资金的不足。

9. 预算执行

预算经本级人民代表大会批准后，按照批准的预算执行。各级预算由本级政府组织执行，具体工作由本级政府财政部门负责。各部门、各单位是本部门、本单位的预算执行主体，负责本部门、本单位的预算执行，并对执行结果负责。

政府的全部收入应当上缴国家金库（以下简称国库），任何部门、单位和个人不得截留、占用、挪用或者拖欠。县级以上各级预算必须设立国库；具备条件的乡、民族乡、镇也应当设立国库。对于法律有明确规定或者经国务院批准的特定专用资金，可以依照国务院的规定设立财政专户。

中央国库业务由中国人民银行经理，地方国库业务依照国务院的有关规定办理。各级国库库款的支配权属于本级政府财政部门。

10. 预算调整

经全国人民代表大会批准的中央预算和经地方各级人民代表大会批准的地方各级预算，在执行中出现下列情况之一的，应当进行预算调整：

（1）需要增加或者减少预算总支出的；

（2）需要调入预算稳定调节基金的；

（3）需要调减预算安排的重点支出数额的；

（4）需要增加举借债务数额的。

中央预算的调整方案应当提请全国人民代表大会常务委员会审查和批准。县级以上地方各级预算的调整方案应当提请本级人民代表大会常务委员会审查和批准；乡、民族乡、镇预算的调整方案应当提请本级人民代表大会审查和批准。未经批准，不得调整预算。

四、国有资产管理

（一）国有资产及其分类

1. 国有资产的概念

国有资产是指在法律上确认为国家所有的各种财产权益的总称。包括国家对企业各种形式的出资所形成的权益，国家拨款、接受赠与等形成的各种财产和财产性权利，以及凭借国家权力取得资源、财产。

2. 国有资产的分类

（1）经营性国有资产

经营性国有资产是指国家作为出资者在企业中依法拥有的资本及其权益。具体的说，经营性国有资产，指从事产品生产、流通、经营服务等领域，以盈利为主要目的的，依法经营或使用，其产权属于国家所有的一切财产。

（2）行政单位、事业单位国有资产

行政单位包括各级党的机关、人大机关、行政机关、政协机关、审判机关、检察机关和各民主党派机关等。事业单位指国家为了社会公益目的，由国家机关举办或者其他组织利用国有资产举办的，从事教育、科技、文化、卫生等活动的社会服务组织。

行政单位、事业单位国有资产是指由各级行政单位及事业单位占有、使用的，依法确认为国家所有，能以货币计量的各种经济资源的总称，即行政单位的国有（公共）财产。

（3）资源性国有资产

资源性国有资产指国家拥有的土地、森林、矿藏等资源。

（二）国有资产管理

《中华人民共和国企业国有资产法》《企业国有资产监督管理暂行条例》《中央企业国有资本收益收取管理暂行办法》《企业国有资产交易监督管理办法》等法规，为我国企业国有资产管理提供了法律依据和制度框架。

《行政单位国有资产管理暂行办法》《事业单位国有资产管理暂行办法》等，为行政单位、事业单位国有资产管理提供了法规依据和制度框架。

《中华人民共和国土地管理法》《中华人民共和国森林法》《中华人民共和国矿产资源法》《中华人民共和国水法》等，为资源性国有资产管理提供了法律依据和制度框架。

《全面深化改革决定》要求：完善国有资产管理体制，以管资本为主加强国有资产监管，改革国有资本授权经营体制，组建若干国有资本运营公司，支持有条件的国有企业改组为国有资本投资公司。国有资本投资运营要服务于国家战略目标，更多投向关系国家安全、国民经济命脉的重要行业和关键领域，重点提供公共服务、发展重要前瞻性战略性产业、保护生态环境、支持科技进步、保障国家安全。

1. 企业国有资产管理制度

（1）企业国有资产及其出资人职责

企业国有资产是指国家对企业各种形式的出资所形成的权益。国有资产属于国家所有即全民所有。国务院代表国家行使国有资产所有权。国务院和地方人民政府依照法律、行政法规的规定，分别代表国家对国家出资企业履行出资人职责，享有出资人权益。

国务院确定的关系国民经济命脉和国家安全的大型国家出资企业，重要基础设施和重要自然资源等领域的国家出资企业，由国务院代表国家履行出资人职责。其他的国家出资企业，由地方人民政府代表国家履行出资人职责。

（2）国家出资企业

国家出资企业，是指国家出资的国有独资企业、国有独资公司，以及国有资本控股公司、国有资本参股公司。

国家出资企业对其动产、不动产和其他财产依照法律、行政法规以及企业章程享有占有、使用、收益和处分的权利。国家出资企业依法享有的经营自主权和其他合法权益受法律保护。

国家出资企业应依法向出资人提供真实、完整的财务、会计信息并向出资人分配利润。

国有独资公司、国有资本控股公司和国有资本参股公司依照《中华人民共和国公司法》的规定设立监事会。国有独资企业由履行出资人职责的机构按照国务院的规定委派监事组成监事会。

（3）国家出资企业管理者的任免

履行出资人职责的机构依照法律、行政法规以及企业章程的规定，任免或者建议任免国家出资企业的下列人员：任免国有独资企业的董事长、副董事长、董事、监事会主席和监事；经理、副经理、财务负责人和其他高级管理人员；向国有资本控股公司、国有资本参股公司的股东会、股东大会提出董事、监事人选。

（4）关系国有资产出资人权益的重大事项

关系国有资产出资人权益的重大事项包括：国家出资企业合并、分立、改制、上市，增加或者减少注册资本，发行债券，进行重大投资，为他人提供大额担保，转让重大财产，进行大额捐赠，分配利润，以及解散、申请破产等。

1）国有独资企业、国有独资公司合并、分立，增加或者减少注册资本，发行债券，分配利润，以及解散、申请破产，由履行出资人职责的机构决定。

2）重要的国有独资企业、国有独资公司、国有资本控股公司的合并、分立、解散、申请破产以及法律、行政法规和本级人民政府规定应当由履行出资人职责的机构报经本级人民政府批准的重大事项，履行出资人职责的机构在作出决定或者向其委派参加国有资本控股公司股东会会议、股东大会会议的股东代表作出指示前，应当报请本级人民政府批准。

3）国家出资企业的合并、分立、改制、解散、申请破产等重大事项，应当听取企业工会的意见，并通过职工代表大会或者其他形式听取职工的意见和建议。

（5）资产评估

1）国有独资企业、国有独资公司和国有资本控股公司合并、分立、改制，转让重大财产，以非货币财产对外投资，清算或者有法律、行政法规以及企业章程规定应当进行资产评估的其他情形的，应当按照规定对有关资产进行评估。

2）国有独资企业、国有独资公司和国有资本控股公司应当委托依法设立的符合条件的资产评估机构进行资产评估；涉及应当报经履行出资人职责的机构决定的事项的，应当将委托资产评估机构的情况向履行出资人职责的机构报告。

3）国有独资企业、国有独资公司、国有资本控股公司及其董事、监事、高级管理人员应当向资产评估机构如实提供有关情况和资料，不得与资产评估机构串通评估作价。

4）资产评估机构及其工作人员受托评估有关资产，应当遵守法律、行政法规以及评估执业准则，独立、客观、公正地对受托评估的资产进行评估。资产评估机构应当对其出具的评估报告负责。

（6）国有资本经营预算

国家建立健全国有资本经营预算制度，对取得的国有资本收入及其支出实行预算管理。国家取得的下列国有资本收入，以及下列收入的支出，应当编制国有资本经营预算：

1）从国家出资企业分得的利润；

2）国有资产转让收入；

3）从国家出资企业取得的清算收入；

4）其他国有资本收入。

国有资本经营预算按年度单独编制，纳入本级人民政府预算，报本级人民代表大会批准。国务院和有关地方人民政府财政部门负责国有资本经营预算草案的编制工作，履行出资人职责的机构向财政部门提出由其履行出资人职责的国有资本经营预算建议草案。

（7）中央企业国有资本收益收取

中央企业国有资本收益应当按规定直接上交中央财政，纳入中央本级国有资本经营预算收入管理。国有资本收益是指国家以所有者身份依法取得的国有资本投资收益，具体包括：应交利润，国有股股利、股息，国有产权转让收入，企业清算收入，其他国有资本收益。

中共十八届三中全会全面深化改革决定要求，完善国有资本经营预算制度，提高国有资本收益上缴公共财政比例，2020 年提到 30％，更多用于保障和改善民生。

（8）国有企业清产核资

国有企业清产核资，是指国有资产监督管理机构根据国家专项工作要求或者企业特定经济行为需要，按照规定的工作程序、方法和政策，组织企业进行账务清理、财产清查，并依法认定企业的各项资产损溢，从而真实反映企业的资产价值和重新核定企业国有资本金的活动，是国有资产产权管理的一项基础性工作。

清产核资的内容包括：

①账务清理。账务清理是指对企业的各种银行账户、会计核算科目、各类库存现金和有价证券等基本财务情况进行全面核对和清理，以及对企业的各项内部资金往来进行全面核对和清理，以保证企业账账相符，账证相符，促进企业账务的全面、准确和真实。

②资产清查。资产清查是指对企业的各项资产进行全面的清理、核对和查实。在资产清查中把实物盘点同核实账务结合起来，把清理资产同核查负债和所有者权益结合起来，重点做好各类应收及预付账款、各项对外投资、账外资产的清理，以及做好企业有关抵押、担保等事项的清理。

③价值重估。价值重估是对企业账面价值和实际价值背离较大的主要固定资产和流动资产按照国家规定方法、标准进行重新估价。

④损溢认定。损溢认定是指国有资产监督管理机构依据国家清产核资政策和有关财务会计制度规定，对企业申报的各项资产损溢和资金挂账进行认证。

⑤资金核实。资金核实是指国有资产监督管理机构根据企业上报的资产盘盈和资产损失、资金挂账等清产核资工作结果，依据国家清产核资政策和有关财务会计制度规定，组织进行审核并批复准予账务处理，重新核定企业实际占用的国有资本

金数额。

2. 行政单位国有资产管理

行政单位国有资产管理，实行"国家统一所有，政府分级监管，单位占有、使用"的管理体制。

（1）行政单位国有资产

行政单位国有资产，包括行政单位用国家财政性资金形成的资产、国家调拨给行政单位的资产、行政单位按照国家规定组织收入形成的资产，以及接受捐赠和其他经法律确认为国家所有的资产，其表现形式为固定资产、流动资产和无形资产等。

（2）行政单位国有资产管理的主要任务、内容及原则

1）行政单位国有资产管理的主要任务包括：建立和健全各项规章制度；推动国有资产的合理配置和有效使用；保障国有资产的安全和完整；监管尚未脱钩的经济实体的国有资产，实现国有资产的保值增值。

2）行政单位国有资产管理的内容包括：资产配置、资产使用、资产处置、资产评估、产权界定、产权纠纷调处、产权登记、资产清查、资产统计报告和监督检查等。

3）行政单位国有资产管理的原则包括：资产管理与预算管理相结合；资产管理与财务管理相结合；实物管理与价值管理相结合。

（3）行政单位国有资产管理的管理机构及其职责

各级财政部门是政府负责行政单位国有资产管理的职能部门，对行政单位国有资产实行综合管理。其主要职责是：贯彻执行国家有关国有资产管理的法律、法规和政策；制定行政单位国有资产管理的规章制度，并对执行情况进行监督检查；负责会同有关部门研究制定本级行政单位国有资产配置标准，负责资产配置事项的审批，按规定进行资产处置和产权变动事项的审批，负责组织产权界定、产权纠纷调处、资产统计报告、资产评估、资产清查等工作；负责本级行政单位出租、出借国有资产的审批，负责与行政单位尚未脱钩的经济实体的国有资产的监督管理；负责本级行政单位国有资产收益的监督、管理；对本级行政单位和下级财政部门的国有资产管理工作进行监督、检查；向本级政府和上级财政部门报告有关国有资产管理工作。

（4）关于资产配置的主要规定

1）对有规定配备标准的资产，应当按照标准进行配备；对没有规定配备标准的资产，应当从实际需要出发，从严控制，合理配备。

2）购置有规定配备标准的资产，除国家另有规定外，应当按程序报批；同级财政部门根据单位资产状况对行政单位提出的资产购置项目进行审批；经审批同意，各单位可将资产购置项目列入单位年度部门预算。

3）行政单位购置纳入政府采购范围的资产，依法实施政府采购。

4）行政单位资产管理部门应当对购置的资产进行验收、登记，并及时进行账

务处理。

（5）关于资产评估的主要规定

1）行政单位有下列情形之一的，应当对相关资产进行评估：行政单位取得的没有原始价格凭证的资产；拍卖、有偿转让、置换国有资产；依照国家有关规定需要进行资产评估的其他情形。

2）行政单位国有资产评估工作应当委托具有资产评估资质的资产评估机构进行。

3）进行资产评估的行政单位，应当如实提供有关情况和资料，并对所提供的情况和资料的客观性、真实性和合法性负责，不得以任何形式干预评估机构独立执业。

第三节　财政政策

一、财政政策的含义

财政政策是市场经济条件下政府宏观经济政策的重要组成部分，政府通过调整财政收支实现社会总需求与总供给之间的均衡。财政政策主要通过税收、补贴、赤字、国债、收入分配和转移支付等手段对经济运行进行调节，是政府进行反经济周期调节、熨平经济波动的重要工具，也是财政有效履行配置资源、公平分配和稳定经济等职能的主要手段。

财政政策由预算政策、税收政策、支出政策、国债政策等组成。

二、财政政策的基本功能

财政政策作为宏观调控的重要手段，主要具有四种功能：

1. 导向功能：财政政策通过财政分配和管理活动，调整微观主体的物质利益，进而调节企业和个人的经济行为，引导国民经济运行。

2. 协调功能：主要体现在对社会经济发展过程中某些失衡状态的调节和制约。如通过财政转移性支付，协调各地区间政府提供基本公共服务均等化的能力；通过提高个人所得税免征额标准，调节个人间的收入水平；财政政策工具相互配合有效发挥财政政策的协调功能。

3. 控制功能：财政政策的控制功能是指政府通过财政政策对人们的经济行为和宏观经济运行的制约与促进，实现对整个国民经济发展的有效控制。

4. 稳定功能：政府通过财政政策调整总支出水平，使社会总需求和总供给趋于均衡，实现国民经济的稳定发展。

三、财政政策目标与工具

1. 财政政策目标

在市场经济国家，财政政策的总目标一般是：保障充分就业，稳定物价，经济稳定增长，国际收支平衡，收入合理分配。财政政策目标是指财政政策所要实现的期望值。

2. 财政政策工具

财政政策工具是财政政策主体所选择的用以达到政策目标的各种财政手段。政策主体通过控制政策工具实现预期的目标。财政政策工具主要有政府预算、税收、国债、公共支出、政府投资、财政补贴等。

（1）政府预算

政府预算作为一种控制财政收支及其差额的机制，在各种财政政策手段中居于核心地位，它能系统地、明显地反映政府财政政策的意图和目标，具有综合性、计划性和法律性等特点。

预算收支差额包括三种状况：

·收大于支，形成预算结余，对总需求产生的净影响是收缩性的。即紧缩性财政政策。

·支大于收，形成预算赤字，对总需求产生的净影响是扩张性的。即扩张性财政政策。

·收支平衡，对总需求产生的净影响是中性的。即中性的财政政策。

（2）税收

税收是最重要的财政政策工具之一，它广泛地影响到社会资源的有效配置、经济稳定、收入分配和其他更为具体的财政政策目标。税收的调节作用主要通过税率确定、税负分配、税收优惠和税收惩罚来实现。

（3）国债

国债是国家按照有偿性的信用原则筹集财政资金的一种形式，同时也是实现宏观调控和财政政策目标的重要手段。国债的调节作用主要表现在：

·调节国民收入的使用结构，在调节积累与消费的比例关系方面发挥作用。

·国债资金的配置可以调节产业及区域结构。

·国债可以调节资金供求和货币流通规模。

（4）政府投资

政府投资指财政用于资本项目的建设支出，它最终形成各种类型的固定资产。在市场经济条件下，政府投资的项目主要是指那些具有自然垄断特征、外部效应大的基础性产业、公共设施、以及新兴的高科技主导产业。政府的投资能力与投资方向对经济结构的调整起关键性作用。

（5）财政补贴

财政补贴是一种财政援助，对接受补贴者会产生激励作用。补贴方式可以是直接的财政援助支出，也可以是间接援助形式，即减税或免税。财政补贴的优点在于它的灵活性和针对性，这是其他财政政策工具所不具有的。

四、财政政策的类型

（一）根据发挥作用的方式分类

根据发挥作用的方式，可分为自动稳定的财政政策和相机抉择的财政政策。

1. 自动稳定的财政政策

自动稳定的财政政策是指某些能够根据经济波动情况自动发生稳定作用的政策，它无需借助外力就可直接产生调控效果。自动稳定性主要表现在两个方面：税收，特别是对经济活动水平变化反应敏感的累进税制的自动稳定性；政府支出，特别是对个人的转移支付计划的自动稳定性。

2. 相机抉择的财政政策

相机抉择的财政政策是政府根据经济形势，采用不同的财政措施，以消除通货膨胀缺口或通货紧缩缺口，是政府利用国家财力有意识干预经济运行的行为。

（二）根据总量调节方向分类

根据总量调节方向，可分为扩张性财政政策、紧缩性财政政策和中性财政政策。

1. 扩张性财政政策

扩张性财政政策是指通过财政分配活动来增加和刺激社会的总需求。在国民经济存在总需求不足时，通过扩张性财政政策使总需求与总供给的差额缩小以至平衡。扩张性财政政策的工具主要有减税（降低税率）和增加财政支出。减税会增加民间的可支配收入，在财政支出规模不变的情况下，可以扩大社会总需求。财政支出是社会总需求的直接构成因素，财政支出规模的扩大会直接增加总需求。

2. 紧缩性财政政策

紧缩性财政政策是指通过财政分配活动来减少和抑制总需求。在国民经济已出现总需求过旺的情况下，通过紧缩性财政政策消除通货膨胀缺口，达到供求平衡。实现紧缩性财政政策目标的手段主要是增税（提高税率）和减少财政支出。增加税收会减少民间的可支配收入进而降低需求；减少财政支出可以降低政府的消费需求和投资需求。财政支出是社会总需求的直接构成因素，财政支出规模的收缩会直接减少总需求。

3. 中性财政政策

中性财政政策是指财政的分配活动对社会总需求的影响保持中性，财政的收支活动既不会产生扩张效应，也不会产生紧缩效应。在一般情况下，这种政策要求财政收支要保持平衡。但是，使预算收支平衡的政策并不等于中性财政政策。

（三）其他分类

财政政策按调节手段分类，可分为税收政策、国债政策、财政支出政策、财政投资政策、财政补贴政策、固定资产投资折旧政策、国有资产管理政策等。

按财政政策作用的期限分类，可分为长期财政政策、中期财政政策和短期财政政策。

第四节 税 收

一、税收概述

（一）税收的含义

税收是国家为满足社会公共需要，凭借公共权力，按照法律所规定的标准和程序，参与国民收入分配，强制地、无偿地取得财政收入的一种方式。

（二）税收的特征

税收作为政府筹集财政收入的一种规范形式，具有区别于其他财政收入形式的特点。税收特征可以概括为强制性、无偿性和固定性。

1. 税收的强制性

税收的强制性是指国家凭借其公共权力以法律、法令形式对税收征纳双方的权利（权力）与义务进行规范，依据法律进行征税。税收的强制性主要体现在征税过程中。

2. 税收的无偿性

税收的无偿性是指国家征税后，税款一律纳入国家财政预算统一分配，而不直接向具体纳税人返还或支付报酬。税收的无偿性是从个体纳税人角度而言的，其享有的公共利益与其缴纳的税款并非一一对等。税收的无偿性表现为个体的无偿性、整体的有偿性。

3. 税收的固定性

税收的固定性是指国家征税之前预先规定了统一的征税标准，包括纳税人、课税对象、税率、纳税期限、纳税地点等。这些标准一经确定，在一定时间内是相对稳定的。国家可以根据经济和社会发展需要适时地修订税法，但这与税收整体的相对固定性并不矛盾。

（三）税与费的区别

与税收规范筹集财政收入的形式不同，费是政府有关部门为单位和居民个人提供特定服务，或被赋予某种权利而向直接受益者收取的代价。税和费的区别主要表现在：

1. 主体不同。税收的主体是国家，税收管理的主体是代表国家的税务机关、海关或财政部门；而费的收取主体多是行政事业单位、行业主管部门等。

2. 特征不同。税收具有无偿性，纳税人缴纳的税收与国家提供的公共产品和服务之间不具有对称性。费则通常具有补偿性，主要用于成本补偿的需要，特定的费与特定的服务往往具有对称性。税收具有稳定性，而费则具有灵活性。税法一经制定对全国具有统一效力，并相对稳定，费的收取一般由不同部门、不同地区根据实际情况灵活确定。

3. 用途不同。税收收入由预算统一安排，用于社会公共需要支出，而费虽也纳入预算，但一般具有专款专用的性质。

（四）税收的职能作用

税收的职能作用主要表现在以下几个方面：

1. 税收是财政收入的主要来源

组织财政收入是税收的基本职能。税收具有强制性、无偿性、固定性的特点，筹集财政收入稳定可靠。税收是世界各国政府组织财政收入的基本形式。目前，我国税收收入占国家财政收入的 90% 以上。

2. 税收是调控经济运行的重要手段

税收作为经济杠杆，通过增税与减免税等手段来影响社会成员的经济利益，引导企业、个人的经济行为，对资源配置和社会经济发展产生影响，从而达到调控经济运行的目的。

3. 税收是调节收入分配的重要工具

税收作为国家参与国民收入分配最主要、最规范的形式，能够规范政府、企业和个人之间的分配关系。不同的税种，在分配领域发挥着不同的作用。

4. 税收具有监督经济活动的作用

税收涉及社会生产、流通、分配、消费各个领域，能够综合反映国家经济运行的质量和效率。可以通过税收收入的增减及税源的变化，及时掌握宏观经济的发展变化趋势；可以在税收征管活动中了解微观经济状况，发现并纠正纳税人在生产经营及财务管理中存在的问题，从而促进国民经济持续健康发展。

此外，税收管辖权是国家主权的组成部分，是国家权益的重要体现。所以在对外交往中，税收还具有维护国家权益的重要作用。

（五）税收制度设计原则

中共中央"十三五"规划建议提出，建立税种科学、结构优化、法律健全、规范公平、征管高效的税收制度。

我国税收制度设计遵循以下原则：

1. 财政原则

税收的基本职能是筹集财政收入。为国家财政需要提供稳定的收入来源是建立税收制度的基本准则。为了确保政府提供公共产品和服务所需要的财力，税收既要充足稳定又要保持相对弹性，能够随着国民经济的发展而增长。

2. 公平原则

税收公平原则，是指政府征税要使不同纳税人承受的税收负担与其经济状况相适应，并使各个纳税人之间的负担水平保持均衡。

3. 效率原则

税收的效率原则要求政府征税活动一方面要有利于资源的有效配置，促进经济行为的合理化和社会经济效率的提高，或者对经济效率的不利影响最小；另一方面要使税务机关的征收费用和纳税人的纳税费用最小化。

4. 适度原则

在税收制度设计中，社会整体税收负担的确定，要充分考虑国民经济发展状况和纳税人负担能力，既能基本满足国家的财政需要，又不能使税负太重影响到经济发展与人民生活。

（六）不同视角的税收分类

1. 按税收负担能否转嫁为标准可分为直接税与间接税

直接税，是指纳税义务人同时是税收的实际负担人，纳税义务人不能或不便于把税收负担转嫁给别人的税种。在世界各国税法理论中，多以各种所得税、房产税、遗产税、社会保险税等税种为直接税。

间接税，是指纳税义务人不是税收的实际负担人，纳税义务人能够用提高价格或提高收费标准等方法把税收负担转嫁给别人的税种。世界各国多以关税、消费税、销售税、货物税、营业税、增值税等税种为间接税。

2. 按税收的计算依据为标准可分为从量税、从价税

从量税：是指以课税对象的数量（重量、面积、件数）为依据，按固定税额计征的一类税。从量税实行定额税率，具有计算简便等优点。如我国现行的车船税和土地使用税等。

从价税：是指以课税对象的价格为依据，按一定比例计征的一类税。从价税实行比例税率和累进税率，税收负担比较合理。如我国现行的增值税、营业税、关税和各种所得税等税种。

3. 按税收与价格的关系可分为价内税、价外税

价内税：是指税款在应税商品价格内，作为商品价格一个组成部分的一类税。如我国现行的消费税、关税等税种。

价外税：是指税款不在商品价格之内，不作为商品价格的一个组成部分的一类税。如我国现行的增值税。

4. 按是否有单独的课税对象、独立征收为标准可分为正税、附加税

正税指与其他税种没有连带关系，有特定的课税对象，并按照规定税率独立征收的税。征收附加税或地方附加，要以正税为依据。如增值税、所得税等都是正税。

附加税是指随某种税收按一定比例加征的税。

5. 按税收的管理和使用权限为标准可分为中央税、地方税、共享税

中央税是指由中央政府征收和管理使用或由地方政府征收后全部划解中央政府所有并支配使用的一类税。如我国现行的关税和消费税等。这类税一般收入较大，征收范围广泛。

地方税是指由地方政府征收和管理使用的一类税。这类税一般收入稳定，并与地方经济利益关系密切。

共享税是指税收的管理权和使用权属中央政府和地方政府共同拥有的一类税。如我国现行的增值税和资源税等。

6. 以管辖的对象为标准分类：国内税收、涉外税种

国内税收是对本国经济单位和公民个人征收的各种税收。

涉外税种是具有涉外关系的税收。

7. **按税率的形式为标准分类：** 比例税、 累进税、 定额税

比例税是指对同一课税对象，不论数额多少，均按同一比例征税的税种。

累进税是指随着课税对象数额的增加而逐级提高税率的税种。包括全额累进税率、超额累进税率和超率累进税率。

定额税是指对每一单位的课税对象按固定税额征税的税种。

二、我国现行税收制度

《全面深化改革决定》提出了一系列深化税收制度改革，完善税收制度的任务，包括完善地方税体系，逐步提高直接税比重；推进增值税改革，适当简化税率；调整消费税征收范围、环节、税率，把高耗能、高污染产品及部分高档消费品纳入征收范围；逐步建立综合与分类相结合的个人所得税制；加快房地产税立法并适时推进改革，加快资源税改革，推动环境保护费改税；按照统一税制、公平税负、促进公平竞争的原则，加强对税收优惠特别是区域税收优惠政策的规范管理；税收优惠政策统一由专门税收法律法规规定，清理规范税收优惠政策；完善国税、地税征管体制。

我国现行税收，按其性质和作用分为六类。它们是：货物和劳务类、资源税类、所得税类、特定目的税类、财产和行为税类、关税类。

（一）商品劳务税制度

货物和劳务类包括增值税、消费税。它们主要在生产、流通服务领域中发挥调节作用。

1. **增值税**

增值税是对商品生产、流通、劳务服务中多个环节的新增价值或商品的附加值征收的一种流转税。实行价外税，也就是由消费者负担。增值税已经成为我国最主要的税种之一，增值税收入占全部税收的 60% 以上。

（1）增值税类型

根据对购进固定资产价款的处理方法不同，增值税被分为三种类型：

消费型增值税。其特点是允许纳税人在计算增值税时，从计税依据中将外购固定资产价款全部扣除。大部分实行增值税的国家采用消费型增值税。

收入型增值税。其特点是允许纳税人在计算增值税时，从计税依据中扣除外购固定资产的折旧部分。从整个社会看，课税对象相当于国民收入，故称收入型增值税。

生产型增值税。其特点是不允许纳税人扣除外购固定资产的价值。课税对象相当于生产资料和消费资料的总和，从整个社会看，与国民生产总值一致，故称生产型增值税。

（2）增值税纳税人及税率

根据 2017 年 11 月 19 日第二次修订的《中华人民共和国增值税暂行条例》，在

中华人民共和国境内销售货物或者加工、修理修配劳务（以下简称劳务），销售服务、无形资产、不动产以及进口货物的单位和个人，为增值税的纳税人，应当依照本条例缴纳增值税。

纳税人销售货物、劳务、有形动产租赁服务或者进口货物，除另有规定外，税率为 17%。

纳税人销售交通运输、邮政、基础电信、建筑、不动产租赁服务，销售不动产，转让土地使用权，销售或者进口国务院规定的货物，税率为 11%。

纳税人销售服务、无形资产，除另有规定外，税率为 6%。

纳税人出口货物，税率为零；但是，国务院另有规定的除外。

境内单位和个人跨境销售国务院规定范围内的服务、无形资产，税率为零。

小规模纳税人增值税征收率为 3%，国务院另有规定的除外。小规模纳税人的标准由国务院财政、税务主管部门规定。

（3）应纳税额的计算

①一般纳税人发生应税销售行为，应纳税额为当期销项税额抵扣当期进项税额后的余额。当期销项税额小于当期进项税额不足抵扣时，其不足部分可以结转下期继续抵扣。

②小规模纳税人发生应税销售行为，实行按照销售额和征收率计算应纳税额的简易办法，并不得抵扣进项税额。

（4）下列项目免征增值税：

①农业生产者销售的自产农产品；

②避孕药品和用具；

③古旧图书；

④直接用于科学研究、科学试验和教学的进口仪器、设备；

⑤外国政府、国际组织无偿援助的进口物资和设备；

⑥由残疾人的组织直接进口供残疾人专用的物品；

⑦销售的自己使用过的物品。

2018 年《政府工作报告》提出了"改革完善增值税制度，按照三档并两档方向调整税率水平，重点降低制造业、交通运输等行业税率，提高小规模纳税人年销售额标准"的要求。国务院常务会议决定，从 2018 年 5 月 1 日起，实施以下深化增值税改革措施：

一是适当降低税率水平。将制造业等行业增值税税率从 17% 降至 16%，将交通运输、建筑、基础电信服务等行业及农产品等货物的增值税税率从 11% 降至 10%。出台上述改革措施后，现行 17%、11%、6% 三档税率调整为 16%、10%、6%。

二是统一增值税小规模纳税人标准。将工业企业和商业企业小规模纳税人的年销售额标准由 50 万元和 80 万元上调至 500 万元，并在一定期限内允许已登记为一般纳税人的企业转登记为小规模纳税人。

三是退还部分企业的留抵税额。对装备制造等先进制造业、研发等现代服务业符合条件的企业和电网企业在一定时期内未抵扣完的进项税额予以一次性退还。

实施上述三项措施，是对增值税制度的进一步完善，为建立现代增值税制度、继续推进改革打下了基础。

2. 消费税

消费税是针对我国境内从事生产、委托加工和进口应税消费品的单位和个人，就其销售额或销售数量，在特定环节征收的一种税。

根据《中华人民共和国消费税暂行条例》，我国消费税的征收范围、税目、税率等如下：

（1）征收范围。消费税的征收范围包括了五种类型的产品：

第一类：一些过度消费会对人类健康、社会秩序、生态环境等方面造成危害的特殊消费品，如烟、酒、鞭炮、焰火等；

第二类：奢侈品、非生活必需品，如贵重首饰、化妆品等；

第三类：高能耗及高档消费品，如小轿车、摩托车等；

第四类：不可再生和替代的石油类消费品，如汽油、柴油等；

第五类：具有一定财政意义的产品，如汽车轮胎、护肤护发品等。

消费税共设置了 14 个税目，在其中的 3 个税目下又设置了 13 个子目，列举了 25 个征税项目。

（2）消费税税率。消费税根据税法确定的税目，按照应税消费品的销售额、销售数量分别实行从价定率或从量定额的办法计算应纳税额。25 个征税项目中实行比例税率的有 21 个，实行定额税率的有 4 个。共有 13 个档次的税率，最低 3％，最高 56％。

（3）消费税的纳税环节

①生产环节。纳税人生产的应税消费品，由生产者于销售时纳税。

②进口环节。进口的应税消费品，由进口报关者于报关进口时纳税。

③零售环节。金银首饰消费税与零售环节征收。

中共十八届三种全会《全面深化改革决定》要求，调整消费税征收范围、环节、税率，把高耗能、高污染产品及部分高档消费品纳入征收范围。从 2014 年 11 月 28 日以来，我国连续三次提高成品油消费税；2015 年 5 月 10 日起将卷烟批发环节从价税税率由 5％提高至 11％，并按 0.005 元/支加征从量税；我国自 2016 年 10 月 1 日起调整化妆品消费税政策，其中对普通美容、修饰类化妆品免征消费税，高档化妆品消费税税率由 30％下调为 15％。将"化妆品"税目名称更名为"高档化妆品"。征收范围包括高档美容、修饰类化妆品、高档护肤类化妆品和成套化妆品。

（二）资源税制度

资源税类包括资源税、城镇土地使用税。它们主要是对因开发和利用自然资源差异而形成的级差收入发挥调节作用。

1. 资源税

资源税是对在我国境内开采应税矿产品和生产盐的单位和个人，就其应税数量征收的一种税。在中华人民共和国境内开采《中华人民共和国资源税暂行条例》规定的矿产品或者生产盐的单位和个人，为资源税的纳税义务人，应缴纳资源税。根据2011年9月30日修订的《中华人民共和国资源税暂行条例》，资源税征收范围包括原油、天然气、煤炭、其他非金属矿原矿、黑色金属矿原矿、有色金属矿原矿和盐等7个税目大类。总的来看，资源税仍只囿于矿藏品，对大部分非矿藏品资源都没有征税。

我国资源税开征至今已有30多年，受困于大部分资源品目实行从量定额计征、征收范围仅限于矿产品和盐、收费基金项目较多且税权集中等，已不适应经济体制改革和"两型"社会建设需要，改革迫在眉睫。2016年5月10日，财政部、国家税务总局联合对外发文《关于全面推进资源税改革的通知》，通知宣布，自2016年7月1日起，我国全面推进资源税改革。改革有四个核心内容：

——全面推开资源税从价计征改革，新增对铁矿、金矿、石墨、海盐等21个税目由从量定额改为从价定率计征，对未列举名称的其他金属矿和其他非金属矿的大多数矿种，也全部实行从价计征。但从便利征管原则出发，对经营分散、多为现金交易且难以控管的粘土、砂石等少数矿产品，仍实行从量定额计征。

——资源税征收范围扩大，河北省率先开展水资源费改税试点，在试点取得经验基础上逐步向全国其他地区推开，森林、草场、滩涂等自然资源也将逐步纳入征收范围。

——改革将全面清理涉及矿产资源的收费基金。将全部资源品目矿产资源补偿费费率降为零，停止征收价格调节基金，取缔地方针对矿产资源违规设立的收费基金项目。

——中央将部分权限下放地方。矿产品的税率幅度由中央统一规定，但授权省级政府在规定税率幅度内根据资源禀赋、企业承受能力等因素，对主要应税产品提出具体适用税率建议。

合理设置税收优惠政策。对符合条件的采用充填开采方式、衰竭期矿山采出的矿产资源，资源税分别减征50%和30%。对鼓励利用的低品位矿、废石、尾矿、废渣、废水、废气等提取的矿产品，授权省级政府据实确定是否减税或免税，以便地方政府能够因地制宜地精准施策。

2. 城镇土地使用税

城镇土地使用税以在城市、县城、建制镇和工矿区范围内的土地为征税对象。在城市、县城、建制镇、工矿区范围内使用土地的单位和个人，为城镇土地使用税的纳税人。土地使用税以纳税人实际占用的土地面积为计税依据，依照规定税额计算征收。

土地使用税每平方米年税额如下：

①大城市1.5元至30元；

②中等城市 1.2 元至 24 元；

③小城市 0.9 元至 18 元；

④县城、建制镇、工矿区 0.6 元至 12 元。

省、自治区、直辖市人民政府，应当在规定的税额幅度内，根据市政建设状况、经济繁荣程度等条件，确定所辖地区的适用税额幅度。

经省、自治区、直辖市人民政府批准，经济落后地区土地使用税的适用税额标准可以适当降低，但降低额不得超过规定最低税额的 30%。经济发达地区土地使用税的适用税额标准可以适当提高，但须报经财政部批准。

下列土地免缴土地使用税：

①国家机关、人民团体、军队自用的土地；

②由国家财政部门拨付事业经费的单位自用的土地；

③宗教寺庙、公园、名胜古迹自用的土地；

④市政街道、广场、绿化地带等公共用地；

⑤直接用于农、林、牧、渔业的生产用地；

⑥经批准开山填海整治的土地和改造的废弃土地，从使用的月份起免缴土地使用税 5 年至 10 年；

⑦由财政部另行规定免税的能源、交通、水利设施用地和其他用地。

（三）所得税制度

所得税类包括企业所得税、个人所得税。主要是在国民收入形成后，对生产经营者的利润和个人纯收入发挥调节作用。

所得课税是对所有以所得为课税对象的税种的总称。所得课税包括企业所得税和个人所得税。

1. 企业所得税

（1）纳税人

在中国境内的一切企业和其他取得收入的组织（不包括个人独资企业、合伙企业），为企业所得税纳税人。

企业分为居民企业和非居民企业。居民企业应当就其来源于中国境内、境外的所得缴纳企业所得税。非居民企业根据其是否在中国境内设立机构、场所，以及所得是否与境内机构、场所有实际联系确定应纳税所得额。

（2）企业所得税税率

企业所得税的税率为 25%。非居民企业中在我国境内未设立机构、场所的，或者虽设机构、场所但取得的所得与其所设机构、场所没有实际联系的所得，适用税率为 20%。

（3）应纳税所得额

企业每一纳税年度的收入总额，减除不征税收入、免税收入、各项扣除以及允许弥补的以前年度亏损后的余额，为应纳税所得额。

不征税收入包括：财政拨款；依法收取并纳入财政管理的行政事业性收费、政府性基金；国务院规定的其他不征税收入。

在计算应纳税所得额时，企业按照规定计算的固定资产折旧，准予扣除。下列固定资产不得计算折旧扣除：

①房屋、建筑物以外未投入使用的固定资产；

②以经营租赁方式租入的固定资产；

③以融资租赁方式租出的固定资产；

④已足额提取折旧仍继续使用的固定资产；

⑤与经营活动无关的固定资产；

⑥单独估价作为固定资产入账的土地；

⑦其他不得计算折旧扣除的固定资产。

在计算应纳税所得额时，企业发生的下列支出作为长期待摊费用，按照规定摊销的，准予扣除：

①已足额提取折旧的固定资产的改建支出；

②租入固定资产的改建支出；

③固定资产的大修理支出；

④其他应当作为长期待摊费用的支出。

（4）应纳税额

企业的应纳税所得额乘以适用税率，减除依照税法关于税收优惠的规定减免和抵免的税额后的余额，为应纳税额。

（5）税收优惠

国家对重点扶持和鼓励发展的产业和项目，给予企业所得税优惠。

企业的下列收入为免税收入：国债利息收入；符合条件的居民企业之间的股息、红利等权益性投资收益；在中国境内设立机构、场所的非居民企业从居民企业取得与该机构、场所有实际联系的股息、红利等权益性投资收益；符合条件的非营利组织的收入。

企业的下列所得，可以免征、减征企业所得税：

①从事农、林、牧、渔业项目的所得；

②从事国家重点扶持的公共基础设施项目投资经营的所得；

③从事符合条件的环境保护、节能节水项目的所得；

④符合条件的技术转让所得；

⑤非居民企业在中国境内未设立机构、场所的，或者虽设立机构、场所但取得的所得与其所设机构、场所没有实际联系的。

符合条件的小型微利企业，减按 20％ 的税率征收企业所得税。

国家需要重点扶持的高新技术企业，减按 15％ 的税率征收企业所得税。

民族自治地方的自治机关对本民族自治地方的企业应缴纳的企业所得税中属于地方分享的部分，可以决定减征或者免征。自治州、自治县决定减征或者免征的，须报省、自治区、直辖市人民政府批准。

企业的下列支出，可以在计算应纳税所得额时加计扣除：①开发新技术、新产品、新工艺发生的研究开发费用；②安置残疾人员及国家鼓励安置的其他就业人员所支付的工资。

创业投资企业从事国家需要重点扶持和鼓励的创业投资，可以按投资额的一定比例抵扣应纳税所得额。

企业的固定资产由于技术进步等原因，确需加速折旧的，可以缩短折旧年限或者采取加速折旧的方法。

企业综合利用资源，生产符合国家产业政策规定的产品所取得的收入，可以在计算应纳税所得额时减计收入。

企业购置用于环境保护、节能节水、安全生产等专用设备的投资额，可以按一定比例实行税额抵免。

本法规定的税收优惠的具体办法，由国务院规定。

根据国民经济和社会发展的需要，或者由于突发事件等原因对企业经营活动产生重大影响的，国务院可以制定企业所得税专项优惠政策，报全国人民代表大会常务委员会备案。

2. 个人所得税

《中华人民共和国个人所得税法》（2018年修正）规定，下列各项个人所得（包括个人取得的工资、薪金所得，劳务报酬所得，稿酬所得，特许权使用所得，经营所得，利息、股息、红利所得，财产租赁所得，财产转让所得，偶然所得），应当缴纳个人所得税。

个人所得税的税率：

①综合所得（工资、薪金所得，劳务报酬所得，稿酬所得，特许权使用所得），适用百分之三至百分之四十五的超额累进税率；

②经营所得，适用百分之五至百分之三十五的超额累进税率；

③利息、股息、红利所得，财产租赁所得，财产转让所得和偶然所得，适用比例税率，税率为百分之二十。

（四）特定目的税类制度

特定目的税类包括土地增值税、城市维护建设税、车辆购置税、耕地占用税、烟叶税等。主要是为了达到特定目的，对特定对象和特定行为发挥调节作用。

1. 城市维护建设税

根据《中华人民共和国城市维护建设税暂行条例》（2011年修订），城市维护建设税对缴纳增值税、消费税、营业税的单位和个人征收。它以纳税人实际缴纳的增值税、消费税、营业税为计税依据，区别纳税人所在地的不同，分别按7%（在市区）、5%（在县城、镇）和1%（不在市区、县城或镇）三档税率计算缴纳。城市维护建设税分别与增值税、消费税、营业税同时缴纳。

城市维护建设税应当保证用于城市的公用事业和公共设施的维护建设，具体安排由地方人民政府确定。开征城市维护建设税后，任何地区和部门，都不得再向纳税人摊派资金或物资。遇到摊派情况，纳税人有权拒绝执行。

2. 土地增值税

土地增值税是对有偿转让国有土地使用权及地上建筑物和其他附着物产权并取得增值性收入的单位和个人征收的一种税。

（1）计税依据

土地增值税的计税依据，是纳税人转让房地产所取得的增值额。转让房地产的增值额，是纳税人转让房地产的收入减除税法规定的扣除项目后的余额。

（2）税率

土地增值税采用四级超额累进税率。增值额未超过扣除项目金额 50% 的部分，税率为 30%。增值额超过扣除项目金额 50%、未超过扣除项目金额 100% 的部分，税率为 40%。增值额超过扣除项目金额 100%、未超过扣除项目金额 200% 的部分，税率为 50%。增值额超过扣除项目金额 200% 的部分，税率为 60%。

3. 车辆购置税

对购置汽车、摩托车、电车、挂车、农用运输车等应税车辆的单位和个人征收。车辆购置税实行从价定率的方法计算应纳税额，税率为 10%。计税价格为纳税人购置应税车辆而支付给销售者的全部价款和价外费用（不包括增值税）；国家税务总局参照应税车辆市场平均交易价格，规定不同类型应税车辆的最低计税价格。纳税人购置应税车辆的，应当自购置之日起 60 日内申报纳税并一次缴清税款。

4. 耕地占用税

对占用耕地建房或者从事其他非农业建设的单位和个人，依其占用耕地的面积征收。其税额标准在每平方米 5 元～50 元之间。纳税人必须在经土地管理部门批准占用耕地之日起 30 日内缴纳耕地占用税。

5. 烟叶税

在我国境内，依照《中华人民共和国烟草专卖法》的规定收购烟叶的单位为烟叶税的纳税人。纳税人应当依照本法规定缴纳烟叶税。对在我国境内收购烟叶（包括晾晒烟叶和烤烟叶）的单位，按照收购烟叶的金额征收，税率为 20%。纳税人应当向烟叶收购地的主管税务机关申报缴纳烟叶税。烟叶税的纳税义务发生时间为纳税人收购烟叶的当日。烟叶税按月计征，纳税人应当于纳税义务发生月终了之日起十五日内申报并缴纳税款。

（五）财产和行为税制度

财产和行为税包括房产税、车船税、印花税、契税。主要是对某些财产和行为发挥调节作用。

1. 房产税

房产税是以城市、县城、建制镇和工矿区范围内的房屋为征税对象，按房产余值或租金收入为计税依据，向产权所有人征收的一种财产税。

房产税由产权所有人缴纳。产权属于全民所有的，由经营管理的单位缴纳。产权出典的，由承典人缴纳。产权所有人、承典人不在房产所在地的，或者产权未确定及租典纠纷未解决的，由房产代管人或者使用人缴纳。

房产税税率分为两类：按照房产余值计算应纳税额的，适用税率为 1．2％；按照房产租金收入计算应纳税额的，适用税率为 12％，但个人按市场价格出租的居民住房，减按 4％ 的征收率征收。

2．车船税

以在我国境内依法应当到车船管理部门登记的车辆、船舶为征税对象，向车辆、船舶的所有人或管理人征收。分为乘用车、商用车等 6 大税目。各税目的年税额标准在每辆 36 元～5400 元不等，或自重（净吨位）每吨 3 元～60 元之间，游艇为艇身长度每米 600 元～2000 元。车船税按年申报缴纳。

下列车船免征车船税：

（1）捕捞、养殖渔船；

（2）军队、武装警察部队专用的车船；

（3）警用车船；

（4）依照法律规定应当予以免税的外国驻华使领馆、国际组织驻华代表机构及其有关人员的车船。

对节约能源、使用新能源的车船可以减征或者免征车船税；对受严重自然灾害影响纳税困难以及有其他特殊原因确需减税、免税的，可以减征或者免征车船税。具体办法由国务院规定，并报全国人民代表大会常务委员会备案。

省、自治区、直辖市人民政府根据当地实际情况，可以对公共交通车船，农村居民拥有并主要在农村地区使用的摩托车、三轮汽车和低速载货汽车定期减征或者免征车船税。

3．船舶吨税

自中华人民共和国境外港口进入境内港口的船舶（以下称应税船舶），应当依照本法缴纳船舶吨税（以下简称吨税）。吨税设置优惠税率和普通税率。中华人民共和国籍的应税船舶，船籍国（地区）与中华人民共和国签订含有相互给予船舶税费最惠国待遇条款的条约或者协定的应税船舶，适用优惠税率。其他应税船舶，适用普通税率。吨税按照船舶净吨位和吨税执照期限征收。吨税的应纳税额按照船舶净吨位乘以适用税率计算。吨税由海关负责征收。

应纳税额在人民币五十元以下的船舶，捕捞、养殖渔船，吨税执照期满后二十四小时内不上下客货的船舶，军队、武装警察部队专用或者征用的船舶等，免征吨税。

4．印花税

根据《中华人民共和国印花税暂行条例》，在我国境内书立、领受本条例所列举凭证的单位和个人，都是印花税的纳税义务人，应当按照规定缴纳印花税。下列凭证下列凭证为应纳税凭证：

①购销、加工承揽、建设工程承包、财产租赁、货物运输、仓储保管、借款、财产保险、技术合同或者具有合同性质的凭证；

②产权转移书据；

③营业账簿；

④权利、许可证照；

⑤经财政部确定征税的其他凭证。

印花税根据应税凭证的性质，分别按合同金额依比例税率或者按件定额计算应纳税额。比例税率有 1‰、0.5‰、0.3‰、0.05‰和 0.03‰五档，如购销合同按购销金额的 0.3‰贴花，加工承揽合同按加工或承揽收入的 0.5‰贴花，财产租赁合同按租赁金额的 1‰贴花，借款合同按借款金额的 0.05‰贴花等；权利、许可证等按件贴花 5 元。印花税实行由纳税人根据规定自行计算应纳税额，购买并一次贴足印花税票的办法缴纳。

5. 契税

以出让、转让、买卖、赠与、交换发生权属转移的土地、房屋为征税对象，承受的单位和个人为纳税人。出让、转让、买卖土地、房屋的税基为成交价格，赠与土地、房屋的税基由征收机关核定，交换土地、房屋的税基为交换价格的差额。税率为 3%～5%。纳税人应当自纳税义务发生之日起 10 日内办理纳税申报，并在契税征收机关核定的期限内缴纳税款。

（六）关税制度

关税是指国家对进出本国国境或关境的应税货物、物品征收的一种税。进口货物的收货人、出口货物的发货人、进境物品的所有人，是关税的纳税义务人。

国务院设立关税税则委员会，负责《税则》和《进境物品进口税税率表》的税目、税则号列和税率的调整和解释，报国务院批准后执行；决定实行暂定税率的货物、税率和期限；决定关税配额税率；决定征收反倾销税、反补贴税、保障措施关税、报复性关税以及决定实施其他关税措施；决定特殊情况下税率的适用，以及履行国务院规定的其他职责。

1. 进出口货物关税税率的设置和适用

根据《中华人民共和国进出口关税条例》，我国进口关税设置最惠国税率、协定税率、特惠税率、普通税率、关税配额税率等税率。对进口货物在一定期限内可以实行暂定税率。出口关税设置出口税率。对出口货物在一定期限内可以实行暂定税率。

①最惠国税率：原产于共同适用最惠国待遇条款的世界贸易组织成员的进口货物，原产于与我国签订含有相互给予最惠国待遇条款的双边贸易协定的国家或者地区的进口货物，以及原产于我国境内的进口货物，适用最惠国税率。

②协定税率：原产于与我国签订含有关税优惠条款的区域性贸易协定的国家或者地区的进口货物，适用协定税率。

③特惠税率：原产于与我国签订含有特殊关税优惠条款的贸易协定的国家或者地区的进口货物，适用特惠税率。

④普通税率：原产于①②③所列以外国家或者地区的进口货物，以及原产地不

明的进口货物，适用普通税率。

⑤关税配额税率：按照国家规定实行关税配额管理的进口货物，关税配额内的，适用关税配额税率。

⑥暂定税率：适用最惠国税率的进口货物有暂定税率的，应当适用暂定税率；适用协定税率、特惠税率的进口货物有暂定税率的，应当从低适用税率；适用普通税率的进口货物，不适用暂定税率。适用出口税率的出口货物有暂定税率的，应当适用暂定税率。

⑦反倾销、反补贴、保障措施税率。按照有关法律、行政法规的规定对进口货物采取反倾销、反补贴、保障措施的，其税率的适用按照《中华人民共和国反倾销条例》《中华人民共和国反补贴条例》和《中华人民共和国保障措施条例》的有关规定执行。

任何国家或者地区违反与我国签订或者共同参加的贸易协定及相关协定，对我国在贸易方面采取禁止、限制、加征关税或者其他影响正常贸易的措施的，对原产于该国家或者地区的进口货物可以征收报复性关税，适用报复性关税税率。

征收报复性关税的货物、适用国别、税率、期限和征收办法，由国务院关税税则委员会决定并公布。

2. 关税计征方式

进出口货物关税，以从价计征、从量计征或者国家规定的其他方式征收。

从价计征的计算公式为：应纳税额＝完税价格×关税税率

从量计征的计算公式为：应纳税额＝货物数量×单位税额

第五节　十九大提出的财税体制改革的目标要求和主要任务

一、建立权责清晰、财力协调、区域均衡的中央和地方财政关系

科学规范的中央和地方财政关系必须具有清晰的财政事权和支出责任划分、合理的财力配置和明确的目标导向，事关区域均衡发展和国家长治久安。当前和今后一个时期中央和地方财政关系的构建，权责清晰是前提，财力协调是保障，区域均衡是方向。要科学界定各级财政事权和支出责任，形成中央与地方合理的财力格局，在充分考虑地区间支出成本因素的基础上将常住人口人均财政支出差异控制在合理区间，加快推进基本公共服务均等化。

权责清晰，就是要形成中央领导、合理授权、依法规范、运转高效的财政事权和支出责任划分模式。在处理好政府和市场关系的基础上，按照体现基本公共服务受益范围、兼顾政府职能和行政效率、实现权责利相统一、激励地方政府主动作为等原则，加强与相关领域改革的协同，合理划分各领域中央与地方财政事权和支出责任，成熟一个、出台一个，逐步到位。及时总结改革成果和经验，适时制定修订相关法律、行政法规。同时，合理划分省以下各级政府财政事权和支出责任，适合哪一级政府处理的事务就交由哪一级政府办理并承担相应的支出责任，省级政府要

加强统筹。

　　财力协调，就是要形成中央与地方合理的财力格局，为各级政府履行财政事权和支出责任提供有力保障。结合财政事权和支出责任划分、税收制度改革和税收政策调整，考虑税种属性，在保持中央和地方财力格局总体稳定的前提下，科学确定共享税中央和地方分享方式及比例，适当增加地方税种，形成以共享税为主、专享税为辅，共享税分享合理、专享税划分科学的具有中国特色的中央和地方收入划分体系。因地制宜、合理规范划分省以下政府间收入。同时，继续优化转移支付制度，扩大一般性转移支付规模，建立健全专项转移支付定期评估和退出机制，研究构建综合支持平台，加强转移支付对中央重大决策部署的保障。

　　区域均衡，就是要着力增强财政困难地区兜底能力，稳步提升区域间基本公共服务均等化水平。从人民群众最关心、最直接、最现实的主要基本公共服务事项入手，兼顾需要和可能，合理制定基本公共服务保障基础标准，并适时调整完善。根据东中西部地区财力差异状况、各项基本公共服务的属性，规范基本公共服务共同财政事权的支出责任分担方式。按照坚决兜住底线的要求，及时调整完善中央对地方一般性转移支付办法，提升转移支付促进基本公共服务均等化效果。省级政府要通过调整收入划分、加大转移支付力度，增强省以下政府基本公共服务保障能力。

二、建立全面规范透明、标准科学、约束有力的预算制度，全面实施绩效管理

　　内容完整、编制科学、执行规范、监督有力、讲求绩效和公开透明是现代预算制度的基本要素。要立足于已确立的预算制度主体框架，进一步提升预算的全面性、规范性和透明度，推进预算科学精准编制，增强预算执行刚性约束，提高财政资源配置效率。

　　全面规范透明。推进全口径政府预算管理，全面反映政府收支总量、结构和管理活动。强化政府性基金预算、国有资本经营预算、社会保险基金预算与一般公共预算的统筹衔接，严控政府性基金项目设立，加大国有资本经营预算调入一般公共预算力度，加快推进统一预算分配权。深入实施中期财政规划管理，提高中期财政规划的科学性，增强对年度预算编制的指导作用。进一步完善跨年度预算平衡机制，严格规范超收收入的使用管理。坚持以公开为常态、不公开为例外，不断拓展预算公开的内容和范围，完善预算公开的方式方法，加强预算决算公开情况检查，全面提高预算透明度，强化社会监督。

　　标准科学。遵循财政预算编制的基本规律，根据经济社会发展目标、国家宏观调控要求和行业发展需要等因素，明确重点支出预算安排的基本规范。扩大基本支出定员定额管理范围，建立健全定额标准动态调整机制。深入推进项目支出标准体系建设，发挥标准对预算编制的基础性作用。加强预算评审结果运用，及时总结不同项目的支出规律，探索建立同类项目的标准化管理模式。

　　约束有力。严格落实预算法，切实硬化预算约束。坚持先预算后支出，年度预算执行中，严格执行人民代表大会批准的预算，严控预算调整和调剂事项，强化预

算单位的主体责任。严格依法依规征收财政收入。构建管理规范、风险可控的政府举债融资机制，明确各级政府对本级债务负责，增强财政可持续性。地方政府一律采取发行政府债券方式规范举债，强化地方政府债务预算管理和限额管理。层层落实各级地方政府主体责任，加大问责追责和查处力度，完善政绩考核体系，做到终身问责，倒查责任。

全面实施绩效管理。紧紧围绕提升财政资金使用效益，将绩效理念和方法深度融入预算编制、执行和监督的全过程，注重成本效益分析，关注支出结果和政策目标实现程度。绩效管理覆盖所有财政资金，体现权责对等，放权和问责相结合。强化绩效目标管理，建立预算安排与绩效目标、资金使用效果挂钩的激励约束机制。加强绩效目标执行动态监控。推动绩效评价提质扩围，提升公共服务质量和水平，提高人民满意度。

三、深化税收制度改革，健全地方税体系

深化税收制度改革的目标是形成税法统一、税负公平、调节有度的税收制度体系，促进科学发展、社会公平和市场统一。要围绕优化税制结构，加强总体设计和配套实施，推进所得类和货物劳务类税收制度改革，逐步提高直接税比重，加快健全地方税体系，提升税收立法层次，完善税收法律制度框架。

着力完善直接税体系。建立综合与分类相结合的个人所得税制度，优化税率结构，完善税前扣除，规范和强化税基，加强税收征管，充分发挥个人所得税调节功能。实行代扣代缴和自行申报相结合的征管制度，加快完善个人所得税征管配套措施，建立健全个人收入和财产信息系统。密切关注国际税改动态，审慎评估和研判国际税制发展趋势，进一步完善企业所得税制度。适应经济全球化发展和"一带一路"建设的需要，加强国际税收协调，提升我国税制的国际竞争力。按照"立法先行、充分授权、分步推进"的原则，推进房地产税立法和实施。对工商业房地产和个人住房按照评估值征收房地产税，适当降低建设、交易环节税费负担，逐步建立完善的现代房地产税制度。

健全间接税体系。按照税收中性原则，深入推进增值税改革，进一步健全抵扣链条，优化税率结构，完善出口退税等政策措施，构建更加公平、简洁的税收制度。结合增值税改革进程，推进增值税立法，最终形成规范的现代增值税制度。结合实施中央和地方收入划分改革，研究调整部分消费税品目征收环节和收入归属。

积极稳妥推进健全地方税体系改革。调整税制结构，培育地方税源，加强地方税权，理顺税费关系，逐步建立稳定、可持续的地方税体系。一是完善地方税种。根据税基弱流动性、收入成长性、征管便利性等原则，合理确定地方税税种。在目前已实施的城镇土地使用税、房产税、车船税、耕地占用税、契税、烟叶税、土地增值税等为地方税的基础上，继续拓展地方税的范围，同时逐步扩大水资源费改税改革试点，改革完善城市维护建设税。二是扩大地方税权。在中央统一立法和税种开征权的前提下，根据税种特点，通过立法授权，适当扩大地方税收管理权限，地

方税收管理权限主要集中在省级。三是统筹推进政府非税收入改革。加快非税收入立法进程。深化清理收费改革，继续推进费改税。在规范管理、严格监督的前提下，适当下放部分非税收入管理权限。

全面落实税收法定原则。按照党中央审议通过的《贯彻落实税收法定原则的实施意见》的要求，新开征税种，一律由法律进行规范；将现行由国务院行政法规规范的税种上升为由法律规范，同时废止有关税收条例。力争在 2019 年完成全部立法程序，2020 年完成"落实税收法定原则"的改革任务。

第五章　金融体系与金融政策

金融是国家重要的核心竞争力，金融安全是国家安全的重要组成部分。金融体系是一个经济体资金流动的基本框架，国民经济和社会发展离不开一个健康且有活力的金融体系。我国现代金融体系主要包括金融调控与金融监管体系、金融组织体系和金融市场体系。

第一节　金融调控与监管体系

目前，"一行两会"是我国金融调控与监管体系的主要组成部分。"一行两会"是对中国人民银行、中国银行保险监督管理委员会、中国证券监督管理委员会等三家金融管理和监督部门的简称。

一、中国人民银行

中国人民银行为国务院组成部门，是中华人民共和国的中央银行，是在国务院领导下，制定和执行货币政策、维护金融稳定、提供金融服务的宏观调控部门。

（一）中央银行概述

一般而言，中央银行具有三大职能，即发行的银行、银行的银行和政府的银行。"发行的银行"是指中央银行垄断货币的发行权，是一国唯一的现钞发行机构。同时，中央银行还负责调控货币供应量，并维护币值的稳定。"银行的银行"是指中央银行一般不与工商企业发生业务往来，只与商业银行和其他金融机构发生业务关系，具体业务包括：保管银行存款准备金，充当银行最后贷款人，组织银行间支付清算。"政府的银行"是指中央银行经理国库、管理黄金和外汇、监督管理金融机构和金融活动、制定和执行金融政策，以及代表政府参加国际金融组织、出席国际会议、从事国际金融活动以及代表政府签订金融协议。

与一般的银行相比，中央银行具有以下特征：

（1）不以营利为目的；

（2）不经营普通银行业务，只与政府和金融机构有业务往来；

（3）制定和执行货币政策；

（4）对金融业实施监督管理，维护金融稳定；

（5）组织、参与和管理支付清算。

（二）中国人民银行

中国人民银行是中华人民共和国的中央银行，主要职能为制定和执行货币政策、维护金融稳定、提供金融服务。

1. 制定和执行货币政策

货币政策是人民银行运用货币政策工具，调节货币供求以实现宏观经济调控目标的策略和方针的总称。货币政策的要素包括：货币政策的最终目标、货币政策的中间目标、货币政策的操作目标、货币政策工具和货币政策传导机制。

我国货币政策的最终目标是：维护币值稳定，并以此促进经济增长。

为了实现货币政策目标，中国人民银行综合使用公开市场操作、存款准备金、再贷款与再贴现、常备借贷便利、短期流动性调节工具、利率政策等多种工具组合，同时健全宏观审慎政策框架，发挥其逆周期调节作用。

中国人民银行根据执行货币政策的需要，可以决定对商业银行贷款的数额、期限、利率和方式，但贷款的期限不得超过一年。中国人民银行不得向地方政府、各级政府部门提供贷款，不得向非银行金融机构以及其他单位和个人提供贷款，但国务院决定中国人民银行可以向特定的非银行金融机构提供贷款的除外。

2. 维护金融稳定

防止发生系统性金融风险是金融工作的永恒主题。中国人民银行作为我国的中央银行，承担着防范和化解系统性金融风险、维护国家金融稳定的重要职责。中国人民银行通过监测和评估金融风险、处置金融领域风险隐患、推进金融业改革发展、强化金融安全网建设、承担最后贷款人职能，保持金融体系流动性，确保金融体系平稳运行。中国人民银行综合运用利率和汇率政策、公开市场操作、资本账户管理、再贷款和支付体系支持等工具，以及宏观审慎管理、监管协调机制、金融消费权益保护等制度安排，为金融机构和市场的稳健运行创造良好环境，维护金融体系的整体稳定。

3. 提供金融服务

除了制定和实施货币政策、维护金融稳定，中国人民银行也为全社会提供金融服务。根据《中国人民银行法》，作为其职责的重要组成部分，人民银行提供的金融服务主要包括：①发行人民币，管理人民币流通；②监督管理银行间同业拆借市场和银行间债券市场；③实施外汇管理，监督管理银行间外汇市场；④监督管理黄金市场；⑤持有、管理、经营国家外汇储备、黄金储备；⑥经理国库；⑦维护支付、清算系统的正常运行；⑧指导、部署金融业反洗钱工作，负责反洗钱的资金监测；⑨负责金融业的统计、调查、分析和预测等。

二、银保监会和证监会

(一) 中国银行保险监督管理委员会

中国银行保险监督管理委员会（简称银保监会）是国务院授权的银行业及保险业监督管理机构，依照《中华人民共和国银行业监督管理法》《中华人民共和国保险法》对全国银行业和保险业实施监督管理。

1. 银行业监督管理

（1）监管范围：①银行业金融机构，是指在中华人民共和国境内设立的商业银行、城市信用合作社、农村信用合作社等吸收公众存款的金融机构以及政策性银行及其业务活动；②在中华人民共和国境内设立的金融资产管理公司、信托投资公司、财务公司、金融租赁公司以及经国务院银行业监督管理机构批准设立的其他金融机构及其业务活动；③对经银保监会批准在境外设立的金融机构以及前二款金融机构在境外的业务活动实施监督管理。

（2）主要监管职责：①依照法律、行政法规制定并发布对银行业金融机构及其业务活动监督管理的规章、规则。②依照法律、行政法规规定的条件和程序，审查批准银行业金融机构的设立、变更、终止以及业务范围。未经银保监会批准，任何单位或者个人不得设立银行业金融机构或者从事银行业金融机构的业务活动。③申请设立银行业金融机构，或者银行业金融机构变更持有资本总额或者股份总额达到规定比例以上的股东，银保监会应当对股东的资金来源、财务状况、资本补充能力和诚信状况进行审查。④银行业金融机构业务范围内的业务品种，应当按照规定，经银保监会审查批准或者备案。需要审查批准或者备案的业务品种，由银保监会依照法律、行政法规作出规定并公布。⑤银保监会对银行业金融机构的董事和高级管理人员实行任职资格管理。具体办法由银保监会制定。⑥银行业金融机构的审慎经营规则，由法律、行政法规规定，也可以由银保监会依照法律、行政法规制定。审慎经营规则包括风险管理、内部控制、资本充足率、资产质量、损失准备金、风险集中、关联交易、资产流动性等内容。银行业金融机构应当严格遵守审慎经营规则。⑦银保监会应当自收到银行业金融机构设立申请文件之日起 6 个月内，自收到银行业金融机构的变更、终止，以及业务范围和增加业务范围内的业务品种的申请文件之日起 3 个月内，做出批准或者不批准的书面决定；决定不批准的，应当说明理由。⑧银保监会应当对银行业金融机构的业务活动及其风险状况进行非现场监管，建立银行业金融机构监督管理信息系统，分析、评价银行业金融机构的风险状况。⑨银保监会应当对银行业金融机构的业务活动及其风险状况进行现场检查。银保监会应当制定现场检查程序，规范现场检查行为。⑩银保监会应当建立银行业金融机构监督管理评级体系和风险预警机制，根据银行业金融机构的评级情况和风险状况，确定对其现场检查的频率、范围和需要采取的其他措施。⑪银保监会应当建立银行业突发事件的发现、报告岗位责任制度。银保监会发现可能引发系统性银行业风险、严重影响社会稳定的突发事件，应当立即向银保监会负责人报告；银保监会负责人认为需要向国务院报告的，应当立即向国务院报告，并告知中国人民银行、国务院财政部门等有关部门。⑫银保监会应当会同中国人民银行、国务院财政部门等有关部门建立银行业突发事件处置制度，制定银行业突发事件处置预案，明确处置机构和人员及其职责、处置措施和处置程序，及时、有效地处置银行业突发事件。⑬银保监会负责统一编制全国银行业金融机构的统计数据、报表，并按照国家有关规定予以公布。

2. 保险业监督管理

保险监督管理机构依照《中华人民共和国保险法》和国务院规定的职责，遵循依法、公开、公正的原则，对保险业实施监督管理，维护保险市场秩序，保护投保人、被保险人和受益人的合法权益。

我国保险监督管理机构的主要职责包括：①拟定保险业发展的方针政策，制定行业发展战略和规划；起草保险业监管的法律、法规；制定业内规章。②审批保险公司及其分支机构、保险集团公司、保险控股公司的设立；会同有关部门审批保险资产管理公司的设立；审批境外保险机构代表处的设立；审批保险代理公司、保险经纪公司、保险公估公司等保险中介机构及其分支机构的设立；审批境内保险机构和非保险机构在境外设立保险机构；审批保险机构的合并、分立、变更、解散，决定接管和指定接受；参与、组织保险公司的破产、清算。③审查、认定各类保险机构高级管理人员的任职资格；制定保险从业人员的基本资格标准。④审批关系社会公众利益的保险险种、依法实行强制保险的险种和新开发的人寿保险险种等的保险条款和保险费率，对其他保险险种的保险条款和保险费率实施备案管理。⑤依法监管保险公司的偿付能力和市场行为；负责保险保障基金的管理，监管保险保证金；根据法律和国家对保险资金的运用政策，制定有关规章制度，依法对保险公司的资金运用进行监管。⑥对政策性保险和强制保险进行业务监管；对专属自保、相互保险等组织形式和业务活动进行监管。归口管理保险行业协会、保险学会等行业社团组织。⑦依法对保险机构和保险从业人员的不正当竞争等违法、违规行为以及对非保险机构经营或变相经营保险业务进行调查、处罚。⑧依法对境内保险及非保险机构在境外设立的保险机构进行监管。⑨制定保险行业信息化标准；建立保险风险评价、预警和监控体系，跟踪分析、监测、预测保险市场运行状况，负责统一编制全国保险业的数据、报表，并按照国家有关规定予以发布。

（二）中国证券监督管理委员会

中国证券监督管理委员会为国务院直属事业单位，依照法律、法规和国务院授权，统一监督管理全国证券期货市场，维护证券期货市场秩序，保障其合法运行。《中华人民共和国证券法》对证监会的职责和依法履行职责有权采取的措施做出了明确规定。

1. 证券市场监管职责

（1）依法制定有关证券市场监督管理的规章、规则，并依法行使审批或者核准权；

（2）依法对证券的发行、上市、交易、登记、存管、结算，进行监督管理；

（3）依法对证券发行人、上市公司、证券公司、证券投资基金管理公司、证券服务机构、证券交易所、证券登记结算机构的证券业务活动，进行监督管理；

（4）依法制定从事证券业务人员的资格标准和行为准则，并监督实施；

（5）依法监督检查证券发行、上市和交易的信息公开情况；

（6）依法对证券业协会的活动进行指导和监督；

（7）依法对违反证券市场监督管理法律、行政法规的行为进行查处；

（8）法律、行政法规规定的其他职责。

国务院证券监督管理机构可以和其他国家或者地区的证券监督管理机构建立监督管理合作机制，实施跨境监督管理。

2. 依法履行职责有权采取的措施

（1）对证券发行人、上市公司、证券公司、证券投资基金管理公司、证券服务机构、证券交易所、证券登记结算机构进行现场检查；

（2）进入涉嫌违法行为发生场所调查取证；

（3）询问当事人和与被调查事件有关的单位和个人，要求其对与被调查事件有关的事项作出说明；

（4）查阅、复制与被调查事件有关的财产权登记、通讯记录等资料；

（5）查阅、复制当事人和与被调查事件有关的单位和个人的证券交易记录、登记过户记录、财务会计资料及其他相关文件和资料；对可能被转移、隐匿或者毁损的文件和资料，可以予以封存；

（6）查询当事人和与被调查事件有关的单位和个人的资金账户、证券账户和银行账户；对有证据证明已经或者可能转移或者隐匿违法资金、证券等涉案财产或者隐匿、伪造、毁损重要证据的，经国务院证券监督管理机构主要负责人批准，可以冻结或者查封；

（7）在调查操纵证券市场、内幕交易等重大证券违法行为时，经国务院证券监督管理机构主要负责人批准，可以限制被调查事件当事人的证券买卖，但限制的期限不得超过十五个交易日；案情复杂的，可以延长十五个交易日。

第二节　金融机构体系

一、银行业金融机构体系

根据《中国人民银行法》，银行业金融机构，是指在中华人民共和国境内设立的商业银行、城市信用合作社、农村信用合作社等吸收公众存款的金融机构以及政策性银行。

（一）商业银行

1. 性质与职能

商业银行是以金融资产和负债业务为主要经营对象的综合性、多功能的金融企业，是能够提供存贷业务的金融机构。商业银行作为一家企业，以安全性、流动性、效益性为经营原则，实行自主经营、自担风险、自负盈亏、自我约束。商业银行主要通过存贷利差、中间业务收费和自营资金业务等获取利润。

商业银行在现代经济活动中有信用中介、支付中介、金融服务、信用创造等职能，并通过这些职能在国民经济活动中发挥着重要作用。商业银行的业务活动对全社会的货币供给有重要影响，并成为国家实施宏观经济政策的重要基础。

（1）信用中介。信用中介是商业银行最基本的功能，它在国民经济中发挥着多层次的调节作用，将闲散货币转化为资本，使闲置资本得到充分利用，将短期资金转化为长期资金。

（2）支付中介。支付中介是商业银行借助本票、汇票、支票等各类支付工具，将客户存款资金转移为客户办理货币结算、货币收付、货币兑换和存款转移的业务活动。

（3）信用创造。信用创造是商业银行通过吸收活期存款、发放贷款，从而增加银行的资金来源、扩大社会货币供应量，满足社会经济发展对流通手段和支付手段的需要。

（4）金融服务。金融服务是商业银行凭借在国民经济中联系面广、信息灵通等特殊地位和优势，以及其在发挥信用中介和支付中介功能的过程中所获得的大量信息，为客户提供财务咨询、融资代理、信托租赁、代收代付等各种金融服务。

2. 我国的商业银行

《中华人民共和国商业银行法》规定"商业银行是指依照本法和《中华人民共和国公司法》设立的吸收公众存款、发放贷款、办理结算等业务的企业法人"。我国的商业银行可以经营下列部分或者全部业务：①吸收公众存款；②发放短期、中期和长期贷款；③办理国内外结算；④办理票据承兑与贴现；⑤发行金融债券；⑥代理发行、代理兑付、承销政府债券；⑦买卖政府债券、金融债券；⑧从事同业拆借；⑨买卖、代理买卖外汇；⑩从事银行卡业务；⑪提供信用证服务及担保；⑫代理收付款项及代理保险业务；⑬提供保管箱服务；⑭经国务院银行业监督管理机构批准的其他业务。具体经营范围由商业银行章程规定，报国务院银行业监督管理机构批准。

商业银行经中国人民银行批准，可以经营结汇、售汇业务。商业银行在中华人民共和国境内不得从事信托投资和证券经营业务，不得向非自用不动产投资或者向非银行金融机构和企业投资，但国家另有规定的除外。

根据《中华人民共和国商业银行法》，发放短期、中期和长期贷款是指，商业银行根据国民经济和社会发展的需要，在国家产业政策指导下开展的贷款业务。商业银行贷款，应当实行审贷分离、分级审批的制度，商业银行应当对借款人的借款用途、偿还能力、还款方式等情况进行严格审查。商业银行贷款，借款人应当提供担保。经商业银行审查、评估，确认借款人资信良好，确能偿还贷款的，可以不提供担保。商业银行应当与借款人订立书面合同，合同应当约定贷款种类、借款用途、金额、利率、还款期限、还款方式、违约责任和双方认为需要约定的其他事项。

根据《中华人民共和国商业银行法》，企业事业单位可以自主选择一家商业银行的营业场所开立一个办理日常转账结算和现金收付的基本账户，不得开立两个以上基本账户。任何单位和个人不得将单位的资金以个人名义开立账户存储。

《中华人民共和国商业银行法》规定，设立商业银行，应当经国务院银行业监督管理机构审查批准。未经国务院银行业监督管理机构批准，任何单位和个人不得从事吸收公众存款等商业银行业务，任何单位不得在名称中使用"银行"字样。

3. 我国的商业银行体系

改革开放以来，我国已初步形成了大型商业性银行、股份制商业银行、中资城乡中小银行和外资银行共同发展的商业银行体系，在服务实体经济、防范风险、深化改革开放、增强监管有效性等方面取得了明显成效。

（1）大型商业银行。大型商业银行包括中国工商银行、中国农业银行、中国银行、中国建设银行及交通银行。大型商业银行是我国银行体系的主体，以获取利润为经营目标，以经营存贷款、办理转账结算为主要业务，以多种金融资产和金融负债为经营对象，具有综合性服务功能，对我国经济金融的发展起着重要作用。

（2）股份制商业银行。在我国，股份制商业银行是指大型商业银行以外的全国性股份制商业银行、区域性股份制商业银行的总称。例如，中信银行、招商银行、广发银行、兴业银行、中国光大银行、华夏银行、中国民生银行等属于全国性股份制商业银行。

（3）城市商业银行。城市商业银行是中国银行业的重要组成和特殊群体，其前身是 20 世纪 80 年代设立的城市信用社，当时的业务定位是：为中小企业提供金融支持，为地方经济搭桥铺路。从 20 世纪 90 年代中期，以城市信用社为基础，各地纷纷组建城市商业银行。

（4）农村金融机构。农村金融机构主要包括农村信用社、农村商业银行、农村合作银行、村镇银行、农村资金互助社和贷款公司，主要从事农村地区的银行金融服务业务。

（5）中国邮政储蓄银行。中国邮政储蓄银行是在邮政储蓄的基础上组建的。中国邮政储蓄银行主要依托和发挥网络优势，以零售业务和中间业务为主，为城市社区和广大农村地区居民提供基础金融服务。

（6）外资银行。外资银行指依照有关法律、法规，经批准在中华人民共和国境内设立的外商独资银行、中外合资银行、外国银行分行、外国银行代表处。

（二）其他银行业金融机构

理论上，银行是接受信用、授予信用及媒介信用的机构，亦是以融通资金为业务的机构。故除商业银行外，银行业金融机构还包括信托投资公司、财务公司等各种融通资金为业务的其他金融机构。根据《中国人民银行法》，在中华人民共和国境内设立的金融资产管理公司、信托投资公司、财务公司、金融租赁公司以及经国务院银行业监督管理机构批准设立的其他金融机构，适用《中国人民银行法》对银行业金融机构的规定。

1. 金融资产管理公司

金融资产管理公司是指经国务院决定设立的收购国有银行不良贷款，管理和处置因收购国有银行不良贷款形成的资产的国有独资非银行金融机构。

2. 金融资产投资公司

金融资产投资公司是指经国务院银行业监督管理机构批准，在中华人民共和国境内设立的，主要从事银行债权转股权及配套支持业务的非银行金融机构。

3. 信托公司

信托是指委托人基于对受托人的信任，将其财产权委托给受托人，由受托人按委托人的意愿以自己的名义，为受益人的利益或者特定目的，进行管理或者处分的行为。信托公司是指依法设立的，以营业和收取报酬为目的，以受托人身份承诺信托和处理信托事务的金融机构。

4. 财务公司

财务公司是以加强企业集团资金集中管理和提高企业集团资金使用效率为目的，为企业集团成员单位提供财务管理服务的金融机构。

5. 金融租赁公司

金融租赁公司是指经国务院银行业监督管理机构批准，以经营融资租赁业务为主的非银行金融机构。融资租赁，是指出租人根据承租人对租赁物和供货人的选择或认可，将其从供货人处取得的租赁物按合同约定出租给承租人占有、使用，向承租人收取租金的交易活动。

6. 货币经纪公司

货币经纪公司是指经批准在中国境内设立的，通过电子技术或其他手段，专门从事促进金融机构间资金融通和外汇交易等经纪服务，并从中收取佣金的非银行金融机构。

7. 消费金融公司

消费金融公司是指经国务院银行业监督管理机构批准，在中华人民共和国境内设立的，不吸收公众存款，以小额、分散为原则，为中国境内居民个人提供以消费为目的的贷款的非银行金融机构。

（三）政策性银行

1. 性质及业务特点

政策性银行最早出现于19世纪初期的欧洲。从近200年的实践看，政策性银行具有财政和银行的双重属性，是政府实施特定战略或弥补市场失灵做出的制度设计和策略选择，通常是依托银行的杠杆化运作，将有限的政府资金予以放大，投向政府需要支持的特定领域，以解决政府投资总量不足、时间错配等问题。概括地说，政策性银行一般是政府意志的体现、财政职能的延伸、战略支撑的手段，是银行体系的重要组成部分。

政策性银行有多种类型，但运营上也有一些共同特征：一是经营目标突出社会性。政策性银行坚持社会效益优先，注重公共产品供给，扶持弱质产业或弱势领域。同时要兼顾自身经营效益，按银行规律办事，遵循商业银行的"安全性、流动性、效益性（也称盈利性）"三大原则，保持财务可持续。二是业务范围的特定性。政策性银行是一种结构性的资源配置手段，为国家特定的战略意图和产业目标服务，业务范围大多限定在公益性、基础性、战略性较强的领域，并根据政府在不同时期的战略安排，动态确定履职重点。三是金融服务的优惠性。政策性银行以批发业务为主，贷款期限一般较长，利率等办贷条件相对优惠。四是资金来源的稳定性。大多通过制度性安排，保障政策性银行有相对稳定的低成本资金来源。五是监管政策的差异性。政策性银行的监管标准大都有别于商业银行，监管主体有的是金融监管部门，有的是财政部或政府行业主管部门。六是法律保障的完备性。通常都针对政策性银行专门立法，一般是立法先行，甚至一行一法。

开发性金融是政策性金融的深化和发展，以服务国家发展战略为宗旨，以国家信用为依托，以市场运作为基本模式，以保本微利为经营原则，以中长期投融资为载体，在实现政府发展目标、弥补市场失灵、提供公共产品、提高社会资源配置效率、熨平经济周期性波动等方面具有独特优势和作用，是经济金融体系中不可替代的重要组成部分。

开发性金融的基本内涵包括以下方面：（1）以服务国家战略为宗旨，始终把国家利益放在首位，致力于缓解经济社会发展的瓶颈制约，努力实现服务国家战略与自身发展的有机统一。（2）以国家信用为依托，通过市场化发债把商业银行储蓄资金和社会零散资金转化为集中长期大额资金，支持国家建设。以市场运作为基本模式，发挥政府与市场之间的桥梁纽带作用，规划先行，主动建设市场、信用、制度，促进项目的商业可持续运作。（3）以保本微利为经营原则，不追求机构利益最大化，严格管控风险，兼顾一定的收益目标，实现整体财务平衡。（4）以中长期投融资为载体，发挥专业优势，支持重大项目建设，避免期限错配风险，同时发挥中长期资金的引领带动作用，引导社会资金共同支持项目发展。

2. 我国的政策性银行和开发性金融机构

作为我国的政策性银行和开发性金融机构，国家开发银行、中国进出口银行和中国农业发展银行，主要分别承担国家重点建设项目融资、支持进出口贸易融资和农业政策性贷款业务的任务。

（1）发展历程及改革方向

为促进"瓶颈"产业的发展，支持进出口贸易和农业发展，并推动国家专业银行向商业银行的转化，1994年，我国成立了国家开发银行、中国进出口银行和中国农业发展银行三家政策性银行，分别从事"两基一支"（基础设施、基础产业、支柱产业）重点建设贷款和贴息、机电产品和成套设备进出口融资、国家规定的农业政策性金融业务等。

2007年1月召开的全国金融工作会议决定，按照分类指导、"一行一策"的原则，推进政策性银行改革。2014年12月，《中国农业发展银行改革实施总体方案》获得批准，国务院在同意《中国农业发展银行改革实施总体方案》的批复（国函[2014]154号）中指出，中国农业发展银行改革要坚持以政策性业务为主体。通过对政策性业务和自营性业务实施分账管理、分类核算，明确责任和风险补偿机制，确立以资本充足率为核心的约束机制，建立规范的治理结构和决策机制，把中国农业发展银行建设成为具备可持续发展能力的农业政策性银行。

2015年3月，《国家开发银行深化改革方案》和《中国进出口银行改革实施总体方案》也获得批准。国务院在《关于同意国家开发银行深化改革方案的批复》（国函〔2015〕55号）中指出，国家开发银行要坚持开发性金融机构定位。适应市场化、国际化新形势，充分利用服务国家战略、依托信用支持、市场运作、保本微利的优势，进一步完善开发性金融运作模式，积极发挥在稳增长、调结构等方面的重要作用，加大对重点领域和薄弱环节的支持力度。通过深化改革，合理界定业务范围，不断完善组织架构和治理结构，明确资金来源支持政策，合理补充资本金，强化资本约束机制，加强内部管控和外部监管，将国家开发银行建设成为资本充足、治理规范、内控严密、运营安全、服务优质、资产优良的开发性金融机构。

国务院在《关于同意中国进出口银行改革实施总体方案的批复》（国函〔2015〕56号）中指出，中国进出口银行改革要强化政策性职能定位。坚持以政策性业务为主体，合理界定业务范围，明确风险补偿机制，提升资本实力，建立资本充足率约束机制，强化内部管控和外部监管，建立规范的治理结构和决策机制，把中国进出口银行建设成为定位明确、业务清晰、功能突出、资本充足、治理规范、内控严密、运营安全、服务良好、具备可持续发展能力的政策性银行，充分发挥在稳增长、调结构、支持外贸发展、实施"走出去"战略中的功能和作用。

（2）主要业务类型

目前，中国农业发展银行将其开展的业务分为资产业务、负债业务和中间业务，其中资产业务以信贷和投资业务为主，包括办理粮食仓储设施和棉花企业技术设备改造贷款、办理农业小企业贷款和农业科技贷款、办理农村基础设施建设贷款、办理农业综合开发贷款、办理县域城镇建设贷款等。

国家开发银行主要开展六大业务，分别是规划业务、信贷业务、中间业务、资金业务、营运业务和综合金融业务。其中信贷业务主要围绕国家战略重点和开发性金融机构定位，不断加大对新型城镇化、产业转型升级、民生发展和国际合作的融资支持。

中国进出口银行的主要业务范围包括：办理出口信贷和进口信贷、办理对外承包工程和境外投资贷款、办理中国政府对外优惠贷款、提供对外担保、转贷外国政府和金融机构提供的贷款、在境内外资本市场与货币市场筹集资金、办理国际银行间贷款，组织或参加国际、国内银团贷款等。

二、证券和保险类金融机构体系

（一）证券类机构

1. 证券交易所

证券交易所是为证券集中交易提供场所和设施，组织和监督证券交易，实行自律管理的法人。在我国，证券交易所是指依《证券交易所管理办法》规定条件设立的，不以营利为目的，为证券的集中和有组织的交易提供场所和设施，履行国家有关法律、法规、规章、政策规定的职责，实行自律性管理的法人。证券交易所的职能包括：①提供证券交易的场所和设施；②制定证券交易所的业务规则；③接受上市申请、安排证券上市；④组织、监督证券交易；⑤对会员进行监管；⑥对上市公司进行监管；⑦设立证券登记结算机构；⑧管理和公布市场信息；⑨证监会许可的其他职能。

目前，我国已注册三家全国性证券交易所，即上海证券交易所、深圳证券交易所和全国中小企业股份转让系统（"新三板"）。全国中小企业股份转让系统是经国务院批准设立的第一家公司制证券交易所，也是继上海证券交易所、深圳证券交易所之后的第三家全国性证券交易所，主要致力于为中小微企业提供资本市场服务。设立全国中小企业股份转让系统是加快我国多层次资本市场建设发展的重要举措。全国中小企业股份转让系统有限责任公司是"新三板"的运营管理机构，主要负责组织安排非上市股份公司股份的公开转让，为非融资、并购等相关业务提供服务，为市场参与者提供信息、技术和培训服务等业务。

2. 商品期货交易所

商品期货交易所是大宗商品进行期货交易的场所。交易所负责制定标准化的期货合约，期货价格通过公开竞价而达成。目前我国商品期货交易所主要有大连商品交易所、上海期货交易所和郑州商品交易所。

3. 证券公司

证券公司是证券市场重要的中介机构，在证券市场的运作中发挥着重要作用。在我国，证券公司是指依照《中华人民共和国公司法》和《中华人民共和国证券法》的规定设立的，并经国务院证券监督管理机构审查批准而成立的专门经营证券业务，具有独立法人地位的有限责任公司或者股份有限公司。证券公司具有证券交易所的会员资格，可以承销发行、自营买卖或自营兼代理买卖证券。普通投资人的证券投资都要通过证券公司来进行。我国证券公司的业务范围包括：证券经纪，证券投资咨询，与证券交易、证券投资活动有关的财务顾问，证券承销与保荐，证券自营，证券资产管理及其他证券业务。

4. 证券服务机构

证券服务机构是指依法设立的，从事证券服务业务的法人机构。证券服务业务包括：证券投资咨询；证券发行及交易的咨询、策划、财务顾问、法律顾问及其他配套服务；证券资信评估服务；证券集中保管；证券清算交割服务；证券登记过户服务；证券融资；经证券管理部门认定的其他业务。

5. 期货公司

期货公司是指依法设立的、接受客户委托、按照客户的指令、以自己的名义为客户进行期货交易并收取交易手续费的中介组织，其交易结果由客户承担。期货公司是交易者与期货交易所之间的桥梁。

在我国，按照《期货公司监督管理办法》设立的期货公司，可以依法从事商品期货经纪业务；从事金融期货经纪、境外期货经纪、期货投资咨询的，应当取得相应业务资格。从事资产管理业务的，应当依法登记备案。期货公司经批准可以从事中国证监会规定的其他业务。

— 125 —

6. 基金管理公司

基金管理公司是指依据有关法律法规设立的对基金的募集、基金份额的申购和赎回、基金财产的投资、收益分配等基金运作活动进行管理的公司。证券投资基金的依法募集由基金管理人承担。基金管理人由依法设立的基金管理公司担任。担任基金管理人应当经国务院证券监督管理机构核准。

（二）保险类机构

1. 保险公司

保险公司是指依照法律法规和国家政策设立的经营商业保险和政策性保险的金融机构。依据《中华人民共和国保险法》，我国保险公司的业务范围包括：①人身保险业务，包括人寿保险、健康保险、意外伤害保险等保险业务；②财产保险业务，包括财产损失保险、责任保险、信用保险、保证保险等保险业务；③国务院保险监督管理机构批准的与保险有关的其他业务。

在我国，保险人不得兼营人身保险业务和财产保险业务。但是，经营财产保险业务的保险公司经国务院保险监督管理机构批准，可以经营短期健康保险业务和意外伤害保险业务。经国务院保险监督管理机构批准，保险公司可以经营上述保险业务的再保险业务——分出保险和分入保险。

保险公司的资金运用限于下列形式：①银行存款；②买卖债券、股票、证券投资基金份额等有价证券；③投资不动产；④投资股权；⑤国务院规定的其他资金运用形式。保险资金从事境外投资的，应当符合国务院保险监督管理机构、中国人民银行和国家外汇管理局的相关规定。

保险资金可以投资资产证券化产品，可以投资创业投资基金等私募基金，可以投资设立不动产、基础设施、养老等专业保险资产管理机构，专业保险资产管理机构可以设立符合条件的保险私募基金，具体办法由国务院保险监督管理机构制定。

一般情况下，保险集团（控股）公司、保险公司从事保险资金运用，不得有下列行为：①存款于非银行金融机构；②买入被交易所实行"特别处理""警示存在终止上市风险的特别处理"的股票；③投资不符合国家产业政策的企业股权和不动产；④直接从事房地产开发建设；⑤将保险资金运用形成的投资资产用于向他人提供担保或者发放贷款，个人保单质押贷款除外。

2. 保险中介机构

保险中介机构是介于保险人和被保险人之间，专门从事保险业务咨询与推销、风险管理与安排、保险价值评估、损失鉴定与理算等中间服务活动，并获取佣金或手续费的组织。

第三节　金融行业自律组织体系

一、中国银行业协会

中国银行业协会是经中国人民银行和民政部批准成立，并在民政部登记注册的全国性非营利社会团体，是中国银行业自律组织。实行金融分业监管后，中国银行业协会主管单位由中国人民银行变更为国务院银行业监督管理机构。

二、中国保险行业协会

中国保险行业协会是经中国保险监督管理委员会审查同意并在国家民政部登记注册的中国保险业的全国性自律组织，是自愿结成的非营利性社会团体法人。

三、中国银行间市场交易商协会

中国银行间市场交易商协会是由市场参与者自愿组成的，包括银行间债券市场、同业拆借市场、外汇市场、票据市场和黄金市场在内的银行间市场的自律组织。其是经国务院、民政部批准成立的全国性非营利性社会团体法人。

四、中国证券业协会

中国证券业协会是依据《中华人民共和国证券法》和《社会团体登记管理条例》的有关规定设立的证券业自律性组织，属于非营利性社会团体法人，接受中国证监会和国家民政部的业务指导和监督管理。

五、中国期货业协会

中国期货业协会是依据《中华人民共和国证券法》《期货交易管理条例》和《社会团体登记管理条例》的有关规定设立的期货行业自律性组织，属于非营利性社会团体法人，接受中国证监会和国家民政部的业务指导和监督管理。

六、中国证券投资基金业协会

中国证券投资基金业协会是依据《中华人民共和国证券法》《中华人民共和国证券投资基金法》和《社会团体登记管理条例》的有关规定设立的证券投资基金业自律性组织，属于非营利性社会团体法人，接受中国证监会和国家民政部的业务指导和监督管理。

第四节　金融市场体系

一、金融市场及其分类

（一）金融市场的定义

金融市场是指融通资金的场所。金融市场有狭义和广义之分。狭义的金融市场是指通过金融工具的买卖而实现资金的集中与配置的场所，不包括银行通过存款和放款所形成的那部分交易。广义的金融市场是指能够从事资金集中与分配的一切场所，其中包括银行对资金的集中与贷放。广义的金融市场包括银行信用与狭义的金融市场两个部分。

金融市场一般有以下三个特征：第一，金融市场是以货币和资本为交易对象，通过短期和长期金融工具的买卖所形成的。与产品市场不同，金融市场是要素市场的一种。第二，金融市场并不一定是一个具体的市场。随着互联网技术的发展，现代金融市场往往是无形的市场。第三，金融市场以直接融通资金为主要特征。随着现代金融业的发展，金融交易的相当大部分是以证券交易的方式进行的，表现为各种金融工具的发行与买卖。

（二）金融市场的分类

金融市场可以分为交易债务工具的债券市场和交易权益工具的权益市场或称为股票市场。交易债务工具和优先股的市场统称为固定收益市场，不包括优先股的股票市场称为普通股票市场。如果按照期限划分，期限在 1 年或 1 年以下的短期金融市场称为货币市场，期限在 1 年以上的长期金融市场称为资本市场。按照进入市场的时间划分，发行金融资产的市场称为一级市场，在投资者之间进行金融资产交易的市场称为二级市场。

金融市场还有其他许多种划分方法。比如，按交易方式不同，金融市场可以划分为场内交易市场和场外交易市场。场外交易市场往往是网络化的、自动报价的市场。从现代的交易电子化、网络化、无纸化的整个过程看，场内交易和场外交易市场的界限越来越模糊。按交易对象分，金融市场还可以分为主板市场和二板市场。从广义上讲，凡属于针对大型成熟公司的股票市场，称之为主板市场。而面向中小公司的市场，都可以称其为二板市场。从狭义上讲，二板市场是针对中小型公司、新兴企业，重点是高新技术企业股票发行和上市的市场。我国的二板市场称为创业板，2009 年在深圳证券交易所建立。作为过渡。2004 年我国还在深圳证券交易所建立了中小板市场。二板市场可以为中小企业、民营企业和高科技企业的融资服务。

二、我国的金融市场体系

（一）货币市场

货币市场是指期限在一年以内、以短期金融工具为媒介进行资金融通和借贷的市场，是一年期以内的短期融资工具交易所形成的供求关系及其运行机制的总和。货币市场是典型的以机构投资者为主体的市场，其活动的主要目的是保持资金的流动性：一方面满足资金需求者的短期资金需要；另一方面为资金充裕者的闲置资金提供盈利机会。就结构而言，货币市场主要包括同业拆借市场、回购市场、票据市场、大额可转让定期存单市场等。

1. 同业拆借市场

同业拆借市场是指金融机构之间以货币借贷方式进行短期资金融通的市场。同业拆借资金主要用于弥补银行短期资金的不足、票据清算的差额以及解决临时性的资金短缺需要。亦称"同业拆放市场"，是金融机构之间进行短期、临时性头寸调剂的市场。同业拆借市场具有以下特点：①融通资金的期限一般比较短；②参与拆借的机构基本上在中央银行开立存款账户，交易资金主要是该帐户上的多余资金；③同业拆借资金主要用于短期、临时性需要；④同业拆借基本上是信用拆借。

在我国，同业拆借是指经中国人民银行批准进入全国银行间同业拆借市场的金融机构之间，通过全国统一的同业拆借网络进行的无担保资金融通行为。全国统一的同业拆借网络包括：①全国银行间同业拆借中心的电子交易系统；②中国人民银行分支机构的拆借备案系统；③中国人民银行认可的其他交易系统。

中国人民银行依法对同业拆借市场进行监督管理。金融机构进入同业拆借市场必须经中国人民银行批准，从事同业拆借交易接受中国人民银行的监督和检查。同业拆借交易应遵循公平自愿、诚信自律、风险自担的原则。

2. 银行间债券市场

银行间债券市场由中国人民银行于 1997 年建立，是以中央国债登记结算公司为平台，以机构投资者为主、以协议方式交易的无形市场。近年来，随着市场制度建设的不断推进，品种业务更加丰富，市场参与者日益多元化，国际化进程明显加快。①银行间市场债券类型已经覆盖国债、政策性金融债、央行票据、企业债、地方政府债、短期融资券、中期票据、资产支持证券等几乎所有品种，中小企业集合债、商业银行次级债、熊猫债、可转债、可交换债、永续债、专项金融债、项目收益债、绿色债券、特别提款权（SDR）计价债券、社会效应债券、"债贷组合"债券等创新品种不断涌现。买断式回购、债券远期、债券借贷等业务相继开展。在近年信用违约事件增多的背景下，推出信用风险缓释工具，完善了信用分担机制。②随着银行间市场创新品种的日渐丰富，参与主体不断增加。截至 2016 年年末，银行间市场各类参与主体共计 14127 家。其中，境内法人类参与机构 2329 家，境内非法人类机构投资者 11391 家，境外机构投资者 407 家。③国际化进程加快。一是给予外资机构参与银行间市场各项业务的开放待遇。二是引入境外投资人。2005年以来，人民银行先后允许境外中央银行或货币当局、主权财富基金、国际金融机构、人民币业务清算行、人民币结算境外参加行、境外保险机构、人民币合格境外投资者（RQFII）和合格境外机构投资者（QFII）投资银行间债券市场，2016 年合格境外投资人进一步扩大到各类境外中长期机构投资者，并且取消投资额度限制，简化管理流程。2017 年 7 月，香港"债券通"北向通上线试运行，境外投资者可经由香港与内地基础设施机构之间互联互通的机制安排，通过香港投资于内地银行间债券市场。这是中央托管机构互联支持债市开放模式的尝试之一。三是吸引各类境外机构在银行间市场发行债券。四是探索自贸区债券市场建设。

（二）资本市场

资本市场是指以长期金融工具为媒介进行的、期限在一年以上的长期资金融通市场。在资本市场上，发行主体所筹集的资金大多用于扩大再生产的投资。我国资本市场包括股票市场、债券市场、基金市场等。

1. 股票市场

股票是一种有价证券，是股份公司在筹集资本时向出资人公开或私下发行的、用以证明出资人的股本身份和权利，并根据持有人所持有的股份数享有权益和承担义务的凭证。我们一般所称的股票投资主要指投资者通过证券交易所买卖股票的行为。

股票发行市场是发行人向投资者出售股票的市场。股票发行市场的作用主要表现在三个方面：①为资金需求者提供筹措资金的渠道。②为资金供应者提供投资机会，实现储蓄向投资转化。③形成资金流动的收益导向机制，促进资源配置的不断优化。股票发行市场由股票发行人、股票投资者和股票中介机构三部分组成。股票发行人是资金的需求者和证券的供应者，股票投资者是资金的供应者和证券的需求者，股票中介机构则是联系发行人和投资者的专业性中介服务组织。

股票发行制度主要有两种：一是注册制，以美国为代表；二是核准制，以欧洲各国为代表。我国的股票发行制度有股票发行核准制度、股票发行上市保荐制度、以及发行审核委员会制度。

股票发行有首次公开发行（简称"IPO"）和上市公司增资发行两种。首次公开发行，是指拟上市公司首次在证券市场公开发行股票募集资金并上市的行为。上市公司增资发行，是指股份公司上市后为达到增加资本的目的而发行股票的行为。

我国《证券法》规定，公司公开发行新股，应当具备健全且运行良好的组织机构，具有持续盈利能力，财务状况良好，最近3年财务会计文件无虚假记载，无其他重大违法行为以及经国务院批准的国务院证券监督管理机构规定的其他条件。我国的股票发行主要采取公开发行并上市方式，同时也允许上市公司在符合相关规定的条件下向特定对象非公开发行股票。股票发行的定价方式，可以采取协商定价方式，也可以采取询价方式、上网竞价方式等。我国《证券发行与承销管理办法》规定，首次公开发行股票以询价方式确定股票发行价格。

2. 债券市场

我国《证券法》规定，发行公司债券必须依照《证券法》规定的条件，报经国务院授权的部门审批。发行人必须向国务院授权的部门提交《公司法》规定的申请文件和国务院授权部门规定的有关文件。2015年1月，中国证监会颁布了《公司债券发行与交易管理办法》，其中所称的公司债券，是指公司依照法定程序发行、约定在一定期限还本付息的有价证券。公司债券可以公开发行，也可以非公开发行。上市公司、股票公开转让的非上市公众公司发行的公司债券，可以附认股权、可转换成相关股票等条款。上市公司、股票公开转让的非上市公众公司股东可以发行附可交换成上市公司或非上市公众公司股票条款的公司债券。商业银行等金融机构可以按照有关规定发行附减记条款的公司债券。非公开发行的公司债券应当向合格投资者发行，不得采用广告、公开劝诱和变相公开方式，每次发行对象不得超过200人。合格投资者，应当具备相应的风险识别和承担能力，知悉并自行承担公司债券的投资风险，并符合《公司债券发行与交易管理办法》所要求的资质条件。

（三）外汇市场

外汇市场是进行外汇买卖的交易场所，它是由外汇需求者、外汇供给者及买卖中介机构组成的外汇买卖场所或网络。外汇市场有狭义和广义之分：狭义的外汇市场是指银行间的外汇交易，包括同一市场各银行间的外汇交易、不同市场各银行间的外汇交易、中央银行与外汇银行之间以及各国中央银行之间的外汇交易活动；广义的外汇市场是指由各国中央银行、外汇银行、外汇经纪人及客户组成的外汇买卖、经营活动的总和。

目前，我国境内外汇市场按交易主体的不同区分为银行间外汇市场和银行柜台外汇市场。

1. 银行间外汇市场

银行间外汇市场是指符合条件的境内银行、境内非银行金融机构和境外银行等机构之间通过中国外汇交易中心进行人民币与外币交易的市场。银行间外汇市场实行会员制管理，经核准后的会员通过中国外汇交易中心的电子交易系统入市交易。银行间外汇市场的交易时间为每个交易日的 9 点 30 分至 23 点 30 分。周六、周日及中国法定假日不开市。中国外汇交易中心对外公布北京时间 16 点 30 分人民币兑美元即期询价成交价作为当日收盘价。

按交易品种不同，银行间外汇市场可分为即期外汇市场和外汇衍生品市场。即期外汇市场是指在成交后第二个营业日或第二个营业日以内交割的外汇市场，是外汇市场中最传统、最基本的交易形式。外汇衍生品市场包括外汇远期市场、外汇掉期市场、货币掉期市场和外汇期权市场。

目前我国银行间外汇市场挂牌交易货币对包括：人民币兑美元、欧元、日元、港元、英镑、澳大利亚元、新加坡元、新西兰元、瑞士法郎、加拿大元、林吉特、卢布、泰铢、韩圆、南非兰特、沙特里亚尔和阿联酋迪拉姆 17 个。其中人民币兑美元、欧元、日元、英镑、澳大利亚元、新加坡元、新西兰元、瑞士法郎、林吉特、卢布、韩圆、南非兰特、沙特里亚尔和阿联酋迪拉姆 14 个货币对为直接交易，市场成员人民币对这些货币的头寸在银行间外汇市场直接形成供给与需求，通过直接交易做市商对自身头寸的灵活管理促使市场自求平衡，形成人民币对相应币种的直接汇率。

银行间外汇市场提供竞价和询价两种交易方式。竞价交易又称匿名机制，是做市机构通过外汇交易系统匿名报价，会员通过点击匿名报价达成交易，交易达成后双方通过集中净额清算模式进行清算。询价交易指有双边授信关系的交易双方，通过外汇交易系统双边协商交易要素达成交易，交易达成后通过双边清算或净额清算等其他清算模式进行清算。

银行间外汇市场清算制度包括集中净额清算和双边清算等。目前，我国银行间人民币对外汇即期竞价交易采用集中净额清算方式，人民币对外汇即期和衍生品询价交易采用双边清算和集中净额清算等方式。

目前，银行间外汇市场实行多层次的做市商制度。做市商是指经监管机构核准，在我国银行间外汇市场进行人民币与外币交易时，承担向市场会员持续提供买、卖价格义务的银行间外汇市场会员。做市商履行做市义务，为市场提供流动性。目前我国银行间外汇市场按交易产品分为即期做市商、远期掉期做市商和综合做市商。

2. 银行对客户外汇市场

银行对客户外汇市场是指经外汇管理部门批准经营结汇、售汇业务的银行为客户办理人民币与其他货币之间兑换业务的市场。银行开展对对客户结售汇业务、自身结汇业务以及银行间外汇交易形成的人民币和外币的头寸应满足外汇管理部门设定的结售汇综合头寸限额要求。

(四) 黄金市场

黄金市场是金融市场的重要组成部分。黄金兼具金融和商品两种属性，发展黄金市场，有利于发挥黄金不同于其他金融资产的独特作用，形成与其他金融市场互补协调发展的局面。统购统配政策取消后，我国黄金市场发展迅速，初步形成了上海黄金交易所黄金业务、商业银行黄金业务和上海期货交易所黄金期货业务共同发展的市场格局，形成了与黄金产业协同发展的良好局面。未来黄金市场的发展，要服务于我国黄金产业发展大局，立足于提高我国金融市场竞争力，着力发挥黄金市场在完善金融市场中的重要作用。

1. 上海黄金交易所黄金业务

上海黄金交易所是经国务院批准，由中国人民银行组建，专门从事黄金交易的国家金融要素市场，于2002年10月正式运行。

经过十多年的发展，上海黄金交易所建成了由竞价、询价、定价、租赁等市场共同组成、融境内主板市场与国际板市场于一体的多层次黄金市场体系。竞价市场实行集中竞价撮合机制，是目前交易量最大的市场，金融机构、产用金企业等机构和个人均可参与，交易标的包括黄金、白银和铂金三大类品种，有现货实盘合约、现货即期合约和现货延期交收合约等16个合约。询价市场是机构之间开展定制化衍生品交易的重要平台，主要提供黄金即期、远期、掉期和期权等交易品种，近年来交易规模增长迅速，已成为上海黄金交易所市场的重要组成部分。租借市场主要开展商业银行之间的黄金拆借业务、银行与企业之间的黄金租借业务，是上海黄金交易所支持产用金企业发展、更好发挥黄金市场投融资职能的重要创新和有益探索。2016年4月19日，上海黄金交易所发布了"上海金"，是全球首个以人民币计价的黄金基准价格。"上海金"定价机制是中国金融要素市场创新开放、积极融入全球一体化进程的重要尝试，为黄金市场参与者提供了良好的风险管理和创新工具，加快了中国黄金市场的国际化进程。

2. 商业银行黄金业务

商业银行要围绕黄金开采、生产加工和销售等整个产业链条，切实创新金融产品，着力改善金融服务，努力提高服务成效，向黄金产业提供多方位的金融服务；要结合产业和市场发展需要，加大产品创新力度，开展实物金销售、黄金租赁、黄金远期和黄金期权等业务，丰富市场品种，满足企业融资需求和规避风险的需要。我国政府鼓励和引导商业银行开展人民币报价的黄金衍生品交易，引导更多的金融机构参与黄金市场，扩大黄金市场的广度和深度。

3. 上海期货交易所黄金期货业务

上海期货交易所充分利用期货市场价格发现和管理风险的功能，不断加强市场基础性制度建设，稳步推进我国黄金风险管理市场健康发展。一要围绕着市场功能发挥，不断完善黄金期货合约与业务规则，做深做细黄金期货，提升服务国民经济发展的能力；二要不断提高市场风险控制能力，加强对会员的自律管理，有效防范和化解市场风险；三要优化黄金市场投资者结构；四要支持黄金企业积极参与和利用期货市场进行套期保值，积极引导金融机构运用黄金期货管理风险。

（五）期货市场

期货市场是买卖期货合约的市场。期货合约是指由期货交易所统一制定的、规定在将来某一特定的时间和地点交割一定数量和质量商品的标准化合约。它是期货交易的对象，期货交易参与者正是通过在期货交易所买卖期货合约，转移价格风险，获取风险收益。期货合约是在现货合同和现货远期合约的基础上发展起来的，它们的本质区别在于期货合约条款的标准化。

商品期货是期货交易的起源种类。随着期货市场的发展，商品期货交易不断扩展，成为现代期货市场体系中重要的组成部分之一，其规避风险、发现价格的功能对于现代市场经济的运作发挥着越来越重要的作用。国际商品期货交易的品种随期货交易发展而不断变化，交易品种不断增加。从传统的农产品期货，发展到经济作物、畜产品、有色金属、贵金属和能源等大宗初级产品。20 世纪 70 年代，期货市场有了突破性的发展，金融期货大量出现并逐渐占据了期货市场的主导地位。金融期货的繁荣主要是由于国际金融市场的剧烈动荡，金融风险越来越受到人们的关注，许多具有创新意识的交易所纷纷尝试推出金融期货合约，以满足人们规避金融市场风险的需求。金融期货主要包括外汇期货、利率期货、股指期货和股票期货。

期货市场具有规避风险、发现价格和风险投资等三大功能。规避风险是指生产经营者通过在期货市场上进行套期保值业务，有效地回避、转移或分散现货市场上价格波动的风险。发现价格功能是指在期货市场通过公开、公正、高效、竞争的期货交易运行机制形成具有真实性、预期性、连续性和权威性价格的过程。对期货投机者来说，期货交易还有进行风险投资，获取风险收益的功能。一般来讲，期货风险投资包括两层含义。一是投资者拿出（垫付）一定数额的货币资金用于期货交易这个项目，即买卖期货合约。二是投资者参加期货交易的目的主要是取得以货币表示的经济收益。所以，期货风险投资是一个含义广泛的概念。只要特定的投资主体为了获取经济收益，而用一定数额的货币资金买卖期货合约，都属期货风险投资行为，而无论投资主体是具体为了获取转移风险的经济收益，还是为了获得超额利润。

目前我国已初步建立期货市场监管部门、交易所和期货行业协会的三级管理体系。

第五节 金融政策体系

2008年以前，即"百年一遇"的全球金融危机之前，主流央行的政策框架以货币政策为核心，稳定物价是政策目标，这对防止高通货膨胀起到了很好作用。但"百年一遇"的全球金融危机表明，价格稳定并不代表金融稳定。因此，对于维持金融系统稳定，只有货币政策是不够的。金融系统性风险的主要来源是金融顺周期性和跨市场风险传染，要通过宏观审慎管理加以防范。宏观审慎管理的核心，是从宏观的、逆周期的视角采取措施，防范由金融体系顺周期波动和跨部门传染导致的系统性风险，维护货币和金融体系的稳定。作为危机后国际金融管理改革的核心内容，国际社会强化宏观审慎政策的努力已取得积极进展，初步形成了可操作的政策框架。

2017年7月召开的全国第五次金融工作会议明确提出，加强宏观审慎管理制度建设，设立国务院金融稳定发展委员会，并强化人民银行宏观审慎管理和系统性风险防范职责。党的十九大报告明确提出健全货币政策和宏观审慎政策双支柱调控框架。建立双支柱调控框架可以起到两方面作用：一是保持币值稳定、二是维护金融系统的稳定。

当前，我国实行数量型和价格型相结合的金融宏观调控模式，中国人民银行既重视利率等价格型指标变化，也重视货币信贷增长状况，并运用信贷政策、差别准备金、调整按揭成数等手段加强宏观审慎管理，注重通过窗口指导等方式加强风险提示，取得了较好效果。

一、货币政策

货币政策是中央银行采用各种工具调节货币供求以实现宏观经济调控目标的方针和策略的总称，是国家宏观经济政策的重要组成部分。货币政策一般包括货币政策最终目标、货币政策中介目标、货币政策工具、货币政策传导机制等内容。

（一）货币政策目标

货币政策目标是货币当局提出，并可以通过货币政策工具实现的目标，分为最终目标和中介目标。

1. 最终目标

货币政策最终目标是中央银行制定和实施货币政策所期望达到的最终目的，是货币政策制定者的最终行为准则，一般包括物价稳定、充分就业、经济增长和国际收支平衡等四大目标。根据《中国人民银行法》，我国的货币政策目标是保持货币币值的稳定，并以此促进经济增长。

2. 中介目标

（1）地位和作用。为实现货币政策最终目标而选定的便于调控，具有传导性的金融变量。由于货币政策最终目标不在中央银行的直接控制之下，为了实现最终目标，中央银行必须选择与最终目标关系密切，中央银行可直接调控，并在短期内可以度量的金融指标作为中介性指标，以实现对最终目标的调节和控制。

（2）选择标准。一般来说，货币政策中介指标的选择有四个基本要求：①相关性，与货币政策最终目标之间有明显的经济相关和统计相关性质；②可控性，对货币政策工具反应灵敏；③可得性，能够迅速获得可供分析研究的数据资料；④可测性，货币政策实施效果可以计量和测算，而且对政策效果和非政策效果能够做出显著的区分。

（3）分类。货币政策中介目标可分为数量指标和价格指标两类。数量指标是指将能够影响货币政策最终目标的各种可以直接控制的数量作为中介目标，如信贷规模、准备金、基础货币、货币供应量等；价格指标是指将能够影响货币政策最终目标的反映资金价格的指标作为中介目标，如利率、汇率等。各国货币当局从本国的国情出发选择各自的中介目标。

（4）我国的货币政策中介目标。根据《中国人民银行法》，人民银行就年度货币供应量、利率、汇率和国务院规定的其他重要事项作出的决定，报国务院批准后执行。可见，从当前情况看，我国货币政策中介目标既有数量指标，也有价格指标。从发展趋势看，随着金融市场发展和金融体制改革的不断深入，我国正在向以价格指标作为中介目标的货币政策演进。

（5）货币供应量。为了测算、掌握流通中货币供应量的情况，更有效地调控货币供应量，国际货币基金组织根据货币涵盖范围的大小和流动性的差别，把货币供应量分为三个层次：①流通中的现金，又叫M0，是指流通于银行体系以外的现钞，也就是居民和企业手中的现钞。M0在货币供应量中流动性最强，具有最强的购买力。②狭义货币，又叫M1，由流通中的现金（M0）和银行的活期存款构成。其中活期存款由于随时可以变现（提取），所以流动性和购买力不亚于流通中的现金。M1代表了一国经济中的现实购买力，因此，对社会经济生活有着最广泛和最直接的影响。许多国家都曾把M1作为调控货币供应量的主要对象。③广义货币，又叫M2，由流通中的现金（M0）加上活期存款（M1），再加上定期存款、储蓄存款等构成。M2包括了一切可能成为现实购买力的货币形式。定期存款、储蓄存款等不能直接变现，所以不能立即转变成现实的购买力，但经过一定的时间和手续后，也能够转变为购买力，因此，它们又叫做"准货币"。目前中国人民银行公布的货币划分口径是：M0＝流通中现金；M1＝M0＋企业活期存款；M2＝M1＋准货币（定期存款＋居民储蓄存款＋其它存款）。我们一般所说的货币，通常主要是指M1，即流通中的现金＋企业活期存款。

（二）货币政策工具

货币政策工具是指中央银行为达到货币政策目标而采取的具体方法和手段。货币政策工具分为一般性工具和选择性工具，一般性工具用于调节货币供应总量，选择性工具用于有选择地调节特殊领域的信用行为。

1. 一般性货币政策工具

一般性货币政策工具包括公开市场操作、法定存款准备金和再贴现。

（1）公开市场业务是指中央银行通过买进或卖出有价证券，吞吐基础货币，调节货币供应量的活动。与一般金融机构所从事的证券买卖不同，中央银行买卖证券的目的不是为了盈利，而是为了调节货币供应量。根据经济形势的发展，当中央银行认为需要收缩银根时，便卖出证券，相应地收回一部分基础货币，减少金融机构可用资金的数量；相反，当中央银行认为需要放松银根时，便买入证券，扩大基础货币供应，直接增加金融机构可用资金的数量。发达国家公开操作对象主要是国债，通过买卖国债改变基础货币的数量，具有灵活性、微调性的特点。因此，公开市场操作是欧美国家进行货币政策调节的主要手段之一，基础货币的投放主要通过公开市场业务进行。

（2）存款准备金是指金融机构为保证客户提取存款和资金清算需要而准备的在中央银行的存款，中央银行要求的存款准备金占其存款总额的比例就是存款准备金率。

存款准备金率政策的真实效用体现在它对商业银行的信用扩张能力、对货币乘数的调节。由于商业银行的信用扩张能力与中央银行投放的基础货币量存在着乘数关系，而乘数的大小与存款准备金率成反比。因此，若中央银行采取紧缩政策，可提高法定存款准备金率，从而限制了商业银行的信用扩张能力、降低了货币乘数，最终起到收缩货币量和信贷量的效果，反之亦然。但是，存款准备金率政策存在三个方面的缺陷：一是当中央银行调整存款准备金率时，商业银行可以变动其在中央银行的超额准备，从反方向抵消了中央银行存款准备金率政策的作用；二是存款准备金率对货币乘数的影响很大，作用力度很强；三是调整存款准备金率对货币量和信贷量的影响要通过商业银行的辗转存、贷，逐级递推而实现，成效较慢、时滞较长。因此，存款准备金率政策往往是作为货币的一种自动稳定机制，而不是将其当作适时调整的经常性政策工具来使用。

（3）再贴现是指中央银行通过买进商业银行持有的已贴现但尚未到期的商业汇票，向商业银行提供融资支持的行为。商业汇票是购货单位为购买销货单位的产品，不及时进行货款支付，而在法律许可的范围之内签发的、在约定期限内予以偿还的债务凭据。在一般情况下，为保证购货方到期确能偿还债务，这种债务凭据须经购货方的开户银行予以承兑，即由其开户银行承诺，若票据到期但该客户因故无力偿还该债务，则由该银行出资予以代偿。

作为一种货币政策工具，再贴现政策通常包括两方面内容，一是再贴现利率的调整；二是向中央银行申请再贴现资格的规定。前者在一定程度上反映了中央银行的政策意向，有告示效应。如贴现率升高，意味着货币当局认为市场过热，有紧缩意向，反之则意味着有扩张意向。后者通过对要求再贴现的票据种类和申请机构加以区别性规定，可以起到抑制或扶持的作用。

2. 选择性货币政策工具

选择性货币政策工具包括利率限制、信用配额、流动性比率限制、对金融企业窗口指导等。按调控方式的不同，选择性货币政策工具可分为信用控制和间接信用控制两类。

（1）直接信用控制是指以行政命令或其他方式，直接对金融机构尤其是商业银行信用活动进行控制。规定存贷款最高利率限制是最常用的信用管制工具，起目的是为了防止银行用抬高利率的办法竞相吸收存款和为谋取高额利润而进行高风险存贷，如美国 1980 年前的 Q 条例。信用配额是指中央银行根据金融市场状况以及宏观经济需要，分别对各个商业银行的信用规模加以分配，限制其最高数量。这种办法在资金供给严重不足的发展中国家广泛地被采用。流动性比率是流动资产占存款的比例，商业银行要保持中央银行规定的流动性比率，必须缩减长期贷款，扩大短期贷款和增加易变现的资产，从而限制信用扩张。直接干预是指中央银行直接对商业银行的信贷业务、放款范围等加以干预。如直接干预商业银行对存款的吸收，对经营不当的银行拒绝再贴现或采取惩罚利率等。

（2）间接信用控制，主要是指中央银行通过道义劝告、窗口指导等办法间接影响商业银行的信用创造。

道义劝告是指中央银行利用其声望和地位，对商业银行和其他金融机构经常发出通告、指示或与各金融机构负责人进行面谈，劝告其遵守政府政策并自动采取贯彻政策的措施。

窗口指导是指中央银行根据产业行情、物价趋势和金融市场动向，规定商业银行每季度贷款的增减额，并要求其执行。如商业银行不执行，中央银行可削减对该银行的贷款额度甚至采取停止提供信用等制裁措施。虽然窗口指导没有法律约束力，但其作用有时也很大。

3. 我国的货币政策工具

《中国人民银行法》规定，中国人民银行为执行货币政策，可以运用下列货币政策工具：①要求银行业金融机构按照规定的比例交存存款准备金；②确定中央银行基准利率；③为在中国人民银行开立账户的银行业金融机构办理再贴现；④向商业银行提供贷款；⑤在公开市场上买卖国债、其他政府债券和金融债券及外汇；⑥国务院确定的其他货币政策工具。中国人民银行为执行货币政策，运用前款所列货币政策工具时，可以规定具体的条件和程序。

《中国人民银行法》规定，中国人民银行设立货币政策委员会。货币政策委员会的职责、组成和工作程序，由国务院规定，报全国人民代表大会常务委员会备案。中国人民银行货币政策委员会应当在国家宏观调控、货币政策制定和调整中，发挥重要作用。

根据 1997 年 4 月 5 日国务院发布的《中国人民银行货币政策委员会条例》，货币政策委员会的职责是，在综合分析宏观经济形势的基础上，依据国家宏观调控目标，讨论货币政策的制定和调整、一定时期内的货币政策控制目标、货币政策工具的运用、有关货币政策的重要措施、货币政策与其它宏观经济政策的协调等涉及货币政策等重大事项，并提出建议。

4. 一般性货币政策工具在我国的运用

（1）公开市场业务。我国公开市场操作包括人民币操作和外汇操作两部分。外汇公开市场操作 1994 年 3 月启动，人民币公开市场操作 1998 年 5 月 26 日恢复交易。1999 年以来，公开市场操作发展较快，目前已成为中国人民银行货币政策日常操作的主要工具之一，对于调节银行体系流动性水平、引导货币市场利率走势、促进货币供应量合理增长发挥了积极的作用。

从交易品种看，中国人民银行公开市场业务债券交易主要包括回购交易、现券交易和发行中央银行票据。其中回购交易分为正回购和逆回购两种，正回购为中国人民银行向一级交易商卖出有价证券，并约定在未来特定日期买回有价证券的交易行为，正回购为央行从市场收回流动性的操作，正回购到期则为央行向市场投放流动性的操作；逆回购为中国人民银行向一级交易商购买有价证券，并约定在未来特定日期将有价证券卖给一级交易商的交易行为，逆回购为央行向市场上投放流动性的操作，逆回购到期则为央行从市场收回流动性的操作。现券交易分为现券买断和现券卖断两种，前者为央行直接从二级市场买入债券，一次性地投放基础货币；后者为央行直接卖出持有债券，一次性地回笼基础货币。中央银行票据即中国人民银行发行的短期债券，央行通过发行央行票据可以回笼基础货币，央行票据到期则体现为投放基础货币。

根据货币调控需要，近年来中国人民银行不断开展公开市场业务工具创新。借鉴国际经验，中国人民银行于 2013 年初创设了常备借贷便利。常备借贷便利是中国人民银行正常的流动性供给渠道，主要功能是满足金融机构期限较长的大额流动性需求。对象主要为政策性银行和全国性商业银行。期限为 1－3 个月。利率水平根据货币政策调控、引导市场利率的需要等综合确定。常备借贷便利以抵押方式发放，合格抵押品包括高信用评级的债券类资产及优质信贷资产等。

（2）存款准备金。近年来，人民银行通过普遍下调金融机构人民币存款准备金率，保持金融体系流动性合理充裕；同时，为进一步增强金融机构支持结构调整的能力，加大对小微企业、"三农"以及重大水利工程建设的支持力度，有针对性地对金融机构实施定向降准。此外，人民银行改革存款准备金考核制度，提高金融机构流动性管理的灵活性，增强货币市场运行的稳健性，改善货币政策传导机制。

（3）再贴现。2008 年以来，为有效发挥再贴现促进结构调整、引导资金流向的作用，人民银行进一步完善再贴现管理：适当增加再贴现转授权窗口，以便于金融机构尤其是地方中小金融机构法人申请办理再贴现；适当扩大再贴现的对象和机构范围，城乡信用社、存款类外资金融机构法人、存款类新型农村金融机构，以及企业集团财务公司等非银行金融机构均可申请再贴现；推广使用商业承兑汇票，促进商业信用票据化；通过票据选择明确再贴现支持的重点，对涉农票据、县域企业和金融机构及中小金融机构签发、承兑、持有的票据优先办理再贴现；进一步明确再贴现可采取回购和买断两种方式，提高业务效率。

二、信贷政策

信贷政策是中国人民银行根据国家宏观调控和产业政策要求，着眼于调控金融机构信贷资金投向的结构和期限，实现信贷资金优化配置并促进经济结构调整的金融政策。

（一）政策内容

目前中国人民银行信贷政策主要包括：推动产业结构优化升级和经济发展方式转变的信贷政策，促进区域经济协调发展的信贷政策，促进消费市场发展的信贷政策、房地产和汽车金融信贷政策，服务"三农"、中小微企业、扶贫、就业和助学的信贷政策，协调和推进金融机构开展信用衍生品和信贷资产证券化工作。

（二）政策手段及实施方式

1998年以前，信贷政策手段是实施贷款规模管理，主要是通过中国人民银行向各金融机构分配贷款规模来实现的。信贷政策的贯彻实施依托于金融监管，实施方式带有明显的行政干预色彩。

1998年取消贷款规模限额控制后，我国信贷政策一般采取道义劝说的方式，以间接调控为主。近年来，中国人民银行根据国民经济和社会发展的需要，围绕去产能、去库存、去杠杆、降成本、补短板五大任务，指导人民银行各分支机构和银行业金融机构充分发挥信贷政策在供给侧结构性改革中的能动作用，做好信贷政策工作。

（三）信贷政策与货币政策的关系

信贷政策和货币政策相辅相成，相互促进。两者既有区别，又有联系。通常认为，货币政策主要着眼于调控总量，通过运用利率、汇率、公开市场操作等工具借助市场平台调节货币供应量和信贷总规模，促进社会总供求大体平衡，从而保持币值稳定。信贷政策主要着眼于解决经济结构问题，通过引导信贷投向，调整信贷结构，促进产业结构调整和区域经济协调发展。从调控手段看，货币政策调控工具更市场化一些；而信贷政策的有效贯彻实施，不仅要依靠经济手段和法律手段，必要时还须借助行政性手段和调控措施。在我国目前间接融资占绝对比重的融资格局下，信贷资金的结构配置和使用效率，很大程度上决定着全社会的资金配置结构和运行效率。信贷政策的实施效果，极大地影响着货币政策的有效性。信贷政策的有效实施，对于疏通货币政策传导渠道，发展和完善信贷市场，提高货币政策效果发挥着积极的促进作用。

三、宏观审慎管理政策

根据中央有关部署并结合G20、金融稳定理事会（FSB）对国际金融危机教训的总结，中国人民银行从2009年中开始研究强化宏观审慎管理的政策措施，并于2011年正式引入差别准备金动态调整机制，其核心内容是金融机构适当的信贷增速取决于经济增长的合理需要及其自身的资本水平。

在立足国内市场现状、汲取国际经验的基础上，2015 年中国人民银行将外汇流动性和跨境资金流动纳入了宏观审慎管理范畴，进一步完善了宏观审慎政策框架。

为进一步完善宏观审慎政策框架，使之更有弹性、更加全面、更有效地发挥逆周期调节作用和防范系统性风险，中国人民银行研究构建了金融机构宏观审慎评估体系（Macroprudential Assessment，MPA），并从 2016 年开始实施。MPA 并不是一个全新的工具，而是对原有差别准备金动态调整机制的进一步完善，是其"升级版"。MPA 继承了对宏观审慎资本充足率的核心关注，保持了逆周期调控的宏观审慎政策理念，在此基础上适应经济金融形势变化，借鉴国际经验，将单一指标拓展为七个方面的十多项指标，将对狭义贷款的关注拓展为对广义信贷的关注，兼顾量和价、兼顾间接融资和直接融资，由事前引导转为事中监测和事后评估，建立了更为全面、更有弹性的宏观审慎政策框架，引导金融机构加强自我约束和自律管理。

MPA 从七大方面对金融机构的行为进行多维度的引导。一是资本和杠杆情况，重点关注宏观审慎资本充足率与杠杆率，主要通过资本约束金融机构的资产扩张行为，加强风险防范。二是资产负债情况，适应金融发展和资产多元化的趋势，从以往盯住狭义贷款转为考察广义信贷（包括贷款、证券及投资、回购等），既关注表内外资产的变化，也纳入了对金融机构负债结构的稳健性要求。三是流动性情况，鼓励金融机构加强流动性管理，使用稳定的资金来源发展资产业务，提高准备金管理水平，并参照监管标准提出了流动性覆盖率的要求。四是定价行为，评估机构利率定价行为是否符合市场竞争秩序等要求，特别是对非理性利率定价行为作出甄别，体现了放开存款利率上限初期对利率市场竞争秩序和商业银行定价行为的高度重视。五是资产质量情况，鼓励金融机构提升资产质量，加强风险防范。六是跨境融资风险情况，从跨境融资风险加权余额、跨境融资的币种结构和期限结构等方面综合评估，以适应资金跨境流动频繁和跨境借贷增长的趋势，未雨绸缪加强风险监测和防范。七是信贷政策执行情况，坚持有扶有控原则，鼓励金融机构支持国民经济的重点领域和薄弱环节，不断优化信贷结构。

MPA 正式实施以来，人民银行积极做好评估工作，引导金融机构加强自我约束和自律管理，促进金融机构稳健经营，增强金融服务实体经济的可持续性，牢牢守住了不发生系统性金融风险的底线。同时，人民银行还不断总结经验，根据 MPA 实施情况及宏观调控需要，对指标构成、权重、相关参数等加以改进和完善。

第六节　互联网金融发展与管理

互联网金融是传统金融机构与互联网企业利用互联网技术和信息通信技术实现资金融通、支付、投资和信息中介服务的新型金融业务模式。从业务功能上看，互联网金融主要包括互联网支付、网络借贷、股权众筹融资、互联网保险、互联网基金销售、互联网信托和互联网消费金融等。互联网金融在促进普惠金融发展，引导民间金融规范化，提升金融服务质量和效益，满足社会大众多元化投融资需求方面能够发挥积极作用，具有巨大的市场空间和发展潜力。但作为一项新生事物，互联网金融还有许多需要探索的领域和内容，现代网络空间的多维开放性和多项互动性，使互联网金融风险的波及面、扩散速度、外溢效应等影响都远超传统金融。为此，国家相关部委出台了一系列互联网金融行业管理制度，规范互联网金融业务及其发展。

一、互联网金融相关管理制度

（一）关于促进互联网金融健康发展的指导意见

2015 年 7 月，中国人民银行、工业和信息化部、公安部、财政部、国家工商总局、国务院法制办、中国银监会、中国证监会、中国保监会、国家互联网信息办公室联合发布了《关于促进互联网金融健康发展的指导意见》。该意见按照"鼓励创新、防范风险、趋利避害、健康发展"的总体要求，提出了一系列鼓励创新、支持互联网金融稳步发展的政策措施。积极鼓励互联网金融平台、产品和服务创新，鼓励从业机构相互合作，拓宽从业机构融资渠道，坚持简政放权和落实、完善财税政策，推动信用基础设施建设和配套服务体系建设。按照"依法监管、适度监管、分类监管、协同监管、创新监管"的原则，确立了互联网支付、网络借贷、股权众筹融资、互联网基金销售、互联网保险、互联网信托和互联网消费金融等互联网金融主要业态的监管分工，落实了监管责任，明确了业务边界。为切实保障消费者合法权益，维护公平竞争的市场秩序，提出加快建立健全互联网行业管理、客户资金第三方存管制度、信息披露、风险提示和合格投资者制度、消费者权益保护、网络与信息安全、反洗钱和防范金融犯罪、互联网金融行业自律、监管协调与数据统计监测等方面的管理制度。

（二）互联网保险业务监管暂行办法

2015 年 7 月，中国保监会发布了《互联网保险业务监管暂行办法》。该办法主要明确了互联网保险业务、保险机构、自营网络平台、第三方网络平台等概念的界定，以及保险机构经营互联网保险业务的基本原则要求。规定了保险机构经营互联网保险业务的集中管理要求，自营网络平台和第三方网络平台的经营条件，以及可扩展经营区域的险种范围等。明确了保险产品、保险机构以及行业协会分别在信息披露方面的具体内容和要求。规定了保险机构、第三方网络平台的禁止性行为及退出管理要求，明确了保监会、保监局的监管职责分工与监管方式。明确了对专业互联网保险公司、再保险业务、通过即时通信工具等方式销售保险产品、保险集团公司依法设立的网络平台的管理要求。

（三）货币市场基金监督管理办法

2015 年 12 月，中国证监会与中国人民银行联合发布了《货币市场基金监督管理办法》。该办法重在处理好货币市场基金创新发展与风险防范的关系，也是贯彻落实《关于促进互联网金融健康发展的指导意见》有关政策措施与监管责任的重要举措。该办法对 2004 年《货币市场基金管理暂行规定》进行了修订，进一步完善了货币市场基金投资范围、期限及比例等监管要求，强化了对货币市场基金投资组合的风险控制，并对货币市场基金的流动性管理作出了系统性的制度安排，提高行业流动性风险的自我管控能力。针对货币市场基金与互联网深度融合发展的新业态，对货币市场基金的互联网销售活动与披露提出了针对性要求。鼓励货币市场基金在风险可控的前提下进一步创新发展，积极拓展货币市场基金投资范围，支持货币市场基金份额上市交易或转让，拓展货币市场基金支付功能。

（四）非银行支付机构网络支付业务管理办法

2015 年 12 月，中国人民银行发布了《非银行支付机构网络支付业务管理办法》。该办法旨在规范非银行支付机构网络支付业务，防范支付风险，保护当事人合法权益。该办法规定，支付机构应当遵循主要服务电子商务发展和为社会提供小额、快捷、便民的小微支付服务的宗旨。按照统筹科学把握鼓励创新、方便群众和金融安全的原则，结合支付机构网络支付业务发展实际，中国人民银行确立了坚持支付账户实名制、平衡支付业务安全与效率、保护消费者权益和推动支付创新的监管思路。主要措施包括：一是清晰界定支付机构定位。坚持小额便民、服务于电子商务的原则，有效隔离跨市场风险。二是坚持支付账户实名制。针对网络支付非面对面开户的特征，强化支付机构通过外部多渠道交叉验证识别客户身份信息的监管要求。三是兼顾支付安全与效率。本着小额支付偏重便捷、大额支付偏重安全的管理思路，根据交易验证安全程度的不同，对使用支付账户余额付款的交易限额作出了相应安排，引导支付机构采用安全验证手段来保障客户资金安全。四是突出对个人消费者合法权益的保护。引导支付机构建立完善的风险控制机制，健全客户损失赔付、差错争议处理等客户权益保障机制，有效降低网络支付业务风险。五是实施分类监管推动创新。建立支付机构分类监管工作机制，对支付机构及其相关业务实施差别化管理，引导和推动支付机构在符合基本条件和实质合规的前提下开展技术创新、流程创新和服务创新。

（五）网络借贷信息中介机构业务活动管理暂行办法

2016 年 8 月，中国银监会、工业和信息化部、公安部、国家互联网信息办公室联合发布了《网络借贷信息中介机构业务活动管理暂行办法》。该办法界定了网络借贷的定义，明确了适用范围及网络借贷活动基本原则，重申了从业机构作为信息中介的法律地位。确立了网络借贷监管体制，明确了网络借贷监管各相关主体的责任，促进各方依法履职，加强沟通、协作，形成监管合力，增强监管效力。明确了网络借贷业务规则，坚持底线思维，加强事中事后行为监管，对业务管理和风险控制提出了具体要求。注重加强消费者权益保护，明确对出借人进行风险揭示及纠纷解决途径等要求以及出借人应当具备的条件。强化信息披露，发挥市场自律作用，创造透明、公开、公平的网络借贷经营环境等。

二、互联网金融监管职责分工

按照"依法监管、适度监管、分类监管、协同监管、创新监管"的原则，《关于促进互联网金融健康发展的指导意见》确立了各互联网金融业态监管职责分工，落实了监管责任。其中，互联网支付业务由中国人民银行负责监管。网络借贷业务、互联网信托业务和互联网消费金融业务由中国银行业监督管理机构负责监管。互联网基金销售业务、股权众筹融资业务由中国证监会负责监管。互联网保险由中国保险业监督管理机构负责监管。

此外，电信主管部门、工业和信息化部和国家互联网信息办公室也对互联网金融机构有监管职责。其中，任何组织和个人开设网站从事互联网金融业务，都需要依法向电信主管部门履行网站备案手续，否则不得开展互联网金融业务；工业和信息化部负责对互联网金融业务涉及的电信业务进行监管；国家互联网信息办公室负责对金融信息服务、互联网信息内容等业务进行监管。

三、互联网金融自律管理

自律管理是互联网金融行业治理的关键环节，发挥着十分重要的作用。首先，行业自律本身是一种风险缓释机制，可以通过制定信息披露、信息安全、业务经营等方面的行业标准和规则，降低行业整体发生风险的概率。其次，通过发布自律公约、制定经营管理规则、设置会员入会和退出条件等市场化措施，能够充分发挥引导示范效应，督促从业机构提升内控水平。此外，通过行业自律，能够充分反映会员机构合理诉求，促进监管部门与市场的双向沟通，为政府监管提供全面的数据统计和动态风险监测信息。持续开展风险教育和培训，提高社会整体的金融知识水平和风险识别水平。加快征信、数据统计等行业基础设施建设，完善机构之间的业务交流和信息共享机制，协调解决行业治理过程中的技术、规则、标准问题。

中国互联网金融协会是中国人民银行会同中国银保监会、中国证监会等部委共同组建的全国性行业自律组织，于2016年3月25日在上海成立。中国互联网金融协会按照"服务监管、服务行业、服务社会"的定位，把"规范发展、防范风险"贯彻工作各个环节，旨在通过自律管理和会员服务，规范从业机构市场行为，保护行业合法权益，推动从业机构更好地服务社会经济发展，引导行业规范健康运行。

第七节　发展普惠金融

一、普惠金融上升为国家战略

普惠金融概念是由联合国在推广2005国际小额信贷年时提出的，当时被称为"包容性金融"。其基本含义是：一个能够有效地、全方位地为社会所有阶层和群体（尤其是贫困、低收入人口）提供服务的金融体系。

2013年11月，在中共十八届三中全会通过的《中共中央关于全面深化改革若干重大问题的决定》中，正式提出"发展普惠金融"，这是普惠金融第一次正式写入党的决议。2015 年 10 月，中共十八届五中全会通过了《中共中央关于制定国民经济和社会发展第十三个五年规划的建议》，提出"发展普惠金融，着力加强对中小微企业、农村特别是贫困地区的金融服务"。

2015 年 3 月，李克强总理在《政府工作报告》中强调大力发展普惠金融，让所有市场主体都能分享金融服务的雨露甘霖"；2016 年 3 月，李克强总理在《政府工作报告》中再次提出"大力发展普惠金融和绿色金融"。

2015 年 12 月 31 日，国务院印发《推进普惠金融发展规划（2016—2020 年）》（国发〔2015〕74 号），正式将发展普惠金融确立为国家战略。

二、普惠金融的内涵及特征

《推进普惠金融发展规划（2016—2020 年）》指出：普惠金融是指立足机会平等要求和商业可持续原则，以可负担的成本为有金融服务需求的社会各阶层和群体提供适当、有效的金融服务。具体而言，普惠金融具有以下特征：

①业务的全面性。普惠金融强调提供全面的金融服务，包括开户、储蓄、支付、贷款融资、投资、保险、汇兑等金融服务；提供专业的技术支持，快捷、准确、透明的信息服务，准确、安全的支付和清算服务。

②服务的公平性。普惠金融强调金融服务的公平性，目的是使所有人都能以可承担的成本获得公平合理的金融服务，从而有效地参与到社会经济活动中。

③参与的广泛性。普惠金融不仅是个别扶贫机构或小额信贷机构的工作，而且是需要所有金融机构广泛参与的事业。无论是传统金融机构，还是新型金融机构，都要在发挥各自优势的基础上，积极参与到各项工作中。

④服务的便捷性。普惠金融突出服务的方便、快捷，能够根据重点服务对象的特点提供符合其需要的金融服务。

⑤发展的可持续性。普惠金融强调以市场化的方式，通过合理配置资源，满足弱势群体的金融需求，实现长远的可持续发展，而不是片面帮助弱势群体的传统扶贫。

⑥低收入群体的侧重性。发展普惠金融的目的是，要提升金融服务的覆盖率、可得性、满意度，满足人民群众日益增长的金融需求，特别是要让农民、小微企业、城镇低收入人群、贫困人群和残疾人、老年人等及时获取价格合理、便捷安全的金融服务。

⑦消费者权益的保护。普惠金融的另一个内容是强调消费者保护。金融服务和产品种类繁多，有的还比较复杂。因此，普及金融知识、提高金融素养、加强消费者权益保护，就成为普惠金融的重要内容。

⑧内涵的动态性。随着普惠金融概念的不断演进，普惠金融逐步凸显"大金融""宽内涵""多维度"等特征，除涵盖传统金融服务的各个方面外，还包括降低国际汇款成本，完善征信和支付体系，加强金融基础设施建设，推进数字金融，加

强金融消费者保护和金融消费者教育，建立普惠金融指标体系和监测评估体系等内容，已逐渐形成一整套涉及金融基础设施建设、金融改革发展和结构调整等重大问题的发展战略和操作理念，视角越来越广泛。

三、推动普惠金融发展环境进一步优化

目前，我国普惠金融发展仍存在一些薄弱环节和制约因素，有必要从推进金融基础设施建设、加强金融知识教育与金融消费者权益保护三个方面进一步优化普惠金融发展环境，使广大人民群众共享金融改革发展成果。

（一）推进金融基础设施建设

金融基础设施是提高金融机构运行效率和服务质量的重要支柱和平台，有助于改善普惠金融发展环境，促进金融资源均衡分布，引导各类金融服务主体开展普惠金融服务。

1. 推进农村支付环境建设：①鼓励银行机构和非银行支付机构面向农村地区提供安全、可靠的网上支付、手机支付等服务，拓展银行卡助农取款服务的广度和深度；②支持有关银行机构在乡村布放 POS 机、自动柜员机等各类机具，进一步向乡村延伸银行卡受理网络；③支持农村金融服务机构和网点采取灵活、便捷的方式接入人民银行支付系统或其他专业化支付清算系统；④鼓励商业银行代理农村地区金融服务机构支付结算业务；⑤支持农村支付服务市场主体多元化发展；⑥鼓励各地人民政府和国务院有关部门通过财政补贴、降低电信资费等方式扶持偏远、特困地区的支付服务网络建设。

2. 完善信用信息体系建设：①加快建立多层级的小微企业和农民信用档案平台，实现企业主个人、农户家庭等多维度信用数据可应用；②扩充金融信用信息基础数据库接入机构，降低普惠金融服务对象征信成本；③积极培育从事小微企业和农民征信业务的征信机构，构建多元化信用信息收集渠道；④依法采集户籍所在地、违法犯罪记录、工商登记、税收登记、出入境、扶贫人口、农业土地、居住状况等政务信息，采集对象覆盖全部农民、城镇低收入人群及小微企业，通过全国统一的信用信息共享交换平台及地方各级信用信息共享平台，推动政务信息与金融信息互联互通。

3. 建立普惠金融统计体系：①参照 G20 普惠金融指标体系，研究建设包括普惠金融使用情况、可得性、服务质量等维度的中国普惠金融指标体系，用于监测、评估和分析各地区普惠金融发展状况；②整合多部门数据和力量，全面掌握普惠金融服务基础数据和信息；③建立评估考核体系，形成普惠金融发展动态评估机制；④从区域和机构两个维度，对普惠金融发展情况进行评价，督促各地区、各金融机构根据评价情况改进普惠金融服务工作。

（二）加强金融知识普及教育

金融消费者所消费的金融产品与服务多为无形产品，与一般有形商品相比，消费者面临更大的风险与不确定性。特别是在当前金融创新加速的背景下，虽然金融

消费者拥有更多的消费选择，但是面对复杂的产品介绍与计算方式，金融消费者尤其是农村金融消费者还是会感到无所适从。因此，加强金融教育与金融知识普及宣传，提高金融消费者的自我保护能力，就显得尤为重要。

（三）加强金融消费者权益保护

随着金融业快速发展，金融产品的复杂性不断增强。金融消费者在资金实力、专业知识以及对风险的辨识上均处于弱势地位，金融机构与金融消费者的信息不对称情况不断加剧，金融消费权益保护问题日益突出。因此，金融消费权益保护成为普惠金融的核心内容之一，加强金融消费权益保护能够让更多的消费者享受现代金融服务所带来的便利和好处。

金融消费者是指在中华人民共和国境内购买、使用金融机构销售的金融产品或接受金融机构提供的金融服务的自然人。2015 年 11 月 13 日，国务院办公厅发布了《关于加强金融消费者权益保护工作的指导意见》（国办发 ［2015］ 81 号），首次从国家层面对金融消费权益保护进行具体规定，明确了金融消费者享有财产安全权、知情权、自主选择权、公平交易权、依法求偿权、受教育权、受尊重权以及信息安全权八项权利。

第六章 产业政策

在工程咨询中，产业政策是项目评估、规划咨询、政策咨询等工作的重要基础和依据，对项目的技术要求、区域布局、发展规模、环境要求以及投融资方式等起着重要的指导和规范作用。工程咨询机构落实产业政策，就是要从各产业的具体情况出发，根据国家相关政策的总体导向开展工程咨询相关工作，把握好产业发展以及重大工程项目的建设方向。

第一节 产业政策概述

一、产业政策的基本含义

产业政策是引导产业发展方向、规划产业发展目标、调整各个产业之间相互关系及其结构变化的措施和手段的总和，是整个经济政策体系的重要组成部分。产业政策能够通过干预一国产业（部门）间的资源分配或产业（部门）内的组织方式，达到国民经济和社会发展目标。从类型上看，产业政策主要包括产业技术政策、产业布局政策、产业结构政策、产业组织政策、产业金融政策等。

从性质和作用范围看，产业政策可分为两类。一类属于政府规制，具有共性，所有的经济主体都必须遵循，例如市场准入标准、竞争规则、关税政策、国际贸易规则等；另一类是针对某一特定产业制订的发展规划、投融资和税收等政策。前者属于广义的产业政策，后者属于狭义的产业政策。

二、产业政策的依据

制定产业政策的依据来自于产业发展的客观规律、国民经济及相关产业发展的目标、以及经济发展中存在的问题，来自于资源配置的合理方向及应用效率，来自于具体产业某一发展阶段的应有态势等。成熟且开放的市场经济，由各类市场参与者共同努力来发现和改善经济及产业运行的方向和效果。有效市场的纠错、竞争、选择机制能够体现出很强的市场自组织能力。而对于一些市场难以有效发挥作用或存在缺陷的领域，政府需要出台相关政策措施加以干预和引导。即，在那些政府管理职能和作用不断弱化的产业领域，应弱化产业政策及行政干预，发挥市场在配置资源中的决定性作用；对于基础性产业——如农业，或者是一些处于萌芽期的新兴产业，政府则有必要制定促进产业发展和培育的扶持政策，增强市场主体参与市场竞争的能力。

三、产业政策的实施方式

从世界范围看，产业政策的实施主要有三种方式。

（1）产业结构政策和产业组织政策并重。这种方式以产业结构政策和产业组织政策为主要内容，提升企业竞争力是其主要目标，以日本和韩国为代表。日本运用产业结构政策干预和引导经济结构的转换，在短短的几十年间完成了老牌资本主义国家几百年走过的路。其产业组织政策也有自己的特色，它不同于其他国家把反垄断作为政策核心，而是把实现规模经济、克服过度竞争作为其组织政策的基本取向。

（2）以产业组织政策为主。这是政府为推动产业更好发展而采取的鼓励或限制性政策措施，以形成产业自我调整机制为主要目标。主要表现在为企业创造公平竞争的环境，如推行反托拉斯、支持中小企业政策等，以美国、德国为代表。这种产业政策的基本理念是，市场经济具有结构的自我调整功能，通过市场价格差异所引起的对投资者和生产者的刺激，可以使社会资源按产业结构的发展方向及时有效地流动。

（3）以产业结构政策为主。这是政府遵循产业结构演进的一般规律，通过影响与推动产业结构的调整和优化，以促进产业协调发展、推动经济增长所采取的一系列政策措施。产业结构政策通常以指令性计划为主要内容，以结构变化为主要目标，其思路是运用国家力量，实行社会资源增量的优化配置，促进产业协调发展。

四、产业政策的实施手段

产业政策的有效落实不仅需要完备的法制基础和发达的市场条件，还需要有效的实施手段和举措。

（1）财税手段。财税手段主要包括发放财政补贴、减免税费等方面。实施这些政策措施可以加快发展产业的薄弱环节，促进企业的设备投资，加快产业结构和市场组织结构的优化和调整。

（2）金融手段。金融手段主要指政策性金融机构向企业发放低息贷款，以及通过政府主导的产业基金对政策上需要支持的产业或企业进行投资。

（3）贸易保护措施。该措施主要针对国内尚未成熟的产业，出于保护和扶持的目的，采取限制进口和鼓励出口的措施。主要手段有保护关税、进口限制、外资流入限制、技术引进限制等。

（4）法律措施。该措施主要是制定和颁布相关法律法规。通过法律手段，促进市场结构或产业结构的变化，以影响产业的发展。

（5）组织措施。多数国家都有专门组织机构长期从事产业政策研究和制定。日本的经济产业省内设有通商政策局、经济产业政策局、产业技术环境局等负责制定和协调产业政策。除日本以外，如英国的全国经济发展委员会、法国的工业战略开发部际委员会、我国的中央财经委员会都是这样的组织机构。

（6）信息服务措施。该措施是指政府经常向企业提供经济信息，定期发布有关产业和贸易资讯，为企业提供信息指导。

第二节　产业政策的核心内容

一、产业技术政策

产业技术政策就是用以引导和促进产业技术进步的政策，其目的是服务于产业的总体优化，扶持和推进产业向高端化发展，并为国民经济技术基础的更新、改造和创新提供支持。在具体的实践中，产业技术政策主要包括研究与开发援助、发展高技术产业、技术引进等方面。

（一）研究与开发扶持政策

由于基础性技术的研究和开发活动所具有的公共产品、投资金额巨大、风险高等特点，纯粹依靠市场机制会产生私人投资不足的问题，需要政府提供政策支持。一是重大的、基础性研究和开发可以直接由政府提供资金，甚至直接由政府组织进行研究和开发；二是对企业进行的技术研发给予鼓励和优惠；三是为技术推广、应用提供扶持政策，以加快技术的扩散和产业化。

（二）高技术产业政策

随着科学技术的进步与发展，高技术产业已经成为各国促进经济发展和提高国际竞争力的主要手段。从上世纪90年代中期，世界各国纷纷将产业技术政策的中心向发展高技术产业转移，包括制定高技术产业发展规划，进行税收、信贷和财政扶持，尤其是创新发展投融资制度，如纳斯达克股票交易市场的设立，为电子、信息、网络等产业在20世纪90年代成为美国经济增长的引擎发挥了决定性作用。

（三）技术引进政策

发展中国家可以通过技术引进或技术合作的途径，从其他国家获得先进技术，从而促进本国产业的技术升级或换代。国际上通行的技术引进的手段或载体包括知识产权交易、许可证贸易、合作研究、技术咨询、合资经营等。

二、产业布局政策

产业布局政策是通过在不同的经济发展时期确定不同的产业布局目标，从而实现经济的健康、持续、稳定发展。在经济不发达阶段，政府往往强调产业布局的非均衡性，即优先发展某些地区，通过这些地区的发展来带动其他地区乃至整个国家的经济发展。而在经济较为发达以后，产业布局政策的侧重点就会转变为强调地区经济发展的均衡性，对经济落后的地区给予倾斜和扶持，以维护社会稳定和经济的全面发展。产业布局实质上是产业资源在空间上的配置，以及这种配置对经济增长和社会福利的影响。影响产业布局的基本因素有：自然因素，即自然条件和自然资源；物流因素，即实现地区间联系的交通因素；人力资源因素，即人力资源的数量、质量和空间分布；市场因素，即市场的规模和结构；集聚因素，即产业的空间分布状况；社会因素，即政治、文化等因素。

产业布局政策可以从国家和地方两个视角考察。国家主要根据产业演变的总体趋势，在兼顾公平和效率的前提下，对各地区的产业在全国经济战略中的地位、作用进行规划，实现产业在各地区的合理分布及协调。制定和实施国家产业政策的主体是中央政府。国家产业布局政策主要包括：一是确立不同地区的主导产业和产业发展序列；二是根据各地区资源条件和现有产业分布，合理规划产业的建设和布局；三是协调区域间的产业发展关系，减少地区之间的矛盾和摩擦。

三、产业结构政策

产业结构政策是政府推动产业结构转换、促进产业结构优化升级的政策。产业结构政策作为产业政策的重要组成部分，其基本目标主要包括两个方面：一是规划产业发展顺序，即根据本国具体情况和国际经济发展、产业结构演进趋势，选择主导产业、振兴支柱产业、保护幼稚产业、调整衰退产业，并从产业高度设计产业结构演进和发展的目标、途径以及应该采取的政策措施。二是促进产业结构的合理化，即在分析研究产业结构现状的基础上，发现结构不合理的问题，提出合理化方案并落实方案的具体政策措施。

(一) 确定产业发展优先序列

产业结构政策的核心内容是产业发展优先序列选择，即政府确定不同产业发展的顺序，对优先发展的产业给予支持。产业发展的顺序一般以瓶颈产业为先，而后是主导产业和支柱产业。瓶颈产业是供给严重小于需求，制约国民经济发展的产业。支柱产业是关系国计民生、具有举足轻重地位的产业。经济发展阶段不同，政府选择的产业发展序列也有差别。

(二) 瓶颈产业的扶持政策

瓶颈产业是制约国民经济发展的产业。如一些高技术产业通常投资金额大、盈利周期长，单纯依靠市场机制很难保证该类产业与其他产业协调发展。集成电路产业就是比较典型的瓶颈产业。许多国家经济发展的历史经验证明，缺乏政府产业政策的有效支持，瓶颈产业难以获得有效发展。为保证瓶颈产业与其他产业同步发展，政府应该采取倾斜的产业政策，如在投资政策、技术引进和税费优惠等方面对瓶颈产业进行扶持。

(三) 主导产业的培育政策

主导产业是指在一国或地区经济发展中，发展速度快、在产业结构系统中起引导带动作用，对国民经济增长贡献大的产业。主导产业的培育政策包括两方面：一是在对外经济贸易关系中，保护和培育本国的主导产业，控制外资进入主导产业的领域和范围，限制与主导产业产品竞争的产品进口，出台鼓励主导产业产品出口的政策，如出口信贷、出口退税等。二是国内产业政策向主导产业倾斜，采取多种优惠政策，如财政贴息、减免税收、加速折旧政策、金融低息贷款、政府担保贷款、产业基金支持等。

（四）幼稚产业的保护政策

幼稚产业保护政策的目的是通过培育发展新兴产业，为提高国民经济增长后劲奠定基础，以更有效地参与今后的国际竞争。幼稚产业保护政策采取的手段可以分为关税保护政策和非关税保护政策，关税政策手段由于经济全球化的推动，运用得越来越少，在全球范围内关税有逐渐降低的趋势。非关税的保护政策措施包括进口限额、进口许可证、外汇管制以及对国内生产企业直接提供资金补贴、税费优惠、金融支持等。

（五）衰退产业的调整政策

衰退产业是指在正常情况下，一个国家或地区的某一产业由于技术进步或需求变化等因素致使市场需求减少、产能过剩且无增长潜力的产业。衰退产业的调整政策是指某一产业部门衰退时，政府通过政策干预，把该产业部门资源再分配给其他部门的过程。衰退产业调整政策的目的是在产业结构调整的过程中，推动产业内竞争力严重不足的企业退出，并防止产业内出现过度竞争的情况，促进资源顺利地从低效率部门向高效率部门转移，从而提高资源利用效率，促进优势产业快速成长。

四、产业组织政策

在现代市场经济国家中，产业组织政策是针对经济运行中可能出现的市场失灵，政府为了维护有效市场竞争而制定和采用的调整市场结构、规范市场行为的政策，在产业政策中具有核心地位。按照政策目标导向，产业组织政策可分为两类：一类是鼓励竞争和限制垄断的政策。主要目标是促进产业组织的有效竞争和保护市场公平竞争环境。具体内容有反垄断政策、反不正当竞争政策等。另一类是发挥规模经济和专业化分工等经济功能的产业组织合理化政策。主要目标是限制过度竞争，具体有直接规制政策、企业兼并政策、中小企业政策等。

（一）反垄断政策

反垄断政策的主要表现形式是反垄断法。许多国家针对具有社会危害性的垄断行为制定了反垄断法。如美国在1890年就制定了《谢尔曼反托拉斯法》，日本针对垄断问题制定了《禁止垄断法》。我国的《反垄断法》自2008年8月1日起施行。我国《反垄断法》的立法宗旨和指导思想，主要有以下几个方面：一是制定和实施与我国社会主义市场经济相适应的竞争规则，建成统一、开放、竞争、有序的市场体系。二是有市场支配地位的竞争者不得滥用市场支配地位，排除、限制竞争。三是对国有经济占控制地位的关系国民经济命脉和国家安全的行业以及依法实行专营专卖的行业，国家对合法经营活动予以保护，并对经营者的经营行为，以及商品和服务的价格依法实行监管和调控，维护消费者的利益，促进技术进步。

（二）反不正当竞争政策

在市场经济的法律体系中，"反垄断法"与"反不正当竞争法"构成现代竞争法的内容。竞争法被称为国家的"经济宪法"或整个经济法的"基石"。不正当竞争行为是指经营者违反《反不正当竞争法》规定，损害其他经营者合法权益，扰乱社会经济秩序的行为。不正当竞争行为可分为妨碍公平竞争的行为与妨碍市场机能的行为。目前我国已形成了以《反不正当竞争法》为核心，广告法、价格法、商标法、专利法、消费者权益保护法、产品质量法、反倾销法等部门法协调规制的反不正当竞争法律体系。

（三）竞争性产业的政府规制

竞争性产业的政府规制，是指政府对竞争性产业内企业的市场行为提出具体规范要求，并有专门管理部门对其执行情况进行跟踪、监督和奖惩，以维护正常市场秩序和效率的一种产业组织政策。竞争性产业中，在激烈竞争的市场环境下，利润最大化价值取向会驱使企业采取欺诈、商业贿赂、偷工减料等不正当竞争行为，忽视社会公众利益、环境保护等问题。政府对企业竞争行为规制的主要目的是协调经济活动中的经济效益、社会效益和环境效益的平衡。竞争性产业政府规制的主要内容包括进入规制、数量规制、质量规制、技术设备规制、价格规制等。

（四）自然垄断产业的政府规制

对于自然垄断产业而言，通常的促进竞争政策是不适用的。因为大多数处于自然垄断状态的产业，由于其资源稀缺和规模经济等原因，可被接受的竞争程度是有限的，因此政府有必要对自然垄断行业进行干预，以防止过度竞争。典型的自然垄断产业有电力、自来水、燃气等领域。自然垄断产业的规制政策中最核心的首先是进入规制，指通过对申请者资格的审批程序，严格控制在特定产业的经营许可，以限制过度竞争；其次是价格规制，它是从资源有效配置和服务的公平供给出发，限制自然垄断企业制定垄断价格，协调企业及消费者各方利益。

（五）企业兼并与合并政策

企业兼并与合并是市场经济和竞争发展的产物。一般来说，兼并与合并有利于推动资产存量的流动，使生产要素向优势企业集中，产生规模效益从而提高产业组织化程度，有利于促进衰退产业的收缩和新兴产业的壮大，从而达到优化产业结构的目的。例如，为合理调整国有经济布局，推动国有资本向重要行业和关键领域集中，增强国有经济的控制力、影响力和带动力，国家进一步加大国有企业兼并重组力度，鼓励非公制经济通过并购、控股和参股等多种形式，参与国有企业的改组改制改造。

（六）中小企业政策

在各国经济发展中，中小企业有着举足轻重的地位，保持一定数量的中小企业，并使其健康发展，使大中小企业并存，有利于增强产业内部的竞争活力。然而，在与大企业竞争的过程中，中小企业通常处于不利地位，政府有必要通过制定中小企业政策，帮助中小企业发展。一般而言，中小企业政策大致包括两个方面的内容：一是援助政策，即通过各种政策手段为中小企业发展创造良好环境，包括实行税收优惠，强化金融扶持，建立和完善融资担保、创业辅导、技术支持、管理咨询、信息服务、市场开拓和人才培养等社会化服务体系等；二是协调中小企业与大企业关系的政策，即鼓励中小企业与大企业开展专业化协作生产等政策。

五、产业金融政策

（一）高效稳健的金融体系

储蓄是资本积累的前提，稳定的金融体系和政策有利于吸引本国和外国居民的储蓄，有助于实现储蓄向投资的顺利转化，满足产业发展的资金需求。同时对产业贷款实行有差别的利率政策，可以达到扶持重点产业发展的目的。

（二）设立政策性金融机构

市场失灵会导致有潜力的行业或企业缺乏成长初期的金融支持，从而影响其长远发展；一些对国民经济有重要作用，但周期长、利润低、见效慢的产业也需要条件优惠的金融支持。从经济发展全局看，需要有一定财政背景支持、不以盈利为主要目的、扶助弱势产业和企业的政策性金融机构。无论是发达国家还是发展中国家，都建立了多种多样的政策性金融机构，发挥着越来越重要的作用。在某些特定领域，如国际贸易、大型工程和项目的国际承包，需要政策性金融机构支持已经成为国际惯例，甚至成为企业拥有国际竞争力的主要因素之一。

（三）培育资本市场

资本市场在经济发展中发挥着越来越重要的作用，已成为企业日益重要的融资平台。我国在法律制度、交易规则、监管体系等方面已经逐步建立了向国际标准看齐的资本市场体系，企业融资规模不断扩大，融资工具逐渐丰富。《公司法》《证券法》以及《证券公司监管条例》等构成了我国资本市场的法律和政策基础。

第三节 我国的产业政策

一、改革开放以来我国产业政策沿革

（一）1978 年到 1980 年代末：解决农、轻、重比例失调的产业政策

新中国成立后，优先支持重工业发展的宏观政策使得我国初步建立起了比较完整的工业体系，但同时也造成了农业、轻工业、重工业之间比例严重失调的局面。1978 年中央公布了《关于加快工业发展若干问题的决定》，其重要内容就是解决农、轻、重比例严重失调问题。在此基础上，"六五"时期提出继续贯彻执行"调整、改革、整顿、提高"的方针，进一步解决了过去遗留下来的阻碍经济发展的各种问题。"七五"时期，我国第一次明确提出要进一步合理调整产业结构，并指出产业结构的调整必须以消费需求结构及变化为导向。

（二）1980 年代末到 1990 年代末：开始探索制定和运用产业结构政策

1989 年，我国颁布了第一个明确的产业政策文件——《国务院关于当前产业政策要点的决定》，对国家主要产业的发展方向和目标提出了基本要求。1994 年颁布了《90 年代国家产业政策纲要》，成为产业结构调整政策的总纲。1997 年及以后，根据整个社会经济发展状况和宏观调控战略需求，国家先后颁布了多项引导和约束产业行为、推动结构调整的政策措施。

（三）2000－2012 年：产业结构政策的制定和运用逐步成熟

进入 21 世纪，我国产业政策的主要目标是实现产业结构的优化升级。"十五"和"十一五"规划都把推进产业结构优化升级列为重点目标，并发布了关于农业、工业、部分服务业的结构调整以及改革方向、重点和主要政策措施的重点专项规划。2005 年，国务院颁布了《关于发布实施促进产业结构调整暂行规定的决定》，随后，又陆续颁布了《关于进一步加强国家产业政策导向，促进新兴工业化发展的指导目录（试行）》《国务院关于加快推进产能过剩行业结构调整的通知》《国务院关于加快发展服务业的若干意见》等文件。为应对金融危机冲击，解决投资不足、内需不振等问题，我国于 2009 年陆续发布了钢铁、汽车、船舶、石化、纺织、轻工、有色金属、装备制造业、电子信息，以及物流业十个重点产业调整和振兴规划。

（四）十八大以来：推进供给侧结构性改革，振兴实体经济

党的十八大报告提出，要坚持走中国特色新型工业化、信息化、城镇化、农业现代化道路，推动信息化和工业化深度融合、工业化和城镇化良性互动、城镇化和农业现代化相互协调，促进工业化、信息化、城镇化、农业现代化同步发展。党中央国务院研究出台了一系列有关产业结构调整和转型升级的扶持政策。产业政策的制定也开始向有利于实体经济发展的方向倾斜，强化需求导向，推动战略性新兴产业、先进制造业健康发展，加快传统产业转型升级，推动服务业特别是现代服务业发展壮大，合理布局建设基础设施和基础产业。2015 年中央经济工作会议提出各地区各部门以推进供给侧结构性改革为主线，全力落实"三去一降一补"，即去产能、去库存、去杠杆、降成本、补短板五大任务，供求关系明显改善，转型升级持续推进，经济运行质量效益不断提高，呈现稳中有进、稳中向好的发展态势，为实现全面建成小康社会战略目标打下坚实基础。

《国民经济和社会发展第十三个五年规划纲要》明确提出，加快转变农业发展方式，着力构建现代农业产业体系、生产体系、经营体系，提高农业质量效益和竞争力，走产出高效、产品安全、资源节约、环境友好的农业现代化道路；围绕结构深度调整、振兴实体经济，推进供给侧结构性改革，培育壮大新兴产业，改造提升传统产业，加快构建创新能力强、品质服务优、协作紧密、环境友好的现代产业新体系；开展加快发展现代服务业行动，扩大服务业对外开放，优化服务业发展环境，推动生产性服务业向专业化和价值链高端延伸、生活性服务业向精细和高品质转变。

（五）十九大提出建设现代化经济体系和现代产业体系

党的十九大明确提出贯彻新发展理念，建设现代化经济体系。围绕高质量发展，以供给侧结构性改革为主线，推动经济发展质量变革、效率变革、动力变革，提高全要素生产率，着力加快建设实体经济、科技创新、现代金融、人力资源协同发展的产业体系，不断增强我国经济创新力和竞争力。加快建设制造强国，加快发展先进制造业，推动互联网、大数据、人工智能和实体经济深度融合，在中高端消

费、创新引领、绿色低碳、共享经济、现代供应链、人力资本服务等领域培育新增长点、形成新动能。促进我国产业迈向全球价值链中高端，培育若干世界级先进制造业集群。坚持去产能、去库存、去杠杆、降成本、补短板，优化存量资源配置，扩大优质增量供给，实现供需动态平衡。2018 年 9 月中央全面深化改革委员会第四次会议审议通过《关于推动高质量发展的意见》，提出推动高质量发展是当前和今后一个时期确定发展思路、制定经济政策、实施宏观调控的根本要求，要抓紧研究制定制造业、高技术产业、服务业以及基础设施、公共服务等重点领域高质量发展政策，把维护人民群众利益摆在更加突出位置，带动引领整体高质量发展。

二、当前的产业政策

（一）产业技术政策

近年来，我国高度重视科技创新以及科技成果的转化应用，积极推进高新技术与传统产业融合发展。如在研发扶持政策方面，2016 年 7 月，国务院印发《"十三五"国家科技创新规划》，要求未来五年，我国科技创新工作紧紧围绕深入实施国家"十三五"规划纲要和创新驱动发展战略纲要，有力支撑制造业强国"互联网＋"、网络强国、海洋强国、航天强国、健康中国建设、军民融合发展、"一带一路"建设、京津冀协同发展、长江经济带发展等国家战略实施，充分发挥科技创新在推动产业迈向中高端、增添发展新动能、拓展发展新空间、提高发展质量和效益中的核心引领作用。加快实施国家科技重大专项，构建具有国际竞争力的产业技术体系，加强现代农业、新一代信息技术、智能制造、能源等领域一体化部署，推进颠覆性技术创新，加速引领产业变革；健全支撑民生改善和可持续发展的技术体系，突破资源环境、人口健康、公共安全等领域的瓶颈制约；建立保障国家安全和战略利益的技术体系，发展深海、深地、深空、深蓝等领域的战略高技术。在发展高技术产业政策方面，2015 年 11 月，工信部、发展改革委和科技部联合发布了《关于加快石墨烯产业创新发展的若干意见》，强调要突破石墨烯材料规模化制备共性关键技术。围绕石墨烯材料批量制备以及基于石墨烯的各类功能材料制备关键技术，引导骨干企业携手有关高校、科研院所，协同开发材料规模化制备技术，促进关键工艺及核心装备同步发展，提升产业化水平。

（二）产业布局政策

我国东中西部经济社会发展水平差异较大，近年来，国家结合各区域具体情况出台了一些符合当地发展实际的产业布局政策。如 2015 年 3 月，国务院批复设立中国（杭州）跨境电子商务综合试验区，着力在跨境电子商务交易、支付、物流、通关、退税、结汇等环节的技术标准、业务流程、监管模式和信息化建设等方面先行先试，通过制度创新、管理创新、服务创新和协同发展，破解跨境电子商务发展中的深层次矛盾和体制性难题，打造跨境电子商务完整的产业链和生态链，逐步形成一套适应和引领全球跨境电子商务发展的管理制度和规则，为推动全国跨境电子商务健康发展提供可复制、可推广的经验。同年 6 月，国务院办公厅发布《关于支持新疆纺织服装产业发展促进就业的指导意见》，将大力发展纺织服装产业，作为建设新疆丝绸之路经济带核心区的重要内容，并以此为契机，优化新疆经济结构、增加就业岗位、扩大就业规模、推动新疆特别是南疆各族群众稳定就业、加快推进新型城镇化进程，促进新疆社会稳定和长治久安。除了国内的产业布局政策，党中央国务院还积极推进我国优势产业国际化布局。例如近年来，我国装备制造业持续快速发展，产业规模、技术水平和国际竞争力大幅提升，在世界上具有重要地位。同时，全球产业结构加速调整，基础设施建设方兴未艾，发展中国家大力推进工业化、城镇化进程，为推进国际产能和装备制造合作提供了重要机遇。为抓住有利时机，国务院于 2015 年 5 月发布了《关于推进国际产能和装备制造合作的指导意见》，积极推进国际产能和装备制造合作，实现我国经济提质增效升级。

（三）产业结构政策

为应对国际金融危机对我国实体经济的影响，我国于 2009 年陆续发布了钢铁、汽车、船舶、石化、纺织、轻工、有色金属、装备制造业、电子信息，以及物流业十个重点产业调整和振兴规划。这十个行业，有的是国民经济的支柱产业，有的是重要的战略性产业，有的是重要的民生产业，国民经济地位举足轻重。制订和实施重点产业振兴规划是确保经济平稳较快增长、增强后劲再上新台阶的重要举措。通过制订和实施重点产业振兴规划，以及强有力的、有针对性的、可操作的措施，基本实现了稳定生产、稳定市场的宏观目标；同时，十大产业振兴规划还加快了体制创新，推进了结构调整，使企业竞争力有了较大提高，产业发展水平有了较大提升，为国民经济再上新台阶夯实了基础。

为培育新兴产业，获取竞争新优势，推动经济社会持续健康发展，2016 年 11 月，国家出台"十三五"国家战略性新兴产业发展规划，要求各地区各部门以创新、壮大、引领为核心，紧密结合先进制造业发展要求，坚持走创新驱动发展道路，促进一批新兴领域发展壮大并成为支柱产业，持续引领产业中高端发展和经济社会高质量发展。立足发展需要和产业基础，大幅提升产业科技含量，加快发展壮大网络经济、高端制造、生物经济、绿色低碳和数字创意等五大领域，实现向创新经济的跨越。着眼全球新一轮科技革命和产业变革的新趋势、新方向，超前布局空天海洋、信息网络、生物技术和核技术领域一批战略性产业，打造未来发展新优势。遵循战略性新兴产业发展的基本规律，突出优势和特色，打造一批战略性新兴产业发展策源地、集聚区和特色产业集群，形成区域增长新格局。把握推进"一带一路"建设战略契机，以更开放的视野高效利用全球创新资源，提升战略性新兴产业国际化水平。加快推进重点领域和关键环节改革，持续完善有利于汇聚技术、资金、人才的政策措施，创造公平竞争的市场环境，全面营造适应新技术、新业态蓬勃涌现的生态环境，加快形成经济社会发展新动能。

党中央国务院针对一些传统行业出现的产能严重过剩、结构不尽合理的情况，还出台了一系列针对衰退产业的调整援助政策。为贯彻落实党中央国务院关于推进供给侧结构性改革、抓好去产能任务的决策部署，进一步化解过剩产能、推动企业实现脱困发展，2016年2月，国务院发布了《关于钢铁行业化解过剩产能实现脱困发展的意见》和《关于煤炭行业化解过剩产能实现脱困发展的意见》，这也意味着供给侧结构性改革的大幕逐渐拉开。5月，国务院办公厅发布《关于促进建材工业稳增长调结构增效益的指导意见》，以解决建材工业增速放缓、效益下降、分化加剧，水泥、平板玻璃等行业产能严重过剩，部分适应生产消费升级需要的产品缺乏等问题。6月，国务院办公厅发布《关于营造良好市场环境促进有色金属工业调结构促转型增效益的指导意见》，以解决有色金属市场需求低迷，有色金属工业长期积累的结构性产能过剩、市场供求失衡等深层次矛盾和问题。8月，国务院办公厅发布《关于石化产业调结构促转型增效益的指导意见》，以解决产能结构性过剩、自主创新能力不强、产业布局不合理、安全环保压力加大等问题，促进石化产业持续健康发展。

（四）产业组织政策

2013年3月，国务院办公厅发布了《关于继续做好房地产市场调控工作的通知》，提出要加快研究提出完善住房供应体系、健全房地产市场运行和监管机制的工作思路和政策框架，为促进房地产市场平稳健康发展。在企业兼并与合并政策方面，为营造良好的市场环境，充分发挥企业在兼并重组中的主体作用，2014年3月，国务院发布了《关于进一步优化企业兼并重组市场环境的意见》，鼓励企业加强资源整合、实现快速发展、提高竞争力，解决企业面临的审批多、融资难、负担重、服务体系不健全、体制机制不完善、跨地区跨所有制兼并重组困难等问题，为化解产能严重过剩矛盾、调整优化产业结构、提高发展质量效益做出贡献。

（五）产业金融政策

十八大以来，我国经济形势总体向好，但仍存在不稳定因素，下行压力依然较大，结构调整处于关键时期，解决好企业特别是小微企业融资成本高问题，对于稳增长、促改革、调结构、惠民生具有重要意义。2014年8月，国务院办公厅发布《关于多措并举着力缓解企业融资成本高问题的指导意见》，采取综合措施，着力缓解企业融资成本高问题，促进金融与实体经济良性互动。近年来，我国融资租赁业取得长足发展，市场规模和企业竞争力显著提高，在推动产业创新升级、拓宽中小微企业融资渠道、带动新兴产业发展和促进经济结构调整等方面发挥着重要作用。但总体上看，融资租赁对国民经济各行业的覆盖面和市场渗透率远低于发达国家水平，行业发展还存在管理体制不适应、法律法规不健全、发展环境不完善等突出问题。为此，2015年9月，国务院办公厅发布《关于加快融资租赁业发展的指导意见》，为进一步加快融资租赁业发展，更好地发挥融资租赁服务实体经济发展、促进经济稳定增长和转型升级的作用提供了政策支持。

（六）大力推进"双创"

推进大众创业、万众创新，是发展的动力之源，也是富民之道、公平之计、强国之策，对于推动经济结构调整、打造发展新引擎、增强发展新动力、走创新驱动发展道路具有重要意义，是稳增长、扩就业、激发亿万群众智慧和创造力，促进社会纵向流动、公平正义的重大举措。2014 年 9 月的夏季达沃斯论坛上李克强总理首次发出"大众创业、万众创新"的号召，2015 年政府工作报告中明确提出："大众创业，万众创新"。随后国家陆续出台《国务院关于大力推进大众创业万众创新若干政策措施的意见》，《国务院关于建设大众创业万众创新示范基地的实施意见》以及《国务院关于推动创新创业高质量发展 打造"双创"升级版的意见》。随着互联网、大数据、人工智能等新一代信息技术迅速发展，我国政府把"互联网＋"作为创新创业的重要方向，陆续出台《国务院关于积极推进"互联网＋"行动的指导意见》《国务院关于深化"互联网＋先进制造业"发展工业互联网的指导意见》《国务院办公厅关于深入实施"互联网＋流通"行动计划的意见》《国务院办公厅关于促进"互联网＋医疗健康"发展的意见》等政策，加快推动创新型企业成长壮大，努力营造鼓励创新、促进新技术、新产品、新业态、新模式发展，为加快发展新经济、培育发展新动能、打造发展新引擎提供支撑。

三、我国产业政策的特点

相较于其他国家，我国产业政策体系复杂性的体现之一是其制定主体的多元化和表现形式的多样化。除政策文件以外，还有条例、规划、纲要、意见、指南、目录、管理办法和通知等形式。其中比较重要的有：中央和国务院发布的产业政策、中央部门发布的产业政策、地方政府及其部门发布的产业政策、部门决议、会议决议、领导批示及专项检查、专项整顿等。如果从上世纪五六十年代"以钢为纲"算起，至新出台推动高质量发展和建设现代经济体系等一系列纲领性文件，我国产业政策已有半个多世纪的历史。涵盖农业、工业、服务业的大部分重点产业，出台了一大批与之相配套的实施细则。从产业政策目标看，主要是促进产业结构调整与优化升级，抑制部分行业过度投资和产能过剩等。从实施手段看，主要是综合运用法律、经济、技术和必要的行政手段，通过目录指导、市场准入、项目审批、强制清理落后产能等方式进行，近年来则加入了强化问责制和组织领导等手段。从实施效果看，对我国经济总量扩大和发展质量提升发挥了重要作用。

（一）高度重视企业在产业发展中的作用

我国产业政策的主要特征之一是培育壮大龙头企业，促进带动中小企业。在培育壮大龙头企业（尤其是国有企业）方面，1993 年国家出台对国企进行战略性结构调整的相关政策，主要措施包括兼并破产、组建大型企业集团、实行大公司战略等。21 世纪以来，"推动企业兼并重组、实施重点产业部门大企业集团战略"成为我国产业政策的主要内容。实施这类政策的理由往往是"充分利用规模经济，打造具有国际竞争力的大型企业集团"和"提高市场集中度，避免过度竞争"等。近年来，为进一步推动经济发展、提升就业水平，国家先后出台了一系列有关促进中小企业发展的措施。2009 年，为应对国际金融危机，帮助中小企业克服困难，转变发展方式，实现又好又快发展，国务院印发了《关于进一步促进中小企业发展的若干意见》。2017 年 9 月 1 日，新修订的《中华人民共和国中小企业促进法》正式颁布，为改善中小企业经营环境，保障中小企业公平参与市场竞争，维护中小企业合法权益，支持中小企业创业创新，促进中小企业健康发展提供了新的法律依据。

（二）抑制部分产业产能过剩和防止过度竞争

上世纪 80 年代，虽然当时的经济工作重点还是促进"瓶颈"产业发展，但同时也在控制或限制一些产业的发展。如 1981 年的"十二个不准"，限制纺织、汽车、电视机等 12 个"重复建设行业"发展，1983 年提出"适当控制重工业的增速"等。进入 21 世纪以来，抑制部分产业产能过剩成为我国产业政策的主要目标之一。2004 年以来，抑制产能过剩一直是宏观调控的重要内容。对被列入产能过剩行列的行业，原则上不再批准扩大产能的项目；对不符合产业政策要求、不按规定程序审批或核准的项目，一律不得通过企业债、IPO 等方式进行融资等。

（三）鼓励企业兼并重组、提高产业集中度

鉴于我国绝大部分产业的集中度较低，产业政策鼓励企业兼并重组、鼓励提高集中度。"十一五"期间，政府大力推进企业组织结构调整和兼并重组，支持优势企业并购落后企业和困难企业。近年来，从"十大产业调整振兴规划"到"十三五规划纲要"，都毫无例外地提出了要引导企业兼并重组，提高产业集中度。在这种政策环境及其导向下，一些地方政府以《国务院关于促进企业兼并重组的意见》等纲领性文件及一些部门性产业政策作为促进所辖区域企业兼并重组的政策依据，以"优化资源配置，产业优化升级和企业组织优化整合"为目标，大力推进企业兼并重组、提高了产业集中度。

（四）强调自主创新、鼓励技术进步

我国的产业技术政策既是产业政策的组成部分，又是技术政策的组成部分，几乎涉及所有产业，因此也可看作是整个国家的技术政策，其重点随产业发展及环境变化而动态调整。虽然不同阶段的关注重点有所不同，但推进产业技术进步、创造有利于技术进步的环境、完善促进产业技术进步的法律法规体系，鼓励创新、建设以企业为主体的国家技术创新体系，始终是我国产业技术政策的主要内容。

（五）重视保护知识产权

改革开放以来，为促进产业技术创新、加快经济发展，我国一直重视保护知识产权，不断完善专利保护制度，严格打击专利侵权，取得积极成效。1980 年，中国正式加入世界知识产权组织，之后相继加入了专利、商标、版权等领域的多个知识产权国际公约，在较短的时间内实现了中国知识产权制度与国际接轨。1984 年，全国人大常委会通过了专利法。1992 年，中国与有关国家签署关于保护知识产权的谅解备忘录，为履行其中的承诺，中国相继对专利法、商标法、著作权法进行了修订。2000 年前后，中国为满足世贸组织关于《与贸易有关的知识产权协定》，又对相关知识产权法律制度进行了修订完善。2008 年国务院发布《国家知识产权战略纲要》，知识产权战略首次上升为国家战略。目前，中国已经加入了几乎所有主要的知识产权国际公约，建立起了门类较为齐全的知识产权法律法规，全面履行知识产权保护职责。中国特色社会主义进入新时代，我国加快建设知识产权强国，于

2015 年发布《国务院关于新形势下加快知识产权强国建设的若干意见》，旨在建成一批知识产权强省、强市，知识产权大国地位得到全方位巩固，为建成中国特色、世界水平的知识产权强国奠定坚实基础，为建设现代化经济体系和开放型经济新体制提供有力的制度供给和技术供给。

（六）强调产业集聚发展和产业集群建设

改革开放以来，我国通过出台相关产业政策积极推动经济开发区、高新技术产业开发区、自主创新示范区等发展，产业集群建设已成为我国产业政策的重要特点。开发区建设是我国改革开放的成功实践。自 1984 年设立首批国家级经济技术开发区以来，我国各类开发区发展迅速，成为推动我国工业化、城镇化快速发展和对外开放的重要平台，对促进体制改革、改善投资环境、引导产业集聚、发展开放型经济发挥了不可替代的作用。根据《中国开发区审核公告目录》，2018 年全国开发区数量增至 2543 家，其中国家级开发区 552 家，省级开发区 1991 家。其中，建设高新技术产业开发区探索出了具有中国特色发展高新技术产业的道路，《国家高新技术产业开发区"十三五"发展规划》目标，到"十三五"末，国家高新区数量将达到 240 家左右。国家自主创新示范区已成为我国区域创新发展的核心载体和重要引擎，截止 2018 年 2 月，已批复的有北京中关村国家自主创新示范区、武汉东湖国家自主创新示范区、上海张江国家自主创新示范区等 17 个。此外，科技部、工信部、发改委还积极出台政策推动创新型产业集群、战略性新兴产业集群等发展，做大做强新兴产业集群。

（七）多部门联合行动及综合性行政干预措施

我国产业政策的实施手段以行政性直接干预措施为主，且这些行政性干预措施往往是综合性的，相关行业管理部门有时与质量管理、投资管理、环保、国土、金融甚至公检法等部门采取联合行动。这种综合运用法律、经济、技术、标准以及必要的行政手段，往往配以问责制，能较好调动多个相关部门，综合运用产业、金融、土地和环保政策，因而确实能形成强大合力，对相关行业的产业结构、布局、市场格局乃至一些企业产生重大影响。

第七章　社会政策

近年来，随着党中央国务院对教育、就业、医疗等民生领域的日益重视，社会政策也逐渐成为开展项目咨询评估、规划咨询、政策咨询等工程咨询工作所要考虑的重要因素，对项目的建设方案、技术要求、地域布局、项目规模、环境要求起着重要的指导、规范和限制作用。在工程咨询工作中落实社会政策主要是结合具体领域，根据国家社会政策的总体导向，研究优化各类产业、各项工程的建设方案、技术路线、投资规模等，更好促进经济社会协调发展，兼顾效率和公平，增进广大人民福祉。

第一节　社会政策概述

一、社会政策的概念

社会政策是政府或其他社会组织在社会公平等价值目标的指导下，为了达到满足民众基本需要、解决社会问题，进而维护社会稳定和提高社会生活质量等目标而采取的各种福利性行动的总和。从政府公共政策实践的角度看，社会政策是政府向社会成员提供社会服务和实施社会治理的政策体系。从政策实践上看，政府的社会政策首先旨在向广大社会成员，尤其是其中的困难群体提供各种社会服务。从运行原则上看，社会政策是政府向公民提供社会服务的政策，其服务性质和过程秉承了非商业化原则。

二、社会政策的目标

社会政策目标设定既要基于特定时期的基本条件，也要符合国家政治、经济和社会发展的总体目标，还会受特定社会和时期的民众期望和主流价值观的影响。在我国当前的情况下，社会政策除了要达到保障和改善民生的基本目标之外，还要在国家治理体系和能力现代化建设中发挥重要作用。因此既具有保障和改善民生的基本目标，也具有政治、社会和经济方面的目标。

从社会政策保障和改善民生的基本目标看，改革开放以来，我国在保障民生方面已经取得了很大成就，民生保障水平有了较大提高。但随着经济社会的发展，人民群众在教育、就业、住房、健康等方面的需求也在不断增加，尤其是对各项社会服务质量和均等化的要求不断提高。这就需要党和政府进一步加强和优化社会政策，提升各方面公共服务的质量水平和均等化程度，进一步提升普惠性社会服务水平，以切实达到改善民生的目标。

从政治目标方面看，社会政策在维护社会稳定方面发挥重要作用。为了实现长治久安，还需要通过更加积极和公平的社会政策来更好地化解各种社会矛盾，进一步促进社会和谐，使广大人民群众更加紧密地团结在以习近平同志为核心的党中央周围。

从社会目标上看，在基本公共服务均等化原则指引下，我国社会政策一方面增加福利供应，另一方面更加注重加强农村地区的社会服务，因而在实施再分配、维护社会公平和促进社会和谐方面发挥了积极作用。但迄今为止我国的收入分配差距仍然较大，各类群体获得社会服务的数量和质量仍有明显差异，因而需要进一步发挥社会政策的再分配作用，为实现社会公平价值目标和共享发展理念，以及完善社会治理和全面建成小康社会作出更大的贡献。

从经济目标上看，近年来，经济发展方式的变化正在历史性地改变着我国社会政策与经济发展的关系，新的经济发展方式将更加依赖技术创新和高素质的劳动力。也就是说，我国转变经济发展方式、实现高质量发展，必须要通过社会政策来更好地促进人力资本的大幅度提升。因此，在未来的经济发展中，除了要让市场机制更好地发挥作用之外，还应该让社会政策发挥更大的作用。

三、社会政策的理论体系

社会政策的产生和发展建立在多学科理论基础之上。因此，社会政策并没有一套独一无二的方法、概念和理论，更多是一个多学科的研究领域。这其中，经济学、政治学、社会学与社会政策研究的关系尤为密切。经济学研究从稀缺性概念出发，关心如何分配稀缺资源的议题，而社会政策与资源配置密切相关，因而经济学不会忽略社会政策的议题。政府在决定提供社会服务时，除了涉及资源利用外，在决策过程中还会涉及公共权力的使用和政治过程的影响。简而言之，经济学探讨社会政策的成本、效益，政治学探讨社会政策的可行性，社会学的着眼点则在于社会问题和公平普惠。

四、社会政策的运行过程

（1）制定。各国的决策模式不同，社会政策的决策过程也有较大差异。从我国情况看，社会政策的制定过程大致要经过确立政策议程、设计政策方案、可行性研究与试点、初步方案征求意见和修改、审批通过、公开发布等阶段。

（2）实施。一项社会政策在完成其决策过程后，就进入具体的实施阶段。社会政策的实施过程也是一个复杂的社会行动过程，其中包含具体行动方案的设计、社会政策的组织以及管理体系的建立、社会福利项目的建设和社会服务行动的展开、对政策行动的日常管理和阶段性评估等方面。

（3）评估与变动。当一项社会政策实施过程进行到一定阶段时，需要进行专门的政策评估，以全面了解和总结政策行动的阶段性进展及其效果。社会政策评估的结论既可以检验社会政策方案，同时也可以为监控社会政策实施过程提供有用的数据。因此，把握社会政策行动进展情况，对政策行动及时做出调整，也是社会政策实施过程中的重要任务。

第二节　社会政策的主要领域

一、教育政策

随着高素质人才在经济社会发展中重要性的提高，教育对社会和个人的重要性也不断增强。在当代社会中，各国每年都将大量的财政资源投入这一领域。但另一方面，教育仍然是一种稀缺资源，人们受教育的机会仍然不均等，尤其是在发展中国家和贫困地区还有大量人口难以获得基本教育。鉴于教育的重要性和教育资源的稀缺性，当代各国政府都越来越重视如何更好地安排教育活动的运行方式。在当代社会中政府的教育政策之所以是一项社会政策，主要是由于它涉及个人在接受教育方面的基本需要、基本权利和利益的问题。

当代社会中，教育政策是一个庞大的体系。从横向看，教育政策由教育目标、教育对象和教育手段等要素构成。良好的教育政策应该目标明确，对象界限清晰且重点突出，手段有效可行。从纵向看，教育政策包括：某一单项教育政策，如我国的高校扩招政策、促进贫困地区基础教育发展的政策、中小学"减负"政策等；某一教育领域的政策的集合，如高等教育政策、职业教育政策；国家教育政策的总和，它是有关教育发展总的原则性政策，反映了一定时期内国家对教育事业发展的总要求，规定了教育事业发展的方向与原则，这些总的原则性政策体现在宪法中有关教育的条款以及我国《教育法》《义务教育法》等法律和政策文件中。

二、就业政策

就业是绝大多数个人和家庭获得收入的基本途径和谋生的基本手段。然而，在迄今为止的各个社会中，个人的就业都依赖于一定的条件。在每个社会中都有一些人因各种原因而无法获得就业机会，尤其是在现代工业化社会中，失业问题经常威胁着许多人及其家庭的基本生计，进而导致严重的社会问题。同时，在雇佣劳动制度下经常出现雇主与雇员之间的矛盾，甚至因此而引发严重的社会冲突和政治问题。为此，各国政府普遍重视劳动就业问题，通过实施就业政策推动就业岗位的增加，合理分配就业岗位，并保障社会成员的基本就业权利。

就业政策是指政府或其他组织为劳动者提供就业机会、合理分配就业机会、解决失业问题和保护劳动者权利而采取的各种行动的总和，其基本目标是满足劳动者就业的需要，维护与就业有关的各种合法权益，并关系到社会经济活动的稳定有效运行。在现代市场经济条件下，就业政策的实质是政府通过公共行动对劳动力市场的干预。在市场经济制度下，就业岗位首先是由市场来配置的。但工业社会以来各国的市场经济实践中未能充分保障每个有劳动能力和劳动意愿的人都获得和保持就业，即仅靠市场难以完全解决失业问题。因此，从 20 世纪中叶开始各国政府都在不同程度上通过一定的社会政策干预就业市场。一般来说，就业政策主要包括以下内容：

（1）促进就业机会增多的社会政策。长期以来，各国政府都在努力寻求促进就业的有效途径，许多国家都通过增加公共投资，创造就业机会而实行积极的就业政策。促进就业机会增长的方式有很多，包括政府通过兴建公共工程而增加就业岗位、积极培育劳动力市场鼓励失业人员自谋职业和积极创业、政府提供就业培训和就业中介服务促进劳动力供求双方的配对等。

（2）合理分配就业机会的政策。在就业竞争中比较弱势的个体和群体往往更容易失业和更难获得再就业。在这种情况下就需要政府通过适当的公共行动为这些比较弱势的个体和群体提供更多的帮助，以优先解决他们的就业问题。为此，各国在制定就业社会政策时往往会优先考虑弱势群体，例如通过小额贷款项目以及扶贫开发项目来带动失业者和低收入者就业机会的增多。

（3）增强劳动者利用就业机会能力的政策。世界各国普遍存在的一种现象是，很多劳动者虽有劳动能力，但他们却不能够利用就业机会获得工作岗位，其中一个重要原因是他们缺乏利用就业机会的能力。针对这种情况各国普遍重视职业培训，并且制定了许多相应的法律法规来规范和指导职业培训。

（4）促进收入合理分配的政策。世界各国为实现宏观调控总目标和总任务，针对居民收入水平高低、收入差距大小均制定相应的收入分配政策，促进收入合理分配，避免收入差距过大。党的十九大报告指出，我国的收入分配要坚持按劳分配原则，完善按要素分配的体制机制，促进收入分配更合理、更有序。鼓励勤劳守法致富，扩大中等收入群体，增加低收入者收入，调节过高收入，取缔非法收入。坚持在经济增长的同时实现居民收入同步增长、在劳动生产率提高的同时实现劳动报酬同步提高。拓宽居民劳动收入和财产性收入渠道。履行好政府再分配调节职能，加快推进基本公共服务均等化，缩小收入分配差距。

三、社会保障政策

社会保障是人类发展到一定阶段的必然要求，社会保障制度就是对没有劳动能力和劳动机会的成员提供物质或服务，以保障其基本生活需要的制度。政府、社区、民间组织等都在为社会成员提供保障方面扮演过重要的角色。而进入工业社会以后，随着经济发展与社会变迁，各种传统的保障模式逐渐失去其效力，因而促使政府逐渐在此领域担当越来越重要的职责。社会保障作为现代社会中一个重要的制度安排，在维持经济正常运行与促进社会发展方面发挥积极作用。

（1）保障基本需求。在现实生活中，人们面临多种多样的风险，年老、疾病、工伤、失业和自然灾害等都有可能使人陷入生存困境。养老保险的出现保障了老年人的基本生活，工伤和失业保险为市场经济中的广大劳动者解除了后顾之忧，社会救助保障了弱势群体和劣势群体的基本生存权利，在慈幼安老、助残帮困等方面提供各种社会服务，提高了弱势群体的生活质量。

（2）维护社会稳定。社会稳定是社会制度正常运转的前提条件，也是社会保障制度的基本价值追求。社会保障制度的建立能够有效地消除或缓解了现代社会中的各种风险，使大多数人能够安居乐业，少数弱势群体的基本生活也能得到保障，从而有效地维护了社会的稳定和发展。

（3）促进社会发展。社会保障促进社会发展的功能主要表现在以下方面：一是促进经济发展。一方面是通过解除劳动者对未来风险的后顾之忧而调动广大劳动者的工作积极性，从而提高工作效率；另一方面还可能通过社会保障基金的运营直接促进资本市场的繁荣，推动金融产业及相关产业的发展。二是促进社会的协调发展。社会保障制度是整个社会制度体系中的一个子系统，发挥着社会安全网和稳定器的作用，为社会成员的安全和福利提供制度支持，从而实现社会生活的良性循环。

四、减贫政策

贫困是困扰当代各国的严重社会问题之一，缓解乃至消除贫困是各国重要的社会政策目标。广义上看，所有的社会保障政策都具有反贫困的意义。但其中养老、医疗、失业等方面的社会保障政策主要是起预防贫困的作用。而狭义的反贫困社会保障主要是指直接向贫困者提供物质、服务和帮助。在这个层面上的社会保障主要是针对贫困者的社会救助。其中包括直接的现金救助和为贫者提供的医疗、教育和住房等方面的特殊补贴。

减贫政策通常具有以下特点：一是有近期、远期的规划和明确的目标，并有为实现规划要求而制订的具体计划、步骤和措施，把治标和治本有机地结合起来，以治本为主；二是不仅帮助贫困户通过发展生产解决生活困难，更重要的是帮助贫困地区开发经济，从根本上摆脱贫困，走勤劳致富的道路；三是把政府各有关部门和社会各方面的力量，全面调动起来，互相配合，共同为贫困户和贫困地区开发提供有效的帮助。

消除贫困是全人类的共同理想，是国际社会的共同话语。在推进全球减贫过程中，联合国扮演着不可替代的重要领导角色。长期以来，联合国开发计划署、世界粮食计划署等机构和组织，发挥独特优势和资源，围绕消除一切形式的贫困首要目标，实施一系列减贫项目，积极帮助广大发展中国家摆脱贫困。2015 年，联合国公布以减贫为目标的 2030 可持续发展目标，标志着全球减贫事业进入一个新时期。我国是减贫成效最显著、探索创新经验比较突出的大国。同年 11 月，中国中央扶贫开发工作会议召开，提出坚决打赢脱贫攻坚战，确保到 2020 年所有贫困地区和贫困人口一道迈入全面小康社会，并颁布《中共中央 国务院关于打赢脱贫攻坚战的决定》。

五、健康政策

健康是促进人的全面发展的必然要求，是经济社会发展的基础条件。实现国民健康长寿,是国家富强的重要标志,也是世界各国人民的共同愿望。然而,城乡之间、不同群体之间健康与医疗卫生资源通常难以均衡配置,这就要求政府制定和实施健康政策,以公平合理地配置健康与医疗卫生资源,满足社会成员的健康需要。健康政策制定和实施主要遵循以下原则:

一是健康优先。把健康摆在优先发展的战略地位,立足国情,将促进健康的理念融入公共政策制定实施的全过程,加快形成有利于健康的生活方式、生态环境和经济社会发展模式,实现健康与经济社会良性协调发展。

二是改革创新。坚持政府主导,发挥市场机制作用,加快关键环节改革步伐,冲破思想观念束缚,破除利益固化藩篱,清除体制机制障碍,发挥科技创新和信息化的引领支撑作用,形成具有中国特色、促进全民健康的制度体系。

三是科学发展。把握健康领域发展规律,坚持预防为主、防治结合、中西医并重,转变服务模式,构建整合型医疗卫生服务体系,推动健康服务从规模扩张的粗放型发展转变到质量效益提升的绿色集约式发展,推动中医药和西医药相互补充、协调发展,提升健康服务水平。

四是公平公正。以农村和基层为重点,推动健康领域基本公共服务均等化,维护基本医疗卫生服务的公益性,逐步缩小城乡、地区、人群间基本健康服务和健康水平的差异,实现全民健康覆盖,促进社会公平。

第三节 我国社会政策发展概况

一、改革开放以来我国社会政策的沿革

改革开放以来,我国经济社会发生了巨大变化,其中重要的变化之一是社会政策体系的改革与转型。20 世纪 50 年代起,我国逐步形成了适应社会主义公有制和计划经济的社会政策体系,计划经济虽然没有使用"社会政策"的概念,但确实建立起了通过国家计划体系制定和实施的社会政策体系。其主要特点是社会政策体制与经济体制较高重合,各类制度互补共存,同时担当经济发展和社会保护的任务。从实际效果上看,当时的这套体制在保障基本民生和维护社会稳定方面发挥了重要的作用,使我国在经济发展相对落后的情况下,有效满足了广大群众的基本需要,并且在社会发展方面取得了超出其经济水平的成就。

然而,1970 年代末开始的经济体制改革打破了过去依托公有制和计划经济体制的社会政策的制度基础,迫使社会政策进行改革。概括起来看,改革开放以来,我国社会政策方面的改革发展可以大致分为三个阶段:最初是应对 70 年代末的社会问题和 80 年代初期经济体制改革所引发的矛盾而开始的应对性改革;随后是在市场化和全球化的背景下,由新的理念引导下的社会政策制度转型;再后来则是在新的发展目标指引下的社会政策目标和功能的重新定位,以及构建长期稳定可持续社会政策体系的努力。

（一）改革开放初期的社会政策改革（70 年代末到 80 年代初期）

这一时期的社会政策改革主要是针对当时严重的社会问题和由于经济体制改革所带来的制度不协调问题而进行了应对性改革，带有明显的被动性和应对性。当时的改革主要是解决当下存在的问题，而没有长期性的改革目标，没有主动地触及原来制度中的深层次问题，政府在社会政策方面的基本思路和基本制度格局没有明显的变化。

（二）我国社会政策的制度转型（80 年代后期到新世纪初）

从 80 年代后期起，我国社会政策改革进入了一个新的、实质性制度转型阶段。其原因：一是经济体制改革成效的日益显现，引发了改革者对社会政策领域的改革思考；二是改革者发现，经济体制中存在的一些深层次问题与社会保障和福利制度密切相关，需要通过对后者的改革推动经济体制改革的进一步深入；三是不断扩大的对外开放及经济全球化，要求我国寻找一种更有利于提高经济竞争力的社会政策体系，并且 80 年代开始的全球性的新自由主义福利改革理念对我国也产生了明显影响。在上述因素共同作用下，我国社会政策开始向提高效率、控制福利水平、降低国家干预、鼓励个人和社会更多参与的方向转型。这一阶段的社会政策改革是一场根本性的制度转型。这种转型不仅使我国的社会政策彻底摆脱了过去僵化的体制和运行机制，也使民众的观念发生了重大的变化，逐步降低了依赖性，增强了自主性、自我责任心和竞争意识。社会政策的这种转型对于我国社会主义市场经济体制的形成，我国经济融入全球化的世界经济体系，以及我国经济连续多年的高速发展都起到了积极的作用。

（三）社会政策的改革与发展（2002 年以来）

进入新世纪以来，我国社会政策的发展进入了新阶段。首先，在"科学发展观"指引下，"社会建设"被列为党和政府工作的一个重要的方面。中央对我国未来发展方向和原则的重新调整，给社会政策的改革与发展带来了新的思路。其次，总体上看，新世纪以来的社会政策发展是对过去改革基础的调整，而不是整体的重新转型。政府在新的和谐社会目标的指引下，按照科学发展观的要求，在社会建设的总体框架下制定和实施社会政策；力图保持和进一步发挥已经取得的改革成果，完善已经形成且有效的制度体系，加强和完善被忽略于发展不足的领域。

经过上述三个阶段的改革和发展，我国的社会政策从计划经济时代的社会政策模式转型到了适应社会主义市场经济的社会政策模式；从早期重福利轻效率转化到了后来的重效率轻公平，近年来又向公平与效率并重回归。总而言之，经过了多年的曲折发展后，目前我国社会政策正沿着更加科学的方向发展。

二、我国社会政策发展现状

十八大以来，党中央国务院更加重视社会公平和民生问题，要求更加有效地解决各种社会问题，积极对社会政策进行优化和调整。同时，随着经济的快速发展，人们更关注社会发展问题，要求对未来的发展设计长期稳定可持续的发展道路。在这样的背景下，党和政府面向民族复兴和可持续发展的长远目标，立足于解决当前问题和为未来发展设立明确的方向和指导原则，将"社会建设"列为党和政府工作的一个重要方面。2014 年，李克强总理在《政府工作报告》中提出"社会政策要托底"。在十八大报告和十八届三中全会通过的《中共中央关于全面深化改革若干重大问题的决定》中，都反映出执政党和政府社会政策目标和理念的提升。一是提出了"五位一体"的国家发展战略，更加强调社会建设的重要地位；二是明确提出了"加强和改善民生"是社会建设的基本目标之一，更加强调了民生事业的重要性；三是进一步强调了"基本公共服务均等化"的目标和原则；四是突出地强调了社会公平的重要意义，明确提出了权利公平、机会公平、规则公平的原则和目标。

十九大报告中，明确提出了要提高保障和改善民生水平，完善公共服务体系，保障群众基本生活，不断满足人民日益增长的美好生活需要，不断促进社会公平正义，形成有效的社会治理、良好的社会秩序，使人民获得感、幸福感、安全感更加充实、更有保障、更可持续。在教育、就业、社会保障、脱贫、健康等重点民生领域，进行了以下具体部署。

（一）优先发展教育事业

把教育事业放在优先位置，加快教育现代化，办好人民满意的教育。全面贯彻党的教育方针，落实立德树人根本任务，发展素质教育，推进教育公平，培养德智体美全面发展的社会主义建设者和接班人。推动城乡义务教育一体化发展，高度重视农村义务教育，办好学前教育、特殊教育和网络教育，普及高中阶段教育，努力让每个孩子都能享有公平而有质量的教育。完善职业教育和培训体系，深化产教融合、校企合作。加快一流大学和一流学科建设，实现高等教育内涵式发展。健全学生资助制度，使绝大多数城乡新增劳动力接受高中阶段教育、更多接受高等教育。支持和规范社会力量兴办教育。加强师德师风建设，培养高素质教师队伍，倡导全社会尊师重教。办好继续教育，加快建设学习型社会，大力提高国民素质。

（二）提高就业质量和人民收入水平

坚持就业优先战略和积极就业政策，实现更高质量和更充分就业。大规模开展职业技能培训，注重解决结构性就业矛盾，鼓励创业带动就业。提供全方位公共就业服务，促进高校毕业生等青年群体、农民工多渠道就业创业。破除妨碍劳动力、人才社会性流动的体制机制弊端，使人人都有通过辛勤劳动实现自身发展的机会。完善政府、工会、企业共同参与的协商协调机制，构建和谐劳动关系。坚持按劳分配原则，完善按要素分配的体制机制，促进收入分配更合理、更有序。鼓励勤劳守法致富，扩大中等收入群体，增加低收入者收入，调节过高收入，取缔非法收入。坚持在经济增长的同时实现居民收入同步增长、在劳动生产率提高的同时实现劳动报酬同步提高。拓宽居民劳动收入和财产性收入渠道。履行好政府再分配调节职能，加快推进基本公共服务均等化，缩小收入分配差距。

（三）加强社会保障体系建设

按照兜底线、织密网、建机制的要求，全面建成覆盖全民、城乡统筹、权责清晰、保障适度、可持续的多层次社会保障体系。全面实施全民参保计划。完善城镇职工基本养老保险和城乡居民基本养老保险制度，尽快实现养老保险全国统筹。完善统一的城乡居民基本医疗保险制度和大病保险制度。完善失业、工伤保险制度。建立全国统一的社会保险公共服务平台。统筹城乡社会救助体系，完善最低生活保障制度。坚持男女平等基本国策，保障妇女儿童合法权益。完善社会救助、社会福利、慈善事业、优抚安置等制度，健全农村留守儿童和妇女、老年人关爱服务体系。发展残疾人事业，加强残疾康复服务。坚持房子是用来住的、不是用来炒的定位，加快建立多主体供给、多渠道保障、租购并举的住房制度，让全体人民住有所居。

（四）坚决打赢脱贫攻坚战

动员全党全国全社会力量，坚持精准扶贫、精准脱贫，坚持中央统筹省负总责市县抓落实的工作机制，强化党政一把手负总责的责任制，坚持大扶贫格局，注重扶贫同扶志、扶智相结合，深入实施东西部扶贫协作，重点攻克深度贫困地区脱贫任务，确保到 2020 年我国现行标准下农村贫困人口实现脱贫，贫困县全部摘帽，解决区域性整体贫困，做到脱真贫、真脱贫。2018 年 8 月《中共中央 国务院关于打赢脱贫攻坚战三年行动的指导意见》正式发布，对脱贫攻坚工作做出进一步部署。未来 3 年，还有 3000 万左右农村贫困人口需要脱贫，任务十分艰巨。特别是西藏、四省藏区、南疆四地州和四川凉山州、云南怒江州、甘肃临夏州（简称"三区三州"）等深度贫困地区，不仅贫困发生率高、贫困程度深，而且基础条件薄弱、致贫原因复杂、发展严重滞后、公共服务不足，脱贫难度更大。脱贫攻坚战三年行动的任务目标是，到 2020 年，巩固脱贫成果，通过发展生产脱贫一批，易地搬迁脱贫一批，生态补偿脱贫一批，发展教育脱贫一批，社会保障兜底一批，因地制宜综合施策，确保现行标准下农村贫困人口实现脱贫，消除绝对贫困；确保贫困县全部摘帽，解决区域性整体贫困。

（五）实施健康中国战略

完善国民健康政策，为人民群众提供全方位全周期健康服务。深化医药卫生体制改革，全面建立中国特色基本医疗卫生制度、医疗保障制度和优质高效的医疗卫生服务体系，健全现代医院管理制度。加强基层医疗卫生服务体系和全科医生队伍建设。全面取消以药养医，健全药品供应保障制度。坚持预防为主，深入开展爱国卫生运动，倡导健康文明生活方式，预防控制重大疾病。实施食品安全战略，让人民吃得放心。坚持中西医并重，传承发展中医药事业。支持社会办医，发展健康产业。促进生育政策和相关经济社会政策配套衔接，加强人口发展战略研究。积极应对人口老龄化，构建养老、孝老、敬老政策体系和社会环境，推进医养结合，加快老龄事业和产业发展。

三、我国社会政策的特点

（一）社会政策的重要性不断提升

2013 年以来，中央不断强化"社会政策要托底"的要求，逐步改变了我国长期以来形成的部门分割和地方分立的碎片化的社会政策决策和实施体制，通过统一的顶层设计而建立统筹的制度安排和发展规划，以提高社会政策的运行效率和实际成效。中央的态度表明，社会政策不再是过去分门别类解决民生问题的发展思路，而是一个系统性工程，教育、医疗卫生、社会保障与就业，以及对老年人、残疾人、儿童等特殊人群的保障都属于社会政策，因此，应该有超越各个具体领域的统一的发展方向、原则要求和制度框架。十九大报告用较大篇幅对社会政策进行了部署，形成了指导未来一个时期社会工作的政策体系。

（二）体现了较强的干预性和弥补性

我国社会政策的基本特征并不是国家替代或完全改变市场和社会的运行，而主要是针对市场和社会的不足而加以干预和弥补。其中，干预是指国家公权力介入资源分配和服务提供过程中，调节资源分配和服务提供的体制和机制，使其趋于优化。弥补是指国家公权力基于市场和社会运行结果的不足而通过再分配等方式发挥补充性的功能，使社会的总体运行结果达到或接近民生保障、社会公平等方面的理想状况。因此，我国的社会政策既强调要充分发挥市场机制的作用，又清楚地看到市场的不足，从而通过社会政策的托底去干预和弥补。

（三）体现了中国特色的发展理念

社会政策不能只是被动地去满足人民群众的基本需要和应对社会问题，而是要积极采取措施预防和解决各种经济和社会问题。既要通过各种手段满足人的基本需要，又要建构良好的社会结构以预防社会问题，还要为经济与社会发展营造良好的社会环境。我国的社会政策在面临复杂形势，尤其是经济进入新常态、人口老龄化和快速城镇化的背景下，秉承积极干预的治理理念，一方面能够在保障民生中发挥托底的作用，另一方面也能够在维护社会公平、预防社会问题、构建和谐社会和促进经济与社会发展中发挥积极的托底作用。

第八章　生态文明建设

　　我们要建设的现代化是人与自然和谐共生的现代化，既要创造更多物质财富和精神财富以满足人民日益增长的美好生活需要，也要提供更多优质生态产品以满足人民日益增长的优美生态环境需要。必须推进绿色发展、着力解决突出环境问题、加大生态系统保护力度、改革生态环境监管体制。

第一节　生态文明观

一、生态文明的含义与要求

　　人与自然的关系是人类社会最基本的关系。自然界是人类社会产生、存在和发展的基础和前提，人类可以通过社会实践活动有目的地利用自然、改造自然，但人类归根结底是自然的一部分，人与自然是相互依存、相互联系的整体，在开发自然、利用自然的过程中，人类不能盲目地凌驾于自然之上，对自然界不能只讲索取不讲投入、只讲利用不讲建设，人类的行为方式必须符合自然规律。

　　生态文明是尊重自然、顺应自然、保护自然的理念。迄今为止，人类社会发展经历了原始文明、农业文明、工业之明，而生态文明是工业文明发展到一定阶段的产物，是关于人与自然之间相互关系的物质成果与精神成果的总和，是实现人与自然和谐共生的必然要求，是人类社会进步的重大成果。纵观人类文明史，生态兴则文明兴，生态衰则文明衰，保护自然环境就是保护人类，建设生态文明就是造福人类。建设生态文明，不是要放弃工业文明，回到原始的生产生活方式，而是要以资源环境承载能力为基础，以自然规律为准则，以可持续发展、人与自然和谐为目标，坚持走生产发展、生活富裕、生态良好的文明发展道路。

二、生态文明建设的意义

　　生态文明建设是中国特色社会主义事业的重要内容，关系人民福祉，关乎民族未来，事关"两个一百年"奋斗目标和中华民族伟大复兴中国梦的实现。党中央、国务院高度重视生态文明建设，先后出台了一系列重大决策部署，推动生态文明建设取得了重大进展和积极成效。但总体上看我国生态文明建设水平仍滞后于经济社会发展，资源约束趋紧，环境污染严重，生态系统退化，发展与人口资源环境之间的矛盾日益突出，已成为经济社会可持续发展的重大瓶颈制约。

　　生态文明建设不仅影响经济持续健康发展，也关系政治和社会建设。加快推进生态文明建设是加快转变经济发展方式、提高发展质量和效益的内在要求，是坚持以人为本、促进社会和谐的必然选择，是全面建成小康社会、实现中华民族伟大复兴中国梦的时代抉择，是积极应对气候变化、维护全球生态安全的重大举措。必须充分认识加快推进生态文明建设的极端重要性和紧迫性，切实增强责任感和使命感，牢固树立尊重自然、顺应自然、保护自然的理念，坚持绿水青山就是金山银山，深入持久地推进生态文明建设，加快形成人与自然和谐发展的现代化建设新格局，开创社会主义生态文明新时代。

三、生态文明建设的原则和目标

（一）基本原则

坚持把节约优先、保护优先、自然恢复为主作为基本方针。在资源开发与节约中，把节约放在优先位置，以最少的资源消耗支撑经济社会持续发展；在环境保护与发展中，把保护放在优先位置，在发展中保护、在保护中发展；在生态建设与修复中，以自然恢复为主，与人工修复相结合。

坚持把绿色发展、循环发展、低碳发展作为基本途径。经济社会发展必须建立在资源得到高效循环利用、生态环境受到严格保护的基础上，与生态文明建设相协调，形成节约资源和保护环境的空间格局、产业结构、生产方式。

坚持把深化改革和创新驱动作为基本动力。充分发挥市场配置资源的决定性作用和更好发挥政府作用，不断深化制度改革和科技创新，建立系统完整的生态文明制度体系，强化科技创新引领作用，为生态文明建设注入强大动力。

坚持把培育生态文化作为重要支撑。将生态文明纳入社会主义核心价值体系，加强生态文化的宣传教育，倡导勤俭节约、绿色低碳、文明健康的生活方式和消费模式，提高全社会生态文明意识。

坚持把重点突破和整体推进作为工作方式。既立足当前，着力解决对经济社会可持续发展制约性强、群众反映强烈的突出问题，打好生态文明建设攻坚战；又着眼长远，加强顶层设计与鼓励基层探索相结合，持之以恒全面推进生态文明建设。

（二）主要目标

到 2020 年，统筹推进经济建设、政治建设、文化建设、社会建设、生态文明建设，坚定实施可持续发展战略，特别是要坚决打好污染防治攻坚战，使全面建成小康社会得到人民认可，经得起历史检验。

到 2035 年，生态环境质量实现根本好转，美丽中国目标基本实现。这一阶段，我国资源节约型、环境友好型社会基本建成，清洁低碳、安全高效的能源体系和绿色低碳循环发展的经济体系基本建立，生态文明制度更加健全；绿色的生产方式和生活方式基本形成，能源、水等资源利用效率达到国际先进水平；大气、水、土壤等环境状况明显改观，自然生态系统质量和稳定性明显改善，生态安全屏障体系基本建立。

到本世纪中叶，生态文明与物质文明、政治文明、精神文明、社会文明一起全面得到提升，全面形成绿色发展方式和生活方式，建成美丽中国。这一阶段，我国将拥有高度的生态文明，天蓝、地绿、水清的优美生态环境成为普遍常态，生态系统进入良性循环的轨道，形成具有强大竞争力的绿色经济体系，绿色生活成为全社会自觉行动，开创人与自然和谐共生新境界，建成美丽的社会主义现代化强国，形成可持续发展的中国模式。

第二节　大力推进生态文明建设

一、推进绿色发展

绿色是永续发展的必要条件和人民对美好生活向往的重要体现，绿色发展是实现生产发展、生活富裕、生态良好的文明发展道路的历史选择，是通往人与自然和谐境界的必由之路，推动形成绿色发展方式和生活方式是贯彻新发展理念的必然要求，只有坚持绿色发展，才能建设美丽中国、解决人与自然和谐共生问题。必须充分认识形成绿色发展方式和生活方式的重要性、紧迫性、艰巨性，把推动形成绿色发展方式和生活方式摆在更加突出的位置，坚持节约资源和保护环境的基本国策，坚持节约优先、保护优先、自然恢复为主的方针，形成节约资源和保护环境的空间格局、产业结构、生产方式、生活方式，加快构建科学适度有序的国土空间布局体系、绿色循环低碳发展的产业体系、约束和激励并举的生态文明制度体系、政府企业公众共治的绿色行动体系，加快构建生态功能保障基线、环境质量安全底线、自然资源利用上线三大红线，全方位、全地域、全过程开展生态环境保护建设。努力实现经济社会发展和生态环境保护协同共进，为人民群众创造良好生产生活环境。

推动形成绿色发展方式和生活方式有 6 项重点任务，一要加快转变经济发展方式。根本改善生态环境状况，必须改变过多依赖增加物质资源消耗、过多依赖规模粗放扩张、过多依赖高能耗高排放产业的发展模式，把发展的基点放到创新上来，塑造更多依靠创新驱动、更多发挥先发优势的引领型发展。这是供给侧结构性改革的重要任务。二要加大环境污染综合治理。要以解决大气、水、土壤污染等突出问题为重点，全面加强环境污染防治，持续实施大气污染防治行动计划，加强水污染防治，开展土壤污染治理和修复，加强农业面源污染治理，加大城乡环境综合整治力度。三要加快推进生态保护修复。要坚持保护优先、自然恢复为主，深入实施山水林田湖一体化生态保护和修复，开展大规模国土绿化行动，加快水土流失和荒漠化石漠化综合治理。四要全面促进资源节约集约利用。生态环境问题，归根到底是资源过度开发、粗放利用、奢侈消费造成的。资源开发利用既要支撑当代人过上幸福生活，也要为子孙后代留下生存根基。要树立节约集约循环利用的资源观，用最少的资源环境代价取得最大的经济社会效益。五要倡导推广绿色消费。生态文明建设同每个人息息相关，每个人都应该做践行者、推动者。要加强生态文明宣传教育，强化公民环境意识，推动形成节约适度、绿色低碳、文明健康的生活方式和消费模式，形成全社会共同参与的良好风尚。六要完善生态文明制度体系。推动绿色发展，建设生态文明，重在建章立制，用最严格的制度、最严密的法治保护生态环境，健全自然资源资产管理体制，加强自然资源和生态环境监管，推进环境保护督察，落实生态环境损害赔偿制度，完善环境保护公众参与制度。

推动形成绿色发展方式和生活方式，是发展观的一场深刻革命。必须坚持和贯彻新发展理念，正确处理经济发展和生态环境保护的关系，像保护眼睛一样保护生态环境，像对待生命一样对待生态环境，坚决摒弃损害甚至破坏生态环境的发展模式，坚决摒弃以牺牲生态环境换取一时一地经济增长的做法，让良好生态环境成为人民生活质量的增长点、成为经济社会持续健康发展的支撑点、成为展现我国良好形象的发力点，让中华大地天更蓝、山更绿、水更清、环境更优美。

二、着力解决突出环境问题

长期以来，我国环境保护滞后于经济社会发展，在长期快速发展中累积的资源环境约束问题十分严峻，环境承载能力已经达到或接近上限，环境污染重、生态受损大、环境风险高成为全面建成小康社会的突出短板，也是人民群众最关心的问题。作为决胜全面建成小康社会的三大攻坚战之一，着力解决突出环境问题，既是满足人民日益增长的优美生态环境需要的内在要求，也是推动形成绿色发展方式和生活方式的重要抓手，同时还是积极参与全球环境治理的战略举措。必须围绕环境保护重点领域、关键问题和薄弱环节，坚持全民共治、源头防治，加快构建科学适度有序的国土空间布局体系、绿色循环低碳发展的产业体系、激励和约束并举的生态文明制度体系、政府企业公众共治的绿色行动体系。坚决打赢这一攻坚战，确保实现全面建成小康社会的环境目标，使全面建成小康社会得到人民认可、经得起历史检验。

第一，持续实施大气污染防治行动，打赢蓝天保卫战。深入实施大气污染防治行动计划，严格落实城市大气环境质量约束性指标，实行城市大气环境质量目标管理，逐步减少并消除重点城市重污染天气，保障人们能呼吸到清新的空气。全面深化京津冀及周边地区、长三角、珠三角等重点区域大气污染联防联控，建立常态化区域协作机制，突出精准治霾，着力解决冬季清洁取暖、工业排放、机动车超标排放等问题，强化重污染天气应对。严格控制重点区域煤炭消费总量，大幅减少冬季散煤使用量，促进煤炭减量化。

第二，加快水污染防治，实施流域环境和近岸海域综合治理。要深入实施水污染防治行动计划，坚持系统治水，全面推行"河长制"，实行从水源到水龙头全过程监管。抓好流域区域水污染联防联控联治，实施流域污染综合治理，加强重点流域综合治理，提高主要江河湖泊水功能区水质达标率。开展地下水污染调查和综合防治。大力整治城市黑臭水体，提升城镇污水和垃圾处理设施运行效果。全面加强重要饮用水的水源地安全保障建设，严格饮用水源保护，保障城乡居民饮水安全。加大渤海、东海等近岸海域污染治理力度。

第三，强化土壤污染管控和修复，加强农业面源污染防治，开展农村人居环境整治行动。实施土壤污染分类分级防治，注重分类管控，开展土壤污染状况详查，采取预防管控或治理修复措施，加强建设用地土壤环境监控监管，防范土壤环境风险。综合整治农业面源污染，推进农业清洁生产，深入开展化肥、农药减量化，加大畜禽养殖废弃物和农作物秸秆综合利用力度。开展农村环境综合整治，因地制宜推进农村生活垃圾、污水处理，构建垃圾收集处理体系，推进农村住户改水、改厕，不断改善农村人居环境。

第四，加强固体废弃物和垃圾处置。全面推动餐厨废弃物、建筑垃圾、园林废弃物、城市污泥和废旧纺织品等城市典型废弃物集中处理和资源化利用。普遍推行垃圾强制分类制度，加快建立分类投放、分类收集、分类运输、分类处理的垃圾处理系统。在国家生态文明试验区、国际性大都市、新城新区等率先建立生活垃圾强制分类制度。

第五，加强环境治理制度保障。一是提高污染排放标准，强化排污者责任，健全环保信用评价、信息强制性披露、严惩重罚等制度。推进实施工业污染源全面达标排放，加快实施排污许可制，建立企事业单位污染物排放总量控制制度。建立健全生态环境损害评估和赔偿制度，加大对企业违法排污行为的惩罚力度。建立上市公司环保信息强制性披露机制、企业环境信用评价制度和违法排污黑名单制度。二是构建政府为主导、企业为主体、社会组织和公众共同参与的环境治理体系。严格资源环境监督执法，继续深入推进中央环境保护督察，积极推进地方党委和政府开展本地区环境保护督察。强化企业自我约束，落实企业主体责任。健全监督举报、环境公益诉讼等机制，鼓励和引导环保公益组织和公众参与环境污染监督治理。

同时，积极参与全球环境治理，落实减排承诺。落实强化应对气候变化的国家自主贡献，积极参与应对全球气候变化谈判，推动建立公平合理、合作共赢的全球气候治理体系。推动联合国《2030年可持续发展议程》和《巴黎协定》的落实，积极承担与我国自身国力相适应的义务，提出中国方案，作出中国贡献。加强应对气候变化南南合作，开展绿色援助。加强与国际组织在绿色增长、可持续发展等方面的交流合作，不断增强我国在全球气候变化和环境治理领域的议题设置能力、统筹协调能力、规则制定能力、舆论宣传能力。

三、加大生态环境保护力度

保护好生态系统，是建设美丽中国的长远大计。我国生态系统退化的形势不容乐观，优质生态产品供给能力严重不足，生态环境质量与群众期盼相比有较大差距，这已经成为满足人民日益增长的美好生活需要的主要制约因素之一。同时，为了人与自然和谐共生，永续发展，必须遵循生态系统多样性、整体性及其内在规律，加大生态系统保护力度，使环境治理和生态保护进入相互促进的良性循环。对陆地海洋、山地平原、上中下游、地上地下进行整体保护系统修复、综合治理，增强生态系统自我调节、自我修复能力，维护生态平衡和持久生产力，给自然留下更多修复空间，给农业留下更多良田，给子孙后代留下天蓝、地绿、水净的美好家园。

第一，实施重要生态系统保护和修复重大工程，优化生态安全屏障体系，构建生态廊道和生物多样性保护网络，提升生态系统质量和稳定性。要坚持保护优先、自然恢复为主，充分发挥自然系统的自我调节和自我修复能力，通过封禁保护、自然修复的办法，让生态休养生息。要重点实施"两屏三带"生态安全战略格局上的青藏高原、黄土高原、云贵高原、秦巴山脉、祁连山脉、大小兴安岭和长白山、南岭山地地区、京津冀水源涵养区、内蒙古高原、河西走廊、塔里木河流域、滇桂黔喀斯特地区等生态修复工程。

第二，完成生态保护红线、永久基本农田、城镇开发边界三条控制线划定工作。要调整优化空间结构，增加生态空间、城镇生活空间，减少工业空间、农产品生产空间、农村建设空间，通过空间规划的编制，全面划定城镇空间、农业空间、生态空间三类空间，划定生态保护红线、永久基本农田、城镇开发边界三条控制线，将开发强度管控和控制线落地上图。建立生态保护红线制度，全面完成全国生态保护红线划定、勘界定标，定期发布生态保护红线信息。将国家重要生态系统纳入国家公园范围，建设三江源、东北虎豹、大熊猫、祁连山等一批国家公园。划定城镇开发边界，从严供给城市建设用地，科学确定城镇开发强度，推动城镇化发展由外延扩张向内涵提升转变。

第三，开展国土绿化行动，推进荒漠化、石漠化、水土流失综合治理，强化湿地保护和恢复，加强地质灾害防治。要扎实推进荒山荒地造林，宜林则林、宜湿则湿，充分利用城市周边的工矿废弃地、闲置土地、荒山荒坡、污染土地以及其他不适宜耕作的土地等开展绿化造林。发挥国有林区林场在绿化国土中的带动作用。推进荒漠化、石漠化治理，推进沙化土地封禁保护区和防沙治沙综合示范区建设。综合治理水土流失，积极开展生态清洁小流域建设。实施湿地保护与修复工程，逐步恢复湿地生态功能。优化城市绿地布局，建设绿道绿廊，使城市森林、绿地、水系、河湖、耕地形成完整的生态网络。

第四，完善天然林保护制度，扩大退耕还林还草。完善相关政策措施，落实好全面停止天然林商业性采伐。扩大退耕还林还草，严格落实禁牧休牧和草畜平衡制度，加大退牧还草力度，保护治理草原生态系统。加强林业重点工程建设，强化生态保护和修复，增加森林面积和蓄积量，精准提升森林质量和功能，加强森林保护。

第五，严格保护耕地，扩大轮作休耕试点，健全耕地草原森林河流湖泊休养生息制度。坚持最严格的耕地保护制度，坚守耕地保护红线。在重金属污染区、地下水漏斗区以及生态脆弱地区，扩大轮作休耕试点。健全耕地草原森林河流湖泊休养生息制度，全面提升草原森林河流湖泊等自然生态系统稳定性和生态服务功能。

与此同时，要建立市场化、多元化生态补偿机制。完善各类自然资源有偿使用制度。推进资源税改革，扩大水资源税试点范围。全面推行碳排放权、水权市场交易，落实初始分配制度，创新有偿使用、预算管理、投融资机制。积极发展绿色信贷、绿色债券、绿色发展基金等绿色金融，设立市场化运作的各类绿色发展基金。

探索环境治理项目与经营开发项目组合开发模式，健全社会资本投资环境治理回报机制。建立多元化生态保护补偿机制，完善补偿范围，加大转移支付力度，实现禁止开发区域、重点生态功能区等重要区域全覆盖。建立跨省域的生态受益地区和保护地区、流域上游与下游的横向补偿，推进省级区域内横向补偿。

第三节 深化生态文明体制改革

一、生态文明体制改革目标

党的十八大以来，我国生态文明体制改革实现了重大突破，针对生态文明体制改革相对滞后的情况，党中央国务院专门制定出台了《生态文明体制改革总体方案》（中发〔2015〕25号）。根据《生态文明体制改革总体方案》，我国生态文明体制改革的目标是到2020年，构建起由自然资源资产产权制度、国土空间开发保护制度、空间规划体系、资源总量管理和全面节约制度、资源有偿使用和生态补偿制度、环境治理体系、环境治理和生态保护市场体系、生态文明绩效评价考核和责任追究制度等八项制度构成的产权清晰、多元参与、激励约束并重、系统完整的生态文明制度体系，推进生态文明领域国家治理体系和治理能力现代化，努力走向社会主义生态文明新时代。

构建归属清晰、权责明确、监管有效的自然资源资产产权制度，着力解决自然资源所有者不到位、所有权边界模糊等问题。

构建以空间规划为基础、以用途管制为主要手段的国土空间开发保护制度，着力解决因无序开发、过度开发、分散开发导致的优质耕地和生态空间占用过多、生态破坏、环境污染等问题。

构建以空间治理和空间结构优化为主要内容，全国统一、相互衔接、分级管理的空间规划体系，着力解决空间性规划重叠冲突、部门职责交叉重复、地方规划朝令夕改等问题。

构建覆盖全面、科学规范、管理严格的资源总量管理和全面节约制度，着力解决资源使用浪费严重、利用效率不高等问题。

构建反映市场供求和资源稀缺程度、体现自然价值和代际补偿的资源有偿使用和生态补偿制度，着力解决自然资源及其产品价格偏低、生产开发成本低于社会成本、保护生态得不到合理回报等问题。

构建以改善环境质量为导向，监管统一、执法严明、多方参与的环境治理体系，着力解决污染防治能力弱、监管职能交叉、权责不一致、违法成本过低等问题。

构建更多运用经济杠杆进行环境治理和生态保护的市场体系，着力解决市场主体和市场体系发育滞后、社会参与度不高等问题。

构建充分反映资源消耗、环境损害和生态效益的生态文明绩效评价考核和责任追究制度，着力解决发展绩效评价不全面、责任落实不到位、损害责任追究缺失等问题。

二、构建国土空间开发保护制度

《生态文明体制改革总体方案》要求树立空间均衡的理念，把握人口、经济、资源环境的平衡点推动发展，人口规模、产业结构、增长速度不能超出当地水土资源承载能力和环境容量。根据《生态文明体制改革总体方案》，建立国土空间开发保护制度主要包括四个方面内容。一是完善主体功能区制度。统筹国家和省级主体功能区规划，健全基于主体功能区的区域政策，根据城市化地区、农产品主产区、重点生态功能区的不同定位，加快调整完善财政、产业、投资、人口流动、建设用地、资源开发、环境保护等政策。二是健全国土空间用途管制制度。简化自上而下的用地指标控制体系，调整按行政区和用地基数分配指标的做法。将开发强度指标分解到各县级行政区，作为约束性指标，控制建设用地总量。将用途管制扩大到所有自然生态空间，划定并严守生态红线，严禁任意改变用途，防止不合理开发建设活动对生态红线的破坏。完善覆盖全部国土空间的监测系统，动态监测国土空间变化。三是建立国家公园体制。加强对重要生态系统的保护和永续利用，改革各部门分头设置自然保护区、风景名胜区、文化自然遗产、地质公园、森林公园等的体制，对上述保护地进行功能重组，合理界定国家公园范围。国家公园实行更严格保护，除不损害生态系统的原住民生活生产设施改造和自然观光科研教育旅游外，禁止其他开发建设，保护自然生态和自然文化遗产原真性、完整性。加强对国家公园试点的指导，在试点基础上研究制定建立国家公园体制总体方案。构建保护珍稀野生动植物的长效机制。四是完善自然资源监管体制。将分散在各部门的有关用途管制职责，逐步统一到一个部门，统一行使所有国土空间的用途管制职责。

三、建立以国家公园为主体的自然保护地制度

新中国成立以来，特别是改革开放以来，我国的自然生态系统和自然遗产保护事业快速发展，取得了显著成绩，建立了自然保护区、风景名胜区、自然文化遗产、森林公园、地质公园等多种类型保护地，基本覆盖了我国绝大多数重要的自然生态系统和自然遗产资源。但在发展的同时，各类自然保护地建设管理还缺乏科学完整的技术规范体系，保护对象、目标和要求还没有科学的区分标准，同一个自然保护区部门割裂、多头管理、碎片化现象还普遍存在，社会公益属性和公共管理职责不够明确，土地及相关资源产权不清晰，保护管理效能不高，盲目建设和过度开发现象时有发生。

建立国家公园体制的根本目的，就是以加强自然生态系统原真性、完整性保护为基础，以实现国家所有、全民共享、世代传承为目标，理顺管理体制，创新运营机制，健全法治保障，强化监督管理，构建统一规范高效的中国特色国家公园体制，建立分类科学、保护有力的自然保护地体系。为加快构建国家公园体制，在总结试点经验基础上，借鉴国际有益做法，立足我国国情制定了《建立国家公园体制

总体方案》，并由中共中央办公厅、国务院办公厅于 2017 年 9 月 26 日印发并实施。

目前，世界上有 100 多个国家建立了国家公园，由于政治、经济、文化背景和社会制度特别是土地所有制不同，各国对国家公园的内涵界定不尽相同。1994 年，世界自然保护联盟（简称 "IUCN"）在布宜诺斯艾利斯召开的 "世界自然保护大会" 上提出了 "IUCN 自然保护地分类体系"。IUCN 根据不同国家的保护地保护管理实践，将各国的保护地体系总结为 6 类，国家公园为第二类，定义为：大面积自然或近自然区域，用以保护大尺度生态过程以及这一区域的物种和生态系统特征，同时提供与其环境和文化相容的精神的、科学的、教育的、休闲的和游憩的机会。

《建立国家公园体制总体方案》明确，我国的国家公园是指由国家批准设立并主导管理，边界清晰，以保护具有国家代表性的大面积自然生态系统为主要目的，实现自然资源科学保护和合理利用的特定陆地或海洋区域。国家公园是我国自然保护地的最重要类型之一，属于全国主体功能区规划中的禁止开发区域，纳入全国生态保护红线区域管控范围，实行最严格的保护。与一般的自然保护地相比，国家公园的自然生态系统和自然遗产更具有国家代表性和典型性，面积更大，生态系统更完整，保护更严格，管理层级更高。

建立国家公园体制基本原则，一是科学定位、整体保护。坚持将山水林田湖草作为一个生命共同体，统筹考虑保护与利用，对相关自然保护地进行功能重组，合理确定国家公园的范围。按照自然生态系统整体性、系统性及其内在规律，对国家公园实行整体保护、系统修复、综合治理。二是合理布局、稳步推进。立足我国生态保护现实需求和发展阶段，科学确定国家公园空间布局。将创新体制和完善机制放在优先位置，做好体制机制改革过程中的衔接，成熟一个设立一个，有步骤、分阶段推进国家公园建设。三是国家主导、共同参与。国家公园由国家确立并主导管理。建立健全政府、企业、社会组织和公众共同参与国家公园保护管理的长效机制，探索社会力量参与自然资源管理和生态保护的新模式。加大财政支持力度，广泛引导社会资金多渠道投入。

建立国家公园体制的主要目标是，建成统一规范高效的中国特色国家公园体制，交叉重叠、多头管理的碎片化问题得到有效解决，国家重要自然生态系统原真性、完整性得到有效保护，形成自然生态系统保护的新体制新模式，促进生态环境治理体系和治理能力现代化，保障国家生态安全，实现人与自然和谐共生。到 2020 年，建立国家公园体制试点基本完成，整合设立一批国家公园，分级统一的管理体制基本建立，国家公园总体布局初步形成。到 2030 年，国家公园体制更加健全，分级统一的管理体制更加完善，保护管理效能明显提高。

中国特色国家公园体制的核心，一是以自然资源资产产权制度为基础，建立统一事权、分级管理体系。《建立国家公园体制总体方案》提出，要整合相关自然保护地管理职能，由一个部门统一行使国家公园自然保护地管理职责。部分国家公园由中央政府直接行使所有权，其他的由省级政府代理行使，条件成熟时，逐步过渡到国家公园内全民所有的自然资源资产所有权由中央政府直接行使。合理划分中央和地方事权，国家公园所在地方政府行使辖区（包括国家公园）经济社会发展综合协调、公共服务、社会管理和市场监管等职责。合理划分中央和地方事权，构建主体明确、责任清晰、相互配合的国家公园中央和地方协同管理机制。立足国家公园的公益属性，确定中央与地方事权划分和支出责任，建立财政投入为主的多元化资金保障机制。二是以系统保护理论为指导，强化自然生态系统保护管理。统筹制定各类资源的保护管理目标，着力维持生态服务功能，提高生态产品供给能力。严格规划建设管控，除不损害生态系统的原住民生活生产设施改造和自然观光、科研、教育、旅游外，禁止其他开发建设活动，不符合保护和规划要求的各类设施、工矿企业等逐步搬离，建立已设矿业权逐步退出机制。编制国家公园总体规划及专项规划，合理划定功能分区，实行差别化保护管理。建立国家公园管理机构自然生态系统保护成效考核评估制度，对领导干部实行自然资源资产离任审计和生态环境损害责任追究制。三是以社区协调发展制度为依托，推动实现人与自然和谐共生。明确国家公园区域内居民的生产生活边界，相关配套设施建设要符合国家公园总体规划和管理要求，周边社区建设要与国家公园整体保护目标相协调。建立健全国家公园生态保护补偿政策，加强生态保护补偿效益评估，完善生态保护成效与资金分配挂钩的激励约束机制。引导当地居民、专家学者、企业、社会组织等积极参与国家公园建设管理各环节和各领域。四是以国家公园立法为基础，保障国家公园体制改革顺利推进。在明确国家公园与其他类型自然保护地关系的基础上，研究制定有关国家公园的法律法规，明确国家公园功能定位、保护目标、管理原则，确定国家公园管理主体，合理划定中央与地方职责，研究出台国家公园特许经营等配套法规，做好现行法律法规的衔接修订工作。制定国家公园总体规划、功能分区、基础设施建设、社区协调、生态保护补偿、访客管理等相关标准规范和自然资源调查评估、巡护管理和生物多样性监测等技术规程。

四、坚决制止和惩处破坏生态环境的行为

建设生态文明是一场涉及生产方式、生活方式、思维方式和价值观念的革命性变革。实现这样的根本性变革，必须依靠制度和法治。我国生态环境保护中存在的一些突出问题，大都与体制不完善、机制不健全、法治不完备有关，必须建立系统完整的制度体系，用制度保护生态环境、推进生态文明建设。

一是完善经济社会发展考核评价体系，健全政绩考核制度。要把资源消耗、环境损害、生态效益等体现生态文明建设状况的指标纳入经济社会发展评价体系，大幅增加考核权重，建立体现生态文明要求的目标体系、考核办法、奖惩机制，使之成为推进生态文明建设的重要导向和约束，强化指标约束，不唯经济增长论英雄。完善政绩考核办法，根据区域主体功能定位，实行差别化的考核制度。对限制开发区域、禁止开发区域和生态脆弱的国家扶贫开发工作重点县，取消地区生产总值考核；对农产品主产区和重点生态功能区，分别实行农业优先和生态保护优先的绩效评价；对禁止开发的重点生态功能区，重点评价其自然文化资源的原真性、完整

性。根据考核评价结果，对生态文明建设成绩突出的地区、单位和个人给予表彰奖励。探索编制自然资源资产负债表，对领导干部实行自然资源资产和环境责任离任审计。

二是建立和完善责任追究制度。建立领导干部任期生态文明建设责任制，完善节能减排目标责任考核及问责制度。严格责任追究，对违背科学发展要求、造成资源环境生态严重破坏的要记录在案，实行终身追责，不得转任重要职务或提拔使用，实行领导干部自然资源资产离任审计，已经调离的也要问责，建立生态环境损害责任终身追究制。对推动生态文明建设工作不力的，要及时诫勉谈话；对不顾资源和生态环境盲目决策、造成严重后果的，要严肃追究有关人员的领导责任；对履职不力、监管不严、失职渎职的，要依纪依法追究有关人员的监管责任。

三是强化执法监督。加强法律监督、行政监察，对各类环境违法违规行为实行"零容忍"，加大查处力度，严厉惩处违法违规行为。强化对浪费能源资源、违法排污、破坏生态环境等行为的执法监察和专项督察。资源环境监管机构独立开展行政执法，禁止领导干部违法违规干预执法活动。健全行政执法与刑事司法的衔接机制，加强基层执法队伍、环境应急处置救援队伍建设。强化对资源开发和交通建设、旅游开发等活动的生态环境监管。

五、改革自然资源和生态环境管理体制

对生态文明领域相关机构职责进行重组调整、科学配置，进一步加强对生态文明建设的总体设计和组织领导，更好地将生态文明体制改革"四梁八柱"总体框架落地生根，加快推动生态文明一系列制度创新，推动形成绿色发展、低碳发展、循环发展的内生机制，是加快生态文明体制改革、建设美丽中国的重要任务。党的十九大对自然资源和生态环境管理体制改革作出了全面部署。

一是组建自然资源部。为统一行使全民所有自然资源资产所有者职责，统一行使所有国土空间用途管制和生态保护修复职责，着力解决自然资源所有者不到位、空间规划重叠等问题，将国土资源部的职责，国家发展和改革委员会的组织编制主体功能区规划职责，住房和城乡建设部的城乡规划管理职责，水利部的水资源调查和确权登记管理职责，农业部的草原资源调查和确权登记管理职责，国家林业局的森林、湿地等资源调查和确权登记管理职责，国家海洋局的职责，国家测绘地理信息局的职责整合，组建自然资源部，作为国务院组成部门。自然资源部的主要职责是，对自然资源开发利用和保护进行监管，建立空间规划体系并监督实施，履行全民所有各类自然资源资产所有者职责，统一调查和确权登记，建立自然资源有偿使用制度，负责测绘和地质勘查行业管理等。

二是组建生态环境部。为整合分散的生态环境保护职责，统一行使生态和城乡各类污染排放监管与行政执法职责，加强环境污染治理，保障国家生态安全，建设美丽中国，将环境保护部的职责，国家发展和改革委员会的应对气候变化和减排职责，国土资源部的监督防止地下水污染职责，水利部的编制水功能区划、排污口设

置管理、流域水环境保护职责，农业部的监督指导农业面源污染治理职责，国家海洋局的海洋环境保护职责，国务院南水北调工程建设委员会办公室的南水北调工程项目区环境保护职责整合，组建生态环境部，作为国务院组成部门。生态环境部主要职责是，拟订并组织实施生态环境政策、规划和标准，统一负责生态环境监测和执法工作，监督管理污染防治、核与辐射安全，组织开展中央环境保护督察等。

三是组建国家林业和草原局。为加大生态系统保护力度，统筹森林、草原、湿地监督管理，加快建立以国家公园为主体的自然保护地体系，保障国家生态安全，将国家林业局的职责，农业部的草原监督管理职责，以及国土资源部、住房和城乡建设部、水利部、农业部、国家海洋局等部门的自然保护区、风景名胜区、自然遗产、地质公园等管理职责整合，组建国家林业和草原局。国家林业和草原局的主要职责是，监督管理森林、草原、湿地、荒漠和陆生野生动植物资源开发利用和保护，组织生态保护和修复，开展造林绿化工作，管理国家公园等各类自然保护地等。

四是整合组建生态环境保护综合执法队伍。整合环境保护和国土、农业、水利、海洋等部门相关污染防治和生态保护执法职责、队伍，统一实行生态环境保护执法。

自然资源和生态环境管理体制改革，落实了统一行使全民所有自然资源资产所有者职责，统一行使所有国土空间用途管制和生态保护修复职责，统一行使监管城乡各类污染排放和行政执法职责的要求，形成了权责明确、协同高效、监管有力的生态文明管理新体制机制。

第九章　发展规划概述

发展规划是以国民经济和社会发展为对象编制的规划，发展规划既是开展工程咨询业务工作的重要依据，又是工程咨询的重要业务领域，随着改革的不断深入，发展规划业务呈现出不断增长的趋势。本章概要介绍了发展规划的概念与特征，我国现行发展规划体系中发展规划的类型、层级和期限，各类发展规划的管理，规划实施的体制机制以及规划体制改革的相关情况。

第一节　发展规划的概念与特征

一、发展规划的概念

（一）概念

规划是对未来的预测、愿景和安排。根据规划对象不同，有多种不同类型的规划。发展规划是以国民经济和社会发展为对象编制的规划。

发展规划是面向未来的，是对未来的一种预测，表明未来一定时期经济社会的发展趋势；是面向未来的一种愿景，提出未来一定时期经济社会发展期望的水平和结果；是对未来发展的一种安排，围绕着发展愿景，作出一系列的部署。

发展规划是战略性的公共政策。发展规划由政府组织制定，由政府发布并组织实施，规划的制定和实施需要社会公众的参与，规划内容与社会公共利益密切相关。

发展规划是行动方案，是对规划期内各项重大投资和建设、配套政策和举措的总体部署，为具体项目的建设和具体政策的出台提供指导和遵循。

（二）发展规划的功能

发展规划具有战略导向作用，是推进国家治理体系和治理能力现代化、加强和改善宏观调控的重要手段，是政府履行职责的重要依据。

1. 战略导向功能

发展规划特别是国家层面的总体规划，集中展示政府对未来国内外经济社会发展环境、发展趋势的分析和把握，提出经济社会发展战略、目标、重点任务，明确产业结构和区域经济结构调整优化的方向以及相应的政策，对微观经营主体在市场竞争中自主进行生产、建设和经营决策，提供具有权威性和整体性的宏观经济环境和政策信息，因而对全社会的经济社会活动具有极其重要的战略导向作用。

2. 综合协调功能

发展规划的编制和实施，需要统筹兼顾、综合协调各方面的经济利益，妥善处理国家长远的、全局的目标和短期的、局部的目标之间的关系；保持社会总供给与总需求基本平衡、促进经济结构优化、提高国民经济整体素质和效益，综合协调生产、建设、投资、消费、进出口之间的平衡关系，协调各产业、各地区经济的发展，协调国家重点建设的资金来源和投向，从而实现国民经济主要比例关系的基本平衡，以保证经济和社会发展战略、目标、任务的实现。

3. 政策指导调节功能

《中共中央关于全面深化改革若干重大问题的决定》强调，经济体制改革是全面深化改革的重点，核心问题是处理好政府和市场的关系，要"使市场在资源配置中起决定性作用"；同时，要正确履行政府职能，"更好发挥政府作用"，提高政府治理能力和水平。通过发展规划，以约束性和引导性手段，落实国家宏观调控政策，有利于促进经济社会全面协调可持续发展。

4. 引导资源配置功能

发展规划应充分体现市场规律，让市场真正在资源配置中起决定性作用；同时，政府通过发展规划对其直接掌握的公共资源进行优化配置，从而引导、带动全社会资源的市场配置，以弥补和矫正市场的短期性、波动性、盲目性。国家集中掌握的公共资源主要有：财政预算资金和其他财政性资金、政策性金融、国家外汇储备和重要资源储备等等。这些公共资源虽然可以通过规划配置，但在具体运作上必须充分尊重市场经济规律。

二、发展规划的特征

发展规划具有多重特征，不同类型的规划也有不同的特征，总体来看，发展规划一般具有如下基本特征：

（一）战略性

发展规划是从关系全局和长远发展的高度，对某个地区和某个领域未来发展作出的总体部署。是政府对于未来发展的权威发布，阐述未来发展的重要方向、重点领域和关键环节，统领着国家和地区相关政策的制定出台和调整，具有战略性。

（二）综合性

针对某一特定地区，发展规划是全面的部署，涵盖经济、政治、社会、文化、生态文明建设"五位一体"的发展布局，涉及到战略意图、重点任务、重大布局和重大政策等相关内容，以及工业化、信息化、城镇化、农业现代化"四化同步"等发展路径。针对某一特定领域，发展规划同样涉及该领域发展的各个方面和各个环节，具有综合性。

（三）指导性

发展规划对于发展现状的把握，对于发展趋势和特点的分析，以及提出的预期目标和主要任务，对各级政府及部门的行为起到指导作用，使之通过规划明确政府工作的方向、目标与重点；发展规划也对市场主体发挥指导作用，通过规划为市场提供权威的分析与预测，描绘该地区或领域的发展愿景，为市场主体自主决策提供必要的支持条件，具有明显的指导性。

（四）约束性

发展规划明确的一些内容具有约束力，政府以及相关的市场主体必须执行。在发展目标上体现为约束性指标，这些约束性指标，如环境保护、资源节约、公共服务等，主要应该由政府通过公共资源配置、制定科学合理的政策来推动完成。在规划编制与修订上体现为约束性程序。发展规划由人大审议通过或授权政府相关部门按一定的程序审批发布，要求一张蓝图干到底，一经发布，不得随意修改，确实需要修改调整的，必须经过相关程序进行论证报批审查。

第二节　发展规划体系

一、发展规划类型

我国发展规划按照对象和功能不同，可以划分为总体规划、专项规划和区域规划三类。

（一）总体规划

总体规划，即国民经济和社会发展总体规划，是以国民经济和社会发展为对象编制的发展规划，是根据党中央部署编制的统领规划期内经济社会发展的宏伟蓝图和行动纲领。总体规划是战略性、纲领性、综合性的规划，是编制专项规划、区域规划以及制定有关政策和年度计划的依据，其他规划要符合总体规划的要求。总体规划是完整的、全面的国民经济和社会发展规划，覆盖国民经济和社会发展的主要领域，既要覆盖各个方面，相对宏观和笼统，同时又要突出重点，反映各地的特色。

（二）专项规划

专项规划是以国民经济和社会发展特定领域为对象编制的规划，是总体规划在特定领域的细化，也是政府指导该领域发展以及审批、核准重大项目，安排政府投资和财政支出预算，制定特定领域相关政策的依据。这些功能是针对专项规划整体而言，并不是每个专项规划都必须具有所有上述功能。专项规划是总体规划的若干主要方面、重点领域的展开、深化及具体化，因而必须符合总体规划的总体要求，并与总体规划相衔接。国家级专项规划要突出指导性、预测性、宏观性，由国务院有关部门以经济社会发展的特定领域为对象编制、由国务院审批或授权有关部门批准。

（三）区域规划

区域规划是以跨行政区的特定区域国民经济和社会发展为对象编制的规划，是总体规划在特定区域的细化和落实。跨省（区、市）的区域规划是编制区域内省（区、市）级总体规划、专项规划的依据。区域规划将经济社会发展任务在特定空间上加以落实，是政府进行区域调控和管理的重要手段，具有弥补市场不足的重要功能。由于区域规划跨越行政区，在我国社会主义市场经济体制还不够完善的情况下，涉及到利益协调问题难度较大。在目前我国发展规划体系中，区域规划还是比较薄弱的环节。编制并实施好区域规划，有利于打破地区行政分割，发挥各个地区的比较优势，统筹安排重大基础设施、生产力布局和生态环境建设，进而提高区域的整体竞争力。近年来，中央政府高度重视编制和实施跨省（区、市）的区域规划，例如《长江经济带发展规划纲要》《京津冀协同发展规划纲要》等。

二、发展规划层级

我国发展规划按行政层级分为国家级规划、省（区、市）级规划、市县级规划三级。

（一）国家级规划

国家级规划是指由中央政府和部门制定的各类规划，规定着国家在一定时期内国民经济和社会发展的主要目标、任务和政策，关系到国家的全局和长远利益。国家级规划，除了国家层面的国民经济和社会发展总体规划外，还包括各领域专项规划和区域规划。

国家发展和改革委会同国家有关部门在一些重要领域编制国家级专项规划，作为总体规划实施的重要支撑，与总体规划同步组织编制和实施。近年来，出现很多地方层面的发展战略，上升为国家级战略规划。大体包括两个方面，一是来源于国家审时度势做出的一些重大战略决策，为贯彻服务这些决策而推出的一些区域规划和相关的区域性政策文件。二是来源于地区的实践探索，有一部分实践探索基于国家的战略层面考虑，对于国家整体发展有示范、实验、带动和辐射的作用，经过研究论证，纳入到国家战略层面规划。

国家级规划是最高层级的规划，在实施中需要各级地方规划的贯彻落实和紧密配合，以保证国家级规划确定的目标和任务的实现。当地方规划与国家级规划发生矛盾时，根据局部服从总体的原则，地方规划应当服从国家级规划，优先保证国家级规划的实现，以维护国家级规划的权威性与统一性。同时，国家级规划制定也应考虑到地方规划的实际情况，照顾到地方的利益诉求。

（二）省（区、市）级规划

省（区、市）级规划是指由省（自治区、直辖市）人民政府对所辖行政区国民经济和社会发展或某些特定行业、领域以及跨市县的特定区域为对象编制的规划。省（区、市）级规划具有承上启下的功能，在编制时既要贯彻落实国家战略意图，又要从本地实际出发，充分体现地方特色；既要为编制市县级规划提供重要依据，又要注意与相邻地区的规划做到相互协调。

（三）市县级规划

市县级规划是指市县级人民政府以所辖行政区的国民经济和社会发展或其特定行业、领域为对象编制的规划。市县级规划是我国三级发展规划体系中的末端规划。由于市县的空间范围相对较小，直接面向群众，因而在我国三级发展规划体系中，市县级规划是最贴近群众、最有约束力、最具操作性的规划，同时也是规划体系中较为薄弱的环节。

乡镇是我国最基层的行政层级，在实践中，一些乡镇也组织编制乡镇行政辖区范围内的规划，明确发展目标，提出规划任务和举措。国家没有明确要求编制乡镇发展规划，且各地实际编制乡镇发展规划的情况差异性较大，故该层级的规划并没有列入国家规划体系。虽然乡镇规划没有纳入国家发展规划体系，但并不意味着乡镇不能编制发展规划，也不意味着乡镇的该类规划不是发展规划。各地可根据实际情况，在有需要的乡镇组织编制乡镇级发展规划，作为市县规划的延伸补充和深化落实。

三、发展规划期限

根据国家相关政策文件，以及各地的实践，发展规划可以按不同规划期限分为不同的类型，具有不同的功能。主要有中长期规划、年度计划以及行动计划等。

（一）中长期规划

中长期规划一般规划期限在 5 年或 5 年以上，总体规划、专项规划、区域规划均属于中长期规划。国家总体规划、省（区、市）级总体规划的规划期一般为 5 年，可以展望到 10 年以上。国家级专项规划的规划期原则上要与国家总体规划保持一致，特殊领域也可根据实际情况确定。国家级区域规划的规划期，根据规划区域特点和发展需要合理确定，原则上不少于 5 年。

市县经济社会发展总体规划的期限，既要以 5 年为主，又要考虑更长时期的远景发展，做到远近结合。原则上，规划任务以 5 年为重点，但主要目标可展望到 15 年，空间布局可以是更长远的制度安排。通过规划期限的调整完善，为城乡、土地、环保、交通等不同规划之间的衔接协调创造条件。

（二）年度计划

年度计划，是指对国民经济和社会发展所作的年度安排，是国民经济和社会发展总体规划在年度中需要付诸实施的具体工作计划。规划期为 1 年。

国民经济和社会发展年度计划一般包括上年度计划执行情况和本年度计划目标、本年度国民经济和社会发展的主要任务和政策措施、与本年度计划相配套的专项计划以及其他需要安排的重大事项。

（三）行动计划

行动计划是指对国民经济和社会发展所作的中短期的安排，是国民经济和社会发展总体规划、专项规划以及重要政策在中短期内的行动方案或实施计划。规划期一般为 3 年。行动计划比总体规划和专项规划等中长期规划更明确、更具体、更具有操作性，一般包括具体目标、主要任务、责任部门等。

行动计划有时也称作行动方案、实施方案等，目前国家有关部门并没有对行动计划的概念、功能等作出明确的界定，在实际工作中，行动计划被广泛运用，承担着发展规划的相关功能。

第三节　发展规划管理

一、总体规划

为推进国民经济和社会发展规划编制工作的规范化、制度化，提高规划的科学性、民主性，更好地发挥规划在宏观调控、政府管理和资源配置中的作用，国务院于 2005 年出台了《关于加强国民经济和社会发展规划编制工作的若干意见》。

（一）编制主体

国家总体规划和省（区、市）级、市县级总体规划分别由同级人民政府组织编制，并由同级人民政府发展改革部门会同有关部门负责起草。

（二）落实中央和同级党委规划建议

制定总体规划，要坚决贯彻党中央决策部署，落实中央关于制定规划的建议确定的发展理念、主要目标、重点任务、重大举措，确保规划建议的目标任务落到实处。各地区要从实际出发，落实中央和当地党委的规划建议，制定本地区总体规划。

（三）完善规划编制的协调衔接机制

（1）做好规划编制的前期工作。编制规划前，必须认真做好基础调查、信息搜集、课题研究以及纳入规划重大项目的论证等前期工作，及时与有关方面进行沟通协调。规划编制工作所需经费，应按照综合考虑、统筹安排的原则，由编制规划的部门商同级财政部门后列入部门预算。

（2）强化规划之间的衔接协调。要高度重视规划衔接工作，使各类规划协调一致，形成合力。规划衔接要遵循专项规划和区域规划服从本级和上级总体规划，下级政府规划服从上级政府规划，专项规划之间不得相互矛盾的原则。

省（区、市）级总体规划草案在送本级人民政府审定前，应由省（区、市）发展改革部门送国务院发展改革部门与国家总体规划进行衔接，并送相关的相邻省（区、市）人民政府发展改革部门与其总体规划进行衔接，必要时还应送国务院其他有关部门与国家级专项规划进行衔接。相邻地区间规划衔接不能达成一致意见的，可由国务院发展改革部门进行协调，重大事项报国务院决定。

各有关部门要积极配合规划编制部门，认真做好衔接工作，并自收到规划草案之日起 30 个工作日内，以书面形式向规划编制部门反馈意见。

（四）建立规划编制的社会参与和论证制度

（1）建立健全规划编制的公众参与制度。编制规划要充分发扬民主，广泛听取意见。各级各类规划应视不同情况，征求本级人民政府有关部门和下一级人民政府以及其他有关单位、个人的意见。除涉及国家秘密的外，规划编制部门应当公布规划草案或者举行听证会，听取公众意见。

国务院发展改革部门、省（区、市）人民政府发展改革部门在将国家总体规划、省（区、市）级总体规划草案送本级人民政府审定前，要认真听取本级人民代表大会、政治协商会议有关专门委员会的意见，自觉接受指导。

（2）实行编制规划的专家论证制度。为充分发挥专家的作用，提高规划的科学性，国务院发展改革部门和省（区、市）人民政府发展改革部门要组建由不同领域专家组成的规划专家委员会，并在规划编制过程中认真听取专家委员会的意见。规划草案形成后，要组织专家进行深入论证。规划经专家论证后，应当由专家出具论证报告。

（五）加强规划的审批管理

（1）规范审批内容。规划编制部门向规划批准机关提交规划草案时应当报送规划编制说明、论证报告以及法律、行政法规规定需要报送的其他有关材料。其中，规划编制说明要载明规划编制过程，征求意见和规划衔接、专家论证的情况以及未采纳的重要意见和理由。

（2）明确审批权限。总体规划草案由各级人民政府报同级人民代表大会审议批准。除法律、行政法规另有规定以及涉及国家秘密的外，规划经法定程序批准后应当及时公布。未经衔接或专家论证的规划，不得报请批准和公布实施。

二、专项规划

为推进国家级专项规划编制工作的规范化、制度化，依据《国务院关于加强国民经济和社会发展规划编制工作的若干意见》（国发［2005］33号），国家发展和改革委员会出台了《国家级专项规划管理暂行办法》（发改规划［2007］794号）。

（一）专项规划编制的领域

国家级专项规划的编制原则上应限于以下领域：一是关系国民经济和社会发展全局的重要领域；二是需要国务院审批或核准重大项目以及安排国家投资数额较大的领域；三是涉及重大产业布局或重要资源开发的领域；四是法律、行政法规和国务院要求的领域。

（二）立项

国家级专项规划实行立项管理制度。国家级专项规划由国务院有关部门依据相关法律、行政法规和国务院规定的职责负责编制。

编制国家级专项规划均需制定工作方案。工作方案包括规划编制必要性、规划期、衔接单位、论证方式、进度安排和报国务院审批的依据或理由等。

工作方案是国家级专项规划立项的依据，由发展改革部门统筹协调后予以立项确认。

（三）起草

编制国家级专项规划，必须认真做好基础调查、信息搜集、课题研究以及纳入规划重大项目的论证，采取多种形式广泛听取各方面意见。

国家级专项规划文本一般包括现状、趋势、方针、目标、任务、布局、项目、实施保障措施以及法律、行政法规规定的其他内容。

内容要达到以下要求：符合国家总体规划，发展目标尽可能量化，发展任务具体明确、重点突出，政策措施具有可操作性。对需要国家安排投资的规划，要充分论证并事先征求发展改革和相关部门意见。

（四）衔接和论证

国家级专项规划的发展方针、目标、重点任务要与国家总体规划保持一致，相关规划之间对发展趋势的判断、需求预测、主要指标和政策措施要相互衔接。

国家级专项规划草案，应送发展改革部门与国家总体规划进行衔接，涉及其他领域的，还应送相关部门进行衔接。有关部门自收到规划草案之日起 30 个工作日内反馈衔接意见。

国家级专项规划草案，由发展改革部门与有关部门共同组织论证。

国家级专项规划应委托规划专家委员会、有资质的中介机构或组织专家组进行论证。参加论证的其他相关领域专家不少于专家总数的 1/3。

论证后应出具论证报告。论证报告应全面、客观、公正，由专家组组长签字，并附每位专家的论证意见。

（五）报批

（1）国家级专项规划审批计划。需由国务院批准的专项规划，要拟定年度计划。编制部门应在已确认的立项基础上，于每年 10 月向发展改革部门提出下一年度国家级专项规划报批建议。发展改革部门商有关部门在此基础上拟订国家级专项规划年度审批计划，于每年 12 月前报国务院，经国务院批准后执行。基础工作不深入，不能保证在一年内完成上报程序的规划，不应列入年度审批计划。

各部门应按照审批计划有序报批。未列入审批计划的，原则上不予受理。

（2）国家级专项规划报批材料。除规划文本外还应附下列材料：

1）编制说明，包括编制依据、编制程序、未予采纳的相关部门和专家意见及其理由等；

2）论证报告；

3）法律、行政法规规定需要报送的其他有关材料。

（3）国家级专项规划审批。报国务院审批的国家级专项规划，编制部门须会签发展改革部门后上报，也可与发展改革部门联合上报。国务院授权由有关部门批准的国家级专项规划，编制部门应会签发展改革部门。

（六）备案和公布

国务院授权有关部门印发或批准的专项规划应在印发同时报国务院备案，并抄送发展改革部门。

除法律、行政法规另有规定以及涉及国家秘密的内容外，国家级专项规划应在批准后一个月内向社会公布。国家级专项规划报批时，应明确公布事项，即全文公布、删去涉密内容后公布或不公布，以及公布机关。

发展改革部门建立规划信息库。有关部门在规划印发的同时，应将电子文档和纸质文件送发展改革部门入库。

三、区域规划

为推进国家级区域规划管理工作规范化、制度化，加强国家级区域规划编制实施管理，落实区域发展总体战略，促进区域协调发展、可持续发展，经国务院同意，国家发展改革委出台了《国家级区域规划管理暂行办法》（发改地区〔2015〕1521号）。

（一）规划区域

国家级区域规划的规划区域包括跨省（自治区、直辖市）级行政区的特定区域、国家总体规划和主体功能区规划等国家层面规划确定的重点地区以及承担国家重大改革发展战略任务的特定区域。

（二）立项管理

（1）基本要求。国务院发展改革部门根据区域发展总体战略和经济社会发展需要，合理确定国家级区域规划的编制时序和规模，从严控制国家级区域规划的编制数量，严格履行立项程序。

（2）审批计划。国家级区域规划应当列入年度审批计划管理。国务院发展改革部门应当于每年年初向国务院报告上年度国家级区域规划审批计划执行情况，同时提出本年度拟上报国务院审批的国家级区域规划审批计划，报国务院批准后执行并通报有关部门。根据形势变化需要编制未列入年度审批计划的国家级区域规划，国务院发展改革部门应当单独请示国务院，补充列入年度审批计划。

（3）计划管理。列入年度审批计划的国家级区域规划应当在计划年度完成编制并按程序报批，如不能按时编制并上报，国务院发展改革部门应当向国务院书面报告原因，特殊情况结转到下一年度。

（三）规划编制

（1）编制主体。国家级区域规划由国务院发展改革部门会同国务院有关部门和区域内省（自治区、直辖市）人民政府组织编制。

（2）规划研究。编制国家级区域规划应当认真做好数据收集、实地调研、信息分析、专题研究等基础性工作，深入论证规划涉及的发展目标、功能定位、区域布局、资源环境承载力、重大项目、政策措施、特定事项等重大问题。

（3）文本框架。国家级区域规划文本框架主要包括前言、规划背景、总体要求、定位布局、重点任务、保障措施等，编制单位可根据发展需要和规划区域的实际情况，相应调整规划文本内容。

（4）公众参与。国家级区域规划编制单位可采取多种形式广泛征求社会各界意见，提高规划编制的公开性和透明度。除涉及国家秘密的外，规划编制部门应当公布规划草案或者举行听证会，听取公众意见。

（5）专家论证。国家级区域规划编制应当认真听取专家意见，充分发挥专家咨询作用。规划草案形成后，组织专家进行论证。规划经专家论证后，应当由专家出具论证报告。

（6）影响评价。国家级区域规划编制过程中，应当依法进行环境影响评价、社会稳定风险评估等，并在规划中予以阐述，或纳入规划编制说明一并上报。

（7）规划衔接。国家级区域规划编制中，应当加强与国家总体规划、全国主体功能区规划和重大国家战略的衔接，符合全国国土规划纲要、全国中期财政规划等国家层面规划的总体要求和基本方向，特别要与有关约束性指标相衔接。加强与国家级专项规划的衔接，充分考虑土地利用、城乡、环境保护等空间规划要求，在目标、任务、政策措施等方面相互协调。有关部门和地方应在规定时限内反馈衔接意见。未经衔接，不得报请批准和发布实施。

（8）报告结果。规划编制单位在提交规划草案时，应当报送规划编制说明和论证报告以及法律、行政法规规定的其他材料。规划编制说明应当阐明规划编制过程、征求意见和规划衔接、专家论证意见以及未采纳的重要意见及理由等。

（四）规划审批

（1）审批印发。国家级区域规划由国务院发展改革部门报请国务院批准后印发实施。

（2）规划公开。国家级区域规划印发实施后，有关部门和地方应当依法及时、准确地公开信息。涉及国家秘密的，按有关规定处理。

四、规划评估

加强对规划实施的跟踪分析，适时开展规划评估，客观评价规划落实情况，评价判断规划实施取得的成效和存在的问题及原因，并提出进一步推动规划实施的对策建议，对于确保顺利完成规划提出的目标和任务，为编制新一轮规划奠定基础，具有重要意义。按评估的周期划分，规划评估主要有年度监测评估、中期评估和总结评估等三种类型。

（一）评估应当遵循的原则

（1）系统全面。深入评估统筹推进重大战略布局的情况，全面评估规划明确的目标任务推进情况。

（2）突出重点。聚焦主要目标指标实现情况，重大战略、重大任务、重大工程项目推进情况，以及抓重点、补短板、强弱项的贯彻落实情况。

（3）远近结合。立足当前、着眼长远，统筹国内国际两个大局，以更高的站位、更宽的视角开展评估工作。

（4）科学严谨。密切关注国内外发展环境变化，准确把握时代性和规律性，更新评估理念，创新评估方式方法，完善评估工具体系，提升评估的专业性、科学性和严肃性。

（5）实事求是。深化上下联动、横向互动和多方参与，准确把握评估标准和发展态势，客观公正反映情况，不回避矛盾和问题，并提出针对性改进建议。

（二）科学合理设计评估方式方法

（1）自评估和第三方评估相结合。坚持以政府系统自评估为主，有效整合已有评估资源，持续推进评估工作创新，在精心做好调研方案基础上，开展深入细致的实地调研，不断提升自评估的质量和效率。同时，通过定向委托或公开招标，选择国内外知名研究机构、评估咨询机构和智库开展第三方评估，将第三方评估结果作为自评估的重要参考。

（2）综合评估和专题评估相结合。着眼于统筹推进"五位一体"总体布局、协调推进"四个全面"战略布局进展情况，深入开展综合性、系统性评估。同时，围绕贯彻落实中央重大决策部署、适应我国社会主要矛盾变化、确保实现总体目标等，选取若干重大专题，采取委托、招标等合作形式，部署开展若干专题评估。

（3）目标导向和问题导向相结合。从确保如期实现总体目标倒推，更多地运用系统分析、计量模型、政策模拟等方法，逐项对照目标进度要求，发现问题，提出确保目标实现的对策建议。同时，从迫切需要解决的各领域各环节问题顺推，明确破解难题的路径和办法，积极主动防范化解风险隐患。

（4）过程评估和效果评估相结合。既要综合运用文献梳理、调研访谈等方式，评估围绕主要目标、重点任务以及重大工程项目实施所开展的主要工作、采取的具体措施及落实情况；更要强化前后情景对照、成本收益分析，加强对规划实施所取得的实际成效、人民满意程度，以及中长期发展影响等的评估。

（5）标准化与个性化相结合。既对各项工作的进展成效、质量效益、经验做法、存在问题、发展态势进行规范化、格式化评估；又结合不同领域的实际情况，制订适用高效的工作程序，综合运用统计数据和非统计数据资源，充分利用大数据分析方法，避免不同地区、不同领域简单套用同一种程序、机械使用同一个标准。

（6）客观评价和主观感受相结合。既要掌握各项目标任务进展，做好定性分析和定量评价，客观反映规划实施情况；又要将人民群众的切身感受作为重要评价标准，充分运用互联网技术和信息化手段，开展更大范围、更具代表性的企业、公众等社会调查，提高评估结果的感知度和认受度。

（三）明确评估重点

（1）主要目标指标实现情况。全面检查规划提出的主要目标和主要指标的实现情况，特别是约束性指标和体现高质量发展的指标。对指标实现的进度、完成目标的趋势进行判断分析。

（2）新发展理念贯彻落实情况。重点评估端正发展理念、转变发展方式的进展情况，特别是新发展理念作为具有内在联系的集合体的统一贯彻落实情况。

（3）重大改革任务推进情况。重点评估重大改革的进展情况，推进重点领域和关键环节改革、构建发展新体制的进展情况。

（4）重大战略任务推进情况。重点评估规划实施中贯彻落实重大战略的情况，以及重大任务推进落实情况、取得的成效、存在的问题及原因等。

（5）重大攻坚推进落实情况。重点评估重大攻坚推进情况，突出薄弱环节和关键领域的集中攻关进展情况。

（6）重大工程项目进展情况。重点评估规划明确的重大工程项目实施进展情况、对重大战略落地的支撑作用，以及落实重大工程项目与推动改革、形成体制机制的有机融合情况。

（7）是否需要对相关内容进行调整修订。对照中央重大战略部署，客观评价规划实施进展情况，综合研判国内外形势变化，深入研究论证是否需要对规划进行调整修订，按照有关程序，提出相关建议。

（四）明确组织分工与协作

规划实施情况中期评估工作，由国家发展改革委会同有关部门、地方按照职能分工共同推进。

（1）各有关部门开展的工作。各有关部门按照分工，对规划《纲要》中各自负责的相关领域的目标指标、重点任务、重大工程项目工作情况及成效进展进行全面评估，其中主要指标及重大工程项目需提供实现进度、预期展望及相关说明，一并形成评估报告。

各有关牵头部门负责对国家级重点专项规划、其他由国务院印发的专项规划、经国务院批复或同意由部门印发的国家级专项规划实施情况进行中期评估，形成评估报告。其中，国家级重点专项规划要研究制定中期评估方案，明确评估方式、主要工作节点及评估成果等。国家发展改革委与相关牵头部门加强沟通合作，通过联合调研、交流研讨、报送专题信息等方式参与重点专项规划评估工作。其他国家级专项规划也要制定切实可行、科学合理的评估方案，深入有序组织开展评估工作。

（2）各地发展改革委开展的工作。各地发展改革委对本地推进落实国家规划《纲要》主要目标任务、重大工程项目、重大改革政策情况进行全面评估，形成评估报告。同时，牵头组织协调本地区有关部门，配合做好国家规划《纲要》和国家级专项规划实施中期评估相关工作。

各地发展改革委会同各有关方面组织开展本地规划实施情况中期评估工作，形成本地规划《纲要》实施情况中期评估报告报送本级人民政府，并抄报国家发展改革委。

第四节　发展规划实施

一、明确实施责任主体

（一）明确目标任务工作分工

各地区各部门根据有关职责分工，制定规划涉及本地区本部门的主要目标和任务实施方案，明确责任主体、实施时间表和路线图，确保规划各项目标任务落地。

（二）强化领导责任和实施职责

将规划重大任务落实情况和下一年度实施计划列入各地区各部门党委（党组）和政府会议年度重点事项，主要负责同志为第一责任人，班子其他成员按照分工抓好主要指标以及重大工程、重大项目、重大政策的落实工作。

（三）加强重大事项的统筹协调

充分发挥已有重大规划战略、重大改革举措、重大工程项目协调机制作用，加强协调与合作，形成更加高效的工作推进机制。

（四）发挥群团组织凝聚社会力量的重要作用

积极搭建广大人民群众有序参与规划实施的交流平台，积极推动落实规划各项保障职工、青年、妇女、未成年人、残疾人权益的目标任务，动员各方面力量推动规划落实。

二、落实重点任务

（一）确保主要指标顺利实现

将规划中可分解到地方的约束性指标落实到各地，并加快完善相关指标的统计、监测和考核办法。加强对预期性指标的跟踪分析和政策引导，确保如期完成。地方各级政府要将规划章节指标纳入工作分工、监测评估、督查考核范围。

（二）推动重大工程项目加快实施

加大对规划中重大工程项目的推进力度。国家发展改革委定期将建设工程项目实施进展情况在投资项目在线审批监管平台上发布。简化规划中重大工程项目审批核准程序并优先保障规划选址、土地供应和融资安排，具备条件的重大工程项目不再审批项目建议书。中期财政规划和年度预算要结合财力可能，统筹安排规划中重大工程项目所需财政支出。

（三）推动重大改革政策尽快落地

做好规划提出的重大改革和政策举措与中央相关工作要点、年度政府工作报告的对接工作，加强督促检查，确保按时保质完成任务。创新推动规划提出的试点示范任务，及时跟踪进展、总结经验。建立健全重大政策决策咨询协调机制，提高政策制定的系统性与协同性。

三、健全规划体系

（一）年度计划要充分体现规划年度实施重点

将总体规划提出的主要指标纳入年度计划指标体系，并做好年度间综合平衡。规划主要指标的年度实现情况以及上一年度规划总体执行情况和下一年度实施重点，都要纳入年度计划报告，按程序提交人民代表大会审议。

（二）专项规划要细化落实总体规划特定领域目标任务

根据总体规划重点领域的发展任务和战略部署，做好专项规划编制实施工作。各部门另行报批并印发实施的专项规划要加强与总体规划和重点专项规划的衔接；发展改革部门会同有关部门负责做好跨期限专项规划与总体规划的衔接工作。

（三）区域规划要细化落实总体规划特定区域目标任务

根据总体规划明确的重点区域发展任务和战略部署，相关部门和地方做好区域规划的编制实施工作。规划编制主体按年度监测评估重大区域发展战略规划实施情况。

（四）地方规划要细化落实规划涉及本地区的目标任务

地方总体规划和年度计划要与上级规划密切衔接，贯彻落实规划涉及本地区的目标任务和重大工程项目。各级政府要加强规划实施的动态监测，及时发现问题和风险，并通报上级发展改革部门等政府相关部门，每年年初将上一年度规划主要指标和重大工程、重大项目、重大政策的落实情况，以及总体规划实施情况送上级发展改革部门汇总。

四、营造实施氛围

（一）营造良好舆论环境

加强规划编制、实施、监测评估、监督考核全过程的舆论宣传，营造良好舆论氛围。创新和丰富宣传形式，及时报道规划实施新机制新做法，充分反映新进展新成效。加大规划实施国际传播力度，准确解读中国发展形势、经验与成就，广泛赢得国际社会理解和认同。

（二）激发市场主体活力

加快政府职能转变，持续推进简政放权、放管结合、优化服务改革，创新服务和监管方式，提高行政效能。推广"互联网＋政务服务"，将规划实施情况作为政务公开重要内容。着力清除市场壁垒，促进商品和要素自由有序流动、平等交换，积极营造法治化、国际化、便利化的营商环境和有利于大众创业、万众创新的良好环境。

（三）强化规划法治保障

积极推进发展规划立法工作。加快研究制定规划研究起草、执行落实、监测评估、督查等各环节工作制度和办法。强化依法合规意识，加快推动薄弱环节和领域立法。

五、强化实施监测评估

（一）加强动态监测分析

密切跟踪国内外形势变化，根据需要适时调整规划实施重点、政策举措及保障机制。加大对困难地区、薄弱环节的支持力度。针对可能存在风险的地区和重点领域，制定工作预案，防范系统性风险滋生蔓延。创新和改进统计工作，充分利用各类信息和数据资源，提高规划实施监测分析的及时性、全面性和准确性。

（二）建立年度监测评估机制

发展改革部门牵头建立规划跨年度滚动实施机制，组织开展重点任务实施情况年度评估并向政府报告。各有关部门针对本领域重点问题，适时开展专项评估。做好地方总体规划年度监测评估。逐步将重点专项规划、区域规划等各类规划实施情况纳入年度监测评估范围。充分发挥规划专家委员会工作机制作用，根据需要可委托开展第三方评估。

（三）完善中期评估和总结评估机制

规划中期评估和总结评估结果要按程序报批。地方各级政府要高度重视地方总体规划实施情况中期评估和总结评估工作，完善向本级人大常委会或财经委员会的报告机制。专项规划、区域规划等各类规划都要开展中期评估及总结评估。充分借助智库等专业资源，全面开展第三方评估。

（四）健全动态调整修订机制

基于规划监测分析及评估结果，确需对总体规划进行调整时，由发展改革部门会同有关方面提出调整方案，按程序报批后提交人大常委会审议批准。严格规范地方总体规划调整修订机制，未经法定程序批准，不得随意调整主要目标任务。专项规划、区域规划等各类规划的编制主体负责向审批主体提出修订调整建议。

六、完善监督考核机制

（一）强化人大监督作用

依法向人大常委会报告规划实施情况和中期评估报告，自觉接受人大监督，认真研究处理审议意见，及时报告整改结果。高度重视人大代表的意见建议，鼓励人大代表跟踪监督规划实施情况，充分发挥代表建议和代表专题调研、集中视察对规划实施的推动作用。

（二）完善社会监督机制

各实施责任主体要及时发布规划实施进展情况，保障社会公众知情权。畅通公众监督渠道，更好发挥各民主党派、工商联和无党派人士对规划实施的民主监督作用。充分发挥行业协会商会、贸易投资促进机构、智库等社会力量的专业化监督作用。建立利用互联网等新媒体监督规划实施的有效机制。

（三）加大督查力度

围绕规划主要目标任务及重大工程、重大项目、重大政策，强化联合督查和信息联动应用。将规划实施情况纳入政府督查内容，建立规划实施专项督查机制。各地区各部门负责组织开展地方总体规划和专项规划实施情况的督查。各级审计机关依法加强对规划实施情况的审计监督。

（四）加强规划实施考核评价

强化年度评估、中期评估、总结评估及专项评估结果的运用，将规划实施情况纳入各级领导干部考核评价体系，考核评价结果作为干部晋升和惩处的重要依据。针对各地区各部门实际，研究提出差别化、可操作的考核内容及权重。探索将规划实施考核结果与被考核责任主体绩效挂钩。

第五节　规划体制改革

一、规划体制及其改革方向

（一）规划体制的概念

规划体制是由法律法规规定的以及一系列不成文的惯例或约定俗成的做法构成的关于规划编制和实施的制度或制度性做法。规划体制改革就是对我国现行规划体系、规划理念、规划内容、编制程序、规划期、决策主体、规划实施、评估调整等环节中不符合中国特色社会主义的法律规定或惯例进行改革，解决规划编制和实施中存在的各种问题，建立适应新时代中国特色社会主义市场经济体制要求的规划体制。

（二）规划体制改革的方向

科学编制并有效实施国家发展规划，引导公共资源配置方向，规范市场主体行为，有利于保持国家战略连续性稳定性，确保一张蓝图绘到底。要加强党的领导，落实高质量发展要求，加快统一规划体系建设，理顺规划关系，完善规划管理，提高规划质量，强化政策协同，健全实施机制，加快建立制度健全、科学规范、运行有效的规划体制，构建发展规划与财政、金融等政策协调机制，更好发挥国家发展规划的战略导向作用。

二、规划体制改革的进展与重点

（一）规划体制改革进程

我国规划体制改革自"十一五"时期起加快推进，突出反映在"十一五"规划纲要编制和实施过程中，一是将"五年计划"改为"五年规划"；二是在规划理念上，坚持以人为本，促进全面、协调、可持续发展；三是在规划体系上，探索形成了三级三类的规划体系；四是在规划内容上，强化政府履行职责的领域，弱化市场调节的领域，将规划指标区分为约束性指标和预期性指标；五是在编制程序上，要求建立规范化的民主参与制度、衔接制度、论证制度、公布制度以及备案和评估制度。

"十二五"以来，特别是党的十八届三中全会以来，规划体制改革主要聚焦在两个方面，一是建立空间规划体系，划定生产、生活、生态空间开发管制界线，落实用途管制；二是推进"多规合一"，实现土地利用规划、城乡规划等有机融合，形成一个市县一本规划、一张蓝图。

（二）推进市县"多规合一"改革试点和省级空间规划试点

2014年8月，国家发展改革委、国土资源部、环境保护部、住房城乡建设部等四部委联合下发通知，开展市县"多规合一"试点工作。试点工作的主要任务是：探索"多规合一"的具体思路，研究提出可复制可推广的"多规合一"试点方案。同时，探索完善市县空间规划体系，建立相关规划衔接协调机制。具体任务是：合理确定规划期限、规划目标、规划任务以及构建市县空间规划衔接协调机制。

在市县"多规合一"试点工作基础上，2016年12月，中共中央办公厅、国务院办公厅印发了《省级空间规划试点方案》（厅字〔2016〕51号），要求以主体功能区规划为基础，全面摸清并分析国土空间本底条件，划定城镇、农业、生态等三类空间以及生态保护红线、永久基本农田、城镇开发边界等三线，注重开发强度管控和主要控制线落地，统筹各类空间性规划，编制统一的省级空间规划，为实现"多规合一"、建立健全国土空间开发保护制度积累经验、提供示范。

三、市县经济社会发展规划改革创新

（一）主要任务

（1）要创新市县经济社会发展规划，改革市场发挥作用领域的规划内容，强化政府职责领域的任务，特别是要强化空间布局，优化空间结构，将经济社会发展与优化空间布局融为一体，编制出一个统领市县发展全局的总体规划。（2）要健全规划衔接协调机制，强化市县经济社会发展总体规划的龙头地位，为城乡、土地、环保、交通等规划编制提供依据，同时要精减专项规划数量，增强专项规划编制的针对性和有效性，为贯彻落实市县经济社会发展总体规划提供支撑。

（二）总体要求

（1）创新发展理念。推动市县规划改革创新，实质是推动发展理念、发展思路的创新。当前和今后一段时期，世情、国情都在发生深刻变化，推动市县发展也要与时俱进。（2）把握总体定位。严格按照主体功能区定位推动发展，是新时期对市县发展的总体要求，也是坚持全国一盘棋思想的重要体现。各市县要从区域大背景出发，按照优化、重点、限制和禁止开发的总体要求，明确各自经济发展的主要方向，科学谋划未来的发展与布局。（3）强化空间布局。强化空间布局是增强市县整体竞争能力和可持续发展能力的重要基础，是市县规划改革创新的重要任务。要针对目前市县各类功能分区数量过多、内容繁杂、缺乏统筹、难以衔接等问题，整合优化相关规划的空间管制分区，形成一张规划布局总图，将开发与保护融为一体，作为市县长期遵循的空间开发调控蓝图。（4）转变规划思路。强化市县规划的空间内涵，是政府更好发挥规划调控作用的重要领域。要把总体发展战略和各领域发展任务与空间布局、空间管控相结合，改变将时序与空间、发展与布局相互割裂的状况。（5）优化规划期限，进一步增强市县经济社会发展总体规划的战略性和前瞻性。合理调整规划目标、规划任务的期限，既要以五年为主，又要考虑更长时期的远景发展，做到远近结合。

（三）健全市县规划衔接协调机制

（1）强化目标任务衔接。市县发展总体规划提出的目标任务，是市县发展的总体方向和要求。各部门、各领域的相关规划、行动方案、专项政策，要围绕市县经济社会发展总体规划的要求，进一步细化、具体化，形成落实总体规划的支撑。（2）强化空间布局衔接。要落实《城乡规划法》《土地管理法》《环境保护法》等法律法规的要求，以城镇、农业、生态三类空间作为规划衔接的平台，为相关规划的编制提供依据和接口。通过三类空间和细化的管制分区，形成综合与专项相结合的空间管控体系。（3）强化政策衔接。围绕市县发展总体规划提出的经济社会发展政策方向和空间开发布局的重点，加大部门间政策制定和实施的协调配合力度，完善相关专项规划、行动方案和专项政策，形成具体操作性措施。

四、省级空间规划改革

（一）主要目标

（1）形成一套规划成果。在统一不同坐标系的空间规划数据前提下，有效解决各类规划之间的矛盾冲突问题，编制形成省级空间规划总图和空间规划文本。（2）研究一套技术规程。研究提出适用于全国的省级空间规划编制办法，资源环境承载能力和国土空间开发适宜性评价、开发强度测算、"三区三线"划定等技术规程，以及空间规划用地、用海、用岛分类标准、综合管控措施等基本规范。（3）设计一个信息平台。研究提出基于 2000 国家大地坐标系的规划基础数据转换办法，以及有利于空间开发数字化管控和项目审批核准并联运行的规划信息管理平台设计方案。（4）提出一套改革建议。研究提出规划管理体制机制改革创新和相关法律法规立改废释的具体建议。

（二）主要任务

（1）明晰规划思路。遵循国土开发与承载能力相匹配、集聚开发与均衡发展相协调、分类保护与综合整治相促进、资源节约与环境友好相统一的理念和方法，健全国土空间用途管制制度，优化空间组织和结构布局，提高发展质量和资源利用效率，形成可持续发展的美丽国土空间。（2）统一规划基础。统一规划期限，空间规划期限设定为 2030 年。统一基础数据，完成各类空间基础数据坐标转换，建立空间规划基础数据库。统一用地分类，形成空间规划用地分类标准。统一目标指标，综合各类空间性规划核心管控要求，科学设计空间规划目标指标体系。统一管控分区，以"三区三线"为基础，整合形成协调一致的空间管控分区。（3）开展基础评价。开展陆海全覆盖的资源环境承载能力基础评价和针对不同主体功能定位的差异化专项评价，以及国土空间开发网格化适宜性评价。结合现状地表分区、土地权属，分析并找出需要生态保护、利于农业生产、适宜城镇发展的单元地块，划分适宜等级并合理确定规模，为划定"三区三线"奠定基础。将环境影响评价作为优化空间布局的重要技术方法，增强空间规划的环境合理性和协调性。（4）绘制规划底图。根据不同主体功能定位，综合考虑经济社会发展、产业布局、人口集聚趋势，以及永久基本农田、各类自然保护地、重点生态功能区、生态环境敏感区和脆弱区保护等底线要求，科学测算城镇、农业、生态三类空间比例和开发强度指标。采取自上而下（省级层面向市县层面下达管控指标和要求）和自下而上（市县层面分解落实指标要求并报省级层面统筹校验汇总）相结合的方式，划定"三区三线"，并以"三区三线"为载体，合理整合协调各部门空间管控手段，绘制形成空间规划底图。（5）编制空间规划。重点围绕基础设施互联互通、生态环境共治共保、城镇密集地区协同规划建设、公共服务设施均衡配置等方面的发展要求，统筹协调平衡跨行政区域的空间布局安排，并在空间规划底图上进行有机叠加，形成空间布局总图。在空间布局总图基础上，系统整合各类空间性规划核心内容，编制省级空间规划。（6）搭建信息平台。整合各部门现有空间管控信息管理平台，搭建基础数据、目标指标、空间坐标、技术规范统一衔接共享的空间规划信息管理平台，为规划编制提供辅助决策支持，对规划实施进行数字化监测评估，实现各类投资项目和涉及军事设施建设项目空间管控部门并联审批核准，提高行政审批效率。

第十章　主体功能区规划

　　编制实施主体功能区规划是深入贯彻落实科学发展观的重大战略举措，对于推进形成人口、经济和资源环境相协调的国土空间开发格局，加快转变经济发展方式，促进经济长期平稳较快发展和社会和谐稳定，实现全面建成小康社会目标和社会主义现代化建设长远目标，具有重要战略意义。本章介绍了主体功能区规划的相关概念与编制要求，主体功能区规划编制的主要工作内容，主体功能区相关政策，以及《全国主体功能区规划》的主要内容。

第一节　相关概念与要求

一、相关概念

（一）开发

　　主体功能区规划的优化开发、重点开发、限制开发、禁止开发中的"开发"，特指大规模高强度的工业化城镇化开发。

　　限制开发，特指限制大规模高强度的工业化城镇化开发，并不是限制所有的开发活动。对农产品主产区，要限制大规模高强度的工业化城镇化开发，但仍要鼓励农业开发；对重点生态功能区，要限制大规模高强度的工业化城镇化开发，但仍允许一定程度的能源和矿产资源开发。将一些区域确定为限制开发区域，并不是限制发展，而是为了更好地保护这类区域的农业生产力和生态产品生产力，实现科学发展。

（二）主体功能

　　一定的国土空间具有多种功能，但必有一种功能居于主要地位、发挥主要作用，这个功能就是主体功能。就一定空间单元提供产品的类别而言，要么是以提供工业品和服务产品为主体功能，要么是以提供农产品为主体功能，要么是以提供生态产品为主体功能。

　　主体功能并不排斥其他功能，但若主次不分也会带来不良后果。在生态空间，若把提供农产品当作主体功能，把提供生态产品当作次要功能，就会损害提供生态产品的能力；在农业空间把提供工业品作为主体功能，把提供农产品作为次要功能，就会损害提供农产品的能力等等。近年来开展的退耕还林、退牧还草、退耕还湖，在一定意义上就是将以提供农产品为主体功能的区域，调整或修复为以提供生态产品为主体功能的区域。

（三）主体功能区划分

　　主体功能区规划将我国国土空间分为以下主体功能区：按开发方式，分为优化开发区域、重点开发区域、限制开发区域和禁止开发区域；按开发内容，分为城市化地区、农产品主产区和重点生态功能区；按层级，分为国家和省级两个层面。

优化开发区域、重点开发区域、限制开发区域和禁止开发区域，是基于不同区域的资源环境承载能力、现有开发强度和未来发展潜力，以是否适宜或如何进行大规模高强度工业化城镇化开发为基准划分的。

城市化地区、农产品主产区和重点生态功能区，是以提供主体产品的类型为基准划分的。城市化地区是以提供工业品和服务产品为主体功能的地区，也提供农产品和生态产品；农产品主产区是以提供农产品为主体功能的地区，也提供生态产品、服务产品和部分工业品；重点生态功能区是以提供生态产品为主体功能的地区，也提供一定的农产品、服务产品和工业品。

各类主体功能区，在全国经济社会发展中具有同等重要的地位，只是主体功能不同，开发方式不同，保护内容不同，发展首要任务不同，国家支持重点不同。对城市化地区主要支持其集聚人口和经济，对农产品主产区主要支持其增强农业综合生产能力，对重点生态功能区主要支持其保护和修复生态环境。

（四）优化、重点、限制和禁止开发区域

优化开发区域是经济比较发达、人口比较密集、开发强度较高、资源环境问题更加突出，从而应该优化进行工业化城镇化开发的城市化地区。

重点开发区域是有一定经济基础、资源环境承载能力较强、发展潜力较大、集聚人口和经济的条件较好，从而应该重点进行工业化城镇化开发的城市化地区。优化开发和重点开发区域都属于城市化地区，开发内容总体上相同，开发强度和开发方式不同。

限制开发区域分为两类：一类是农产品主产区，即耕地较多、农业发展条件较好，尽管也适宜工业化城镇化开发，但从保障国家农产品安全以及中华民族永续发展的需要出发，必须把增强农业综合生产能力作为发展的首要任务，从而应该限制进行大规模高强度工业化城镇化开发的地区；一类是重点生态功能区，即生态系统脆弱或生态功能重要，资源环境承载能力较低，不具备大规模高强度工业化城镇化开发的条件，必须把增强生态产品生产能力作为首要任务，从而应该限制进行大规模高强度工业化城镇化开发的地区。

禁止开发区域是依法设立的各级各类自然文化资源保护区域，以及其他禁止进行工业化城镇化开发、需要特殊保护的重点生态功能区。国家层面禁止开发区域，包括国家级自然保护区、世界文化自然遗产、国家级风景名胜区、国家森林公园和国家地质公园。省级层面的禁止开发区域，包括省级及以下各级各类自然文化资源保护区域、重要水源地以及其他省级人民政府根据需要确定的禁止开发区域。

（五）开发强度

国土开发强度是指经济、人口活动消耗的国土资源占总国土资源的比例，具体定义为非农业经济与人口活动所占用的国土面积（即建设用地面积）占国土面积的比例。

开发强度是优化、调整空间结构最重要的指标。各类主体功能区都必须严格控制开发强度，防止工业化城镇化对耕地和绿色生态空间的过度侵蚀，保证绝大部分国土作为保障生态安全和农产品供给安全的空间。

（六）生态产品

生态产品特指维系生态安全、保障生态调节功能、维护良好人居环境的自然要素，包括清新空气、清洁水源、宜人气候和舒适环境等。生态产品同农产品、工业品和服务产品一样，都是人类生存发展所必需的产品。

推进形成主体功能区，必须确立生态产品的概念。重点生态功能区的主体功能是提供生态产品，主要表现为吸收二氧化碳，制造氧气，涵养水源，保持水土，净化水质，防风固沙，调节气候，清洁空气，减少噪音，吸附粉尘，保护生物多样性，减轻洪涝灾害等的能力。

二、相关要求

（一）开发理念

1. 根据自然条件适宜性开发的理念

不同的国土空间，自然状况不同。海拔很高、地形复杂、气候恶劣以及其他生态脆弱或生态功能重要的区域，并不适宜大规模高强度的工业化城镇化开发，有的区域甚至不适宜高强度的农牧业开发。否则，将对生态系统造成破坏，对提供生态产品的能力造成损害。因此，必须尊重自然、顺应自然，根据不同国土空间的自然属性确定不同的开发内容。

2. 区分主体功能的理念

一定的国土空间具有多种功能，但必有一种主体功能。从提供产品的角度划分，或者以提供工业品和服务产品为主体功能，或者以提供农产品为主体功能，或者以提供生态产品为主体功能。在关系全局生态安全的区域，应把提供生态产品作为主体功能，把提供农产品和服务产品及工业品作为从属功能，否则，就可能损害生态产品的生产能力。比如，草原的主体功能是提供生态产品，若超载过牧，就会造成草原退化沙化。在农业发展条件较好的区域，应把提供农产品作为主体功能，否则，大量占用耕地就可能损害农产品的生产能力。因此，必须区分不同国土空间的主体功能，根据主体功能定位确定开发的主体内容和发展的主要任务。

3. 根据资源环境承载能力开发的理念

不同国土空间的主体功能不同，因而集聚人口和经济的规模不同。生态功能区和农产品主产区由于不适宜或不应该进行大规模高强度的工业化城镇化开发，因而难以承载较多消费人口。在工业化城镇化的过程中，必然会有一部分人口主动转移到就业机会多的城市化地区。同时，人口和经济的过度集聚以及不合理的产业结构也会给资源环境、交通等带来难以承受的压力。因此，必须根据资源环境中的"短板"因素确定可承载的人口规模、经济规模以及适宜的产业结构。

4. 控制开发强度的理念

我国不适宜工业化城镇化开发的国土空间占很大比重。平原及其他自然条件较好的国土空间尽管适宜工业化城镇化开发，但这类国土空间更加适宜发展农业，为保障农产品供给安全，不能过度占用耕地推进工业化城镇化。由此决定了我国可用来推进工业化城镇化的国土空间并不宽裕。即使是城市化地区，也要保持必要的耕地和绿色生态空间，在一定程度上满足当地人口对农产品和生态产品的需求。因此，各类主体功能区都要有节制地开发，保持适当的开发强度。

5. 调整空间结构的理念

空间结构是城市空间、农业空间和生态空间等不同类型空间在国土空间开发中的反映，是经济结构和社会结构的空间载体。空间结构的变化在一定程度上决定着经济发展方式及资源配置效率。从总量上看，目前我国的城市建成区、建制镇建成区、独立工矿区、农村居民点和各类开发区的总面积已经相当大，但空间结构不合理，空间利用效率不高。因此，必须把调整空间结构纳入经济结构调整的内涵中，把国土空间开发的着力点从占用土地为主转到调整和优化空间结构、提高空间利用效率上来。

6. 提供生态产品的理念

人类需求既包括对农产品、工业品和服务产品的需求，也包括对清新空气、清洁水源、宜人气候等生态产品的需求。从需求角度，这些自然要素在某种意义上也具有产品的性质。保护和扩大自然界提供生态产品能力的过程也是创造价值的过程，保护生态环境、提供生态产品的活动也是发展。总体上看，我国提供工业品的能力迅速增强，提供生态产品的能力却在减弱，而随着人民生活水平的提高，人们对生态产品的需求在不断增强。因此，必须把提供生态产品作为发展的重要内容，把增强生态产品生产能力作为国土空间开发的重要任务。

（二）重大关系

推进形成主体功能区，应处理好以下重大关系：

1. 主体功能与其他功能的关系

主体功能不等于唯一功能。明确一定区域的主体功能及其开发的主体内容和发展的主要任务，并不排斥该区域发挥其他功能。优化开发区域和重点开发区域作为城市化地区，主体功能是提供工业品和服务产品，集聚人口和经济，但也必须保护好区域内的基本农田等农业空间，保护好森林、草原、水面、湿地等生态空间，也要提供一定数量的农产品和生态产品。限制开发区域作为农产品主产区和重点生态功能区，主体功能是提供农产品和生态产品，保障国家农产品供给安全和生态系统稳定，但也允许适度开发能源和矿产资源，允许发展那些不影响主体功能定位、当地资源环境可承载的产业，允许进行必要的城镇建设。对禁止开发区域，要依法实施强制性保护。政府从履行职能的角度，对各类主体功能区都要提供公共服务和加强社会管理。

2. 主体功能区与农业发展的关系

把农产品主产区作为限制进行大规模高强度工业化城镇化开发的区域，是为了切实保护这类农业发展条件较好区域的耕地，使之能集中各种资源发展现代农业，不断提高农业综合生产能力。同时，也可以使国家强农惠农的政策更集中地落实到这类区域，确保农民收入不断增长，农村面貌不断改善。此外，通过集中布局、点状开发，在县城适度发展非农产业，可以避免过度分散发展工业带来的对耕地过度占用等问题。

3. 主体功能区与能源和矿产资源开发的关系

能源和矿产资源富集的地区，往往生态系统比较脆弱或生态功能比较重要，并不适宜大规模高强度的工业化城镇化开发。能源和矿产资源开发，往往只是"点"的开发，主体功能区中的工业化城镇化开发，更多地是"片"的开发。将一些能源和矿产资源富集的区域确定为限制开发区域，并不是要限制能源和矿产资源的开发，而是应该按照该区域的主体功能定位实行"点上开发、面上保护"。

4. 主体功能区与区域发展总体战略的关系

推进形成主体功能区是为了落实好区域发展总体战略，深化细化区域政策，更有力地支持区域协调发展。把环渤海、长江三角洲、珠江三角洲地区确定为优化开发区域，就是要促进这类人口密集、开发强度高、资源环境负荷过重的区域，率先转变经济发展方式，促进产业转移，从而也可以为中西部地区腾出更多发展空间。把中西部地区一些资源环境承载能力较强、集聚人口和经济条件较好的区域确定为重点开发区域，是为了引导生产要素向这类区域集中，促进工业化城镇化，加快经济发展。把西部地区一些不具备大规模高强度工业化城镇化开发条件的区域确定为限制开发的重点生态功能区，是为了更好地保护这类区域的生态产品生产力，使国家支持生态环境保护和改善民生的政策能更集中地落实到这类区域，尽快改善当地公共服务和人民生活条件。

5. 政府与市场的关系

推进形成主体功能区，是政府对国土空间开发的战略设计和总体谋划，体现了国家战略意图，是确保中华民族长远发展的战略需要。主体功能区的划定，是按照自然规律和经济规律，根据资源环境承载能力综合评价，在各地区各部门充分沟通协调基础上确定的。促进主体功能区的形成，要正确处理好政府与市场的关系，既要发挥政府的科学引导作用，更要发挥市场配置资源的决定性作用。政府在推进形成主体功能区中的主要职责是，明确主体功能定位并据此配置公共资源，完善法律法规和区域政策，综合运用各种手段，引导市场主体根据相关区域主体功能定位，有序进行开发，促进经济社会全面协调可持续发展。优化开发和重点开发区域主体功能定位的形成，主要依靠市场机制发挥作用，政府主要是通过编制规划和制定政策，引导生产要素向这类区域集聚。限制开发和禁止开发区域主体功能定位的形成，要通过健全法律法规和规划体系来约束不符合主体功能定位的开发行为，通过建立补偿机制引导地方人民政府和市场主体自觉推进主体功能建设。

6. 主体功能区规划与其他规划的关系

全国主体功能区规划是战略性、基础性、约束性的规划，是国民经济和社会发展总体规划、人口规划、区域规划、城市规划、土地利用规划、环境保护规划、生态建设规划、流域综合规划、水资源综合规划、海洋功能区划、海域使用规划、粮食生产规划、交通规划、防灾减灾规划等在空间开发和布局的基本依据。同时，编制全国主体功能区规划要以上述规划和其他相关规划为支撑，并在政策、法规和实施管理等方面做好衔接工作。

（三）开发原则

推进形成主体功能区，要坚持以人为本，把提高全体人民的生活质量、增强可持续发展能力作为基本原则。各类主体功能区都要推动科学发展，但不同主体功能区在推动科学发展中的主体内容和主要任务不同。根据主体功能定位推动发展，就是深入贯彻落实科学发展观、坚持把发展作为第一要务的现实行动。城市化地区要把增强综合经济实力作为首要任务，同时要保护好耕地和生态；农产品主产区要把增强农业综合生产能力作为首要任务，同时要保护好生态，在不影响主体功能的前提下适度发展非农产业；重点生态功能区要把增强提供生态产品能力作为首要任务，同时可适度发展不影响主体功能的适宜产业。

具体开发原则包括：（1）优化结构。要将国土空间开发从占用土地的外延扩张为主，转向调整优化空间结构为主。（2）保护自然。要按照建设环境友好型社会的要求，根据国土空间的不同特点，以保护自然生态为前提、以水土资源承载能力和环境容量为基础进行有度有序开发，走人与自然和谐的发展道路。（3）集约开发。要按照建设资源节约型社会的要求，把提高空间利用效率作为国土空间开发的重要任务，引导人口相对集中分布、经济相对集中布局，走空间集约利用的发展道路。（4）协调开发。要按照人口、经济、资源环境相协调以及统筹城乡发展、统筹区域发展的要求进行开发，促进人口、经济、资源环境的空间均衡。（5）陆海统筹。要根据陆地国土空间与海洋国土空间的统一性，以及海洋系统的相对独立性进行开发，促进陆地国土空间与海洋国土空间协调开发。

第二节　主体功能区规划编制工作的主要内容

一、开展国土空间综合评价

编制主体功能区规划，首先要对国土空间进行客观分析评价。科学确定指标体系，利用遥感、地理信息等空间分析技术和手段，对规划地区的所有国土空间进行综合分析评价，作为确定主体功能区的基本依据。分析评价采用统一的指标体系，统筹考虑以下因素：

1. 资源环境承载能力

资源环境承载能力是在自然生态环境不受危害并维系良好生态系统的前提下，特定区域的资源禀赋和环境容量所能承载的经济规模和人口规模。主要包括：水、土地等资源的丰裕程度，水和大气等的环境容量，水土流失和沙漠化等的生态敏感性，生物多样性和水源涵养等的生态重要性，地质、地震、气候、风暴潮等自然灾害频发程度等。

2. 现有开发密度

主要指区域工业化、城镇化的程度，包括土地资源、水资源开发强度等。

3. 发展潜力

发展潜力就是基于一定资源环境承载能力，区域的潜在发展能力，包括经济社会发展基础、科技教育水平、区位条件、历史和民族等地缘因素，以及国家和地区的战略取向等。

二、确定区域主体功能定位

在分析评价的基础上，根据人口居住、交通和产业发展等对空间需求的预测以及对未来国土空间变动趋势的分析，在国家和省级主体功能区规划中确定各类主体功能区的数量、位置和范围。明确各个主体功能区的定位、发展方向、开发时序、管制原则等。

国家层面的四类主体功能区不覆盖全部国土，优化开发、重点开发和限制开发区域原则上以县级行政区为基本单元，禁止开发区域按照法定范围或自然边界确定；按照区域发展总体战略和推进形成主体功能区的总体要求，阐明推进形成主体功能区的指导方针、主要目标、开发战略等，提出确定省级主体功能区的主要原则，以及市、县级行政区在推进形成主体功能区中的主要职责。

省级主体功能区规划要根据国家主体功能区规划，将行政区内国家层面的主体功能区确定为相同类型的区域，保证数量、位置和范围的一致性。对行政区内国家层面主体功能区以外的国土空间，要根据国家确定的原则，结合本地区实际确定省级主体功能区，原则上以县级行政区为基本单元；以农业为主的地区，原则上要确定为限制开发区域；位于省级行政区边界、均质性较强的区域，相邻省应确定为同一类型的主体功能区；沿海省区陆地主体功能区与海洋主体功能区要相互衔接，主体功能定位要相互协调；对重点开发区域要区分近期、中期和远期的开发时序；矿产资源丰富但生态环境承载能力较弱的区域，可以适度开发矿产资源，但原则上应确定为限制开发区域；依法设立的省级各类自然文化保护区域要确定为禁止开发区域。

三、明确区域空间开发战略

制定一个区域的发展战略，是一项系统工程，必须对区情开展全面系统的研究和把握，在此基础上提出初步的战略方案，并通过广泛讨论、多方论证和行政机关乃至立法机关的逐级审查，才能最终形成可实施的区域发展战略。主体功能区规划提出的战略是推进形成主体功能区的最高纲领，是编制实施主体功能区规划和区域政策的基本依据。通过实施区域空间开发战略，形成城市化战略格局、生态战略格局、农业战略格局。

1.城市化战略格局

明确大规模工业化和城市化的区域，优化开发区域和重点开发区域的布局，以及人口布局。

2.生态战略格局

根据主体功能区划确定的重点生态功能区和禁止开发区域范围，以此为重点加强生态建设和环境保护，加大财政转移支付，限制大规模的开发活动，优先建设基本公共服务设施，大力发展生态经济，构建生态安全格局。

3.农业战略格局

重点是根据农业生产条件的比较优势，构建区域农产品布局，确保主要农产品供给安全。

四、制定空间开发和管制措施

1.明确各个主体功能区的定位和发展方向

优化开发区域着重明确其引领本地区经济社会发展的作用，确定经济社会发展的转换模式，确定提升产业结构层次、增强自主创新能力、优化城镇建设用地、改善人居环境、促进社会和谐发展、加强环境保护的方向。重点开发区域着重明确其支撑本地区经济社会发展的作用，确定推进工业化和城镇化的模式，确定人口规模愿景、产业发展类型、城镇体系空间结构和基础设施支撑体系的布局框架，提出环境保护的措施。限制开发区域着重明确生态保障或食物安全等主体功能建设的目标和重点，选择与主体功能建设协调的区域经济发展模式，确定基本公共服务体系建设的目标与重点内容，提出严格限制不符合主体功能方向的产业发展的措施。依法保护各类禁止开发区域，严格规范其经济社会活动。

2.明确各功能区的空间管制与开发时序

规划重点是合理控制建设用地的增长速度、比重和分布。原则上，优化开发区域用于城镇和工业建设的用地规模增长速度应低于重点开发区域。严格控制优化开发区域城镇和工业建设用地比重的增长速度，在远期应逐步趋于缓慢增长和零增长。根据资源环境压力和经济社会发展水平的变化，对重点开发区域城镇和工业建设用地比重的增长速度应分阶段予以控制。严格控制限制开发区域建设用地的扩张，严格保护限制开发区域的基本农田。按照法规核定禁止开发区域中各类保护区核心区域、缓冲区域和外围区域的界线，并确定国土空间开发利用的管制原则与措施。

五、制定区域政策与绩效评价方向

制定和完善相关配套政策，建立健全有利于推进形成主体功能区的绩效考核评价体系，是实施主体功能区规划，实现主体功能区定位的关键，也是主体功能区规划编制的重要内容。

1. 财政政策

以实现基本公共服务均等化为目标，完善中央和省以下财政转移支付制度，重点增加对限制开发和禁止开发区域用于公共服务和生态环境补偿的财政转移支付。

2. 投资政策

逐步实行按主体功能区与领域相结合的投资政策，政府投资重点支持限制开发、禁止开发区域公共服务设施建设、生态建设和环境保护，支持重点开发区域基础设施建设。

3. 产业政策

按照推进形成主体功能区的要求，研究提出不同主体功能区的产业指导目录及措施，引导优化开发区域增强自主创新能力，提升产业结构层次和竞争力；引导重点开发区域加强产业配套能力建设，增强吸纳产业转移和自主创新能力；引导限制开发区域发展特色产业，限制不符合主体功能定位的产业扩张。

4. 土地政策

按照主体功能区的有关要求，依据土地利用总体规划，实行差别化的土地利用政策，确保18亿亩耕地数量不减少、质量不下降。对优化开发区域实行更严格的建设用地增量控制，适当扩大重点开发区域建设用地供给，严格对限制开发区域和禁止开发区域的土地用途管制，严禁改变生态用地用途。

5. 人口管理政策

按照主体功能定位调控人口总量，引导人口有序流动，逐步形成人口与资金等生产要素同向流动的机制。鼓励优化开发区域、重点开发区域吸纳外来人口定居落户；引导限制开发和禁止开发区域的人口逐步自愿平稳有序转移，缓解人与自然关系紧张的状况。

6. 环境保护政策

根据不同主体功能区的环境承载能力，提出分类管理的环境保护政策。优化开发区域要实行更严格的污染物排放和环保标准，大幅度减少污染排放；重点开发区域要保持环境承载能力，做到增产减污；限制开发区域要坚持保护优先，确保生态功能的恢复和保育；禁止开发区域要依法严格保护。

7. 绩效评价和政绩考核

针对主体功能区不同定位，实行不同的绩效评价指标和政绩考核办法。优化开发区域要强化经济结构、资源消耗、自主创新等的评价，弱化经济增长的评价；重点开发区域要对经济增长、质量效益、工业化和城镇化水平以及相关领域的自主创新等实行综合评价；限制开发区域要突出生态建设和环境保护等的评价，弱化经济增长、工业化和城镇化水平的评价；禁止开发区域主要评价生态建设和环境保护。

六、提出实施规划的保障措施

主体功能区规划要明确政府有关部门推进主体功能区规划实施的职责。明确政府编制主体功能区规划，推动主体功能区规划实施，指导和检查下级的规划落实等方面的职责。明确建立国土空间动态监测管理系统并开展规划实施情况监测、分析和评估的任务。

第三节　主体功能区相关政策

一、完善主体功能区战略和制度

(一) 战略取向

推进主体功能区建设，是党中央、国务院作出的重大战略部署，是我国经济发展和生态环境保护的大战略，要坚持保护优先、坚持以承载力为基础、坚持差异化协同发展、坚持生态就是生产力、坚持统筹陆海空间等战略取向。

(二) 落实主体功能区战略格局

完善主体功能区战略和制度，关键要在严格执行主体功能区规划基础上，将国家和省级层面主体功能区战略格局在市县层面精准落地。

(三) 健全各类主体功能区空间发展长效机制

优化开发区、重点开发区、农产品主产区和重点生态功能区等各类功能区要根据不同的主体功能定位，明确不同的发展导向，形成不同的空间开发保护格局和空间发展模式，采取不同的空间管治措施和不同的海域保护利用政策措施。

二、建立资源环境承载能力监测预警长效机制

(一) 管控机制

(1) 资源环境承载能力等级划分。资源环境承载能力分为超载、临界超载、不超载三个等级，根据资源环境耗损加剧与趋缓程度，进一步将超载等级分为红色和橙色两个预警等级、临界超载等级分为黄色和蓝色两个预警等级、不超载等级确定为绿色无警等级，预警等级从高到低依次为红色、橙色、黄色、蓝色、绿色。

(2) 奖惩措施的运用。对红色预警区、绿色无警区以及资源环境承载能力预警等级降低或者提高的地区，分别实行对应的综合奖惩措施。对从临界超载恶化为超载的地区，参照红色预警区综合配套措施进行处理；对从不超载恶化为临界超载的地区，参照超载地区水资源、土地资源、环境、生态、海域等单项管控措施酌情进行处理，必要时可参照红色预警区综合配套措施进行处理；对从超载转变为临界超载或者从临界超载转变为不超载的地区，实施不同程度的奖励性措施。

(3) 对红色预警区的惩处措施。对红色预警区，针对超载因素实施最严格的区域限批，依法暂停办理相关行业领域新建、改建、扩建项目审批手续，明确导致超载产业退出的时间表，实行城镇建设用地减量化；对现有严重破坏资源环境承载能力、违法排污破坏生态资源的企业，依法限制生产、停产整顿，并依法依规采取罚款、责令停业、关闭以及将相关责任人移送行政拘留等措施从严惩处，构成犯罪的依法追究刑事责任；对监管不力的政府部门负责人及相关责任人，根据情节轻重实施行政处分直至追究刑事责任；对在生态环境和资源方面造成严重破坏负有责任的

干部，不得提拔使用或者转任重要职务，视情况给予诫勉、责令公开道歉、组织处理或者党纪政纪处分；当地政府要根据超载因素制定系统性减缓超载程度的行动方案，限期退出红色预警区。

（4）对绿色无警区的奖励措施。对绿色无警区，研究建立生态保护补偿机制和发展权补偿制度，鼓励符合主体功能定位的适宜产业发展，加大绿色金融倾斜力度，提高领导干部生态文明建设目标评价考核权重。

（5）单项管控措施。实施水资源管控措施、土地资源管控措施、环境管控措施、生态管控措施、海域管控措施等单项管控措施，根据各超载因素的超载、临界超载、不超载情况实施不同的奖惩措施。

（二）管理机制

（1）建设监测预警数据库和信息技术平台。协同布局监测站网，规范监测标准和数据处理。建设监测预警数据库和监测预警分析发布平台。

（2）建立一体化监测预警评价机制。运用资源环境承载能力监测预警信息技术平台，动态了解和监测预警资源环境承载能力变化情况。建立监测预警结论形成、发布和应急协同机制。

（3）建立监测预警评价结论统筹应用机制。将资源环境承载能力监测预警评价结论作为编制实施发展规划和空间规划的依据，并纳入领导干部绩效考核体系。

（4）建立政府与社会协同监督机制。充分发挥行政手段，扩大公众参与，协同推进资源环境承载能力监测预警以及超载治理。

三、健全生态保护补偿机制

（一）分领域重点任务

（1）森林。健全国家和地方公益林补偿标准动态调整机制。完善以政府购买服务为主的公益林管护机制。合理安排停止天然林商业性采伐补助奖励资金。

（2）草原。扩大退牧还草工程实施范围，适时研究提高补助标准，逐步加大对人工饲草地和牲畜棚圈建设的支持力度。实施新一轮草原生态保护补助奖励政策，根据牧区发展和中央财力状况，合理提高禁牧补助和草畜平衡奖励标准。充实草原管护公益岗位。

（3）湿地。稳步推进退耕还湿试点，适时扩大试点范围。探索建立湿地生态效益补偿制度，率先在国家级湿地自然保护区、国际重要湿地、国家重要湿地开展补偿试点。

（4）荒漠。开展沙化土地封禁保护试点，将生态保护补偿作为试点重要内容。加强沙区资源和生态系统保护，完善以政府购买服务为主的管护机制。研究制定鼓励社会力量参与防沙治沙的政策措施，切实保障相关权益。

（5）海洋。完善捕捞渔民转产转业补助政策，提高转产转业补助标准。继续执行海洋伏季休渔渔民低保制度。健全增殖放流和水产养殖生态环境修复补助政策。研究建立国家级海洋自然保护区、海洋特别保护区生态保护补偿制度。

（6）水流。在江河源头区、集中式饮用水水源地、重要河流敏感河段和水生态修复治理区、水产种质资源保护区、水土流失重点预防区和重点治理区、大江大河重要蓄滞洪区以及具有重要饮用水源或重要生态功能的湖泊，全面开展生态保护补偿，适当提高补偿标准。加大水土保持生态效益补偿资金筹集力度。

（7）耕地。完善耕地保护补偿制度。建立以绿色生态为导向的农业生态治理补贴制度，对在地下水漏斗区、重金属污染区、生态严重退化地区实施耕地轮作休耕的农民给予资金补助。扩大新一轮退耕还林还草规模，逐步将 25 度以上陡坡地退出基本农田，纳入退耕还林还草补助范围。研究制定鼓励引导农民施用有机肥料和低毒生物农药的补助政策。

（二）推进体制机制创新

按照权责统一、合理补偿，政府主导、社会参与，统筹兼顾、转型发展，试点先行、稳步实施的原则，不断完善转移支付制度，探索建立多元化生态保护补偿机制，逐步扩大补偿范围，合理提高补偿标准，有效调动全社会参与生态环境保护的积极性，促进生态文明建设迈上新台阶。

生态保护补偿体制机制创新的主要内容包括：建立稳定投入机制，完善重点生态区域补偿机制，推进横向生态保护补偿，健全配套制度体系，创新政策协同机制，结合生态保护补偿推进精准脱贫以及加快推进法制建设等。

四、实施主体功能区环境政策

（一）禁止开发区域环境政策

按照依法管理、强制保护的原则，执行最严格的生态环境保护措施，保持环境质量的自然本底状况，恢复和维护区域生态系统结构和功能的完整性，保持生态环境质量、生物多样性状况和珍稀物种的自然繁衍，保障未来可持续生存发展空间。

具体包括优化保护区管理体制机制，严控各类开发建设活动，持续推进生态保护补偿及考核评价制等政策。

（二）重点生态功能区环境政策

按照生态优先、适度发展的原则，着力推进生态保育，增强区域生态服务功能和生态系统的抗干扰能力，夯实生态屏障，坚决遏制生态系统退化的趋势。保持并提高区域的水源涵养、水土保持、防风固沙、生物多样性维护等生态调节功能，保障区域生态系统的完整性和稳定性，土壤环境维持自然本底水平。水源涵养和生物多样性维护型重点生态功能区水质达到地表水、地下水 I 类，空气质量达到一级；水土保持型重点生态功能区的水质达到 II 类，空气质量达到二级；防风固沙型重点生态功能区的水质达到 II 类，空气质量得到改善。

具体包括划定并严守生态保护红线，实行更加严格的产业准入标准，切实落实环境分区管治等政策。

（三）农产品主产区环境政策

按照保障基本、安全发展的原则，优先保护耕地土壤环境，保障农产品主产区的环境安全，改善农村人居环境，农村区域达到《环境空气质量标准》（GB3095－2012）二级标准；主要水产渔业生产区中珍稀水生生物栖息地、鱼虾类产卵场、仔稚幼鱼的索饵场等地表水达到《地表水环境质量标准》Ⅱ类要求，其他水产渔业生产区达到《地表水环境质量标准》Ⅲ类要求，并满足《渔业水质标准》，地下水达到《地下水质量标准》相关要求；农田灌溉用水应满足《农田灌溉水质标准》，严格控制重金属类污染物和有毒物质；重点粮食蔬菜产地执行《食用农产品产地环境质量评价标准》和《温室蔬菜产地环境质量评价标准》要求，一般农田土壤达到《土壤环境质量标准》二级标准。

具体包括开展农村环境连片综合整治，加强土壤环境治理，建立环境质量监测网络与考评机制等政策。

（四）重点开发区域环境政策

按照强化管治、集约发展的原则，加强环境管理与管治，大幅降低污染物排放强度，改善环境质量。一般城镇和工业区环境空气质量达到《环境空气质量标准》（GB3095－2012）二级标准。地表水环境达到《地表水环境质量标准》相关要求，集中式生活饮用水地表水源地一级保护区应达到Ⅱ类标准及补充和特定项目要求，集中式生活饮用水地表水源地二级保护区及准保护区应达到Ⅲ类标准及补充和特定项目要求，工业用水应达到Ⅳ类标准，景观用水应达到Ⅴ类标准，纳污水体要求不影响下游水体功能，地下水达到《地下水质量标准》相关要求。土壤环境达到《土壤环境质量标准》和土壤环境风险评估规范确定的目标要求。

具体包括切实加强城市环境管理，深化主要污染物排放总量控制和环境影响评价制度，加强环境综合整治，强化环境风险管理等政策。

（五）优化开发区域环境政策

按照严控污染、优化发展的原则，引导城市集约紧凑、绿色低碳发展，减少工矿建设空间和农村生活空间，扩大服务业、交通、城市居住、公共设施空间，扩大绿色生态空间。一般城镇和工业区环境空气质量达到《环境空气质量标准》（GB3095－2012）二级标准。地表水环境达到《地表水环境质量标准》相关要求，集中式生活饮用水地表水源地一级保护区应达到Ⅱ类标准及补充和特定项目要求，集中式生活饮用水地表水源地二级保护区及准保护区应达到Ⅲ类标准及补充和特定项目要求，工业用水应达到Ⅳ类标准，景观用水应达到Ⅴ类标准，纳污水体要求不影响下游水体功能，地下水达到《地下水质量标准》相关要求。土壤环境达到《土壤环境质量标准》和土壤环境风险评估规范确定的目标要求。

具体包括加强城市环境质量管理，严格污染物排放总量控制制度，推行环保负面清单制度，切实落实环境分区管治等政策。

第四节　《全国主体功能区规划》概要

一、规划背景

（一）自然状况

《全国主体功能区规划》从地形、气候、植被、灾害、海洋等方面描述了我国的自然状况，指出我国地理位置独特，地形地貌复杂，气候类型多样。

（二）综合评价

经对全国陆地国土空间土地资源、水资源、环境容量、生态系统脆弱性、生态系统重要性、自然灾害危险性、人口集聚度以及经济发展水平和交通优势度等因素的综合评价，从工业化城镇化开发角度，我国国土空间具有以下特点：一是陆地国土空间辽阔，但适宜开发的面积少；二是水资源总量丰富，但空间分布不均；三是能源和矿产资源丰富，但总体上相对短缺；四是生态类型多样，但生态环境比较脆弱；五是自然灾害频繁，灾害威胁较大。

（三）突出问题

国土空间的开发利用，一方面有力地支撑了国民经济的快速发展和社会进步，另一方面也出现了一些必须高度重视和着力解决的突出问题。一是耕地减少过多过快，保障粮食安全压力大；二是生态损害严重，生态系统功能退化；三是资源开发强度大，环境问题凸显；四是空间结构不合理，空间利用效率低；五是城乡和区域发展不协调，公共服务和生活条件差距大。

（四）面临趋势

今后一个时期，是全面建设小康社会的关键时期，也是加快推进社会主义现代化的重要阶段，必须深刻认识并全面把握国土空间开发的趋势，妥善应对由此带来的严峻挑战。一是人民生活不断改善，满足居民生活的空间需求面临挑战。二是城镇化水平不断提高，满足城市建设的空间需求面临挑战。三是基础设施不断完善，满足基础设施建设的空间需求面临挑战。四是经济增长趋于多极化，满足中西部地区的建设空间需求面临挑战。五是水资源供求矛盾日益突出，满足水源涵养的空间需求面临挑战。六是全球气候变化影响不断加剧，保护和扩大绿色生态空间面临挑战。

总之，我们既要满足人口增加、人民生活改善、经济增长、工业化城镇化发展、基础设施建设等对国土空间的巨大需求，又要为保障国家农产品供给安全而保护耕地，还要为保障生态安全和人民健康，应对水资源短缺、环境污染、气候变化等，保护并扩大绿色生态空间，我国国土空间开发面临诸多两难挑战。

二、指导思想与规划目标

（一）指导思想

推进形成主体功能区，要以邓小平理论和"三个代表"重要思想为指导，深入贯彻落实科学发展观，全面贯彻党的十七大精神，树立新的开发理念，调整开发内容，创新开发方式，规范开发秩序，提高开发效率，构建高效、协调、可持续的国土空间开发格局，建设中华民族美好家园。

（二）战略目标

1. 主要目标

根据党的十七大关于到 2020 年基本形成主体功能区布局的总体要求，推进形成主体功能区的主要目标是：空间开发格局清晰，空间结构得到优化，空间利用效率提高，区域发展协调性增强，可持续发展能力提升。

2. 战略任务

从建设富强民主文明和谐的社会主义现代化国家、确保中华民族永续发展出发，推进形成主体功能区要着力构建我国国土空间的"三大战略格局"。即构建"两横三纵"为主体的城市化战略格局、"七区二十三带"为主体的农业战略格局和"两屏三带"为主体的生态安全战略格局。

3. 未来展望

到 2020 年全国主体功能区布局基本形成之时，我们的家园将呈现生产空间集约高效，生活空间舒适宜居，生态空间山青水碧，人口、经济、资源环境相协调的美好情景。经济布局更趋集中均衡，城乡区域发展更趋协调，资源利用更趋集约高效，环境污染防治更趋有效，生态系统更趋稳定，国土空间管理更趋精细科学。

三、国家层面主体功能区

国家层面的主体功能区是全国"两横三纵"城市化战略格局、"七区二十三带"农业战略格局、"两屏三带"生态安全战略格局的主要支撑。推进形成主体功能区，必须明确国家层面优化开发、重点开发、限制开发、禁止开发四类主体功能区的功能定位、发展目标、发展方向和开发原则。

（一）优化开发区域

国家优化开发区域是指具备以下条件的城市化地区：综合实力较强，能够体现国家竞争力；经济规模较大，能支撑并带动全国经济发展；城镇体系比较健全，有条件形成具有全球影响力的特大城市群；内在经济联系紧密，区域一体化基础较好；科学技术创新实力较强，能引领并带动全国自主创新和结构升级。

1. 功能定位和发展方向

国家优化开发区域的功能定位是：提升国家竞争力的重要区域，带动全国经济社会发展的龙头，全国重要的创新区域，我国在更高层次上参与国际分工及有全球影响力的经济区，全国重要的人口和经济密集区。

国家优化开发区域应率先加快转变经济发展方式，调整优化经济结构，提升参与全球分工与竞争的层次。发展方向和开发原则是：优化空间结构，优化城镇布局，优化人口分布，优化产业结构，优化发展方式，优化基础设施布局，优化生态系统格局。

2. 国家层面的优化开发区域

（1）环渤海地区。该区域位于全国"两横三纵"城市化战略格局中沿海通道纵轴和京哈京广通道纵轴的交汇处，包括京津冀、辽中南和山东半岛地区。

该区域的功能定位是：北方地区对外开放的门户，我国参与经济全球化的主体区域，有全球影响力的先进制造业基地和现代服务业基地，全国科技创新与技术研发基地，全国经济发展的重要引擎，辐射带动"三北"地区发展的龙头，我国人口集聚最多、创新能力最强、综合实力最强的三大区域之一。

（2）长江三角洲地区。该区域位于全国"两横三纵"城市化战略格局中沿海通道纵轴和沿长江通道横轴的交汇处，包括上海市和江苏省、浙江省的部分地区。

该区域的功能定位是：长江流域对外开放的门户，我国参与经济全球化的主体区域，有全球影响力的先进制造业基地和现代服务业基地，世界级大城市群，全国科技创新与技术研发基地，全国经济发展的重要引擎，辐射带动长江流域发展的龙头，我国人口集聚最多、创新能力最强、综合实力最强的三大区域之一。

（3）珠江三角洲地区。该区域位于全国"两横三纵"城市化战略格局中沿海通道纵轴和京哈京广通道纵轴的南端，包括广东省中部和南部的部分地区。

该区域的功能定位是：通过粤港澳的经济融合和经济一体化发展，共同构建有全球影响力的先进制造业基地和现代服务业基地，南方地区对外开放的门户，我国参与经济全球化的主体区域，全国科技创新与技术研发基地，全国经济发展的重要引擎，辐射带动华南、中南和西南地区发展的龙头，我国人口集聚最多、创新能力最强、综合实力最强的三大区域之一。

（二）重点开发区域

国家重点开发区域是指具备以下条件的城市化地区：具备较强的经济基础，具有一定的科技创新能力和较好的发展潜力；城镇体系初步形成，具备经济一体化的条件，中心城市有一定的辐射带动能力，有可能发展成为新的大城市群或区域性城市群；能够带动周边地区发展，且对促进全国区域协调发展意义重大。

1. 功能定位和发展方向

国家重点开发区域的功能定位是：支撑全国经济增长的重要增长极，落实区域发展总体战略、促进区域协调发展的重要支撑点，全国重要的人口和经济密集区。

重点开发区域应在优化结构、提高效益、降低消耗、保护环境的基础上推动经济可持续发展；推进新型工业化进程，提高自主创新能力，聚集创新要素，增强产业集聚能力，积极承接国际及国内优化开发区域产业转移，形成分工协作的现代产业体系；加快推进城镇化，壮大城市综合实力，改善人居环境，提高集聚人口的能力；发挥区位优势，加快沿边地区对外开放，加强国际通道和口岸建设，形成我国对外开放新的窗口和战略空间。发展方向和开发原则是：统筹规划国土空间；健全城市规模结构；促进人口加快集聚；形成现代产业体系；提高发展质量；完善基础设施；保护生态环境；把握开发时序。

2. 国家层面的重点开发区域

（1）冀中南地区。该区域位于全国"两横三纵"城市化战略格局中京哈京广通道纵轴的中部，包括河北省中南部以石家庄为中心的部分地区。

该区域的功能定位是：重要的新能源、装备制造业和高新技术产业基地，区域性物流、旅游、商贸流通、科教文化和金融服务中心。

（2）太原城市群。该区域位于全国"两横三纵"城市化战略格局中京哈京广通道纵轴的中部，包括山西省中部以太原为中心的部分地区。

该区域的功能定位是：资源型经济转型示范区，全国重要的能源、原材料、煤化工、装备制造业和文化旅游业基地。

（3）呼包鄂榆地区。该区域位于全国"两横三纵"城市化战略格局中包昆通道纵轴的北端，包括内蒙古自治区呼和浩特、包头、鄂尔多斯和陕西省榆林的部分地区。

该区域的功能定位是：全国重要的能源、煤化工基地、农畜产品加工基地和稀土新材料产业基地，北方地区重要的冶金和装备制造业基地。

（4）哈长地区。该区域位于全国"两横三纵"城市化战略格局中京哈京广通道纵轴的北端，包括黑龙江省的哈大齐（哈尔滨、大庆、齐齐哈尔）工业走廊和牡绥（牡丹江、绥芬河）地区以及吉林省的长吉图经济区。

该区域的功能定位是：我国面向东北亚地区和俄罗斯对外开放的重要门户，全国重要的能源、装备制造基地，区域性的原材料、石化、生物、高新技术产业和农产品加工基地，带动东北地区发展的重要增长极。

（5）东陇海地区。该区域位于全国"两横三纵"城市化战略格局中陆桥通道横轴的东端，是陆桥通道与沿海通道的交汇处，包括江苏省东北部和山东省东南部的部分地区。

该区域的功能定位是：新亚欧大陆桥东方桥头堡，我国东部地区重要的经济增长极。

（6）江淮地区。该区域位于全国"两横三纵"城市化战略格局中沿长江通道横轴，包括安徽省合肥及沿江的部分地区。

该区域的功能定位是：承接产业转移的示范区，全国重要的科研教育基地，能源原材料、先进制造业和科技创新基地，区域性的高新技术产业基地。

（7）海峡西岸经济区。该区域位于全国"两横三纵"城市化战略格局中沿海通道纵轴南段，包括福建省、浙江省南部和广东省东部的沿海部分地区。

该区域的功能定位是：两岸人民交流合作先行先试区域，服务周边地区发展新的对外开放综合通道，东部沿海地区先进制造业的重要基地，我国重要的自然和文化旅游中心。

（8）中原经济区。该区域位于全国"两横三纵"城市化战略格局中陆桥通道横轴和京哈京广通道纵轴的交汇处，包括河南省以郑州为中心的中原城市群部分地区。

该区域的功能定位是：全国重要的高新技术产业、先进制造业和现代服务业基地，能源原材料基地、综合交通枢纽和物流中心，区域性的科技创新中心，中部地区人口和经济密集区。

（9）长江中游地区。该区域位于全国"两横三纵"城市化战略格局中沿长江通道横轴和京哈京广通道纵轴的交汇处，包括湖北武汉城市圈、湖南环长株潭城市群、江西鄱阳湖生态经济区。

该区域的功能定位是：全国重要的高新技术产业、先进制造业和现代服务业基地，全国重要的综合交通枢纽，区域性科技创新基地，长江中游地区人口和经济密集区。

（10）北部湾地区。该区域位于全国"两横三纵"城市化战略格局中沿海通道纵轴的南端，包括广西壮族自治区北部湾经济区以及广东省西南部和海南省西北部等环北部湾的部分地区。

该区域的功能定位是：我国面向东盟国家对外开放的重要门户，中国—东盟自由贸易区的前沿地带和桥头堡，区域性的物流基地、商贸基地、加工制造基地和信息交流中心。

（11）成渝地区。该区域位于全国"两横三纵"城市化战略格局中沿长江通道横轴和包昆通道纵轴的交汇处，包括重庆经济区和成都经济区。

该区域的功能定位是：全国统筹城乡发展的示范区，全国重要的高新技术产业、先进制造业和现代服务业基地，科技教育、商贸物流、金融中心和综合交通枢纽，西南地区科技创新基地，西部地区重要的人口和经济密集区。

（12）黔中地区。该区域位于全国"两横三纵"城市化战略格局中包昆通道纵轴的南部，包括贵州省中部以贵阳为中心的部分地区。

该区域的功能定位是：全国重要的能源原材料基地、以航天航空为重点的装备制造基地、烟草工业基地、绿色食品基地和旅游目的地，区域性商贸物流中心。

（13）滇中地区。该区域位于全国"两横三纵"城市化战略格局中包昆通道纵轴的南端，包括云南省中部以昆明为中心的部分地区。

该区域的功能定位是：我国连接东南亚、南亚国家的陆路交通枢纽，面向东南亚、南亚对外开放的重要门户，全国重要的烟草、旅游、文化、能源和商贸物流基地，以化工、冶金、生物为重点的区域性资源精深加工基地。

（14）藏中南地区。该区域包括西藏自治区中南部以拉萨为中心的部分地区。

该区域的功能定位是：全国重要的农林畜产品生产加工、藏药产业、旅游、文化和矿产资源基地，水电后备基地。

（15）关中—天水地区。该区域位于全国"两横三纵"城市化战略格局中陆桥通道横轴和包昆通道纵轴的交汇处，包括陕西省中部以西安为中心的部分地区和甘肃省天水的部分地区。

该区域的功能定位是：西部地区重要的经济中心，全国重要的先进制造业和高新技术产业基地，科技教育、商贸中心和综合交通枢纽，西北地区重要的科技创新基地，全国重要的历史文化基地。

（16）兰州—西宁地区。该区域位于全国"两横三纵"城市化战略格局中陆桥通道横轴上，包括甘肃省以兰州为中心的部分地区和青海省以西宁为中心的部分地区。

该区域的功能定位是：全国重要的循环经济示范区，新能源和水电、盐化工、石化、有色金属和特色农产品加工产业基地，西北交通枢纽和商贸物流中心，区域性的新材料和生物医药产业基地。

（17）宁夏沿黄经济区。该区域位于全国"两横三纵"城市化战略格局中包昆通道纵轴的北部，包括宁夏回族自治区以银川为中心的黄河沿岸部分地区。

该区域的功能定位是：全国重要的能源化工、新材料基地，清真食品及穆斯林用品和特色农产品加工基地，区域性商贸物流中心。

（18）天山北坡地区。该区域位于全国"两横三纵"城市化战略格局中陆桥通道横轴的西端，包括新疆天山以北、准噶尔盆地南缘的带状区域以及伊犁河谷的部分地区（含新疆生产建设兵团部分师市和团场）。

该区域的功能定位是：我国面向中亚、西亚地区对外开放的陆路交通枢纽和重要门户，全国重要的能源基地，我国进口资源的国际大通道，西北地区重要的国际商贸中心、物流中心和对外合作加工基地，石油天然气化工、煤电、煤化工、机电工业及纺织工业基地。

（三）限制开发区域（农产品主产区）

国家层面限制开发的农产品主产区是指具备较好的农业生产条件，以提供农产品为主体功能，以提供生态产品、服务产品和工业品为其他功能，需要在国土空间开发中限制进行大规模高强度工业化城镇化开发，以保持并提高农产品生产能力的区域。

1. 功能定位和发展方向

国家层面农产品主产区的功能定位是：保障农产品供给安全的重要区域，农村居民安居乐业的美好家园，社会主义新农村建设的示范区。

农产品主产区应着力保护耕地，稳定粮食生产，发展现代农业，增强农业综合生产能力，增加农民收入，加快建设社会主义新农村，保障农产品供给，确保国家粮食安全和食物安全。

2. 发展重点

从确保国家粮食安全和食物安全的大局出发，充分发挥各地区比较优势，重点建设以"七区二十三带"为主体的农产品主产区。分别是：

（1）东北平原主产区。建设以优质粳稻为主的水稻产业带，以籽粒与青贮兼用型玉米为主的专用玉米产业带，以高油大豆为主的大豆产业带，以肉牛、奶牛、生猪为主的畜产品产业带。

（2）黄淮海平原主产区。建设以优质强筋、中强筋和中筋小麦为主的优质专用小麦产业带，优质棉花产业带，以籽粒与青贮兼用和专用玉米为主的专用玉米产业带，以高蛋白大豆为主的大豆产业带，以肉牛、肉羊、奶牛、生猪、家禽为主的畜产品产业带。

（3）长江流域主产区。建设以双季稻为主的优质水稻产业带，以优质弱筋和中筋小麦为主的优质专用小麦产业带，优质棉花产业带，"双低"优质油菜产业带，以生猪、家禽为主的畜产品产业带，以淡水鱼类、河蟹为主的水产品产业带。

（4）汾渭平原主产区。建设以优质强筋、中筋小麦为主的优质专用小麦产业带，以籽粒与青贮兼用型玉米为主的专用玉米产业带。

（5）河套灌区主产区。建设以优质强筋、中筋小麦为主的优质专用小麦产业带。

（6）华南主产区。建设以优质高档籼稻为主的优质水稻产业带，甘蔗产业带，以对虾、罗非鱼、鳗鲡为主的水产品产业带。

（7）甘肃新疆主产区。建设以优质强筋、中筋小麦为主的优质专用小麦产业带，优质棉花产业带。

3. 其他农业地区

在重点建设好农产品主产区的同时，积极支持其他农业地区和其他优势特色农产品的发展，根据农产品的不同品种，国家给予必要的政策引导和支持。主要包括：西南和东北的小麦产业带，西南和东南的玉米产业带，南方的高蛋白及菜用大豆产业带，北方的油菜产业带，东北、华北、西北、西南和南方的马铃薯产业带，广西、云南、广东、海南的甘蔗产业带，海南、云南和广东的天然橡胶产业带，海南的热带农产品产业带，沿海的生猪产业带，西北的肉牛、肉羊产业带，京津沪郊区和西北的奶牛产业带，黄渤海的水产品产业带等。

（四）限制开发区域（重点生态功能区）

国家层面限制开发的重点生态功能区是指生态系统十分重要，关系全国或较大范围区域的生态安全，目前生态系统有所退化，需要在国土空间开发中限制进行大规模高强度工业化城镇化开发，以保持并提高生态产品供给能力的区域。

1. 功能定位和类型

国家重点生态功能区的功能定位是：保障国家生态安全的重要区域，人与自然和谐相处的示范区。

经综合评价，国家重点生态功能区包括大小兴安岭森林生态功能区等25个地区。总面积约386万平方公里，占全国陆地国土面积的40.2%；2008年底总人口约1.1亿人，占全国总人口的8.5%。国家重点生态功能区分为水源涵养型、水土保持型、防风固沙型和生物多样性维护型四种类型。

2. 规划目标

生态服务功能增强，生态环境质量改善；形成点状开发、面上保护的空间结构；形成环境友好型的产业结构；人口总量下降，人口质量提高；公共服务水平显著提高，人民生活水平明显改善。

3. 发展方向

国家重点生态功能区要以保护和修复生态环境、提供生态产品为首要任务，因地制宜地发展不影响主体功能定位的适宜产业，引导超载人口逐步有序转移。

4. 开发管制原则

对各类开发活动进行严格管制，尽可能减少对自然生态系统的干扰，不得损害生态系统的稳定和完整性。

（五）禁止开发区域

国家禁止开发区域是指有代表性的自然生态系统、珍稀濒危野生动植物物种的天然集中分布地、有特殊价值的自然遗迹所在地和文化遗址等，需要在国土空间开发中禁止进行工业化城镇化开发的重点生态功能区。

1. 功能定位

国家禁止开发区域的功能定位是：我国保护自然文化资源的重要区域，珍稀动植物基因资源保护地。

根据法律法规和有关方面的规定，国家禁止开发区域共 1443 处，总面积约 120万平方公里，占全国陆地国土面积的 12.5%。今后新设立的国家级自然保护区、世界文化自然遗产、国家级风景名胜区、国家森林公园、国家地质公园，自动进入国家禁止开发区域名录。

2. 管制原则

国家禁止开发区域要依据法律法规规定和相关规划实施强制性保护，严格控制人为因素对自然生态和文化自然遗产原真性、完整性的干扰，严禁不符合主体功能定位的各类开发活动，引导人口逐步有序转移，实现污染物"零排放"，提高环境质量。

3. 近期任务

完善划定国家禁止开发区域范围的相关规定和标准，对划定范围不符合相关规定和标准的，按照相关法律法规和法定程序进行调整，进一步界定各类禁止开发区域的范围，核定面积。界定范围后，今后原则上不再进行单个区域范围的调整。

进一步界定自然保护区中核心区、缓冲区、实验区的范围。对风景名胜区、森林公园、地质公园，确有必要的，也可划定核心区和缓冲区，并根据划定的范围进行分类管理。

在界定范围的基础上，结合禁止开发区域人口转移的要求，对管护人员实行定编。

归并位置相连、均质性强、保护对象相同但人为划分为不同类型的禁止开发区域。对位置相同、保护对象相同，但名称不同、多头管理的，要重新界定功能定位，明确统一的管理主体。今后新设立的各类禁止开发区域的范围，原则上不得重叠交叉。

四、能源与资源

能源与资源的开发布局，对构建国土空间开发战略格局至关重要。在对全国国土空间进行主体功能区划分的基础上，从形成主体功能区布局的总体要求出发，需要明确能源、主要矿产资源开发布局以及水资源开发利用的原则和框架。能源基地和主要矿产资源基地的具体建设布局，由能源规划和矿产资源规划做出安排；水资源的开发利用，由水资源规划做出安排；其他资源和交通基础设施等的建设布局，由有关部门根据本规划另行制定。

（一）主要原则

能源、矿产资源的开发布局和水资源的开发利用，要坚持：服从和服务于国家和省级主体功能区规划确定的所在区域的主体功能定位，符合该主体功能区的发展方向和开发原则；要坚持"点上开发、面上保护"；要充分考虑城市化战略格局、农业战略格局和生态安全战略格局的要求与约束等原则。

（二）能源开发布局

重点在能源资源富集的山西、鄂尔多斯盆地、西南、东北和新疆等地区建设能源基地，在能源消费负荷中心建设核电基地，形成以"五片一带"为主体，以点状分布的新能源基地为补充的能源开发布局框架。

（三）主要矿产资源开发布局

西部地区加大矿产资源开发利用力度，建设一批优势矿产资源勘查开发基地，促进优势资源转化，积极推进矿业经济区建设；中部地区大力推进矿业结构优化升级，强化综合利用；东部地区重点调整矿产资源开发利用结构，挖掘资源潜力；东北地区稳定规模，保障振兴，促进资源型城市持续发展。

（四）水资源开发利用

《全国主体功能区规划》分别对于松花江、辽河区，黄河、淮河、海河区，长江、西南诸河区，珠江、东南诸河区，西北诸河区等区域的水资源开发、利用、保护与管理提出要求。

五、保障措施

主体功能区规划是涉及国土空间开发的各项政策及其制度安排的基础平台。各有关部门要根据本规划调整完善现行政策和制度安排，建立健全保障形成主体功能区布局的法律法规、体制机制、规划和政策及绩效考核评价体系。

（一）区域政策

实行分类管理的区域政策，形成经济社会发展符合各区域主体功能定位的导向机制。区域政策包括财政政策、投资政策、产业政策、土地政策、农业政策、人口政策、民族政策、环境政策、应对气候变化政策等。

1. 财政政策

按主体功能区要求和基本公共服务均等化原则，深化财政体制改革，完善公共财政体系。适应主体功能区要求，加大均衡性转移支付力度。鼓励探索建立地区间横向援助机制。加大各级财政对自然保护区的投入力度。

2. 投资政策

（1）政府投资。将政府预算内投资分为按主体功能区安排和按领域安排两个部分，实行二者相结合的政府投资政策。按主体功能区安排的投资，主要用于支持国家重点生态功能区和农产品主产区特别是中西部国家重点生态功能区和农产品主产区的发展。按领域安排的投资，要符合各区域的主体功能定位和发展方向。逐步加大政府投资用于农业、生态环境保护方面的比例。

（2）民间投资。鼓励和引导民间资本按照不同区域的主体功能定位投资。积极利用金融手段引导民间投资。

3．产业政策

修订现行《产业结构调整指导目录》《外商投资产业指导目录》和《中西部地区外商投资优势产业目录》，进一步明确不同主体功能区鼓励、限制和禁止的产业。编制专项规划、布局重大项目，必须符合各区域的主体功能定位。严格市场准入制度，对不同主体功能区的项目实行不同的占地、耗能、耗水、资源回收率、资源综合利用率、工艺装备、"三废"排放和生态保护等强制性标准。在资源环境承载能力和市场允许的情况下，依托能源和矿产资源的资源加工业项目，优先在中西部国家重点开发区域布局。建立市场退出机制，对限制开发区域不符合主体功能定位的现有产业，要通过设备折旧补贴、设备贷款担保、迁移补贴、土地置换等手段，促进产业跨区域转移或关闭。

4．土地政策

按照不同主体功能区的功能定位和发展方向，实行差别化的土地利用和土地管理政策，科学确定各类用地规模。确保耕地数量和质量，严格控制工业用地增加，适度增加城市居住用地，逐步减少农村居住用地，合理控制交通用地增长。

（二）绩效考核评价

建立健全符合科学发展观并有利于推进形成主体功能区的绩效考核评价体系。要强化对各地区提供公共服务、加强社会管理、增强可持续发展能力等方面的评价，增加开发强度、耕地保有量、环境质量、社会保障覆盖面等评价指标。在此基础上，按照不同区域的主体功能定位，实行各有侧重的绩效考核评价办法，并强化考核结果运用，有效引导各地区推进形成主体功能区。

优化开发区域实行转变经济发展方式优先的绩效评价；重点开发区域实行工业化城镇化水平优先的绩效评价；限制开发的农产品主产区，实行农业发展优先的绩效评价；禁止开发区域根据法律法规和规划要求，按照保护对象确定评价内容，强化对自然文化资源原真性和完整性保护情况的评价。

强化考核结果运用。根据各地区不同的主体功能定位，把推进形成主体功能区主要目标的完成情况纳入对地方党政领导班子和领导干部的综合考核评价结果，作为地方党政领导班子调整和领导干部选拔任用、培训教育、奖励惩戒的重要依据。

六、规划实施

《全国主体功能区规划》是国土空间开发的战略性、基础性和约束性规划，在各类空间规划中居总控性地位，国务院有关部门和县级以上地方人民政府要根据本规划调整完善区域规划和相关政策，健全法律法规和绩效考核评价体系，并严格落实责任，采取有力措施，切实组织实施。

（一）国务院有关部门的职责

自然资源部门组织编制主体功能区规划，其他相关部门根据部门职能负责落实《全国主体功能区规划》，研究提出适应主体功能区要求的相关规划和政策。

（二）省级人民政府的职责

省级人民政府负责编制省级主体功能区规划并组织实施，指导和检查所辖市县的规划落实。

（三）监测评估

建立覆盖全国、统一协调、更新及时、反应迅速、功能完善的国土空间动态监测管理系统，对规划实施情况进行全面监测、分析和评估。

第十一章 "十三五"时期的发展任务和重大举措

中华人民共和国国民经济和社会发展第十三个五年（2016－2020 年）规划纲要，主要阐明国家战略意图，明确经济社会发展宏伟目标、主要任务和重大举措，是市场主体的行为导向，是政府履行职责的重要依据，是全国各族人民的共同愿景。纲要提出的发展任务和举措，与工程咨询工作的关系极为密切，必须准确理解并在实际工作中认真贯彻落实。本章具体介绍了"十三五"时期经济和社会发展的主要任务和实施举措。

第一节 培育持续的发展动力

一、实施创新驱动发展战略

把发展基点放在创新上，以科技创新为核心，以人才发展为支撑，推动科技创新与大众创业万众创新有机结合，塑造更多依靠创新驱动、更多发挥先发优势的引领型发展。

（一）强化科技创新引领作用

发挥科技创新在全面创新中的引领作用，加强基础研究，强化原始创新、集成创新和引进消化吸收再创新，着力增强自主创新能力，为经济社会发展提供持久动力。

1. 推动战略前沿领域创新突破

坚持战略和前沿导向，集中支持事关发展全局的基础研究和共性关键技术研究，更加重视原始创新和颠覆性技术创新。聚焦目标、突出重点，加快实施已有国家重大科技专项，部署启动一批新的重大科技项目。加快突破新一代信息通信、新能源、新材料、航空航天、生物医药、智能制造等领域核心技术。加强深海、深地、深空、深蓝等领域的战略高技术部署。围绕现代农业、城镇化、环境治理、健康养老、公共服务等领域的瓶颈制约，制定系统性技术解决方案。强化宇宙演化、物质结构、生命起源、脑与认知等基础前沿科学研究。积极提出并牵头组织国际大科学计划和大科学工程，建设若干国际创新合作平台。

2. 优化创新组织体系

明确各类创新主体功能定位，构建政产学研用一体的创新网络。强化企业创新主体地位和主导作用，鼓励企业开展基础性前沿性创新研究，深入实施创新企业百强工程，形成一批有国际竞争力的创新型领军企业，支持科技型中小企业发展。推进科教融合发展，促进高等学校、职业院校和科研院所全面参与国家创新体系建设，支持一批高水平大学和科研院所组建跨学科、综合交叉的科研团队。在重大关键项目上发挥市场经济条件下新型举国体制优势。实施国家技术创新工程，构建产业技术创新联盟，发展市场导向的新型研发机构，推动跨领域跨行业协同创新。

3. 提升创新基础能力

瞄准国际科技前沿，以国家目标和战略需求为导向，布局一批高水平国家实验室。加快能源、生命、地球系统与环境、材料、粒子物理和核物理、空间和天文、工程技术等科学领域和部分多学科交叉领域国家重大科技基础设施建设，依托现有先进设施组建综合性国家科学中心。依托企业、高校、科研院所建设一批国家技术创新中心，支持企业技术中心建设。推动高校、科研院所开放科研基础设施和创新资源。

4. 打造区域创新高地

引导创新要素聚集流动，构建跨区域创新网络。充分发挥高校和科研院所密集的中心城市、国家自主创新示范区、国家高新技术产业开发区作用，形成一批带动力强的创新型省份、城市和区域创新中心。系统推进全面创新改革试验。支持北京、上海建设具有全球影响力的科技创新中心。

（二）深入推进大众创业万众创新

把大众创业万众创新融入发展各领域各环节，鼓励各类主体开发新技术、新产品、新业态、新模式，打造发展新引擎。

1. 建设创业创新公共服务平台

实施"双创"行动计划，鼓励发展面向大众、服务中小微企业的低成本、便利化、开放式服务平台，打造一批"双创"示范基地和城市。加强信息资源整合，向企业开放专利信息资源和科研基地。鼓励大型企业建立技术转移和服务平台，向创业者提供技术支撑服务。完善创业培育服务，打造创业服务与创业投资结合、线上与线下结合的开放式服务载体。更好发挥政府创业投资引导基金作用。

2. 全面推进众创众包众扶众筹

依托互联网拓宽市场资源、社会需求与创业创新对接通道。推进专业空间、网络平台和企业内部众创，加强创新资源共享。推广研发创意、制造运维、知识内容和生活服务众包，推动大众参与线上生产流通分工。发展公众众扶、分享众扶和互助众扶。完善监管制度，规范发展实物众筹、股权众筹和网络借贷。

（三）构建激励创新的体制机制

破除束缚创新和成果转化的制度障碍，优化创新政策供给，形成创新活力竞相迸发、创新成果高效转化、创新价值充分体现的体制机制。

1. 深化科技管理体制改革

尊重科学研究规律，推动政府职能从研发管理向创新服务转变。改革科研经费管理制度，深化中央财政科技计划管理改革，完善计划项目生成机制和实施机制。建立统一的科技管理平台，健全科技报告、创新调查、资源开放共享机制。完善国家科技决策咨询制度，增强企业家在国家创新决策体系中的话语权。市场导向的科技项目主要由企业牵头。扩大高校和科研院所自主权，实行中长期目标导向的考核评价机制，更加注重研究质量、原创价值和实际贡献。赋予创新领军人才更大人财物支配权、技术路线决策权。支持自主探索，包容非共识创新。深化知识产权领域改革，强化知识产权司法保护。

2. 完善科技成果转化和收益分配机制

实施科技成果转化行动，全面下放创新成果处置权、使用权和收益权，提高科研人员成果转化收益分享比例，支持科研人员兼职和离岗转化科技成果。建立从实验研究、中试到生产的全过程科技创新融资模式，促进科技成果资本化产业化。实行以增加知识价值为导向的分配政策，加强对创新人才的股权、期权、分红激励。

3. 构建普惠性创新支持政策体系

营造激励创新的市场竞争环境，清理妨碍创新的制度规定和行业标准，加快创新薄弱环节和领域立法，强化产业技术政策和标准的执行监管。增加财政科技投入，重点支持基础前沿、社会公益和共性关键技术研究。落实企业研发费用加计扣除和扩大固定资产加速折旧实施范围政策，强化对创新产品的首购、订购支持，激励企业增加研发投入。强化金融支持，大力发展风险投资。更好发挥企业家作用，包容创新对传统利益格局的挑战，依法保护企业家财产权和创新收益。

（四）实施人才优先发展战略

把人才作为支撑发展的第一资源，加快推进人才发展体制和政策创新，构建有国际竞争力的人才制度优势，提高人才质量，优化人才结构，加快建设人才强国。

1. 建设规模宏大的人才队伍

推动人才结构战略性调整，突出"高精尖缺"导向，实施重大人才工程，着力发现、培养、集聚战略科学家、科技领军人才、社科人才、企业家人才和高技能人才队伍。培养一批讲政治、懂专业、善管理、有国际视野的党政人才。善于发现、重点支持、放手使用青年优秀人才。改革院校创新型人才培养模式，引导推动人才培养链与产业链、创新链有机衔接。

2. 促进人才优化配置

建立健全人才流动机制，提高社会横向和纵向流动性，促进人才在不同性质单位和不同地域间有序自由流动。完善工资、医疗待遇、职称评定、养老保障等激励政策，激励人才向基层一线、中西部、艰苦边远地区流动。开展东部沿海地区与中西部地区、东北等老工业基地人才交流和对口支援，继续实施东部城市对口支持西部地区人才培训工程。

3. 营造良好的人才发展环境

完善人才评价激励机制和服务保障体系，营造有利于人人皆可成才和青年人才脱颖而出的社会环境。发挥政府投入引导作用，鼓励人才资源开发和人才引进。完善业绩和贡献导向的人才评价标准。保障人才以知识、技能、管理等创新要素参与利益分配，以市场价值回报人才价值，强化对人才的物质和精神激励，鼓励人才弘扬奉献精神。营造崇尚专业的社会氛围，大力弘扬新时期工匠精神。实施更积极、更开放、更有效的人才引进政策，完善外国人永久居留制度，放宽技术技能型人才取得永久居留权的条件。加快完善高效便捷的海外人才来华工作、出入境、居留管理服务。扩大来华留学规模，优化留学生结构，完善培养支持机制。培养推荐优秀人才到国际组织任职，完善配套政策，畅通回国任职通道。

（五）拓展发展动力新空间

坚持需求引领、供给创新，提高供给质量和效率，激活和释放有效需求，形成消费与投资良性互动、需求升级与供给升级协调共进的高效循环，增强发展新动能。

1. 促进消费升级

适应消费加快升级，以消费环境改善释放消费潜力，以供给改善和创新更好满足、创造消费需求，不断增强消费拉动经济的基础作用。增强消费能力，改善大众消费预期，挖掘农村消费潜力，着力扩大居民消费。以扩大服务消费为重点带动消费结构升级，支持信息、绿色、时尚、品质等新型消费，稳步促进住房、汽车和健康养老等大宗消费。推动线上线下融合等消费新模式发展。实施消费品质量提升工程，强化消费者权益保护，充分发挥消费者协会作用，营造放心便利的消费环境。积极引导海外消费回流。以重要旅游目的地城市为依托，优化免税店布局，培育发展国际消费中心。

2. 扩大有效投资

围绕有效需求扩大有效投资，优化供给结构，提高投资效率，发挥投资对稳增长、调结构的关键作用。更好发挥社会投资主力军作用，营造宽松公平的投资经营环境，鼓励民间资本和企业投资，激发民间资本活力和潜能。充分发挥政府投资的杠杆撬动作用，加大对公共产品和公共服务的投资力度，加大人力资本投资，增加有利于供给结构升级、弥补小康短板、城乡区域协调、增强发展后劲的投资，启动实施一批全局性、战略性、基础性重大投资工程。

3. 培育出口新优势

适应国际市场需求变化，加快转变外贸发展方式，优化贸易结构，发挥出口对增长的促进作用。加快培育以技术、标准、品牌、质量、服务为核心的对外经济新优势，推动高端装备出口，提高出口产品科技含量和附加值。扩大服务出口，健全售后保养维修等服务体系，促进在岸、离岸服务外包协调发展。加大对中小微企业出口支持力度。

二、深化改革，构建发展新体制

发挥经济体制改革牵引作用，正确处理政府和市场关系，在重点领域和关键环节改革上取得突破性进展，形成有利于引领经济发展新常态的体制机制。

（一）坚持和完善基本经济制度

坚持公有制为主体、多种所有制经济共同发展。毫不动摇巩固和发展公有制经济，毫不动摇鼓励、支持、引导非公有制经济发展。依法监管各种所有制经济。

1. 大力推进国有企业改革

坚定不移把国有企业做强做优做大，培育一批具有自主创新能力和国际竞争力的国有骨干企业，增强国有经济活力、控制力、影响力、抗风险能力，更好服务于国家战略目标。商业类国有企业以增强国有经济活力、放大国有资本功能、实现国有资产保值增值为主要目标，依法独立自主开展生产经营活动，实现优胜劣汰、有序进退。公益类国有企业以保障民生、服务社会、提供公共产品和服务为主要目标，引入市场机制，加强成本控制、产品服务质量、运营效率和保障能力考核。加快国有企业公司制股份制改革，完善现代企业制度、公司法人治理结构。建立国有企业职业经理人制度，完善差异化薪酬制度和创新激励。加快剥离企业办社会职能和解决历史遗留问题。着力推进农垦改革发展。

2. 完善各类国有资产管理体制

以管资本为主加强国有资产监管，提高资本回报，防止国有资产流失。改组组建国有资本投资、运营公司，提高国有资本配置和运行效率，形成国有资本流动重组、布局调整的有效平台。健全国有资本合理流动机制，推进国有资本布局战略性调整，引导国有资本更多投向关系国家安全、国民经济命脉的重要行业和关键领域。建立国有资产出资人监管权力清单和责任清单，稳步推进经营性国有资产集中统一监管，建立覆盖全部国有企业、分级管理的国有资本经营预算管理制度。对国有企业国有资本和企业领导人员履行经济责任情况实行审计全覆盖。

3. 积极稳妥发展混合所有制经济

支持国有资本、集体资本、非公有资本等交叉持股、相互融合。推进公有制经济之间股权多元化改革。稳妥推动国有企业发展混合所有制经济，开展混合所有制改革试点示范。引入非国有资本参与国有企业改革，鼓励发展非公有资本控股的混合所有制企业。鼓励国有资本以多种方式入股非国有企业。

4. 支持非公有制经济发展

坚持权利平等、机会平等、规则平等，更好激发非公有制经济活力和创造力。废除对非公有制经济各种形式的不合理规定，消除各种隐性壁垒，保证依法平等使用生产要素、公平参与市场竞争、同等受到法律保护、共同履行社会责任。鼓励民营企业依法进入更多领域。

（二）建立现代产权制度

健全归属清晰、权责明确、保护严格、流转顺畅的现代产权制度。推进产权保护法治化，依法保护各种所有制经济权益。依法合规界定企业财产权归属，保障国有资本收益权和企业自主经营权，健全规则、过程、结果公开的国有资产产权交易制度。完善农村集体产权权能，全面完成农村承包经营地、宅基地、农房、集体建设用地确权登记颁证。完善集体经济组织成员认定办法和集体经济资产所有权实现形式，将经营性资产折股量化到本集体经济组织成员。规范农村产权流转交易，完善农村集体资产处置决策程序。全面落实不动产统一登记制度。加快构建自然资源资产产权制度，确定产权主体，创新产权实现形式。保护自然资源资产所有者权益，公平分享自然资源资产收益。深化矿业权制度改革。建立健全生态环境性权益交易制度和平台。实施严格的知识产权保护制度，完善有利于激励创新的知识产权归属制度，建设知识产权运营交易和服务平台，建设知识产权强国。

（三）健全现代市场体系

加快形成统一开放、竞争有序的市场体系，建立公平竞争保障机制，打破地域分割和行业垄断，着力清除市场壁垒，促进商品和要素自由有序流动、平等交换。

1. 健全要素市场体系

加快建立城乡统一的建设用地市场，在符合规划、用途管制和依法取得前提下，推进农村集体经营性建设用地与国有建设用地同等入市、同权同价。健全集体土地征收制度，缩小征地范围，规范征收程序，完善被征地农民权益保障机制。开展宅基地融资抵押、适度流转、自愿有偿退出试点。完善工业用地市场化配置制度。统筹人力资源市场，实行平等就业制度。加强各类技术交易平台建设，健全技术市场交易规则，鼓励技术中介服务机构发展。

2. 推进价格形成机制改革

减少政府对价格形成的干预，全面放开竞争性领域商品和服务价格，放开电力、石油、天然气、交通运输、电信等领域竞争性环节价格。理顺医疗服务价格。完善水价形成机制。完善居民阶梯电价，全面推行居民阶梯水价、气价。健全物价补贴联动机制。建立健全公用事业和公益性服务政府投入与价格调整相协调机制。规范定价程序，加强成本监审，推进成本公开。

3. 维护公平竞争

清理废除妨碍统一市场和公平竞争的各种规定和做法。健全竞争政策，完善市场竞争规则，实施公平竞争审查制度。放宽市场准入，健全市场退出机制。健全统一规范、权责明确、公正高效、法治保障的市场监管和反垄断执法体系。严格产品质量、安全生产、能源消耗、环境损害的强制性标准，建立健全市场主体行为规则和监管办法。健全社会化监管机制，畅通投诉举报渠道。强化互联网交易监管。严厉打击制假售假行为。

（四）深化行政管理体制改革

加快政府职能转变，持续推进简政放权、放管结合、优化服务，提高行政效能，激发市场活力和社会创造力。

1. 深入推进简政放权

建立健全权力清单、责任清单、负面清单管理模式，划定政府与市场、社会的权责边界。深化行政审批制度改革，最大限度减少政府对企业经营的干预，最大限度缩减政府审批范围。增强简政放权的针对性、协同性。深化商事制度改革，提供便捷便利服务。深化承担行政职能事业单位改革，大力推进政事分开。

2. 提高政府监管效能

转变监管理念，加强事中事后监管。制定科学有效的市场监管规则、流程和标准，健全监管责任制，推进监管现代化。创新监管机制和监管方式，推进综合执法和大数据监管，运用市场、信用、法治等手段协同监管。全面实行随机抽取检查对象、随机抽取执法人员、检查结果公开。强化社会监督。

3. 优化政府服务

创新政府服务方式，提供公开透明、高效便捷、公平可及的政务服务和公共服务。加快推进行政审批标准化建设，优化直接面向企业和群众服务项目的办事流程和服务标准。加强部门间业务协同。推广"互联网＋政务服务"，全面推进政务公开。

（五）加快财税体制改革

围绕解决中央地方事权和支出责任划分、完善地方税体系、增强地方发展能力、减轻企业负担等关键性问题，深化财税体制改革，建立健全现代财税制度。

1. 确立合理有序的财力格局

建立事权和支出责任相适应的制度，适度加强中央事权和支出责任。结合税制改革，考虑税种属性，进一步理顺中央和地方收入划分，完善增值税划分办法。完善中央对地方转移支付制度，规范一般性转移支付制度，完善资金分配办法，提高财政转移支付透明度。健全省以下财力分配机制。

2. 建立全面规范公开透明的预算制度

建立健全预算编制、执行、监督相互制约、相互协调机制。完善政府预算体系，加大政府性基金预算、国有资本经营预算与一般公共预算的统筹力度，完善社会保险基金预算编制制度。实施跨年度预算平衡机制和中期财政规划管理，加强与经济社会发展规划计划的衔接。全面推进预算绩效管理。建立政府资产报告制度，深化政府债务管理制度改革，建立规范的政府债务管理及风险预警机制。建立权责发生制政府综合财务报告制度和财政库底目标余额管理制度。扩大预算公开范围，细化公开内容。

3. 改革和完善税费制度

按照优化税制结构、稳定宏观税负、推进依法治税的要求全面落实税收法定原则，建立税种科学、结构优化、法律健全、规范公平、征管高效的现代税收制度，逐步提高直接税比重。全面完成营业税改增值税改革，建立规范的消费型增值税制度。完善消费税制度。实施资源税从价计征改革，逐步扩大征税范围。清理规范相关行政事业性收费和政府性基金。开征环境保护税。完善地方税体系，推进房地产税立法。完善关税制度。加快推进非税收入管理改革，建立科学规范、依法有据、公开透明的非税收入管理制度。深化国税、地税征管体制改革，完善税收征管方式，提高税收征管效能。推行电子发票。

4. 完善财政可持续发展机制

优化财政支出结构，修正不可持续的支出政策，调整无效和低效支出，腾退重复和错位支出。建立库款管理与转移支付资金调度挂钩机制。创新财政支出方式，引导社会资本参与公共产品提供，使财政支出保持在合理水平，将财政赤字和政府债务控制在可承受范围内，确保财政的可持续性。

（六）加快金融体制改革

完善金融机构和市场体系，促进资本市场健康发展，健全货币政策机制，深化金融监管体制改革，健全现代金融体系，提高金融服务实体经济效率和支持经济转型的能力，有效防范和化解金融风险。

1. 丰富金融机构体系

健全商业性金融、开发性金融、政策性金融、合作性金融分工合理、相互补充的金融机构体系。构建多层次、广覆盖、有差异的银行机构体系，扩大民间资本进入银行业，发展普惠金融和多业态中小微金融组织。规范发展互联网金融。稳妥推进金融机构开展综合经营。推动民间融资阳光化，规范小额贷款、融资担保机构等发展。提高金融机构管理水平和服务质量。

2. 健全金融市场体系

积极培育公开透明、健康发展的资本市场，提高直接融资比重，降低杠杆率。创造条件实施股票发行注册制，发展多层次股权融资市场，深化创业板、新三板改革，规范发展区域性股权市场，建立健全转板机制和退出机制。完善债券发行注册制和债券市场基础设施，加快债券市场互联互通。开发符合创新需求的金融服务，稳妥推进债券产品创新，推进高收益债券及股债相结合的融资方式，大力发展融资租赁服务。健全利率、汇率市场决定机制，更好发挥国债收益率曲线定价基准作用。推动同业拆借、回购、票据、外汇、黄金等市场发展。积极稳妥推进期货等衍生品市场创新。加快发展保险再保险市场，探索建立保险资产交易机制。建立安全高效的金融基础设施，实施国家金库工程。

3. 改革金融监管框架

加强金融宏观审慎管理制度建设，加强统筹协调，改革并完善适应现代金融市场发展的金融监管框架，明确监管职责和风险防范处置责任，构建货币政策与审慎管理相协调的金融管理体制。统筹监管系统重要性金融机构、金融控股公司和重要金融基础设施，统筹金融业综合统计，强化综合监管和功能监管。完善中央与地方金融管理体制。健全符合我国国情和国际标准的监管规则，建立针对各类投融资行为的功能监管和切实保护金融消费者合法权益的行为监管框架，实现金融风险监管全覆盖。完善国有金融资本管理制度。加强外汇储备经营管理，优化外汇储备运用。有效运用和发展金融风险管理工具，健全监测预警、压力测试、评估处置和市场稳定机制，防止发生系统性、区域性金融风险。

（七）创新和完善宏观调控

健全宏观调控体系，创新宏观调控方式，增强宏观政策协同性，更加注重扩大就业、稳定物价、调整结构、提高效益、防控风险、保护环境，更加注重引导市场行为和社会预期，为结构性改革营造稳定的宏观经济环境。

1. 强化规划战略导向作用

依据国家中长期发展规划目标和总供求格局实施宏观调控。发挥国家发展战略和规划的引导约束作用，各类宏观调控政策要服从服务于发展全局需要。完善以财政政策、货币政策为主，产业政策、区域政策、投资政策、消费政策、价格政策协调配合的政策体系，增强财政货币政策协调性。

2. 改进调控方式和丰富政策工具

坚持总量平衡、优化结构，把保持经济运行在合理区间、提高质量效益作为宏观调控的基本要求和政策取向，在区间调控的基础上加强定向调控、相机调控，采取精准调控措施，适时预调微调。稳定政策基调，改善与市场的沟通，增强可预期性和透明度。更好发挥财政政策对定向调控的支持作用。完善货币政策操作目标、调控框架和传导机制，构建目标利率和利率走廊机制，推动货币政策由数量型为主向价格型为主转变。

3. 完善政策制定和决策机制

加强经济监测预测预警，提高国际国内形势分析研判水平。强化重大问题研究和政策储备，完善政策分析评估及调整机制。建立健全重大调控政策统筹协调机制，有效形成调控合力。建立现代统计调查体系，推进统计调查制度、机制、方法创新，注重运用互联网、统计云、大数据技术，提高经济运行信息及时性、全面性和准确性。加快推进宏观调控立法工作。

4. 深化投融资体制改革

建立企业投资项目管理权力清单、责任清单制度，更好落实企业投资自主权。进一步精简投资审批，减少、整合和规范报建审批事项，完善在线审批监管平台，建立企业投资项目并联核准制度。进一步放宽基础设施、公用事业等领域的市场准入限制，采取特许经营、政府购买服务等政府和社会合作模式，鼓励社会资本参与投资建设运营。完善财政资金投资模式，更好发挥产业投资引导基金撬动作用。

第二节 构建产业新体系

一、推进农业现代化

（一）增强农产品安全保障能力

确保谷物基本自给、口粮绝对安全，调整优化农业结构，提高农产品综合生产能力和质量安全水平，形成结构更加合理、保障更加有力的农产品有效供给。为此，一是要提高粮食生产能力保障水平；二是要加快推进农业结构调整；三是要推进农村一二三产业融合发展；四是要确保农产品质量安全；五是要促进农业可持续发展；六是要开展农业国际合作。

（二）构建现代农业经营体系

以发展多种形式适度规模经营为引领，创新农业经营组织方式，构建以农户家庭经营为基础、合作与联合为纽带、社会化服务为支撑的现代农业经营体系，提高农业综合效益。为此，一是要发展适度规模经营；二是要培育新型农业经营主体；三是要健全农业社会化服务体系。

（三）提高农业技术装备和信息化水平

健全现代农业科技创新推广体系，加快推进农业机械化，加强农业与信息技术融合，发展智慧农业，提高农业生产力水平。

（四）完善农业支持保护制度

以保障主要农产品供给、促进农民增收、实现农业可持续发展为重点，完善强农惠农富农政策，提高农业支持保护效能。为此，一是要持续增加农业投入；二是要完善农产品价格和收储制度；三是要创新农村金融服务。

二、优化现代产业体系

围绕结构深度调整、振兴实体经济，推进供给侧结构性改革，培育壮大新兴产业，改造提升传统产业，加快构建创新能力强、品质服务优、协作紧密、环境友好的现代产业新体系。

（一）实施制造强国战略

深入实施制造强国战略，以提高制造业创新能力和基础能力为重点，推进信息技术与制造技术深度融合，促进制造业朝高端、智能、绿色、服务方向发展，培育制造业竞争新优势。

1. 全面提升工业基础能力

实施工业强基工程，重点突破关键基础材料、核心基础零部件（元器件）、先进基础工艺、产业技术基础等"四基"瓶颈。引导整机企业与"四基"企业、高校、科研院所产需对接。支持全产业链协同创新和联合攻关，系统解决"四基"工程化和产业化关键问题。强化基础领域标准、计量、认证认可、检验检测体系建设。实施制造业创新中心建设工程，支持工业设计中心建设。设立国家工业设计研究院。

2. 加快发展新型制造业

实施高端装备创新发展工程，明显提升自主设计水平和系统集成能力。实施智能制造工程，加快发展智能制造关键技术装备，强化智能制造标准、工业电子设备、核心支撑软件等基础。加强工业互联网设施建设、技术验证和示范推广，推动"中国制造＋互联网"取得实质性突破。培育推广新型智能制造模式，推动生产方式向柔性、智能、精细化转变。鼓励建立智能制造产业联盟。实施绿色制造工程，推进产品全生命周期绿色管理，构建绿色制造体系。推动制造业由生产型向生产服务型转变，引导制造企业延伸服务链条、促进服务增值。推进制造业集聚区改造提升，建设一批新型工业化产业示范基地，培育若干先进制造业中心。

3. 推动传统产业改造升级

实施制造业重大技术改造升级工程，完善政策体系，支持企业瞄准国际同行业标杆全面提高产品技术、工艺装备、能效环保等水平，实现重点领域向中高端的群体性突破。开展改善消费品供给专项行动。鼓励企业并购，形成以大企业集团为核心、集中度高、分工细化、协作高效的产业组织形态。支持专业化中小企业发展。

4. 加强质量品牌建设

实施质量强国战略，全面强化企业质量管理，开展质量品牌提升行动，解决一批影响产品质量提升的关键共性技术问题，加强商标品牌法律保护，打造一批有竞争力的知名品牌。建立企业产品和服务标准自我声明公开和监督制度，支持企业提高质量在线检测控制和产品全生命周期质量追溯能力。完善质量监管体系，加强国家级检测与评定中心、检验检测认证公共服务平台建设。建立商品质量惩罚性赔偿制度。

5. 积极稳妥化解产能过剩

综合运用市场机制、经济手段、法治办法和必要的行政手段，加大政策引导力度，实现市场出清。建立以工艺、技术、能耗、环保、质量、安全等为约束条件的推进机制，强化行业规范和准入管理，坚决淘汰落后产能。设立工业企业结构调整专项奖补资金，通过兼并重组、债务重组、破产清算、盘活资产，加快钢铁、煤炭等行业过剩产能退出，分类有序、积极稳妥处置退出企业，妥善做好人员安置等工作。

6. 降低实体经济企业成本

开展降低实体经济企业成本行动。进一步简政放权，精简规范行政审批前置中介服务，清理规范中介服务收费，降低制度性交易成本。合理确定最低工资标准，精简归并"五险一金"，适当降低缴费比例，降低企业人工成本。降低增值税税负和流转税比重，清理规范涉企基金，清理不合理涉企收费，降低企业税费负担。保持合理流动性和利率水平，创新符合企业需要的直接融资产品，设立国家融资担保基金，降低企业财务成本。完善国际国内能源价格联动和煤电价格联动机制，降低企业能源成本。提高物流组织管理水平，规范公路收费行为，降低企业物流成本。鼓励和引导企业创新管理、改进工艺、节能节材。

（二）支持战略性新兴产业发展

瞄准技术前沿，把握产业变革方向，围绕重点领域，优化政策组合，拓展新兴产业增长空间，抢占未来竞争制高点，使战略性新兴产业增加值占国内生产总值比重达到15%。

1. 提升新兴产业支撑作用

支持新一代信息技术、新能源汽车、生物技术、绿色低碳、高端装备与材料、数字创意等领域的产业发展壮大。大力推进先进半导体、机器人、增材制造、智能系统、新一代航空装备、空间技术综合服务系统、智能交通、精准医疗、高效储能与分布式能源系统、智能材料、高效节能环保、虚拟现实与互动影视等新兴前沿领域创新和产业化，形成一批新增长点。

2. 培育发展战略性产业

加强前瞻布局，在空天海洋、信息网络、生命科学、核技术等领域，培育一批战略性产业。大力发展新型飞行器及航行器、新一代作业平台和空天一体化观测系统，着力构建量子通信和泛在安全物联网，加快发展合成生物和再生医学技术，加速开发新一代核电装备和小型核动力系统、民用核分析与成像，打造未来发展新优势。

3. 构建新兴产业发展新格局

支持产业创新中心、新技术推广应用中心建设，支持创新资源密集度高的城市发展成为新兴产业创新发展策源地。推动新兴产业链创新链快速发展，加速形成特色新兴产业集群。实施新兴产业全球创新发展网络计划，鼓励企业全球配置创新资源，支持建立一批海外研发中心。

4. 完善新兴产业发展环境

发挥产业政策导向和促进竞争功能，构建有利于新技术、新产品、新业态、新模式发展的准入条件、监管规则和标准体系。鼓励民生和基础设施重大工程采用创新产品和服务。设立国家战略性产业发展基金，充分发挥新兴产业创业投资引导基金作用，重点支持新兴产业领域初创期创新型企业。

（三）加快推动服务业优质高效发展

开展加快发展现代服务业行动，扩大服务业对外开放，优化服务业发展环境，推动生产性服务业向专业化和价值链高端延伸、生活性服务业向精细和高品质转变。

1. 促进生产性服务业专业化

以产业升级和提高效率为导向，发展工业设计和创意、工程咨询、商务咨询、法律会计、现代保险、信用评级、售后服务、检验检测认证、人力资源服务等产业。深化流通体制改革，促进流通信息化、标准化、集约化，推动传统商业加速向现代流通转型升级。加强物流基础设施建设，大力发展第三方物流和绿色物流、冷链物流、城乡配送。实施高技术服务业创新工程。引导生产企业加快服务环节专业化分离和外包。建立与国际接轨的生产性服务业标准体系，提高国际化水平。

2. 提高生活性服务业品质

加快教育培训、健康养老、文化娱乐、体育健身等领域发展。大力发展旅游业，深入实施旅游业提质增效工程，加快海南国际旅游岛建设，支持发展生态旅游、文化旅游、休闲旅游、山地旅游等。积极发展家庭服务业，促进专业化、规模化和网络化发展。推动生活性服务业融合发展，鼓励发展针对个性化需求的定制服务。支持从业人员参加职业培训和技能鉴定考核，推进从业者职业化、专业化。实施生活性服务业放心行动计划，推广优质服务承诺标识与管理制度，培育知名服务品牌。

3. 完善服务业发展体制和政策

面向社会资本扩大市场准入，加快开放电力、民航、铁路、石油、天然气、邮政、市政公用等行业的竞争性业务，扩大金融、教育、医疗、文化、互联网、商贸物流等领域开放，开展服务业扩大开放综合试点。清理各类歧视性规定，完善各类社会资本公平参与医疗、教育、托幼、养老、体育等领域发展的政策。扩大政府购买服务范围，推动竞争性购买第三方服务。

三、拓展网络经济空间

牢牢把握信息技术变革趋势，实施网络强国战略，加快建设数字中国，推动信息技术与经济社会发展深度融合，加快推动信息经济发展壮大。

（一）构建泛在高效的信息网络

加快构建高速、移动、安全、泛在的新一代信息基础设施，推进信息网络技术广泛运用，形成万物互联、人机交互、天地一体的网络空间。

（二）发展现代互联网产业体系

实施"互联网＋"行动计划，促进互联网深度广泛应用，带动生产模式和组织方式变革，形成网络化、智能化、服务化、协同化的产业发展新形态。

（三）实施国家大数据战略

把大数据作为基础性战略资源，全面实施促进大数据发展行动，加快推动数据资源共享开放和开发应用，助力产业转型升级和社会治理创新。

（四）强化信息安全保障

统筹网络安全和信息化发展，完善国家网络安全保障体系，强化重要信息系统和数据资源保护，提高网络治理能力，保障国家信息安全。

四、构筑现代基础设施网络

拓展基础设施建设空间，加快完善安全高效、智能绿色、互联互通的现代基础设施网络，更好发挥对经济社会发展的支撑引领作用。

（一）完善现代综合交通运输体系

坚持网络化布局、智能化管理、一体化服务、绿色化发展，建设国内国际通道联通、区域城乡覆盖广泛、枢纽节点功能完善、运输服务一体高效的综合交通运输体系。

1. 构建内通外联的运输通道网络

构建横贯东西、纵贯南北、内畅外通的综合运输大通道，加强进出疆、出入藏通道建设，构建西北、西南、东北对外交通走廊和海上丝绸之路走廊。打造高品质的快速网络，加快推进高速铁路成网，完善国家高速公路网络，适度建设地方高速公路，增强枢纽机场和干支线机场功能。完善广覆盖的基础网络，加快中西部铁路建设，推进普通国省道提质改造和瓶颈路段建设，提升沿海和内河水运设施专业化水平，加强农村公路、通用机场建设，推进油气管道区域互联。提升邮政网络服务水平，加强快递基础设施建设。

2. 建设现代高效的城际城市交通

在城镇化地区大力发展城际铁路、市域（郊）铁路，鼓励利用既有铁路开行城际列车，形成多层次轨道交通骨干网络，高效衔接大中小城市和城镇。实行公共交通优先，加快发展城市轨道交通、快速公交等大容量公共交通，鼓励绿色出行。促进网络预约等定制交通发展。强化中心城区与对外干线公路快速联系，畅通城市内外交通。加强城市停车设施建设。加强邮政、快递网络终端建设。

3. 打造一体衔接的综合交通枢纽

优化枢纽空间布局，建设北京、上海、广州等国际性综合交通枢纽，提升全国性、区域性和地区性综合交通枢纽水平，加强中西部重要枢纽建设，推进沿边重要口岸枢纽建设，提升枢纽内外辐射能力。完善枢纽综合服务功能，优化中转设施和集疏运网络，强化客运零距离换乘和货运无缝化衔接，实现不同运输方式协调高效，发挥综合优势，提升交通物流整体效率。

4. 推动运输服务低碳智能安全发展

推进交通运输低碳发展，集约节约利用资源，加强标准化、现代化运输装备和节能环保运输工具推广应用。加快智能交通发展，推广先进信息技术和智能技术装备应用，加强联程联运系统、智能管理系统、公共信息系统建设，加快发展多式联运，提高交通运输服务质量和效益。强化交通运输、邮政安全管理，提升安全保障、应急处置和救援能力。推进出租汽车行业改革、铁路市场化改革，加快推进空域管理体制改革。

（二）建设现代能源体系

深入推进能源革命，着力推动能源生产利用方式变革，优化能源供给结构，提高能源利用效率，建设清洁低碳、安全高效的现代能源体系，维护国家能源安全。

1. 推动能源结构优化升级

统筹水电开发与生态保护，坚持生态优先，以重要流域龙头水电站建设为重点，科学开发西南水电资源。继续推进风电、光伏发电发展，积极支持光热发电。以沿海核电带为重点，安全建设自主核电示范工程和项目。加快发展生物质能、地热能，积极开发沿海潮汐能资源。完善风能、太阳能、生物质能发电扶持政策。优化建设国家综合能源基地，大力推进煤炭清洁高效利用。限制东部、控制中部和东北、优化西部地区煤炭资源开发，推进大型煤炭基地绿色化开采和改造，鼓励采用新技术发展煤电。加强陆上和海上油气勘探开发，有序开放矿业权，积极开发天然气、煤层气、页岩油（气）。推进炼油产业转型升级，开展成品油质量升级行动计划，拓展生物燃料等新的清洁油品来源。

2. 构建现代能源储运网络

统筹推进煤电油气多种能源输送方式发展，加强能源储备和调峰设施建设，加快构建多能互补、外通内畅、安全可靠的现代能源储运网络。加强跨区域骨干能源输送网络建设，建成蒙西－华中北煤南运战略通道，优化建设电网主网架和跨区域输电通道。加快建设陆路进口油气战略通道。推进油气储备设施建设，提高油气储备和调峰能力。

3. 积极构建智慧能源系统

加快推进能源全领域、全环节智慧化发展，提高可持续自适应能力。适应分布式能源发展、用户多元化需求，优化电力需求侧管理，加快智能电网建设，提高电网与发电侧、需求侧交互响应能力。推进能源与信息等领域新技术深度融合，统筹能源与通信、交通等基础设施网络建设，建设"源—网—荷—储"协调发展、集成互补的能源互联网。

（三）强化水安全保障

加快完善水利基础设施网络，推进水资源科学开发、合理调配、节约使用、高效利用，全面提升水安全保障能力。

1. 优化水资源配置格局

科学论证、稳步推进一批重大引调水工程、河湖水系连通骨干工程和重点水源等工程建设，统筹加强中小型水利设施建设，加快构筑多水源互联互调、安全可靠的城乡区域用水保障网。因地制宜实施抗旱水源工程，加强城市应急和备用水源建设。科学开发利用地表水及各类非常规水源，严格控制地下水开采。推进江河流域系统整治，维持基本生态用水需求，增强保水储水能力。科学实施跨界河流开发治理，深化与周边国家跨界水合作。科学开展人工影响天气活动。

2. 完善综合防洪减灾体系

加强江河湖泊治理骨干工程建设，继续推进大江大河大湖堤防加固、河道治理、控制性枢纽和蓄滞洪区建设。加快中小河流治理、山洪灾害防治、病险水库水闸除险加固，推进重点海堤达标建设。加强气象水文监测和雨情水情预报，强化洪水风险管理，提高防洪减灾水平。

第三节　构建空间发展新格局

一、推进新型城镇化

坚持以人的城镇化为核心、以城市群为主体形态、以城市综合承载能力为支撑、以体制机制创新为保障，加快新型城镇化步伐，提高社会主义新农村建设水平，努力缩小城乡发展差距，推进城乡发展一体化。

（一）加快农业转移人口市民化

统筹推进户籍制度改革和基本公共服务均等化，健全常住人口市民化激励机制，推动更多人口融入城镇。

（二）优化城镇化布局和形态

加快构建以陆桥通道、沿长江通道为横轴，以沿海、京哈京广、包昆通道为纵轴，大中小城市和小城镇合理分布、协调发展的"两横三纵"城市化战略格局。

（三）建设和谐宜居城市

转变城市发展方式，提高城市治理能力，加大"城市病"防治力度，不断提升城市环境质量、居民生活质量和城市竞争力，努力打造和谐宜居、富有活力、各具特色的城市。

（四）健全住房供应体系

构建以政府为主提供基本保障、以市场为主满足多层次需求的住房供应体系，优化住房供需结构，稳步提高居民住房水平，更好保障住有所居。

（五）推动城乡协调发展

推动新型城镇化和新农村建设协调发展，提升县域经济支撑辐射能力，促进公共资源在城乡间均衡配置，拓展农村广阔发展空间，形成城乡共同发展新格局。

二、推动区域协调发展

以区域发展总体战略为基础，以"一带一路"建设、京津冀协同发展、长江经济带发展为引领，形成沿海沿江沿线经济带为主的纵向横向经济轴带，塑造要素有序自由流动、主体功能约束有效、基本公共服务均等、资源环境可承载的区域协调发展新格局。

（一）深入实施区域发展总体战略

深入实施西部开发、东北振兴、中部崛起和东部率先的区域发展总体战略，创新区域发展政策，完善区域发展机制，促进区域协调、协同、共同发展，努力缩小区域发展差距。

1. 深入推进西部大开发

把深入实施西部大开发战略放在优先位置，更好发挥"一带一路"建设对西部大开发的带动作用。加快内外联通通道和区域性枢纽建设，进一步提高基础设施水平，明显改善落后边远地区对外通行条件。大力发展绿色农产品加工、文化旅游等特色优势产业。设立一批国家级产业转移示范区，发展产业集群。依托资源环境承载力较强地区，提高资源就地加工转化比重。加强水资源科学开发和高效利用。强化生态环境保护，提升生态安全屏障功能。健全长期稳定资金渠道，继续加大转移支付和政府投资力度。加快基本公共服务均等化。加大门户城市开放力度，提升开放型经济水平。

2. 大力推动东北地区等老工业基地振兴

加快市场取向的体制机制改革，积极推动结构调整，加大支持力度，提升东北地区等老工业基地发展活力、内生动力和整体竞争力。加快服务型政府建设，改善营商环境，加快发展民营经济。大力开展和积极鼓励创业创新，支持建设技术和产业创新中心，吸引人才等各类创新要素集聚，使创新真正成为东北地区发展的强大动力。加快发展现代化大农业，促进传统优势产业提质增效，建设产业转型升级示范区，推进先进装备制造业基地和重大技术装备战略基地建设。支持资源型城市转型发展，组织实施好老旧城区改造、沉陷区治理等重大民生工程。加快建设快速铁路网和电力外送通道。深入推进国资国企改革，加快解决厂办大集体等问题。支持建设面向俄日韩等国家的合作平台。

3. 促进中部地区崛起

制定实施新时期促进中部地区崛起规划，完善支持政策体系，推动城镇化与产业支撑、人口集聚有机结合，形成重要战略支撑区。支持中部地区加快建设贯通南北、连接东西的现代立体交通体系和现代物流体系，培育壮大沿江沿线城市群和都市圈增长极。有序承接产业转移，加快发展现代农业和先进制造业，支持能源产业转型发展，建设一批战略性新兴产业和高技术产业基地，培育一批产业集群。加强水环境保护和治理，推进鄱阳湖、洞庭湖生态经济区和汉江、淮河生态经济带建设。加快郑州航空港经济综合实验区建设。支持发展内陆开放型经济。

4. 支持东部地区率先发展

支持东部地区更好发挥对全国发展的支撑引领作用，增强辐射带动能力。加快实现创新驱动发展转型，打造具有国际影响力的创新高地。加快推动产业升级，引领新兴产业和现代服务业发展，打造全球先进制造业基地。加快建立全方位开放型经济体系，更高层次参与国际合作与竞争。在公共服务均等化、社会文明程度提高、生态环境质量改善等方面走在前列。推进环渤海地区合作协调发展。支持珠三角地区建设开放创新转型升级新高地，加快深圳科技、产业创新中心建设。深化泛珠三角区域合作，促进珠江－西江经济带加快发展。

5. 健全区域协调发展机制

创新区域合作机制，加强区域间、全流域的协调协作。完善对口支援制度和措施，通过发展"飞地经济"、共建园区等合作平台，建立互利共赢、共同发展的互助机制。建立健全生态保护补偿、资源开发补偿等区际利益平衡机制。鼓励国家级新区、国家级综合配套改革试验区、重点开发开放试验区等平台体制机制和运营模式创新。

（二）推动京津冀协同发展

坚持优势互补、互利共赢、区域一体，调整优化经济结构和空间结构，探索人口经济密集地区优化开发新模式，建设以首都为核心的世界级城市群，辐射带动环渤海地区和北方腹地发展。

（三）推进长江经济带发展

坚持生态优先、绿色发展的战略定位，把修复长江生态环境放在首要位置，推动长江上中下游协同发展、东中西部互动合作，建设成为我国生态文明建设的先行示范带、创新驱动带、协调发展带。

（四）扶持特殊类型地区发展

加大对革命老区、民族地区、边疆地区和困难地区的支持力度，实施边远贫困地区、边疆民族地区和革命老区人才支持计划，推动经济加快发展、人民生活明显改善。

1. 支持革命老区开发建设

完善革命老区振兴发展支持政策，大力推动赣闽粤原中央苏区、陕甘宁、大别山、左右江、川陕等重点贫困革命老区振兴发展，积极支持沂蒙、湘鄂赣、太行、海陆丰等欠发达革命老区加快发展。加快交通、水利、能源、通信等基础设施建设，大幅提升基本公共服务水平，加大生态建设和保护力度。着力培育特色农林业等对群众增收带动性强的优势产业，大力发展红色旅游，积极有序推进能源资源开发。加快推进革命老区劳动力转移就业。

2. 推动民族地区健康发展

把加快少数民族和民族地区发展摆到更加突出的战略位置，加大财政投入和金融支持，改善基础设施条件，提高基本公共服务能力。支持民族地区发展优势产业和特色经济。加强跨省区对口支援和对口帮扶工作。加大对西藏和四省藏区支持力度。支持新疆南疆四地州加快发展。促进少数民族事业发展，大力扶持人口较少民族发展，支持民族特需商品生产发展，保护和传承少数民族传统文化。深入开展民族团结进步示范区创建活动，促进各民族交往交流交融。

3. 推进边疆地区开发开放

推进边境城市和重点开发开放试验区等建设。加强基础设施互联互通，加快建设对外骨干通道。推进新疆建成向西开放的重要窗口、西藏建成面向南亚开放的重要通道、云南建成面向南亚东南亚的辐射中心、广西建成面向东盟的国际大通道。支持黑龙江、吉林、辽宁、内蒙古建成向北开放的重要窗口和东北亚区域合作的中心枢纽。加快建设面向东北亚的长吉图开发开放先导区。大力推进兴边富民行动，加大边民扶持力度。

4. 促进困难地区转型发展

加强政策支持，促进资源枯竭、产业衰退、生态严重退化等困难地区发展接续替代产业，促进资源型地区转型创新，形成多点支撑、多业并举、多元发展新格局。全面推进老工业区、独立工矿区、采煤沉陷区改造转型。支持产业衰退的老工业城市加快转型，健全过剩产能行业集中地区过剩产能退出机制。加大生态严重退化地区修复治理力度，有序推进生态移民。加快国有林场和林区改革，基本完成重点国有林区深山远山林业职工搬迁和国有林场撤并整合任务。

（五）拓展蓝色经济空间

坚持陆海统筹，发展海洋经济，科学开发海洋资源，保护海洋生态环境，维护海洋权益，建设海洋强国。

三、加快改善生态环境

以提高环境质量为核心，以解决生态环境领域突出问题为重点，加大生态环境保护力度，提高资源利用效率，为人民提供更多优质生态产品，协同推进人民富裕、国家富强、中国美丽。

（一）加快建设主体功能区

强化主体功能区作为国土空间开发保护基础制度的作用，加快完善主体功能区政策体系，推动各地区依据主体功能定位发展。

1. 推动主体功能区布局基本形成

有度有序利用自然，调整优化空间结构，推动形成以"两横三纵"为主体的城市化战略格局、以"七区二十三带"为主体的农业战略格局、以"两屏三带"为主体的生态安全战略格局，以及可持续的海洋空间开发格局。合理控制国土空间开发强度，增加生态空间。推动优化开发区域产业结构向高端高效发展，优化空间开发结构，逐年减少建设用地增量，提高土地利用效率。推动重点开发区域集聚产业和人口，培育若干带动区域协同发展的增长极。划定农业空间和生态空间保护红线，拓展重点生态功能区覆盖范围，加大禁止开发区域保护力度。

2. 健全主体功能区配套政策体系

根据不同主体功能区定位要求，健全差别化的财政、产业、投资、人口流动、土地、资源开发、环境保护等政策，实行分类考核的绩效评价办法。重点生态功能区实行产业准入负面清单。加大对农产品主产区和重点生态功能区的转移支付力度，建立健全区域流域横向生态补偿机制。设立统一规范的国家生态文明试验区。建立国家公园体制，整合设立一批国家公园。

3. 建立空间治理体系

以市县级行政区为单元，建立由空间规划、用途管制、差异化绩效考核等构成的空间治理体系。建立国家空间规划体系，以主体功能区规划为基础统筹各类空间性规划，推进"多规合一"。完善国土空间开发许可制度。建立资源环境承载能力监测预警机制，对接近或达到警戒线的地区实行限制性措施。实施土地、矿产等国土资源调查评价和监测工程。提升测绘地理信息服务保障能力，开展地理国情常态化监测，推进全球地理信息资源开发。

（二）推进资源节约集约利用

树立节约集约循环利用的资源观，推动资源利用方式根本转变，加强全过程节约管理，大幅提高资源利用综合效益。

1. 全面推动能源节约

推进能源消费革命。实施全民节能行动计划，全面推进工业、建筑、交通运输、公共机构等领域节能，实施锅炉（窑炉）、照明、电机系统升级改造及余热暖民等重点工程。大力开发、推广节能技术和产品，开展重大技术示范。实施重点用能单位"百千万"行动和节能自愿活动，推动能源管理体系、计量体系和能耗在线监测系统建设，开展能源评审和绩效评价。实施建筑能效提升和绿色建筑全产业链发展计划。推行节能低碳电力调度。推进能源综合梯级利用。能源消费总量控制在50亿吨标准煤以内。

2. 全面推进节水型社会建设

落实最严格的水资源管理制度，实施全民节水行动计划。坚持以水定产、以水定城，对水资源短缺地区实行更严格的产业准入、取用水定额控制。加快农业、工业、城镇节水改造，扎实推进农业综合水价改革，开展节水综合改造示范。加强重点用水单位监管，鼓励一水多用、优水优用、分质利用。建立水效标识制度，推广节水技术和产品。加快非常规水资源利用，实施雨洪资源利用、再生水利用等工程。用水总量控制在6700亿立方米以内。

3. 强化土地节约集约利用

严控新增建设用地，有效管控新城新区和开发区无序扩张。有序推进城镇低效用地再开发和低丘缓坡土地开发利用，推进建设用地多功能开发、地上地下立体综合开发利用，促进空置楼宇、厂房等存量资源再利用。严控农村集体建设用地规模，探索建立收储制度，盘活农村闲置建设用地。开展建设用地节约集约利用调查评价。单位国内生产总值建设用地使用面积下降 20％。

4. 加强矿产资源节约和管理

强化矿产资源规划管控，严格分区管理、总量控制和开采准入制度，加强复合矿区开发的统筹协调。支持矿山企业技术和工艺改造，引导小型矿山兼并重组，关闭技术落后、破坏环境的矿山。大力推进绿色矿山和绿色矿业发展示范区建设，实施矿产资源节约与综合利用示范工程、矿产资源保护和储备工程，提高矿产资源开采率、选矿回收率和综合利用率。完善优势矿产限产保值机制。建立矿产资源国家权益金制度，健全矿产资源税费制度。开展找矿突破行动。

5. 大力发展循环经济

实施循环发展引领计划，推进生产和生活系统循环链接，加快废弃物资源化利用。按照物质流和关联度统筹产业布局，推进园区循环化改造，建设工农复合型循环经济示范区，促进企业间、园区内、产业间耦合共生。推进城市矿山开发利用，做好工业固废等大宗废弃物资源化利用，加快建设城市餐厨废弃物、建筑垃圾和废旧纺织品等资源化利用和无害化处理系统，规范发展再制造。实行生产者责任延伸制度。健全再生资源回收利用网络，加强生活垃圾分类回收与再生资源回收的衔接。

6. 倡导勤俭节约的生活方式

倡导合理消费，力戒奢侈消费，制止奢靡之风。在生产、流通、仓储、消费各环节落实全面节约要求。管住公款消费，深入开展反过度包装、反食品浪费、反过度消费行动，推动形成勤俭节约的社会风尚。推广城市自行车和公共交通等绿色出行服务系统。限制一次性用品使用。

7. 建立健全资源高效利用机制

实施能源和水资源消耗、建设用地等总量和强度双控行动，强化目标责任，完善市场调节、标准控制和考核监管。建立健全用能权、用水权、碳排放权初始分配制度，创新有偿使用、预算管理、投融资机制，培育和发展交易市场。健全节能、节水、节地、节材、节矿标准体系，提高建筑节能标准，实现重点行业、设备节能标准全覆盖。强化节能评估审查和节能监察。建立健全中央对地方节能环保考核和奖励机制，进一步扩大节能减排财政政策综合示范。建立统一规范的国有自然资源资产出让平台。组织实施能效、水效领跑者引领行动。

（三）加大环境综合治理力度

创新环境治理理念和方式，实行最严格的环境保护制度，强化排污者主体责任，形成政府、企业、公众共治的环境治理体系，实现环境质量总体改善。

1. 深入实施污染防治行动计划

制定城市空气质量达标计划，严格落实约束性指标，地级及以上城市重污染天数减少 25％，加大重点地区细颗粒物污染治理力度。构建机动车船和燃料油环保达标监管体系。提高城市燃气化率。强化道路、施工等扬尘监管，禁止秸秆露天焚烧。加强重点流域、海域综合治理，严格保护良好水体和饮用水水源，加强水质较差湖泊综合治理与改善。推进水功能区分区管理，主要江河湖泊水功能区水质达标率达到80%以上。开展地下水污染调查和综合防治。实施土壤污染分类分级防治，优先保护农用地土壤环境质量安全，切实加强建设用地土壤环境监管。

2. 大力推进污染物达标排放和总量减排

实施工业污染源全面达标排放计划。完善污染物排放标准体系，加强工业污染源监督性监测，公布未达标企业名单，实施限期整改。城市建成区内污染严重企业实施有序搬迁改造或依法关闭。开展全国第二次污染源普查。改革主要污染物总量控制制度，扩大污染物总量控制范围。在重点区域、重点行业推进挥发性有机物排放总量控制，全国排放总量下降10%以上。对中小型燃煤设施、城中村和城乡结合区域等实施清洁能源替代工程。沿海和汇入富营养化湖库的河流沿线所有地级及以上城市实施总氮排放总量控制。实施重点行业清洁生产改造。

3. 严密防控环境风险

实施环境风险全过程管理。加强危险废物污染防治，开展危险废物专项整治。加大重点区域、有色等重点行业重金属污染防治力度。加强有毒有害化学物质环境和健康风险评估能力建设。推进核设施安全改进和放射性污染防治，强化核与辐射安全监管体系和能力建设。

4. 加强环境基础设施建设

加快城镇垃圾处理设施建设，完善收运系统，提高垃圾焚烧处理率，做好垃圾渗滤液处理处置；加快城镇污水处理设施和管网建设改造，推进污泥无害化处理和资源化利用，实现城镇生活污水、垃圾处理设施全覆盖和稳定达标运行，城市、县城污水集中处理率分别达到95%和85%。建立全国统一、全面覆盖的实时在线环境监测监控系统，推进环境保护大数据建设。

5. 改革环境治理基础制度

切实落实地方政府环境责任，开展环保督察巡视，建立环境质量目标责任制和评价考核机制。实行省以下环保机构监测监察执法垂直管理制度，探索建立跨地区环保机构，推行全流域、跨区域联防联控和城乡协同治理模式。推进多污染物综合防治和统一监管，建立覆盖所有固定污染源的企业排放许可制，实行排污许可"一证式"管理。建立健全排污权有偿使用和交易制度。严格环保执法，开展跨区域联合执法，强化执法监督和责任追究。建立企业环境信用记录和违法排污黑名单制度，强化企业污染物排放自行监测和环境信息公开，畅通公众参与渠道，完善环境公益诉讼制度。实行领导干部环境保护责任离任审计。

（四）加强生态保护修复

坚持保护优先、自然恢复为主，推进自然生态系统保护与修复，构建生态廊道和生物多样性保护网络，全面提升各类自然生态系统稳定性和生态服务功能，筑牢生态安全屏障。

1. 全面提升生态系统功能

开展大规模国土绿化行动，加强林业重点工程建设，完善天然林保护制度，全面停止天然林商业性采伐，保护培育森林生态系统。发挥国有林区林场在绿化国土中的带动作用。创新产权模式，引导社会资金投入植树造林。严禁移植天然大树进城。扩大退耕还林还草，保护治理草原生态系统，推进禁牧休牧轮牧和天然草原退牧还草，加强"三化"草原治理，草原植被综合盖度达到56%。保护修复荒漠生态系统，加快风沙源区治理，遏制沙化扩展。保障重要河湖湿地及河口生态水位，保护修复湿地与河湖生态系统，建立湿地保护制度。

2. 推进重点区域生态修复

坚持源头保护、系统恢复、综合施策，推进荒漠化、石漠化、水土流失综合治理。继续实施京津风沙源治理二期工程。强化三江源等江河源头和水源涵养区生态保护。加大南水北调水源地及沿线生态走廊、三峡库区等区域生态保护力度，推进沿黄生态经济带建设。支持甘肃生态安全屏障综合示范区建设。开展典型受损生态系统恢复和修复示范。完善国家地下水监测系统，开展地下水超采区综合治理。建立沙化土地封禁保护制度。有步骤对居住在自然保护区核心区与缓冲区的居民实施生态移民。

3. 扩大生态产品供给

丰富生态产品，优化生态服务空间配置，提升生态公共服务供给能力。加大风景名胜区、森林公园、湿地公园、沙漠公园等保护力度，加强林区道路等基础设施建设，适度开发公众休闲、旅游观光、生态康养服务和产品。加快城乡绿道、郊野公园等城乡生态基础设施建设，发展森林城市，建设森林小镇。打造生态体验精品线路，拓展绿色宜人的生态空间。

4. 维护生物多样性

实施生物多样性保护重大工程。强化自然保护区建设和管理，加大典型生态系统、物种、基因和景观多样性保护力度。开展生物多样性本底调查与评估，完善观测体系。科学规划和建设生物资源保护库圃，建设野生动植物人工种群保育基地和基因库。严防并治理外来物种入侵和遗传资源丧失。强化野生动植物进出口管理，严厉打击象牙等野生动植物制品非法交易。

（五）积极应对全球气候变化

坚持减缓与适应并重，主动控制碳排放，落实减排承诺，增强适应气候变化能力，深度参与全球气候治理，为应对全球气候变化作出贡献。

1. 有效控制温室气体排放

有效控制电力、钢铁、建材、化工等重点行业碳排放，推进工业、能源、建筑、交通等重点领域低碳发展。支持优化开发区域率先实现碳排放达到峰值。深化各类低碳试点，实施近零碳排放区示范工程。控制非二氧化碳温室气体排放。推动建设全国统一的碳排放交易市场，实行重点单位碳排放报告、核查、核证和配额管理制度。健全统计核算、评价考核和责任追究制度，完善碳排放标准体系。加大低碳技术和产品推广应用力度。

2. 主动适应气候变化

在城乡规划、基础设施建设、生产力布局等经济社会活动中充分考虑气候变化因素，适时制定和调整相关技术规范标准，实施适应气候变化行动计划。加强气候变化系统观测和科学研究，健全预测预警体系，提高应对极端天气和气候事件能力。

3. 广泛开展国际合作

坚持共同但有区别的责任原则、公平原则、各自能力原则，积极承担与我国基本国情、发展阶段和实际能力相符的国际义务，落实强化应对气候变化行动的国家自主贡献。积极参与应对全球气候变化谈判，推动建立公平合理、合作共赢的全球气候治理体系。深化气候变化多双边对话交流与务实合作。充分发挥气候变化南南合作基金作用，支持其他发展中国家加强应对气候变化能力。

（六）健全生态安全保障机制

加强生态文明制度建设，建立健全生态风险防控体系，提升突发生态环境事件应对能力，保障国家生态安全。

1. 完善生态环境保护制度

落实生态空间用途管制，划定并严守生态保护红线，确保生态功能不降低、面积不减少、性质不改变。建立森林、草原、湿地总量管理制度。加快建立多元化生态补偿机制，完善财政支持与生态保护成效挂钩机制。建立覆盖资源开采、消耗、污染排放及资源性产品进出口等环节的绿色税收体系。研究建立生态价值评估制度，探索编制自然资源资产负债表，建立实物量核算账户。实行领导干部自然资源资产离任审计。建立健全生态环境损害评估和赔偿制度，落实损害责任终身追究制度。

2. 加强生态环境风险监测预警和应急响应

建立健全国家生态安全动态监测预警体系，定期对生态风险开展全面调查评估。健全国家、省、市、县四级联动的生态环境事件应急网络，完善突发生态环境事件信息报告和公开机制。严格环境损害赔偿，在高风险行业推行环境污染强制责任保险。

（七）发展绿色环保产业

培育服务主体，推广节能环保产品，支持技术装备和服务模式创新，完善政策机制，促进节能环保产业发展壮大。

1. 扩大环保产品和服务供给

完善企业资质管理制度，鼓励发展节能环保技术咨询、系统设计、设备制造、工程施工、运营管理等专业化服务。推行合同能源管理、合同节水管理和环境污染第三方治理。鼓励社会资本进入环境基础设施领域，开展小城镇、园区环境综合治理托管服务试点。发展一批具有国际竞争力的大型节能环保企业，推动先进适用节能环保技术产品走出去。统筹推行绿色标识、认证和政府绿色采购制度。建立绿色金融体系，发展绿色信贷、绿色债券，设立绿色发展基金。完善煤矸石、余热余压、垃圾和沼气等发电上网政策。加快构建绿色供应链产业体系。

2. 发展环保技术装备

增强节能环保工程技术和设备制造能力，研发、示范、推广一批节能环保先进技术装备。加快低品位余热发电、小型燃气轮机、细颗粒物治理、汽车尾气净化、垃圾渗滤液处理、污泥资源化、多污染协同处理、土壤修复治理等新型技术装备研发和产业化。推广高效烟气除尘和余热回收一体化、高效热泵、半导体照明、废弃物循环利用等成熟适用技术。

第四节　坚持对外开放

一、构建全方位开放新格局

以"一带一路"建设为统领，丰富对外开放内涵，提高对外开放水平，协同推进战略互信、投资经贸合作、人文交流，努力形成深度融合的互利合作格局，开创对外开放新局面。

(一) 完善对外开放战略布局

全面推进双向开放，促进国内国际要素有序流动、资源高效配置、市场深度融合，加快培育国际竞争新优势。

1. 完善对外开放区域布局

加强内陆沿边地区口岸和基础设施建设，开辟跨境多式联运交通走廊。发展外向型产业集群，形成各有侧重的对外开放基地。加快海关特殊监管区域整合优化升级，提高边境经济合作区、跨境经济合作区发展水平。提升经济技术开发区的对外合作水平。以内陆中心城市和城市群为依托，建设内陆开放战略支撑带。支持沿海地区全面参与全球经济合作和竞争，发挥环渤海、长三角、珠三角地区的对外开放门户作用，率先对接国际高标准投资和贸易规则体系，培育具有全球竞争力的经济区。支持宁夏等内陆开放型经济试验区建设。支持中新（重庆）战略性互联互通示范项目。推进双边国际合作产业园建设。探索建立舟山自由贸易港区。

2. 深入推进国际产能和装备制造合作

以钢铁、有色、建材、铁路、电力、化工、轻纺、汽车、通信、工程机械、航空航天、船舶和海洋工程等行业为重点，采用境外投资、工程承包、技术合作、装备出口等方式，开展国际产能和装备制造合作，推动装备、技术、标准、服务走出去。建立产能合作项目库，推动重大示范项目建设。引导企业集群式走出去，因地制宜建设境外产业集聚区。加快拓展多双边产能合作机制，积极与发达国家合作共同开拓第三方市场。建立企业、金融机构、地方政府、商协会等共同参与的统筹协调和对接机制。完善财税、金融、保险、投融资平台、风险评估等服务支撑体系。

3. 加快对外贸易优化升级

实施优进优出战略，推动外贸向优质优价、优进优出转变，加快建设贸易强国。促进货物贸易和服务贸易融合发展，大力发展生产性服务贸易，服务贸易占对外贸易比重达到16％以上。巩固提升传统出口优势，促进加工贸易创新发展。优化对外贸易布局，推动出口市场多元化，提高新兴市场比重，巩固传统市场份额。鼓励发展新型贸易方式。发展出口信用保险。积极扩大进口，优化进口结构，更多进口先进技术装备和优质消费品。积极应对国外技术性贸易措施，强化贸易摩擦预警，化解贸易摩擦和争端。

4. 提升利用外资和对外投资水平

扩大开放领域，放宽准入限制，积极有效引进境外资金和先进技术，提升利用外资综合质量。放开育幼、建筑设计、会计审计等服务领域外资准入限制，扩大银行、保险、证券、养老等市场准入。鼓励外资更多投向先进制造、高新技术、节能环保、现代服务业等领域和中西部及东北地区，支持设立研发中心。鼓励金融机构和企业在境外融资。支持企业扩大对外投资，深度融入全球产业链、价值链、物流链。建设一批大宗商品境外生产基地及合作园区。积极搭建对外投资金融和信息服务平台。

（二）健全对外开放新体制

完善法治化、国际化、便利化的营商环境，健全有利于合作共赢、同国际投资贸易规则相适应的体制机制。

1. 营造优良营商环境

营造公平竞争的市场环境、高效廉洁的政务环境、公正透明的法律政策环境和开放包容的人文环境。统一内外资法律法规，制定外资基础性法律，保护外资企业合法权益。提高自由贸易试验区建设质量，深化在服务业开放、金融开放和创新、投资贸易便利化、事中事后监管等方面的先行先试，在更大范围推广复制成功经验。对外资全面实行准入前国民待遇加负面清单管理制度。完善外商投资国家安全审查制度。创新外资监管服务方式。建立便利跨境电子商务等新型贸易方式的体制，全面推进国际贸易单一窗口、一站式作业、一体化通关和政府信息共享共用、口岸风险联防联控。健全服务贸易促进体系，发挥贸易投资促进机构、行业协会商会等的作用。加强知识产权保护和反垄断执法，深化执法国际合作。

2. 完善境外投资管理体制

完善境外投资发展规划和重点领域、区域、国别规划体系。健全备案为主、核准为辅的对外投资管理体制，健全对外投资促进政策和服务体系，提高便利化水平。推动个人境外投资，健全合格境内个人投资者制度。建立国有资本、国有企业境外投资审计制度，健全境外经营业绩考核和责任追究制度。

3. 扩大金融业双向开放

有序实现人民币资本项目可兑换，提高可兑换、可自由使用程度，稳步推进人民币国际化，推进人民币资本走出去。逐步建立外汇管理负面清单制度。放宽境外投资汇兑限制，改进企业和个人外汇管理。放宽跨国公司资金境外运作限制，逐步提高境外放款比例。支持保险业走出去，拓展保险资金境外投资范围。统一内外资企业及金融机构外债管理，稳步推进企业外债登记制管理改革，健全本外币全口径外债和资本流动审慎管理框架体系。加强国际收支监测。推进资本市场双向开放，提高股票、债券市场对外开放程度，放宽境内机构境外发行债券，以及境外机构境内发行、投资和交易人民币债券。提高金融机构国际化水平，加强海外网点布局，完善全球服务网络，提高国内金融市场对境外机构开放水平。

4．强化对外开放服务保障

推动同更多国家签署高标准双边投资协定、司法协助协定、税收协定，争取同更多国家互免或简化签证手续。构建高效有力的海外利益保护体系，维护我国公民和法人海外合法权益。健全反走私综合治理机制，完善反洗钱、反恐怖融资、反逃税监管措施，完善风险防范体制机制。提高海外安全保障能力和水平，完善领事保护制度，提供风险预警、投资促进、权益保障等便利服务。强化涉外法律服务，建立知识产权跨境维权援助机制。

（三）推进"一带一路"建设

秉持亲诚惠容，坚持共商共建共享原则，开展与有关国家和地区多领域互利共赢的务实合作，打造陆海内外联动、东西双向开放的全面开放新格局。

（四）积极参与全球经济治理

推动国际经济治理体系改革完善，积极引导全球经济议程，维护和加强多边贸易体制，促进国际经济秩序朝着平等公正、合作共赢的方向发展，共同应对全球性挑战。

（五）积极承担国际责任和义务

扩大对外援助规模，完善对外援助方式，为发展中国家提供更多免费的人力资源、发展规划、经济政策等方面咨询培训，扩大科技教育、医疗卫生、防灾减灾、环境治理、野生动植物保护、减贫等领域对外合作和援助，加大人道主义援助力度。积极落实2030年可持续发展议程。推动形成多元化开发性融资格局。维护国际公共安全，反对一切形式的恐怖主义，积极支持并参与联合国维和行动，加强防扩散国际合作，参与管控热点敏感问题，共同维护国际通道安全。加强多边和双边协调，参与国际网络空间治理，维护全球网络安全。推动反腐败国际合作。

二、深化内地和港澳、大陆和台湾地区合作发展

支持港澳巩固传统优势、培育发展新优势，拓宽两岸关系和平发展道路，更好实现经济互补互利、共同发展。

（一）支持香港澳门长期繁荣稳定发展

全面准确贯彻"一国两制""港人治港""澳人治澳"、高度自治的方针，严格依照宪法和基本法办事，发挥港澳独特优势，提升港澳在国家经济发展和对外开放中的地位和功能，支持港澳发展经济、改善民生、推进民主、促进和谐。

（二）推进两岸关系和平发展和祖国统一进程

坚持"九二共识"和一个中国原则，坚决反对"台独"。在坚持原则立场基础

上，以互利共赢方式深化两岸经济合作，扩大两岸合作领域，增进两岸同胞福祉，巩固和推进两岸关系和平发展。

第五节 全面推进社会发展

一、全力实施脱贫攻坚

充分发挥政治优势和制度优势，贯彻精准扶贫、精准脱贫基本方略，创新扶贫工作机制和模式，采取超常规措施，加大扶贫攻坚力度，坚决打赢脱贫攻坚战。

（一）推进精准扶贫精准脱贫

按照扶贫对象精准、项目安排精准、资金使用精准、措施到户精准、因村派人精准、脱贫成效精准的要求，切实提高扶贫实效，稳定实现农村贫困人口不愁吃、不愁穿，义务教育、基本医疗和住房安全有保障。

（二）支持贫困地区加快发展

把革命老区、民族地区、边疆地区、集中连片贫困地区作为脱贫攻坚重点，持续加大对集中连片特殊困难地区的扶贫投入力度，增强造血能力，实现贫困地区农民人均可支配收入增长幅度高于全国平均水平，基本公共服务主要领域指标接近全国平均水平。

（三）完善脱贫攻坚支撑体系

完善扶贫脱贫扶持政策，健全扶贫工作机制，创新各类扶贫模式及其考评体系，为脱贫攻坚提供强有力支撑。

二、提升全民教育和健康水平

把提升人的发展能力放在突出重要位置，全面提高教育、医疗卫生水平，着力增强人民科学文化和健康素质，加快建设人力资本强国。

（一）推进教育现代化

全面贯彻党的教育方针，坚持教育优先发展，加快完善现代教育体系，全面提高教育质量，促进教育公平，培养德智体美全面发展的社会主义建设者和接班人。为此，一是加快基本公共教育均衡发展；二是推进职业教育产教融合；三是提升大学创新人才培养能力；四是加快学习型社会建设；五是增强教育改革发展活力。

（二）推进健康中国建设

深化医药卫生体制改革，坚持预防为主的方针，建立健全基本医疗卫生制度，实现人人享有基本医疗卫生服务，推广全民健身，提高人民健康水平。为此。一是全面深化医药卫生体制改革；二是健全全民医疗保障体系；三是加强重大疾病防治和基本公共卫生服务；四是加强妇幼卫生保健及生育服务；五是完善医疗服务体系；六是促进中医药传承与发展；七是广泛开展全民健身运动；八是保障食品药品安全。

三、提高民生保障水平

按照人人参与、人人尽力、人人享有的要求，坚守底线、突出重点、完善制度、引导预期，注重机会公平，保障基本民生，不断提高人民生活水平，实现全体人民共同迈入全面小康社会。

（一）增加公共服务供给

坚持普惠性、保基本、均等化、可持续方向，从解决人民最关心最直接最现实的利益问题入手，增强政府职责，提高公共服务共建能力和共享水平。

1. 促进基本公共服务均等化

围绕标准化、均等化、法制化，加快健全国家基本公共服务制度，完善基本公共服务体系。建立国家基本公共服务清单，动态调整服务项目和标准，促进城乡区域间服务项目和标准有机衔接。合理增加中央和省级政府基本公共服务事权和支出责任。健全基层服务网络，加强资源整合，提高管理效率，推动服务项目、服务流程、审核监管公开透明。

2. 满足多样化公共服务需求

开放市场并完善监管，努力增加非基本公共服务和产品供给。积极推动医疗、养老、文化、体育等领域非基本公共服务加快发展，丰富服务产品，提高服务质量，提供个性化服务方案。积极应用新技术、发展新业态，促进线上线下服务衔接，让人民群众享受高效便捷优质服务。

3. 创新公共服务提供方式

推动供给方式多元化，能由政府购买服务提供的，政府不再直接承办；能由政府和社会资本合作提供的，广泛吸引社会资本参与。制定发布购买公共服务目录，推行特许经营、定向委托、战略合作、竞争性评审等方式，引入竞争机制。创新从事公益服务事业单位体制机制，健全法人治理结构，推动从事生产经营活动事业单位转制为企业。

（二）实施就业优先战略

实施更加积极的就业政策，创造更多就业岗位，着力解决结构性就业矛盾，鼓励以创业带就业，实现比较充分和高质量就业。

1. 推动实现更高质量的就业

把促进充分就业作为经济社会发展优先目标、放在更加突出位置，坚持分类施策，提高劳动参与率，稳定并扩大城镇就业规模。落实高校毕业生就业促进和创业引领计划，搭建创新创业平台，健全高校毕业生自主创业、到基层就业的激励政策。促进农村富余劳动力转移就业和外出务工人员返乡创业。加强对灵活就业、新就业形态的扶持，促进劳动者自主就业。做好退役军人就业安置工作。加强就业援助，对就业困难人员实行实名制动态管理和分类帮扶，做好"零就业"家庭帮扶工作。加大再就业支持力度。不断改善劳动条件，规范劳动用工制度，落实职工带薪年休假制度。严禁各种形式的就业歧视。规范就业中介服务。健全劳动关系协调机制，加强劳动保障监察和争议调解仲裁，维护职工合法权益，保障非正规就业劳动者权益，全面治理拖欠农民工工资问题，建立和谐劳动关系。

2. 提高公共就业创业服务能力

完善就业创业服务体系，推行终身职业技能培训制度。开展贫困家庭子女、未升学初高中毕业生、农民工、失业人员和转岗职工、退役军人和残疾人免费接受职业培训行动。完善高技能人才职称评定、技术等级认定等政策。完善就业失业统计指标体系，健全失业监测预警机制，发布城镇调查失业率数据，强化对部分地区、行业规模性失业的监测和应对。提高公共就业创业服务信息化水平，推进各类就业信息共享开放。

（三）缩小收入差距

正确处理公平和效率关系，坚持居民收入增长和经济增长同步、劳动报酬提高和劳动生产率提高同步，持续增加城乡居民收入，规范初次分配，加大再分配调节力度，调整优化国民收入分配格局，努力缩小全社会收入差距。

（四）改革完善社会保障制度

坚持全民覆盖、保障适度、权责清晰、运行高效，稳步提高社会保障统筹层次和水平，建立健全更加公平、更可持续的社会保障制度。

（五）积极应对人口老龄化

开展应对人口老龄化行动，加强顶层设计，构建以人口战略、生育政策、就业制度、养老服务、社保体系、健康保障、人才培养、环境支持、社会参与等为支撑的人口老龄化应对体系。

（六）保障妇女未成年人和残疾人基本权益

坚持男女平等基本国策和儿童优先，切实加强妇女、未成年人、残疾人等社会群体权益保护，公平参与并更多分享发展成果。

四、加强社会主义精神文明建设

坚持社会主义先进文化前进方向，坚持以人民为中心的工作导向，坚持把社会效益放在首位、社会效益和经济效益相统一，加快文化改革发展，推动物质文明和精神文明协调发展，建设社会主义文化强国。

（一）提升国民文明素质

以社会主义核心价值观为引领，加强思想道德建设和社会诚信建设，弘扬中华传统美德和时代新风，倡导科学精神和人文精神，全面提高国民素质和社会文明程度。

（二）丰富文化产品和服务

推进文化事业和文化产业双轮驱动，实施重大文化工程和文化名家工程，为全体人民提供昂扬向上、多姿多彩、怡养情怀的精神食粮。

（三）提高文化开放水平

加大中外人文交流力度，创新对外传播、文化交流、文化贸易方式，在交流互鉴中展示中华文化独特魅力,推动中华文化走向世界。

五、加强和创新社会治理

加强社会治理基础制度建设,构建全民共建共享的社会治理格局,提高社会治理能力和水平,实现社会充满活力、安定和谐。

(一)完善社会治理体系

完善党委领导、政府主导、社会协同、公众参与、法治保障的社会治理体制,实现政府治理和社会调节、居民自治良性互动。

(二)完善社会信用体系

加快推进政务诚信、商务诚信、社会诚信和司法公信等重点领域信用建设,推进信用信息共享,健全激励惩戒机制,提高全社会诚信水平。

(三)健全公共安全体系

牢固树立安全发展观念,坚持人民利益至上,加强全民安全意识教育,健全公共安全体系,为人民安居乐业、社会安定有序、国家长治久安编织全方位、立体化的公共安全网,建设平安中国。

1. 全面提高安全生产水平

建立责任全覆盖、管理全方位、监管全过程的安全生产综合治理体系,构建安全生产长效机制。完善和落实安全生产责任、考核机制和管理制度,实行党政同责、一岗双责、失职追责,严格落实企业主体责任。加快安全生产法律法规和标准的制定修订。改革安全评审制度,健全多方参与、风险管控、隐患排查化解和预警应急机制,强化安全生产和职业健康监管执法,遏制重特大安全事故频发势头。加强隐患排查治理和预防控制体系、安全生产监管信息化和应急救援、监察监管能力等建设。实施危险化学品和化工企业生产、仓储安全环保搬迁工程。加强交通安全防控网络等安全生产基础能力建设,强化电信、电网、路桥、供水、油气等重要基础设施安全监控保卫。实施全民安全素质提升工程。有效遏制重特大安全事故,单位国内生产总值生产安全事故死亡率下降30%。

2. 提升防灾减灾救灾能力

坚持以防为主、防抗救相结合,全面提高抵御气象、水旱、地震、地质、海洋等自然灾害综合防范能力。健全防灾减灾救灾体制,完善灾害调查评价、监测预警、防治应急体系。建立城市避难场所。健全救灾物资储备体系,提高资源统筹利用水平。加快建立巨灾保险制度。制定应急救援社会化有偿服务、物资装备征用补偿、救援人员人身安全保险和伤亡抚恤等政策。广泛开展防灾减灾宣传教育和演练。

3. 创新社会治安防控体系

完善社会治安综合治理体制机制,以信息化为支撑加快建设社会治安立体防控体系,建设基础综合服务管理平台。大力推进基础信息化、警务实战化、执法规范化、队伍正规化建设。构建群防群治、联防联治的社会治安防控网,加快推进网上综合防控体系建设。实施社会治安重点部位、重点领域、重点地区联动管控和排查整治。加强打击违法犯罪、禁毒、防范处理邪教等基础能力建设。

4. 强化突发事件应急体系建设

建成与公共安全风险相匹配、覆盖应急管理全过程和全社会共同参与的突发事件应急体系。加强应急基础能力建设，健全完善重大危险源、重要基础设施的风险管控体系，增强突发事件预警发布和应急响应能力，提升基层应急管理水平。加强大中城市反恐应变能力建设。强化危险化学品处置、海上溢油、水上搜救打捞、核事故应急、紧急医疗救援等领域核心能力，加强应急资源协同保障能力建设。建立应急征收征用补偿制度，完善应急志愿者管理，实施公众自救互救能力提升工程。提高境外涉我突发事件应对能力。

（四）建立国家安全体系

深入贯彻总体国家安全观，实施国家安全战略，不断提高国家安全能力，切实保障国家安全。

六、加强社会主义民主法治建设

坚持中国共产党领导、人民当家作主、依法治国有机统一，加快建设社会主义法治国家，发展社会主义政治文明。

（一）发展社会主义民主政治

坚持和完善人民代表大会制度、中国共产党领导的多党合作和政治协商制度、民族区域自治制度以及基层群众自治制度，扩大公民有序政治参与，充分发挥我国社会主义政治制度优越性。加强协商民主制度建设，构建程序合理、环节完整的协商民主体系，进一步加强政党协商，拓宽国家政权机关、政协组织、党派团体、基层组织、社会组织的协商渠道。完善基层民主制度，畅通民主渠道，健全基层选举、议事、公开、述职、问责等机制。开展形式多样的基层民主协商，推进基层协商制度化。

（二）全面推进法治中国建设

坚持依法治国、依法执政、依法行政共同推进，坚持法治国家、法治政府、法治社会一体建设，建设中国特色社会主义法治体系，建设社会主义法治国家。

（三）加强党风廉政建设和反腐败斗争

党风廉政建设和反腐败斗争永远在路上，反腐不能停步、不能放松。坚持全面从严治党，落实"三严三实"要求，严明党的纪律和规矩，落实党风廉政建设主体责任和监督责任，强化责任追究。贯彻中央八项规定精神，坚持不懈纠正"四风"，健全改进作风长效机制。坚决整治和纠正侵害群众利益的不正之风和腐败问题，坚持有腐必反、有贪必肃，巩固反腐败成果，构建不敢腐、不能腐、不想腐的有效机制，努力实现干部清正、政府清廉、政治清明，为经济社会发展营造良好政治生态。

把权力关进制度的笼子，强化权力运行制约和监督，坚持用制度管权管事管人，铲除权力腐败的温床，让人民监督权力，保证权力在阳光下运行。规范领导干部职责权限，建立科学的问责程序和制度，强化领导干部经济责任审计。健全政府内部权力制约机制，加强对权力部门的监察和审计监督。

七、统筹经济建设和国防建设

坚持发展和安全兼顾、富国和强军统一，实施军民融合发展战略，形成全要素、多领域、高效益的军民深度融合发展格局，全面推进国防和军队现代化。

（一）全面推进国防和军队建设

以党在新形势下的强军目标为引领，贯彻新形势下军事战略方针和改革强军战略，全面推进军队革命化、现代化、正规化建设。加强军队党的建设和思想政治建设，深入贯彻落实古田全军政治工作会议精神，培育"四有"新一代革命军人。深入推进依法治军、从严治军，加快军事立法工作，构建与形势任务和新领导指挥体制相适应的军事法规体系。加强各方向各领域军事斗争准备，发挥军事需求牵引作用，优化军事战略布局，积极经略重大安全领域，加强新型作战力量建设，加强国防科技、装备和现代后勤发展建设，扎实开展实战化军事训练，着力提高基于网络信息体系的联合作战能力。基本完成国防和军队改革目标任务，基本实现机械化，信息化取得重大进展，构建能够打赢信息化战争、有效履行使命任务的中国特色现代军事力量体系。加强国际军事交流与合作，积极参加国际维和行动。

（二）推进军民深度融合发展

在经济建设中贯彻国防需求，在国防建设中合理兼顾民用需要。完善军民融合发展体制机制，健全军民融合发展的组织管理、工作运行和政策制度体系。建立国家和各省（自治区、直辖市）军民融合领导机构。推进军民融合发展立法。坚持军地资源优化配置、合理共享、平战结合，促进经济领域和国防领域技术、人才、资金、信息等要素交流，加强军地在基础设施、产业、科技、教育和社会服务等领域的统筹发展。探索建立军民融合项目资金保障机制。深化国防科技工业体制改革，建立国防科技协同创新机制，实施国防科技工业强基工程。改革国防科研生产和武器装备采购体制机制，加快军工体系开放竞争和科技成果转化，引导优势民营企业进入军品科研生产和维修领域。加快军民通用标准化体系建设。实施军民融合发展工程，在海洋、太空、网络空间等领域推出一批重大项目和举措，打造一批军民融合创新示范区，增强先进技术、产业产品、基础设施等军民共用的协调性。加强国防边海防基础设施建设。

深化国防动员领域改革，健全完善国防动员体制机制。加强以爱国主义为核心的全民国防教育，强化全民国防观念。加强后备力量建设，突出海上动员力量建设，增强基于打赢战争和服务国家大局需要的组织动员、快速反应、支援保障能力。加强现代化武装警察部队建设。加强人民防空工程建设和维护管理。加强对退役军人管理保障工作的组织领导，健全服务保障体系和相关政策制度。密切军政军民团结。党政军警民合力强边固防，大力推进政治安边、富民兴边、军事强边、外交睦边、科技控边，提高边境综合管控能力，维护边境地区安全稳定。增强新疆生产建设兵团综合实力和自我发展能力，加快向南发展，充分发挥维稳戍边功能。

第十二章　重点领域发展规划与政策

国家制定的重点领域专项规划是实施国家发展战略的重要支撑。本章主要摘编新型城镇化、工业制造 2025、科技创新和"互联网＋"等国家重点专项规划中对投资建设和工程咨询工作具有重要约束或引导作用的内容。

第一节　新型城镇化规划与政策

城镇化是伴随工业化发展，非农产业在城镇集聚、农村人口向城镇集中的自然历史过程。新型城镇化是现代化的必由之路，是最大的内需潜力所在，是经济发展的重要动力，也是一项重要的民生工程。

一、指导思想和发展目标

我国城镇化是在人口基数大、资源相对短缺、生态环境比较脆弱、城乡区域发展不平衡的背景下推进的，这决定了我国必须从社会主义初级阶段这个最大实际出发，遵循城镇化发展规律，走中国特色新型城镇化道路。《国家新型城镇化规划（2014－2020 年）》明确了未来城镇化的发展路径、主要目标和战略任务，统筹相关领域制度和政策创新，是指导全国城镇化健康发展的宏观性、战略性、基础性规划。

（一）指导思想

紧紧围绕全面提高城镇化质量，加快转变城镇化发展方式，以人的城镇化为核心，有序推进农业转移人口市民化；以城市群为主体形态，推动大中小城市和小城镇协调发展；以综合承载能力为支撑，提升城市可持续发展水平；以体制机制创新为保障，通过改革释放城镇化发展潜力，走以人为本、四化同步、优化布局、生态文明、文化传承的中国特色新型城镇化道路，促进经济转型升级和社会和谐进步，为全面建成小康社会、加快推进社会主义现代化、实现中华民族伟大复兴的中国梦奠定坚实基础。

（二）基本原则

1. 以人为本，公平共享。以人的城镇化为核心，合理引导人口流动，有序推进农业转移人口市民化，稳步推进城镇基本公共服务常住人口全覆盖，不断提高人口素质，促进人的全面发展和社会公平正义，使全体居民共享现代化建设成果。

2. 四化同步，统筹城乡。推动信息化和工业化深度融合、工业化和城镇化良性互动、城镇化和农业现代化相互协调，促进城镇发展与产业支撑、就业转移和人口集聚相统一，促进城乡要素平等交换和公共资源均衡配置，形成以工促农、以城带乡、工农互惠、城乡一体的新型工农、城乡关系。

3. 优化布局，集约高效。根据资源环境承载能力构建科学合理的城镇化宏观布局，以综合交通网络和信息网络为依托，科学规划建设城市群，严格控制城镇建设用地规模，严格划定永久基本农田，合理控制城镇开发边界，优化城市内部空间结构，促进城市紧凑发展，提高国土空间利用效率。

4. 生态文明，绿色低碳。把生态文明理念全面融入城镇化进程，着力推进绿色发展、循环发展、低碳发展，节约集约利用土地、水、能源等资源，强化环境保护和生态修复，减少对自然的干扰和损害，推动形成绿色低碳的生产生活方式和城市建设运营模式。

5. 文化传承，彰显特色。根据不同地区的自然历史文化禀赋，体现区域差异性，提倡形态多样性，防止千城一面，发展有历史记忆、文化脉络、地域风貌、民族特点的美丽城镇，形成符合实际、各具特色的城镇化发展模式。

6. 市场主导，政府引导。正确处理市场和政府关系，更加尊重市场规律，坚持使市场在资源配置中起决定性作用，更好发挥政府作用，切实履行政府制定规划政策、提供公共服务和营造制度环境的重要职责，使城镇化成为市场主导、自然发展的过程，成为政府引导、科学发展的过程。

7. 统筹规划，分类指导。中央政府统筹总体规划、战略布局和制度安排，加强分类指导；地方政府因地制宜、循序渐进抓好贯彻落实；尊重基层首创精神，鼓励探索创新和试点先行，凝聚各方共识，实现重点突破，总结推广经验，积极稳妥扎实有序推进新型城镇化。

（三）发展目标

1. 城镇化水平和质量稳步提升。城镇化健康有序发展，常住人口城镇化率达到60%左右，户籍人口城镇化率达到45%左右，户籍人口城镇化率与常住人口城镇化率差距缩小2个百分点左右，努力实现1亿左右农业转移人口和其他常住人口在城镇落户。

2. 城镇化格局更加优化。"两横三纵"为主体的城镇化战略格局基本形成，城市群集聚经济、人口能力明显增强，东部地区城市群一体化水平和国际竞争力明显提高，中西部地区城市群成为推动区域协调发展的新的重要增长极。城市规模结构更加完善，中心城市辐射带动作用更加突出，中小城市数量增加，小城镇服务功能增强。

3. 城市发展模式科学合理。密度较高、功能混用和公交导向的集约紧凑型开发模式成为主导，人均城市建设用地严格控制在100平方米以内，建成区人口密度逐步提高。绿色生产、绿色消费成为城市经济生活的主流，节能节水产品、再生利用产品和绿色建筑比例大幅提高。城市地下管网覆盖率明显提高。

4. 城市生活和谐宜人。稳步推进义务教育、就业服务、基本养老、基本医疗卫生、保障性住房等城镇基本公共服务覆盖全部常住人口。基础设施和公共服务设施更加完善，消费环境更加便利。生态环境明显改善，空气质量逐步好转，饮用水安全得到保障。自然景观和文化特色得到有效保护，城市发展个性化，城市管理人性化、智能化。

5. 城镇化体制机制不断完善。户籍管理、土地管理、社会保障、财税金融、行政管理、生态环境等制度改革取得重大进展，阻碍城镇化健康发展的体制机制障碍基本消除。

二、主要任务和重点

2016年2月，国务院发布《关于深入推进新型城镇化建设的若干意见》（国发〔2016〕8号），进一步明确了推进新型城镇化的主要任务和政策措施。

（一）积极推进农业转移人口市民化

加快落实户籍制度改革政策。除极少数超大城市外，允许农业转移人口在就业地落户，优先解决农村学生升学和参军进入城镇的人口、在城镇就业居住5年以上和举家迁徙的农业转移人口以及新生代农民工落户问题，全面放开对高校毕业生、技术工人、职业院校毕业生、留学归国人员的落户限制。除超大城市和特大城市外，其他城市不得采取要求购买房屋、投资纳税、积分制等方式设置落户限制。以具有合法稳定就业和合法稳定住所（含租赁）、参加城镇社会保险年限、连续居住年限等为主要指标，建立完善积分落户制度。加快制定实施推动1亿非户籍人口在城市落户方案，确保如期完成。

推进城镇基本公共服务常住人口全覆盖。保障农民工随迁子女以流入地公办学校为主接受义务教育，以公办幼儿园和普惠性民办幼儿园为主接受学前教育。实施义务教育"两免一补"和生均公用经费基准定额资金随学生流动可携带政策。组织实施农民工职业技能提升计划，每年培训2000万人次以上。允许在农村参加的养老保险和医疗保险规范接入城镇社保体系，加快建立基本医疗保险异地就医医疗费用结算制度。

加快建立农业转移人口市民化激励机制。实施财政转移支付同农业转移人口市民化挂钩政策，实施城镇建设用地增加规模与吸纳农业转移人口落户数量挂钩政策，中央预算内投资安排向吸纳农业转移人口落户数量较多的城镇倾斜。

（二）全面提升城市功能

加快城镇棚户区、城中村和危房改造。围绕实现约1亿人居住的城镇棚户区、城中村和危房改造目标，实施棚户区改造行动计划和城镇旧房改造工程。将棚户区改造政策支持范围扩大到全国重点镇。

加快城市综合交通网络建设。优先发展公共交通。大城市要统筹公共汽车、轻轨、地铁等协同发展，推进城市轨道交通系统和自行车等慢行交通系统建设，在有条件的地区规划建设市郊铁路。加快换乘枢纽、停车场等设施建设，推进充电站、充电桩等新能源汽车充电设施建设，将其纳入城市旧城改造和新城建设规划同步实施。

实施城市地下管网改造工程。加强城市地下基础设施建设和改造，加快实施既有路面城市电网、通信网络架空线入地工程。推动城市新区、各类园区、成片开发区的新建道路同步建设地下综合管廊，老城区要结合地铁建设、河道治理、道路整治等逐步推进地下综合管廊建设。加快城市易涝点改造，推进雨污分流管网改造与排水和防洪排涝设施建设。加强供水管网改造。

推进海绵城市建设。在城市新区、各类园区、成片开发区全面推进海绵城市建设。在老城区妥善解决城市防洪安全、雨水收集利用、黑臭水体治理等问题。加强海绵型建筑与小区、海绵型道路与广场、海绵型公园与绿地、绿色蓄排与净化利用设施等建设。加强自然水系保护与生态修复，切实保护良好水体和饮用水源。

（三）加快培育中小城市和特色小城镇

提升县城和重点镇基础设施水平。加强县城和重点镇公共供水、道路交通、燃气供热、信息网络、分布式能源等市政设施和教育、医疗、文化等公共服务设施建设。推进城镇生活污水垃圾处理设施全覆盖和稳定运行，加快重点镇垃圾收集和转运设施建设，利用水泥窑协同处理生活垃圾及污泥。推进北方县城和重点镇集中供热全覆盖。加大对中西部地区发展潜力大、吸纳人口多的县城和重点镇的支持力度。

加快拓展特大镇功能。开展特大镇功能设置试点，赋予镇区人口 10 万以上的特大镇部分县级管理权限。同步推进特大镇行政管理体制改革和设市模式创新改革试点，减少行政管理层级。

加快特色镇发展。推动小城镇发展与疏解大城市中心城区功能相结合、与特色产业发展相结合、与服务"三农"相结合。发展具有特色优势的休闲旅游、商贸物流、信息产业、先进制造、民俗文化传承、科技教育等魅力小镇。提升边境口岸城镇功能，在人员往来、加工物流、旅游等方面实行差别化政策。

培育发展一批中小城市。完善设市标准和市辖区设置标准，将具备条件的县和特大镇有序设置为市。适当放宽中西部地区中小城市设置标准，加强产业和公共资源布局引导，适度增加中西部地区中小城市数量。

加快城市群建设。编制实施一批城市群发展规划，优化提升京津冀、长三角、珠三角三大城市群，推动形成东北地区、中原地区、长江中游、成渝地区、关中平原等城市群。推进城市群基础设施一体化建设，构建核心城市 1 小时通勤圈，建设以高速铁路、城际铁路、高速公路为骨干的城市群内部交通网络，统筹推进重大能源基础设施和能源市场一体化建设，共同建设安全可靠的水利和供水系统。

（四）辐射带动新农村建设

推动基础设施和公共服务向农村延伸。推动水电路等基础设施城乡联网。推进城乡配电网建设改造，加快信息进村入户，尽快实现行政村通硬化路、通班车、通邮、通快递，推动有条件地区燃气向农村覆盖。开展农村人居环境整治行动，加强农村垃圾和污水收集处理设施以及防洪排涝设施建设，强化河湖水系整治，加大对传统村落民居和历史文化名村名镇的保护力度，建设美丽宜居乡村。加快农村教育、医疗卫生、文化等事业发展，推进城乡基本公共服务均等化。深化农村社区建设试点。

带动农村一二三产业融合发展。以县级行政区为基础，以建制镇为支点，搭建多层次、宽领域、广覆盖的农村一二三产业融合发展服务平台，推进农业与旅游、教育、文化、健康养老等产业深度融合，大力发展农业新型业态。强化农民合作社和家庭农场基础作用，支持龙头企业引领示范，培育多元化农业产业融合主体。推动返乡创业集聚发展。

推进易地扶贫搬迁与新型城镇化结合。在县城、小城镇或工业园区附近建设移民集中安置区，推进转移就业贫困人口在城镇落户。坚持加大中央财政支持和多渠道筹集资金相结合，坚持搬迁和发展两手抓，统筹谋划安置区产业发展与群众就业创业。

（五）完善土地利用机制

规范推进城乡建设用地增减挂钩。全面实行城镇建设用地增加与农村建设用地减少相挂钩的政策。高标准、高质量推进村庄整治，扩大城乡建设用地增减挂钩规模和范围。运用现代信息技术手段加强土地利用变更情况监测监管。

建立城镇低效用地再开发激励机制。允许存量土地使用权人按照有关规定经批准后对土地进行再开发。鼓励原土地使用权人自行改造，涉及原划拨土地使用权转让需补办出让手续的，经依法批准，可采取规定方式办理并按市场价缴纳土地出让价款。在国家、改造者、土地权利人之间合理分配"三旧"（旧城镇、旧厂房、旧村庄）改造的土地收益。

因地制宜推进低丘缓坡地开发。在坚持最严格的耕地保护制度、确保生态安全、切实做好地质灾害防治的前提下，在资源环境承载力适宜地区开展低丘缓坡地开发试点。通过创新规划计划方式、开展整体整治、土地分批供应等政策措施，合理确定低丘缓坡地开发用途、规模、布局和项目用地准入门槛。

完善土地经营权和宅基地使用权流转机制。加快推进农村土地确权登记颁证工作，鼓励地方建立健全农村产权流转市场体系，探索农户对土地承包权、宅基地使用权、集体收益分配权的自愿有偿退出机制。深入推进农村土地征收、集体经营性建设用地入市、宅基地制度改革试点，稳步开展农村承包土地的经营权和农民住房财产权抵押贷款试点。

（六）创新投融资机制

深化政府和社会资本合作。进一步放宽准入条件，健全价格调整机制和政府补贴、监管机制，广泛吸引社会资本参与城市基础设施和市政公用设施建设和运营。根据经营性、准经营性和非经营性项目不同特点，采取更具针对性的政府和社会资本合作模式。

加大政府投入力度。安排专项资金重点支持农业转移人口市民化相关配套设施建设。允许有条件的地区通过发行地方政府债券等多种方式拓宽城市建设融资渠道。省级政府举债使用方向要向新型城镇化倾斜。

强化金融支持。专项建设基金要安排专门资金定向支持城市基础设施和公共服务设施建设、特色小城镇功能提升等。鼓励国家开发银行、农业发展银行针对新型城镇化项目设计差别化融资模式与偿债机制。鼓励商业银行开发面向新型城镇化的金融服务和产品。鼓励公共基金、保险资金等参与具有稳定收益的城市基础设施项目建设和运营。鼓励地方利用财政资金和社会资金设立城镇化发展基金，鼓励地方整合政府投资平台设立城镇化投资平台。支持城市政府推行基础设施和租赁房资产证券化。

（七）完善城镇住房制度

建立购租并举的城镇住房制度。建立购房与租房并举、市场配置与政府保障相结合的住房制度，健全以市场为主满足多层次需求、以政府为主提供基本保障的住房供应体系。对不具备购房能力或没有购房意愿的常住人口，支持其通过住房租赁市场租房居住。对符合条件的低收入住房困难家庭，通过提供公共租赁住房或发放租赁补贴保障其基本住房需求。

完善城镇住房保障体系。住房保障采取实物与租赁补贴相结合并逐步转向租赁补贴为主。加快推广租赁补贴制度，支持符合条件的农业转移人口通过住房租赁市场租房居住。归并实物住房保障种类。严格保障性住房分配和使用管理，健全退出机制。

加快发展专业化住房租赁市场。培育专业化市场主体，引导企业投资购房用于租赁经营，支持房地产企业调整资产配置持有住房用于租赁经营，引导住房租赁企业和房地产开发企业经营新建租赁住房。支持专业企业、物业服务企业等通过租赁或购买社会闲置住房开展租赁经营。鼓励商业银行开发适合住房租赁业务发展需要的信贷产品。

（八）加快推进新型城镇化综合试点

深化试点内容。在建立农业转移人口市民化成本分担机制、建立多元化可持续城镇化投融资机制、改革完善农村宅基地制度、建立创新行政管理和降低行政成本的设市设区模式等方面加大探索力度，实现重点突破。鼓励试点地区有序建立进城落户农民农村土地承包权、宅基地使用权、集体收益分配权依法自愿有偿退出机制。有可能突破现行法规和政策的改革探索，在履行必要程序后，赋予试点地区相应权限。

扩大试点范围。按照向中西部和东北地区倾斜、向中小城市和小城镇倾斜的原则，组织开展第二批国家新型城镇化综合试点。有关部门在组织开展城镇化相关领域的试点时，要向国家新型城镇化综合试点地区倾斜。

加大支持力度。国务院有关部门和省级人民政府要强化对试点地区的指导和支持，推动相关改革举措在试点地区先行先试。各试点地区要制定实施年度推进计划，明确年度任务，建立健全试点绩效考核评价机制。

第二节　制造业发展规划与政策

制造业是国民经济的主体，是立国之本、兴国之器、强国之基。与世界先进水平相比，我国制造业仍然大而不强。2015 年国务院发布《中国制造 2025》（国发〔2015〕28 号），提出实施制造强国战略，力争通过三个十年的努力，到新中国成立一百年时，把我国建设成为引领世界制造业发展的制造强国。

一、建设制造强国任务艰巨而紧迫

经过几十年的快速发展，我国制造业规模跃居世界第一位，建立起门类齐全、独立完整的制造体系。载人航天、载人深潜、大型飞机、北斗卫星导航、超级计算机、高铁装备、百万千瓦级发电装备、万米深海石油钻探设备等一批重大技术装备取得突破，形成了若干具有国际竞争力的优势产业和骨干企业，我国已具备了建设工业强国的基础和条件。

我国与先进国家相比还有较大差距。制造业大而不强，自主创新能力弱，关键核心技术与高端装备对外依存度高，以企业为主体的制造业创新体系不完善；产品档次不高，缺乏世界知名品牌；资源能源利用效率低，环境污染问题较为突出；产业结构不合理，高端装备制造业和生产性服务业发展滞后；信息化水平不高，与工业化融合深度不够；产业国际化程度不高，企业全球化经营能力不足。

建设制造强国，必须更多依靠中国装备、依托中国品牌，实现"中国制造"向"中国创造"的转变，中国速度向中国质量的转变，中国产品向中国品牌的转变，完成中国制造由大变强的战略任务。

二、战略方针和目标

（一）指导思想

坚持走中国特色新型工业化道路，以促进制造业创新发展为主题，以提质增效为中心，以加快新一代信息技术与制造业深度融合为主线，以推进智能制造为主攻方向，以满足经济社会发展和国防建设对重大技术装备的需求为目标，强化工业基础能力，提高综合集成水平，完善多层次多类型人才培养体系，促进产业转型升级，培育有中国特色的制造文化，实现制造业由大变强的历史跨越。基本方针是：创新驱动，质量为先，绿色发展，结构优化，人才为本。

（二）基本原则

1. 市场主导，政府引导。全面深化改革，充分发挥市场在资源配置中的决定性作用，强化企业主体地位，激发企业活力和创造力。积极转变政府职能，加强战略研究和规划引导，完善相关支持政策，为企业发展创造良好环境。

2. 立足当前，着眼长远。针对制约制造业发展的瓶颈和薄弱环节，加快转型升级和提质增效，切实提高制造业的核心竞争力和可持续发展能力。准确把握新一轮科技革命和产业变革趋势，加强战略谋划和前瞻部署，扎扎实实打基础，在未来竞争中占据制高点。

3. 整体推进，重点突破。坚持制造业发展全国一盘棋和分类指导相结合，统筹规划，合理布局，明确创新发展方向，促进军民融合深度发展，加快推动制造业整体水平提升。围绕经济社会发展和国家安全重大需求，整合资源，突出重点，实施若干重大工程，实现率先突破。

4. 自主发展，开放合作。在关系国计民生和产业安全的基础性、战略性、全局性领域，着力掌握关键核心技术，完善产业链条，形成自主发展能力。继续扩大开放，积极利用全球资源和市场，加强产业全球布局和国际交流合作，形成新的比较优势，提升制造业开放发展水平。

（三）战略目标

立足国情，立足现实，力争通过"三步走"实现制造强国的战略目标。

第一步：力争用十年时间，迈入制造强国行列。到 2020 年，基本实现工业化，制造业大国地位进一步巩固，制造业信息化水平大幅提升。掌握一批重点领域关键核心技术，优势领域竞争力进一步增强，产品质量有较大提高。制造业数字化、网络化、智能化取得明显进展。重点行业单位工业增加值能耗、物耗及污染物排放明显下降。到 2025 年，制造业整体素质大幅提升，创新能力显著增强，全员劳动生产率明显提高，两化（工业化和信息化）融合迈上新台阶。重点行业单位工业增加值能耗、物耗及污染物排放达到世界先进水平。形成一批具有较强国际竞争力的跨国公司和产业集群，在全球产业分工和价值链中的地位明显提升。

第二步：到 2035 年，我国制造业整体达到世界制造强国阵营中等水平。创新能力大幅提升，重点领域发展取得重大突破，整体竞争力明显增强，优势行业形成全球创新引领能力，全面实现工业化。

第三步：新中国成立一百年时，制造业大国地位更加巩固，综合实力进入世界制造强国前列。制造业主要领域具有创新引领能力和明显竞争优势，建成全球领先的技术体系和产业体系。

三、战略任务和重点

（一）提高国家制造业创新能力

加强关键核心技术研发。推进国家技术创新示范企业和企业技术中心建设，定期研究制定发布制造业重点领域技术创新路线图，继续抓紧实施国家科技重大专项，建立一批产业创新联盟。

提高创新设计能力。全面推广应用以绿色、智能、协同为特征的先进设计技术，加强设计领域共性关键技术研发，攻克信息化设计、过程集成设计、复杂过程和系统设计等共性技术，开发一批具有自主知识产权的关键设计工具软件，建设若干具有世界影响力的创新设计集群，培育一批专业化、开放型的工业设计企业，发展各类创新设计教育，设立国家工业设计奖。

推进科技成果产业化。研究制定促进科技成果转化和产业化的指导意见，建立完善科技成果信息发布和共享平台，健全以技术交易市场为核心的技术转移和产业化服务体系。完善科技成果转化激励机制，健全科技成果科学评估和市场定价机制，鼓励企业和社会资本建立一批从事技术集成、熟化和工程化的中试基地，推进军民技术双向转移转化。

完善国家制造业创新体系。加快建立以创新中心为核心载体、以公共服务平台和工程数据中心为重要支撑的制造业创新网络，形成一批制造业创新中心（工业技术研究基地），开展关键共性重大技术研究和产业化应用示范，建设一批促进制造业协同创新的公共服务平台，建设重点领域制造业工程数据中心，建设一批重大科学研究和实验设施。

加强标准体系建设。组织实施制造业标准化提升计划，支持组建重点领域标准推进联盟，建立企业产品和服务标准自我声明公开和监督制度，鼓励和支持企业、科研院所、行业组织等参与国际标准制定，大力推动国防装备采用先进的民用标准，推动军用技术标准向民用领域的转化和应用。

强化知识产权运用。加强制造业重点领域关键核心技术知识产权储备，培育一批具备知识产权综合实力的优势企业，支持组建知识产权联盟，稳妥推进国防知识产权解密和市场化应用，建立健全知识产权评议机制，构建知识产权综合运用公共服务平台，鼓励开展跨国知识产权许可。

（二）推进信息化与工业化深度融合

研究制定智能制造发展战略。编制智能制造发展规划，加快制定智能制造技术标准，建立智能制造产业联盟，促进工业互联网、云计算、大数据在企业研发设计、生产制造、经营管理、销售服务等全流程和全产业链的综合集成应用，加强智能制造工业控制系统网络安全保障能力建设。

加快发展智能制造装备和产品。组织研发高档数控机床、工业机器人、增材制造装备等智能制造装备以及智能化生产线，加快机械、航空、船舶、汽车、轻工、纺织、食品、电子等行业生产设备的智能化改造，统筹布局和推动智能交通工具、智能工程机械、服务机器人、智能家电、智能照明电器、可穿戴设备等产品研发和产业化。

推进制造过程智能化。在重点领域试点建设智能工厂或数字化车间，加快产品全生命周期管理、客户关系管理、供应链管理系统的推广应用，加快民用爆炸物品、危险化学品、食品、印染、稀土、农药等重点行业智能检测监管体系建设。

深化互联网在制造领域的应用。制定互联网与制造业融合发展的路线图，发展基于互联网的个性化定制、众包设计、云制造等新型制造模式，加快开展物联网技术研发和应用示范，实施工业云及工业大数据创新应用试点。

加强互联网基础设施建设。建设低时延、高可靠、广覆盖的工业互联网，加快制造业集聚区光纤网、移动通信网和无线局域网的部署和建设，组织开发智能控制系统、工业应用软件、故障诊断软件和相关工具、传感和通信系统协议。

（三）强化工业基础能力

核心基础零部件（元器件）、先进基础工艺、关键基础材料和产业技术基础（以下统称"四基"）等工业基础能力薄弱，是制约我国制造业创新发展和质量提升的症结所在。要坚持问题导向、产需结合、协同创新、重点突破的原则，着力破解制约重点产业发展的瓶颈。

统筹推进"四基"发展。制定工业强基实施方案，制定工业"四基"发展指导目录，发布工业强基发展报告，组织实施工业强基工程；开展军民两用技术联合攻关，支持军民技术相互有效利用，促进基础领域融合发展；强化基础领域标准、计量体系建设。

加强"四基"创新能力建设。强化前瞻性基础研究，建立基础工艺创新体系，支持企业开展工艺创新，加大基础专用材料研发力度，建立国家工业基础数据库，加大对"四基"领域技术研发的支持力度，引导产业投资基金和创业投资基金投向"四基"领域重点项目。

推动整机企业和"四基"企业协同发展。注重产用结合、协同攻关，在数控机床、轨道交通装备、航空航天、发电设备等重点领域引导整机企业和"四基"企业、高校、科研院所产需对接、建立产业联盟，开展工业强基示范应用，完善首台（套）、首批次政策。

（四）加强质量品牌建设

推广先进质量管理技术和方法。建设重点产品标准符合性认定平台，普及卓越绩效、六西格玛、精益生产、质量诊断、质量持续改进等先进生产管理模式和方法，支持企业提高质量在线监测、在线控制和产品全生命周期质量追溯能力，组织开展重点行业工艺优化行动，开展质量管理小组、现场改进等群众性质量管理活动示范推广。

加快提升产品质量。实施工业产品质量提升行动计划，在食品、药品、婴童用品、家电等领域实施覆盖产品全生命周期的质量管理、质量自我声明和质量追溯制度，大力提高国防装备质量可靠性。

完善质量监管体系。健全产品质量标准体系、政策规划体系和质量管理法律法规。建立消费品生产经营企业产品事故强制报告制度，健全质量信用信息收集和发布制度，将质量违法违规记录作为企业诚信评级的重要内容，建立质量黑名单制度。建立区域和行业质量安全预警制度，严格实施产品"三包"、产品召回等制度。强化监管检查和责任追究。

夯实质量发展基础。制定和实施与国际先进水平接轨的制造业质量、安全、卫生、环保及节能标准，建立一批制造业发展急需的高准确度、高稳定性计量基标准，加强国家产业计量测试中心建设，建设一批高水平的工业产品质量控制和技术评价实验室、产品质量监督检验中心，完善认证认可管理模式，支持行业组织发布自律规范或公约。

推进制造业品牌建设。引导企业制定品牌管理体系。扶持一批品牌培育和运营专业服务机构。健全集体商标、证明商标注册管理制度。打造一批特色鲜明、竞争力强、市场信誉好的产业集群区域品牌。建设品牌文化。加速我国品牌价值评价国际化进程。

（五）全面推行绿色制造

加快制造业绿色改造升级。全面推进钢铁、有色、化工、建材、轻工、印染等传统制造业绿色改造，实现绿色生产。推广轻量化、低功耗、易回收等技术工艺，加快淘汰落后机电产品和技术。积极引领新兴产业高起点绿色发展，大力促进新材料、新能源、高端装备、生物产业绿色低碳发展。

推进资源高效循环利用。支持企业强化技术创新和管理。持续提高绿色低碳能源使用比率，开展工业园区和企业分布式绿色智能微电网建设。全面推行循环生产方式。推进资源再生利用产业规范化、规模化发展。大力发展再制造产业。

积极构建绿色制造体系。支持企业开发绿色产品，建设绿色工厂，打造绿色供应链，壮大绿色企业，强化绿色监管。

（六）大力推动重点领域突破发展

新一代信息技术产业。着力提升集成电路设计水平，掌握高密度封装及三维（3D）微组装技术，形成关键制造装备供货能力。掌握新型计算、高速互联、先进存储、体系化安全保障等核心技术，全面突破第五代移动通信（5G）技术、核心路由交换技术、超高速大容量智能光传输技术、"未来网络"核心技术和体系架构，研发高端服务器、大容量存储、新型路由交换、新型智能终端、新一代基站、网络安全等设备。开发安全领域操作系统等工业基础软件，突破智能设计与仿真及其工具等高端工业软件核心技术，推进自主工业软件体系化发展和产业化应用。

高档数控机床和机器人。开发一批精密、高速、高效、柔性数控机床与基础制造装备及集成制造系统，加快高档数控机床、增材制造等前沿技术和装备的研发。围绕汽车、机械、电子、危险品制造、国防军工、化工、轻工等工业机器人、特种机器人，以及医疗健康、家庭服务、教育娱乐等服务机器人应用需求，积极研发新产品，促进机器人标准化、模块化发展，突破机器人本体、减速器、伺服电机、控制器、传感器与驱动器等关键零部件及系统集成设计制造等技术瓶颈。

航空航天装备。加快大型飞机研制，适时启动宽体客机研制，鼓励国际合作研制重型直升机，突破高推重比、先进涡桨（轴）发动机及大涵道比涡扇发动机技术，开发先进机载设备及系统。加快推进国家民用空间基础设施建设。推动载人航天、月球探测工程，适度发展深空探测。推进航天技术转化与空间技术应用。

海洋工程装备及高技术船舶。大力发展深海探测、资源开发利用、海上作业保障装备及其关键系统和专用设备。推动深海空间站、大型浮式结构物的开发和工程化。形成海洋工程装备综合试验、检测与鉴定能力。突破豪华邮轮设计建造技术，掌握重点配套设备集成化、智能化、模块化设计制造核心技术。

先进轨道交通装备。加快新材料、新技术和新工艺的应用，重点突破体系化安全保障、节能环保、数字化智能化网络化技术，研制先进可靠适用的产品和轻量化、模块化、谱系化产品。研发新一代绿色智能、高速重载轨道交通装备系统，建立世界领先的现代轨道交通产业体系。

节能与新能源汽车。继续支持电动汽车、燃料电池汽车发展，掌握汽车低碳化、信息化、智能化核心技术，提升动力电池、驱动电机、高效内燃机、先进变速器、轻量化材料、智能控制等核心技术的工程化和产业化能力，形成从关键零部件到整车的完整工业体系和创新体系，推动自主品牌节能与新能源汽车同国际先进水平接轨。

电力装备。推动大型高效超净排放煤电机组产业化和示范应用，进一步提高超大容量水电机组、核电机组、重型燃气轮机制造水平。推进新能源和可再生能源装备、先进储能装置、智能电网用输变电及用户端设备发展。突破大功率电力电子器件、高温超导材料等关键元器件和材料的制造及应用技术。

农机装备。重点发展粮、棉、油、糖等大宗粮食和战略性经济作物主要生产过程使用的先进农机装备，加快发展大型拖拉机及其复式作业机具、大型高效联合收割机等高端农业装备及关键核心零部件。提高农机装备信息收集、智能决策和精准作业能力，推进形成面向农业生产的信息化整体解决方案。

新材料。以特种金属功能材料、高性能结构材料、功能性高分子材料、特种无机非金属材料和先进复合材料为发展重点，加快研发先进熔炼、凝固成型、气相沉积、型材加工、高效合成等新材料制备关键技术和装备。积极发展军民共用特种新材料，加快技术双向转移转化。做好超导材料、纳米材料、石墨烯、生物基材料等战略前沿材料提前布局和研制。加快基础材料升级换代。

生物医药及高性能医疗器械。发展针对重大疾病的化学药、中药、生物技术药物新产品，重点包括新机制和新靶点化学药、抗体药物、抗体偶联药物、全新结构蛋白及多肽药物、新型疫苗、临床优势突出的创新中药及个性化治疗药物。提高医疗器械的创新能力和产业化水平，重点发展影像设备、医用机器人等高性能诊疗设备，全降解血管支架等高值医用耗材，可穿戴、远程诊疗等移动医疗产品。实现生物 3D 打印、诱导多能干细胞等新技术的突破和应用。

（七）深入推进制造业结构调整

持续推进企业技术改造。稳定中央技术改造引导资金规模。推动技术改造相关立法，完善促进企业技术改造的政策体系。支持重点行业、高端产品、关键环节进行技术改造。研究制定重点产业技术改造投资指南和重点项目导向计划。推广应用新技术、新工艺、新装备、新材料。

稳步化解产能过剩矛盾。按照"消化一批、转移一批、整合一批、淘汰一批"的原则，分业分类施策，有效化解产能过剩矛盾。加强行业规范和准入管理，推动企业提升技术装备水平。建立完善预警机制，引导企业主动退出过剩行业。综合运用法律、经济、技术及必要的行政手段，加快淘汰落后产能。

促进大中小企业协调发展。培育一批核心竞争力强的企业集团。发展一批主营业务突出、竞争力强、成长性好、专注于细分市场的专业化"小巨人"企业。利用双边、多边中小企业合作机制，支持中小企业走出去和引进来。引导大企业与中小企业建立协同创新、合作共赢的协作关系。推动建设一批高水平的中小企业集群。

优化制造业发展布局。制定和实施重点行业布局规划。完善产业转移指导目录。创建一批承接产业转移示范园区。积极推动京津冀和长江经济带产业协同发展。改造提升现有制造业集聚区。建设一批特色和优势突出的新型工业化示范基地。

（八）积极发展服务型制造和生产性服务业

推动发展服务型制造。研究制定促进服务型制造发展的指导意见，实施服务型制造行动计划。引导和支持制造业企业延伸服务链条。鼓励制造业企业增加服务环节投入。支持有条件的企业由提供设备向提供系统集成总承包服务转变，由提供产品向提供整体解决方案转变。鼓励优势制造业企业"裂变"专业优势。支持符合条件的制造业企业建立企业财务公司、金融租赁公司等金融机构。

加快生产性服务业发展。大力发展面向制造业的信息技术服务。加快发展研发设计、技术转移、创业孵化、知识产权、科技咨询等科技服务业，发展壮大第三方物流、节能环保、检验检测认证、电子商务、服务外包、融资租赁、人力资源服务、售后服务、品牌建设等生产性服务业。

强化服务功能区和公共服务平台建设。建设和提升生产性服务业功能区。建设一批生产性服务业公共服务平台。鼓励东部地区企业加快制造业服务化转型。支持中西部地区发展具有特色和竞争力的生产性服务业，加快产业转移承接地服务配套设施和能力建设。

（九）提高制造业国际化发展水平

提高利用外资与国际合作水平。引导外资投向新一代信息技术、高端装备、新材料、生物医药等高端制造领域，鼓励境外企业和科研机构在我国设立全球研发机构，鼓励与境外企业开展多种形式的技术合作。

提升跨国经营能力和国际竞争力。支持发展一批跨国公司，加快提升核心竞争力。支持企业在境外开展并购和股权投资、创业投资，建立研发中心、实验基地和全球营销及服务体系，建立全球产业链体系。鼓励优势企业加快发展国际总承包、总集成。提高企业境外本土化能力。

深化产业国际合作。制定制造业走出去发展总体战略。积极参与和推动国际产业合作。在有条件的国家和地区建设一批境外制造业合作园区。鼓励高端装备、先进技术、优势产能向境外转移。推动产业合作由加工制造环节为主向合作研发、联合设计、市场营销、品牌培育等高端环节延伸。推动加工贸易转型升级。

四、战略支撑与保障

建设制造强国，必须发挥制度优势，动员各方面力量，进一步深化改革，完善政策措施，建立灵活高效的实施机制，营造良好环境；必须培育创新文化和中国特色制造文化，推动制造业由大变强。

（一）深化体制机制改革

加强制造业发展战略、规划、政策、标准等制定和实施。适时修订政府核准的投资项目目录。完善政产学研用协同创新机制，改革技术创新管理体制机制和项目经费分配、成果评价和转化机制。加快生产要素价格市场化改革；推行节能量、碳排放权、排污权、水权交易制度改革。深化国有企业改革。稳步推进国防科技工业改革。健全产业安全审查机制和法规体系。

（二）营造公平竞争市场环境

深化市场准入制度改革，实施负面清单管理。实施科学规范的行业准入制度。打击制售假冒伪劣行为。健全知识产权创造、运用、管理、保护机制。健全市场退出机制。实施涉企收费清单制度，建立全国涉企收费项目库。推进制造业企业信用体系建设，建设中国制造信用数据库。推行企业产品标准、质量、安全自我声明和监督制度。

（三）完善金融扶持政策

支持中国进出口银行在业务范围内加大对制造业走出去的服务力度。鼓励国家开发银行增加对制造业企业的贷款投放。支持符合条件的制造业企业在境内外上市融资、发行各类债务融资工具。引导风险投资、私募股权投资等支持制造业企业创新发展。鼓励符合条件的制造业贷款和租赁资产开展证券化试点。支持重点领域大型制造业企业集团开展产融结合试点。鼓励发展贷款保证保险和信用保险业务。通过内保外贷、外汇及人民币贷款等方式，加大对制造业企业在境外开展资源勘探开发、设立研发中心等的支持力度。

（四）加大财税政策支持力度

加强财政资金对制造业的支持。创新财政资金支持方式，逐步从"补建设"向"补运营"转变。深化科技计划（专项、基金等）管理改革，支持制造业重点领域科技研发和示范应用。完善和落实支持创新的政府采购政策，推动制造业创新产品的研发和规模化应用。落实和完善使用首台（套）重大技术装备等鼓励政策。完善企业研发费用计核方法。

（五）健全多层次人才培养体系

组织实施制造业人才培养计划。实施企业经营管理人才素质提升工程和国家中小企业银河培训工程。实施专业技术人才知识更新工程和先进制造卓越工程师培养计划。引导一批普通本科高等学校向应用技术类高等学校转型。鼓励企业与学校合作，培养制造业急需的科研人员、技术技能人才与复合型人才。完善各类人才信息库，构建产业人才水平评价制度和信息发布平台。建立完善制造业人才服务机构。采取多种形式选拔各类优秀人才到国外学习培训，探索建立国际培训基地。加大制造业引智力度。

（六）完善中小微企业政策

优化中小企业发展专项资金使用重点和方式。加快设立国家中小企业发展基金。建立完善小微企业融资担保体系。加快构建中小微企业征信体系，积极发展面向小微企业的融资租赁、知识产权质押贷款、信用保险保单质押贷款等。建设完善中小企业创业基地，引导各类创业投资基金投资小微企业。鼓励大学、科研院所、工程中心等对中小企业开放共享各种实（试）验设施。加强中小微企业综合服务体系建设，完善中小微企业公共服务平台网络。

（七）进一步扩大制造业对外开放

建立外商投资准入前国民待遇加负面清单管理机制。全面深化外汇管理、海关监管、检验检疫管理改革。修订钢铁、化工、船舶等产业政策。推动利用外资由重点引进技术、资金、设备向合资合作开发、对外并购及引进领军人才转变。加强对外投资立法。探索利用产业基金、国有资本收益等渠道支持高铁、电力装备、汽车、工程施工等装备和优势产能走出去。加快制造业走出去支撑服务机构建设和水平提升。

（八）健全组织实施机制

成立国家制造强国建设领导小组，主要职责是：统筹协调制造强国建设全局性工作，审议重大规划、重大政策、重大工程专项、重大问题和重要工作安排，加强战略谋划，指导部门、地方开展工作。领导小组办公室设在工业和信息化部。设立制造强国建设战略咨询委员会，研究制造业发展的前瞻性、战略性重大问题，对制造业重大决策提供咨询评估。支持包括社会智库、企业智库在内的中国特色新型智库建设。建立任务落实情况督促检查和第三方评价机制，完善统计监测、绩效评估、动态调整和监督考核机制。建立中期评估机制，适时对目标任务进行必要调整。

第三节　"互联网＋"行动

"互联网＋"是把互联网的创新成果与经济社会各领域深度融合，推动技术进步、效率提升和组织变革，提升实体经济创新力和生产力，形成更广泛的以互联网为基础设施和创新要素的经济社会发展新形态。2015年7月《国务院关于积极推进"互联网＋"行动的指导意见》（国发［2015］40号）对主要领域推进"互联网＋"行动提出了具体意见和要求。

一、行动要求

（一）总体思路

顺应世界"互联网＋"发展趋势，充分发挥我国互联网的规模优势和应用优势，推动互联网由消费领域向生产领域拓展，加速提升产业发展水平，增强各行业创新能力，构筑经济社会发展新优势和新动能。坚持改革创新和市场需求导向，突出企业的主体作用，大力拓展互联网与经济社会各领域融合的广度和深度。着力深化体制机制改革，释放发展潜力和活力；着力做优存量，推动经济提质增效和转型升级；着力做大增量，培育新兴业态，打造新的增长点；着力创新政府服务模式，夯实网络发展基础，营造安全网络环境，提升公共服务水平。

（二）基本原则

坚持开放共享。营造开放包容的发展环境，将互联网作为生产生活要素共享的重要平台，最大限度优化资源配置，加快形成以开放、共享为特征的经济社会运行新模式。

坚持融合创新。鼓励传统产业树立互联网思维，积极与"互联网＋"相结合。推动互联网向经济社会各领域加速渗透，以融合促创新，最大程度汇聚各类市场要素的创新力量，推动融合性新兴产业成为经济发展新动力和新支柱。

坚持变革转型。充分发挥互联网在促进产业升级以及信息化和工业化深度融合中的平台作用，引导要素资源向实体经济集聚，推动生产方式和发展模式变革。创新网络化公共服务模式。

坚持引领跨越。巩固提升我国互联网发展优势，加强重点领域前瞻性布局，以互联网融合创新为突破口，培育壮大新兴产业，引领新一轮科技革命和产业变革。

坚持安全有序。完善互联网融合标准规范和法律法规，增强安全意识，强化安全管理和防护，保障网络安全。建立科学有效的市场监管方式，促进市场有序发展，保护公平竞争，防止形成行业垄断和市场壁垒。

（三）发展目标

到 2018 年，互联网与经济社会各领域的融合发展进一步深化，基于互联网的新业态成为新的经济增长动力，互联网支撑大众创业、万众创新的作用进一步增强，互联网成为提供公共服务的重要手段，网络经济与实体经济协同互动的发展格局基本形成。

到 2025 年，网络化、智能化、服务化、协同化的"互联网＋"产业生态体系基本完善，"互联网＋"新经济形态初步形成，"互联网＋"成为经济社会创新发展的重要驱动力量。

二、重点行动

（一）"互联网＋"创业创新

1. 强化创业创新支撑。鼓励大型互联网企业和基础电信企业利用技术优势和产业整合能力，向小微企业和创业团队开放平台入口、数据信息、计算能力等资源，提供研发工具、经营管理和市场营销等方面的支持和服务。充分利用互联网基础条件，完善小微企业公共服务平台网络。

2. 积极发展众创空间。充分发挥互联网开放创新优势，支持创新工场、创客空间、社会实验室、智慧小企业创业基地等新型众创空间发展。充分利用国家自主创新示范区、科技企业孵化器、大学科技园、商贸企业集聚区、小微企业创业示范基地等现有条件，通过市场化方式构建一批创新与创业相结合、线上与线下相结合、孵化与投资相结合的众创空间。实施新兴产业"双创"行动，建立一批新兴产业"双创"示范基地，加快发展"互联网＋"创业网络体系。

3. 发展开放式创新。鼓励各类创新主体充分利用互联网，把握市场需求导向，加强创新资源共享与合作，促进前沿技术和创新成果及时转化。推动各类创业创新扶持政策与互联网开放平台联动协作，为创业团队和个人开发者提供绿色通道服务。加快发展创业服务业，积极推广众包、用户参与设计、云设计等新型研发组织模式，引导建立社会各界交流合作的平台。

（二）"互联网＋"协同制造

1. 大力发展智能制造。以智能工厂为发展方向，开展智能制造试点示范，加快推动云计算、物联网、智能工业机器人、增材制造等技术在生产过程中的应用，推进生产装备智能化升级、工艺流程改造和基础数据共享。着力在工控系统、智能感知元器件、工业云平台、操作系统和工业软件等核心环节取得突破，加强工业大数据的开发与利用，有效支撑制造业智能化转型。

2. 发展大规模个性化定制。支持企业利用互联网采集并对接用户个性化需求，推进设计研发、生产制造和供应链管理等关键环节的柔性化改造，开展基于个性化产品的服务模式和商业模式创新。鼓励互联网企业整合市场信息，挖掘细分市场需求与发展趋势，为制造企业开展个性化定制提供决策支撑。

3. 提升网络化协同制造水平。鼓励制造业骨干企业通过互联网与产业链各环节紧密协同，促进生产、质量控制和运营管理系统全面互联，推行众包设计研发和网络化制造等新模式。鼓励有实力的互联网企业构建网络化协同制造公共服务平台，面向细分行业提供云制造服务，促进创新资源、生产能力、市场需求的集聚与对接，提升服务中小微企业能力，加快全社会多元化制造资源的有效协同，提高产业链资源整合能力。

4. 加速制造业服务化转型。鼓励制造企业利用物联网、云计算、大数据等技术，整合产品全生命周期数据，形成面向生产组织全过程的决策服务信息，为产品优化升级提供数据支撑。鼓励企业基于互联网开展故障预警、远程维护、质量诊断、远程过程优化等在线增值服务，拓展产品价值空间，实现从制造向"制造＋服务"的转型升级。

（三）"互联网＋"现代农业

1. 构建新型农业生产经营体系。鼓励互联网企业建立农业服务平台，支撑专业大户、家庭农场、农民合作社、农业产业化龙头企业等新型农业生产经营主体，加强产销衔接，实现农业生产由生产导向向消费导向转变。提高农业生产经营的科技化、组织化和精细化水平。规范用好农村土地流转公共服务平台。

2. 发展精准化生产方式。推广成熟可复制的农业物联网应用模式。在基础较好的领域和地区，普及基于环境感知、实时监测、自动控制的网络化农业环境监测系统。在大宗农产品规模生产区域，构建天地一体的农业物联网测控体系，实施智能节水灌溉、测土配方施肥、农机定位耕种等精准化作业。在畜禽标准化规模养殖基地和水产健康养殖示范基地，推动饲料精准投放、疾病自动诊断、废弃物自动回收等智能设备的应用普及和互联互通。

3. 提升网络化服务水平。深入推进信息进村入户试点，鼓励通过移动互联网为农民提供政策、市场、科技、保险等生产生活信息服务。支持互联网企业与农业生产经营主体合作，综合利用大数据、云计算等技术，建立农业信息监测体系。

4. 完善农副产品质量安全追溯体系。充分利用现有互联网资源，构建农副产品质量安全追溯公共服务平台，推进制度标准建设。支持新型农业生产经营主体利用互联网技术，加快推动移动互联网、物联网、二维码、无线射频识别等信息技术在生产加工和流通销售各环节的推广应用，强化上下游追溯体系对接和信息互通共享。

（四）"互联网＋"智慧能源

1. 推进能源生产智能化。建立能源生产运行的监测、管理和调度信息公共服务网络，加强能源产业链上下游企业的信息对接和生产消费智能化，支撑电厂和电网协调运行，促进非化石能源与化石能源协同发电。鼓励能源企业运用大数据技术对设备状态、电能负载等数据进行分析挖掘与预测，开展精准调度、故障判断和预测性维护。

2. 建设分布式能源网络。建设以太阳能、风能等可再生能源为主体的多能源协调互补的能源互联网。突破分布式发电、储能、智能微网、主动配电网等关键技术，构建智能化电力运行监测、管理技术平台，使电力设备和用电终端基于互联网进行双向通信和智能调控，实现分布式电源的及时有效接入，逐步建成开放共享的能源网络。

3. 探索能源消费新模式。开展绿色电力交易服务区域试点，推进以智能电网为配送平台，以电子商务为交易平台，融合储能设施、物联网、智能用电设施等硬件以及碳交易、互联网金融等衍生服务于一体的绿色能源网络发展，实现绿色电力的点到点交易及实时配送和补贴结算。进一步加强能源生产和消费协调匹配，推进电动汽车、港口岸电等电能替代技术的应用，推广电力需求侧管理。基于分布式能源网络，发展用户端智能化用能、能源共享经济和能源自由交易。

4. 发展基于电网的通信设施和新型业务。推进电力光纤到户工程，完善能源互联网信息通信系统。统筹部署电网和通信网深度融合的网络基础设施，实现同缆传输、共建共享。鼓励依托智能电网发展家庭能效管理等新型业务。

（五）"互联网＋"普惠金融

1. 探索推进互联网金融云服务平台建设。探索互联网企业构建互联网金融云服务平台。在保证技术成熟和业务安全的基础上，支持金融企业与云计算技术提供商合作开展金融公共云服务。支持银行、证券、保险企业稳妥实施系统架构转型，鼓励探索利用云服务平台开展金融核心业务，提供基于金融云服务平台的信用、认证、接口等公共服务。

2. 鼓励金融机构利用互联网拓宽服务覆盖面。鼓励各金融机构利用云计算、移动互联网、大数据等技术手段，在更广泛地区提供便利的存贷款、支付结算、信用中介平台等金融服务。支持金融机构和互联网企业依法合规开展网络借贷、网络证券、网络保险、互联网基金销售等业务。扩大专业互联网保险公司试点。推动金融集成电路卡（IC卡）全面应用。发挥移动金融安全可信公共服务平台（MTPS）的作用。支持银行业金融机构借助互联网技术发展消费信贷业务，支持金融租赁公司利用互联网技术开展金融租赁业务。

3. 积极拓展互联网金融服务创新的深度和广度。鼓励互联网企业依法合规提供创新金融产品和服务。规范发展网络借贷和互联网消费信贷业务。积极引导风险投资基金、私募股权投资基金和产业投资基金投资于互联网金融企业。利用大数据发展市场化个人征信业务，加快网络征信和信用评价体系建设。加强互联网金融消费权益保护和投资者保护，建立多元化金融消费纠纷解决机制。改进和完善互联网金融监管。

（六）"互联网＋"益民服务

1. 创新政府网络化管理和服务。推动公共数据资源开放，促进公共服务创新供给和服务资源整合，构建面向公众的一体化在线公共服务体系。积极探索公众参与的网络化社会管理服务新模式。深入推进网上信访。鼓励政府和互联网企业合作建立信用信息共享平台，探索开展一批社会治理互联网应用试点。加强对"互联网＋"行动的宣传。

2. 发展便民服务新业态。发展体验经济，支持实体零售商综合利用网上商店、移动支付、智能试衣等新技术，打造体验式购物模式。发展社区经济，在餐饮、娱乐、家政等领域培育线上线下结合的社区服务新模式。发展共享经济，规范发展网络约租车，积极推广在线租房等新业态。发展基于互联网的文化、媒体和旅游等服务，培育形式多样的新型业态。积极推广基于移动互联网入口的城市服务，开展网上社保办理、个人社保权益查询、跨地区医保结算等互联网应用。

3. 推广在线医疗卫生新模式。发展基于互联网的医疗卫生服务，支持第三方机构构建医学影像、健康档案、检验报告、电子病历等医疗信息共享服务平台，逐步建立跨医院的医疗数据共享交换标准体系。积极利用移动互联网提供在线预约诊疗、候诊提醒、划价缴费、诊疗报告查询、药品配送等便捷服务。引导医疗机构面向中小城市和农村地区开展基层检查、上级诊断等远程医疗服务。鼓励互联网企业与医疗机构合作建立医疗网络信息平台。积极探索互联网延伸医嘱、电子处方等网络医疗健康服务应用。鼓励有资质的医学检验机构、医疗服务机构联合互联网企业，发展基因检测、疾病预防等健康服务模式。

4. 促进智慧健康养老产业发展。支持智能健康产品创新和应用。鼓励健康服务机构利用云计算、大数据等技术搭建公共信息平台，提供长期跟踪、预测预警的个性化健康管理服务。发展第三方在线健康市场调查、咨询评价、预防管理等应用服务。依托现有互联网资源和社会力量，以社区为基础，搭建养老信息服务网络平台，提供护理看护、健康管理、康复照料等居家养老服务。鼓励养老服务机构应用基于移动互联网的便携式体检、紧急呼叫监控等设备。

5. 探索新型教育服务供给方式。鼓励互联网企业与社会教育机构根据市场需求开发数字教育资源。鼓励学校利用数字教育资源及教育服务平台，逐步探索网络化教育新模式。鼓励学校通过与互联网企业合作等方式，对接线上线下教育资源，探索基础教育、职业教育等教育公共服务提供新方式。推动开展学历教育在线课程资源共享，推广大规模在线开放课程等网络学习模式，探索建立网络学习学分认定与学分转换等制度。

（七）"互联网＋"高效物流

1. 构建物流信息共享互通体系。发挥互联网信息集聚优势，聚合各类物流信息资源，鼓励骨干物流企业和第三方机构搭建面向社会的物流信息服务平台，整合仓储、运输和配送信息，开展物流全程监测、预警。构建互通省际、下达市县、兼顾乡村的物流信息互联网络，建立各类可开放数据的对接机制，加快完善物流信息交换开放标准体系。

2. 建设深度感知智能仓储系统。在各级仓储单元积极推广应用二维码、无线射频识别等物联网感知技术和大数据技术，实现仓储设施与货物的实时跟踪、网络化管理以及库存信息的高度共享。鼓励应用智能化物流装备提升仓储、运输、分拣、包装等作业效率。

3. 完善智能物流配送调配体系。加快推进货运车联网与物流园区、仓储设施、配送网点等信息互联。鼓励发展社区自提柜、冷链储藏柜、代收服务点等新型社区化配送模式，结合构建物流信息互联网络，加快推进县到村的物流配送网络和村级配送网点建设。

（八）"互联网＋"电子商务

1. 积极发展农村电子商务。开展电子商务进农村综合示范，支持新型农业经营主体和农产品、农资批发市场对接电商平台，积极发展以销定产模式。完善农村电子商务配送及综合服务网络，着力解决农副产品标准化、物流标准化、冷链仓储建设等关键问题，发展农产品个性化定制服务。开展生鲜农产品和农业生产资料电子商务试点。

2. 大力发展行业电子商务。鼓励能源、化工、钢铁、电子、轻纺、医药等行业企业，积极利用电子商务平台优化采购、分销体系。推动各类专业市场线上转型，引导传统商贸流通企业与电子商务企业整合资源，积极向供应链协同平台转型。鼓励生产制造企业面向个性化、定制化消费需求深化电子商务应用，支持设备制造企业利用电子商务平台开展融资租赁服务，鼓励中小微企业扩大电子商务应用。按照市场化、专业化方向，大力推广电子招标投标。

3. 推动电子商务应用创新。鼓励企业利用电子商务平台的大数据资源，提升精准营销能力。建立电子商务产品质量追溯机制，建设电子商务售后服务质量检测云平台，完善互联网质量信息公共服务体系。加强互联网食品药品市场监测监管体系建设，积极探索处方药电子商务销售和监管模式创新。鼓励企业利用移动社交、新媒体等新渠道，发展社交电商、"粉丝"经济等网络营销新模式。

4. 加强电子商务国际合作。鼓励各类跨境电子商务服务商发展，完善跨境物流体系。推进跨境电子商务通关、检验检疫、结汇等关键环节单一窗口综合服务体系建设。创新跨境权益保障机制，利用合格评定手段，推进国际互认。创新跨境电子商务管理。

（九）"互联网＋"便捷交通

1. 提升交通运输服务品质。推动交通运输主管部门和企业将服务性数据资源向社会开放，鼓励互联网平台为社会公众提供实时交通运行状态查询、出行路线规划、网上购票、智能停车等服务，推进基于互联网平台的多种出行方式信息服务对接和一站式服务。加快完善汽车健康档案、维修诊断和服务质量信息服务平台建设。

2. 推进交通运输资源在线集成。进一步加强对公路、铁路、民航、港口等交通运输网络关键设施运行状态与通行信息的采集。推动跨地域、跨类型交通运输信息互联互通，推广船联网、车联网等智能化技术应用，形成更加完善的交通运输感知体系，全面支撑故障预警、运行维护以及调度智能化。

3. 增强交通运输科学治理能力。强化交通运输信息共享，利用大数据平台挖掘分析人口迁徙规律、公众出行需求、枢纽客流规模、车辆船舶行驶特征等，为优化交通运输设施规划与建设、安全运行控制、交通运输管理决策提供支撑。利用互联网加强对交通运输违章违规行为的智能化监管。

（十）"互联网＋"绿色生态

1. 加强资源环境动态监测。结合互联网大数据分析，优化监测站点布局，扩大动态监控范围，构建资源环境承载能力立体监控系统。依托现有互联网、云计算平台，逐步实现各级政府资源环境动态监测信息互联共享。加强重点用能单位能耗在线监测和大数据分析。

2. 大力发展智慧环保。完善污染物排放在线监测系统，增加监测污染物种类，扩大监测范围，形成全天候、多层次的智能多源感知体系。建立环境信息数据共享机制，统一数据交换标准，推进区域污染物排放、空气环境质量、水环境质量等信息公开。加强对企业环保信用数据的采集整理，将企业环保信用记录纳入全国统一的信用信息共享交换平台。完善环境预警和风险监测信息网络，提升重金属、危险废物、危险化学品等重点风险防范水平和应急处理能力。

3. 完善废旧资源回收利用体系。利用物联网、大数据开展信息采集、数据分析、流向监测，优化逆向物流网点布局。支持利用电子标签、二维码等物联网技术跟踪电子废物流向，鼓励互联网企业参与搭建城市废弃物回收平台，创新再生资源回收模式。加快推进汽车保险信息系统、"以旧换再"管理系统和报废车管理系统的标准化、规范化和互联互通，加强废旧汽车及零部件的回收利用信息管理。

4. 建立废弃物在线交易系统。鼓励互联网企业积极参与各类产业园区废弃物信息平台建设，推动现有骨干再生资源交易市场向线上线下结合转型升级，逐步形成行业性、区域性、全国性的产业废弃物和再生资源在线交易系统，完善线上信用评价和供应链融资体系，开展在线竞价，发布价格交易指数。

（十一）"互联网＋"人工智能

1. 培育发展人工智能新兴产业。建设支撑超大规模深度学习的新型计算集群，构建包括语音、图像、视频、地图等数据的海量训练资源库，加强人工智能基础资源和公共服务等创新平台建设。进一步推进计算机视觉、智能语音处理、生物特征识别、自然语言理解、智能决策控制以及新型人机交互等关键技术的研发和产业化，推动人工智能在智能产品、工业制造等领域规模商用。

2. 推进重点领域智能产品创新。鼓励传统家居企业与互联网企业开展集成创新。推动汽车企业与互联网企业设立跨界交叉的创新平台，加快智能辅助驾驶、复杂环境感知、车载智能设备等技术产品的研发与应用。支持安防企业与互联网企业开展合作，发展和推广图像精准识别等大数据分析技术。

3. 提升终端产品智能化水平。着力做大高端移动智能终端产品和服务的市场规模。鼓励企业积极开展差异化细分市场需求分析，大力丰富可穿戴设备的应用服务。推动互联网技术以及智能感知、模式识别、智能分析、智能控制等智能技术在机器人领域的深入应用，大力提升机器人产品在传感、交互、控制等方面的性能和智能化水平。

三、组织实施

（一）加强组织领导

建立"互联网＋"行动实施部际联席会议制度。联席会议设办公室，负责具体工作的组织推进。建立跨领域、跨行业的"互联网＋"行动专家咨询委员会。

（二）开展试点示范

鼓励开展"互联网＋"试点示范，推进"互联网＋"区域化、链条化发展。支持全面创新改革试验区、中关村等国家自主创新示范区、国家现代农业示范区先行先试，积极开展"互联网＋"创新政策试点。

（三）有序推进实施

各地区、各部门要在实践中大胆探索拓展，相互借鉴"互联网＋"融合应用成功经验。各地区要研究制定适合本地的"互联网＋"行动落实方案。

第四节 "十三五"国家科技创新规划

国务院于 2016 年 7 月发布的《"十三五"国家科技创新规划》，主要明确了"十三五"时期科技创新的总体思路、发展目标、主要任务和重大举措，是国家在科技创新领域的重点专项规划，是我国迈进创新型国家行列的行动指南。

一、把握科技创新发展新态势

（一）我国科技创新发展步入新阶段

"十二五"以来特别是党的十八大以来，党中央、国务院高度重视科技创新，作出深入实施创新驱动发展战略的重大决策部署。我国科技创新步入以跟踪为主转向跟踪和并跑、领跑并存的新阶段，正处于从量的积累向质的飞跃、从点的突破向系统能力提升的重要时期，在国家发展全局中的核心位置更加凸显，在全球创新版图中的位势进一步提升，已成为具有重要影响力的科技大国。

科技创新能力持续提升，战略高技术不断突破，基础研究国际影响力大幅增强。取得载人航天和探月工程、载人深潜、深地钻探、超级计算、量子反常霍尔效应、量子通信、中微子振荡、诱导多功能干细胞等重大创新成果。2015 年，全社会研究与试验发展经费支出达 14220 亿元；国际科技论文数稳居世界第 2 位，被引用数升至第 4 位；全国技术合同成交金额达到 9835 亿元；国家综合创新能力跻身世界第 18 位。经济增长的科技含量不断提升，科技进步贡献率从 2010 年的 50.9% 提高到 2015 年的 55.3%。高速铁路、水电装备、特高压输变电、杂交水稻、第四代移动通信（4G）、对地观测卫星、北斗导航、电动汽车等重大装备和战略产品取得重大突破，部分产品和技术开始走向世界。科技体制改革向系统化纵深化迈进，中央财政科技计划（专项、基金等）管理改革取得实质性进展，科技资源统筹协调进一步加强，市场导向的技术创新机制逐步完善，企业技术创新主体地位不断增强。科技创新国际化水平大幅提升，国际科技合作深入开展，国际顶尖科技人才、研发机构等高端创新资源加速集聚，科技外交在国家总体外交中的作用日益凸显。全社会创新创业生态不断优化，国家自主创新示范区和高新技术产业开发区成为创新创业重要载体，《中华人民共和国促进科技成果转化法》修订实施，企业研发费用加计扣除等政策落实成效明显，科技与金融结合更加紧密，公民科学素质稳步提升，全社会创新意识和创新活力显著增强。

（二）世界科技创新呈现新趋势

全球新一轮科技革命和产业变革蓄势待发。科学技术从微观到宏观各个尺度向纵深演进，学科多点突破、交叉融合趋势日益明显。物质结构、宇宙演化、生命起源、意识本质等一些重大科学问题的原创性突破正在开辟新前沿新方向，信息网络、人工智能、生物技术、清洁能源、新材料、先进制造等领域呈现群体跃进态势，颠覆性技术不断涌现，催生新经济、新产业、新业态、新模式，对人类生产方式、生活方式乃至思维方式将产生前所未有的深刻影响。科技创新在应对人类共同挑战、实现可持续发展中发挥着日益重要的作用。全球创新创业进入高度密集活跃期，人才、知识、技术、资本等创新资源全球流动的速度、范围和规模达到空前水平。创新模式发生重大变化，创新活动的网络化、全球化特征更加突出。全球创新版图正在加速重构，创新多极化趋势日益明显，科技创新成为各国实现经济再平衡、打造国家竞争新优势的核心，正在深刻影响和改变国家力量对比，重塑世界经济结构和国际竞争格局。

（三）国内经济社会发展进入新常态

我国经济发展进入速度变化、结构优化和动力转换的新常态。推进供给侧结构性改革，促进经济提质增效、转型升级，迫切需要依靠科技创新培育发展新动力。

协调推进新型工业化、信息化、城镇化、农业现代化和绿色化，建设生态文明，迫切需要依靠科技创新突破资源环境瓶颈制约。应对人口老龄化、消除贫困、增强人民健康素质、创新社会治理，迫切需要依靠科技创新支撑民生改善。落实总体国家安全观，维护国家安全和战略利益，迫切需要依靠科技创新提供强大保障。同时，我国国民收入稳步增加，市场需求加速释放，产业体系更加完备，体制活力显著增强，教育水平和人力资本素质持续提升，经济具有持续向好发展的巨大潜力、韧性和回旋余地，综合国力将再上新台阶，必将为科技创新的加速突破提供坚实基础。

（四）我国科技创新发展存在的问题

与进入创新型国家行列和建设世界科技强国的要求相比，我国科技创新还存在一些薄弱环节和深层次问题，主要表现为：

1. 科技基础仍然薄弱，科技创新能力特别是原创能力还有很大差距，关键领域核心技术受制于人的局面没有从根本上改变，许多产业仍处于全球价值链中低端，科技对经济增长的贡献率还不够高。

2. 制约创新发展的思想观念和深层次体制机制障碍依然存在，创新体系整体效能不高。高层次领军人才和高技能人才十分缺乏，创新型企业家群体亟需发展壮大。

3. 激励创新的环境亟待完善，政策措施落实力度需要进一步加强，创新资源开放共享水平有待提高，科学精神和创新文化需要进一步弘扬。

二、确立科技创新发展新蓝图

（一）指导思想

以习近平新时代中国特色社会主义思想为指导，全面贯彻党的十九大和十九届二中、三中全会精神，认真落实党中央、国务院决策部署，坚持"五位一体"总体布局和"四个全面"战略布局，坚持创新、协调、绿色、开放、共享发展理念，坚持自主创新、重点跨越、支撑发展、引领未来的指导方针，坚持创新是引领发展的第一动力，把创新摆在国家发展全局的核心位置，以深入实施创新驱动发展战略、支撑供给侧结构性改革为主线，全面深化科技体制改革，大力推进以科技创新为核心的全面创新，着力增强自主创新能力，着力建设创新型人才队伍，着力扩大科技开放合作，着力推进大众创业万众创新，塑造更多依靠创新驱动、更多发挥先发优势的引领型发展，确保如期进入创新型国家行列，为建成世界科技强国奠定坚实基础，为实现"两个一百年"奋斗目标和中华民族伟大复兴中国梦提供强大动力。

（二）基本原则

1. 坚持把支撑国家重大需求作为战略任务。聚焦国家战略和经济社会发展重大需求，明确主攻方向和突破口；加强关键核心共性技术研发和转化应用；充分发挥科技创新在培育发展战略性新兴产业、促进经济提质增效升级、塑造引领型发展和维护国家安全中的重要作用。

2. 坚持把加速赶超引领作为发展重点。把握世界科技前沿发展态势，在关系长远发展的基础前沿领域，超前规划布局，实施非对称战略，强化原始创新，加强基础研究，在独创独有上下功夫，全面增强自主创新能力，在重要科技领域实现跨越发展，跟上甚至引领世界科技发展新方向，掌握新一轮全球科技竞争的战略主动。

3. 坚持把科技为民作为根本宗旨。紧紧围绕人民切身利益和紧迫需求，把科技创新与改善民生福祉相结合，发挥科技创新在提高人民生活水平、增强全民科学文化素质和健康素质、促进高质量就业创业、扶贫脱贫、建设资源节约型环境友好型社会中的重要作用，让更多创新成果由人民共享，提升民众获得感。

4. 坚持把深化改革作为强大动力。坚持科技体制改革和经济社会领域改革同步发力，充分发挥市场配置创新资源的决定性作用和更好发挥政府作用，强化技术创新的市场导向机制，破除科技与经济深度融合的体制机制障碍，激励原创突破和成果转化，切实提高科技投入效率，形成充满活力的科技管理和运行机制，为创新发展提供持续动力。

5. 坚持把人才驱动作为本质要求。落实人才优先发展战略，把人才资源开发摆在科技创新最优先的位置，在创新实践中发现人才，在创新活动中培养人才，在创新事业中凝聚人才，改革人才培养使用机制，培育造就规模宏大、结构合理、素质优良的人才队伍。

6. 坚持把全球视野作为重要导向。主动融入布局全球创新网络，在全球范围内优化配置创新资源，把科技创新与国家外交战略相结合，推动建立广泛的创新共同体，在更高水平上开展科技创新合作，力争成为若干重要领域的引领者和重要规则的贡献者，提高在全球创新治理中的话语权。

（三）发展目标

"十三五"科技创新的总体目标是：国家科技实力和创新能力大幅跃升，创新驱动发展成效显著，国家综合创新能力世界排名进入前 15 位，迈进创新型国家行列，有力支撑全面建成小康社会目标实现。

1. 自主创新能力全面提升。基础研究和战略高技术取得重大突破，原始创新能力和国际竞争力显著提升，整体水平由跟跑为主向并行、领跑为主转变。研究与试验发展经费投入强度达到 2.5％，基础研究占全社会研发投入比例大幅提高，规模以上工业企业研发经费支出与主营业务收入之比达到 1.1％；国际科技论文被引次数达到世界第二；每万人口发明专利拥有量达到 12 件，通过《专利合作条约》（PCT）途径提交的专利申请量比 2015 年翻一番。

2. 科技创新支撑引领作用显著增强。科技创新作为经济工作的重要方面，在促进经济平衡性、包容性和可持续性发展中的作用更加突出，科技进步贡献率达到 60％。高新技术企业营业收入达到 34 万亿元，知识密集型服务业增加值占国内生产总值（GDP）的比例达到 20％，全国技术合同成交金额达到 2 万亿元；成长起一批世界领先的创新型企业、品牌和标准，若干企业进入世界创新百强，形成一批具有强大辐射带动作用的区域创新增长极，新产业、新经济成为创造国民财富和高质量就业的新动力，创新成果更多为人民共享。

3. 创新型人才规模质量同步提升。规模宏大、结构合理、素质优良的创新型科技人才队伍初步形成，涌现一批战略科技人才、科技领军人才、创新型企业家和高技能人才，青年科技人才队伍进一步壮大，人力资源结构和就业结构显著改善，每万名就业人员中研发人员达到 60 人年。人才评价、流动、激励机制更加完善，各类人才创新活力充分激发。

4. 有利于创新的体制机制更加成熟定型。科技创新基础制度和政策体系基本形成，科技创新管理的法治化水平明显提高，创新治理能力建设取得重大进展。以企业为主体、市场为导向的技术创新体系更加健全，高等学校、科研院所治理结构和发展机制更加科学，军民融合创新机制更加完善，国家创新体系整体效能显著提升。

5. 创新创业生态更加优化。科技创新政策法规不断完善，知识产权得到有效保护。科技与金融结合更加紧密，创新创业服务更加高效便捷。人才、技术、资本等创新要素流动更加顺畅，科技创新全方位开放格局初步形成。科学精神进一步弘扬，创新创业文化氛围更加浓厚，全社会科学文化素质明显提高，公民具备科学素质的比例超过 10%。

（四）总体部署

我国科技创新工作要有力支撑国家战略实施，充分发挥科技创新在推动产业迈向中高端、增添发展新动能、拓展发展新空间、提高发展质量和效益中的核心引领作用。

1. 围绕构筑国家先发优势，加强兼顾当前和长远的重大战略布局。加快实施国家科技重大专项，启动"科技创新 2030—重大项目"；构建具有国际竞争力的产业技术体系，加强现代农业、新一代信息技术、智能制造、能源等领域一体化部署，推进颠覆性技术创新，加速引领产业变革；健全支撑民生改善和可持续发展的技术体系，突破资源环境、人口健康、公共安全等领域的瓶颈制约；建立保障国家安全和战略利益的技术体系，发展深海、深地、深空、深蓝等领域的战略高技术。

2. 围绕增强原始创新能力，培育重要战略创新力量。持续加强基础研究，全面布局、前瞻部署，聚焦重大科学问题，提出并牵头组织国际大科学计划和大科学工程，力争在更多基础前沿领域引领世界科学方向，在更多战略性领域实现率先突破；完善以国家实验室为引领的创新基地建设，按功能定位分类推进科研基地的优化整合。培育造就一批世界水平的科学家、科技领军人才、高技能人才和高水平创新团队，支持青年科技人才脱颖而出，壮大创新型企业家队伍。

3. 围绕拓展创新发展空间，统筹国内国际两个大局。支持北京、上海建设具有全球影响力的科技创新中心，建设一批具有重大带动作用的创新型省市和区域创新中心，推动国家自主创新示范区和高新区创新发展，系统推进全面创新改革试验；完善区域协同创新机制，加大科技扶贫力度，激发基层创新活力；打造"一带一路"协同创新共同体，提高全球配置创新资源的能力，深度参与全球创新治理，促进创新资源双向开放和流动。

4. 围绕推进大众创业万众创新，构建良好创新创业生态。大力发展科技服务业，建立统一开放的技术交易市场体系，提升面向创新全链条的服务能力；加强创新创业综合载体建设，发展众创空间，支持众创众包众扶众筹，服务实体经济转型升级；深入实施知识产权和技术标准战略。完善科技与金融结合机制，大力发展创业投资和多层次资本市场。

5. 围绕破除束缚创新和成果转化的制度障碍，全面深化科技体制改革。加快中央财政科技计划（专项、基金等）管理改革，强化科技资源的统筹协调；深入实施国家技术创新工程，建设国家技术创新中心，提高企业创新能力；推动健全现代大学制度和科研院所制度，培育面向市场的新型研发机构，构建更加高效的科研组织体系；实施促进科技成果转移转化行动，完善科技成果转移转化机制，大力推进军民融合科技创新。

6. 围绕夯实创新的群众和社会基础，加强科普和创新文化建设。深入实施全民科学素质行动，全面推进全民科学素质整体水平的提升；加强科普基础设施建设，大力推动科普信息化，培育发展科普产业；推动高等学校、科研院所和企业的各类科研设施向社会公众开放；弘扬科学精神，加强科研诚信建设，增强与公众的互动交流，培育尊重知识、崇尚创造、追求卓越的企业家精神和创新文化。

三、建设高效协同国家创新体系

深入实施创新驱动发展战略，必须统筹推进高效协同的国家创新体系建设，促进各类创新主体协同互动、创新要素顺畅流动高效配置，形成创新驱动发展的实践载体、制度安排和环境保障。

（一）培育充满活力的创新主体

进一步明确各类创新主体的功能定位，突出创新人才的核心驱动作用，增强企业的创新主体地位和主导作用，发挥国家科研机构的骨干和引领作用，发挥高等学校的基础和生力军作用，鼓励和引导新型研发机构等发展，充分发挥科技类社会组织的作用，激发各类创新主体活力，系统提升创新主体能力。

（二）系统布局高水平创新基地

瞄准世界科技前沿和产业变革趋势，聚焦国家战略需求，按照创新链、产业链加强系统整合布局，以国家实验室为引领，形成功能完备、相互衔接的创新基地，充分聚集一流人才，增强创新储备，提升创新全链条支撑能力，为实现重大创新突破、培育高端产业奠定重要基础。

（三）打造高端引领的创新增长极

遵循创新区域高度聚集规律，结合区域创新发展需求，引导高端创新要素围绕区域生产力布局加速流动和聚集，以国家自主创新示范区和高新区为基础、区域创新中心和跨区域创新平台为龙头，推动优势区域打造具有重大引领作用和全球影响力的创新高地，形成区域创新发展梯次布局，带动区域创新水平整体提升。

（四）构建开放协同的创新网络

围绕打通科技与经济的通道，以技术市场、资本市场、人才市场为纽带，以资源开放共享为手段，围绕产业链部署创新链，围绕创新链完善资金链，加强各类创新主体间合作，促进产学研用紧密结合，推进科教融合发展，深化军民融合创新，健全创新创业服务体系，构建多主体协同互动与大众创新创业有机结合的开放高效创新网络。

（五）建立现代创新治理结构

进一步明确政府和市场分工，持续推进简政放权、放管结合、优化服务改革，推动政府职能从研发管理向创新服务转变；明确和完善中央与地方分工，强化上下联动和统筹协调；加强科技高端智库建设，完善科技创新重大决策机制；改革完善资源配置机制，引导社会资源向创新集聚，提高资源配置效率，形成政府引导作用与市场决定性作用有机结合的创新驱动制度安排。

（六）营造良好创新生态

强化创新的法治保障，积极营造有利于知识产权创造和保护的法治环境；持续优化创新政策供给，构建普惠性创新政策体系，增强政策储备，加大重点政策落实力度；激发全社会的创造活力，营造崇尚创新创业的文化环境。

四、强化规划实施保障

为保障以上任务的实施，《"十三五"国家科技创新发展规划》从落实和完善创新政策法规、完善科技创新投入保障机制、加强规划实施与管理等三方面提出了保障措施，突出了支持创新的普惠性政策体系、知识产权和技术标准战略、多元化科技投入机制等。

第十三章　国家重点区域发展规划与政策

我国"十三五"规划纲要提出,以区域发展总体战略为基础,以"一带一路"建设、京津冀协同发展、长江经济带发展为引领,形成沿海沿江沿线经济带为主的纵向横向经济轴带,塑造要素有序自由流动、主体功能约束有效、基本公共服务均等、资源环境可承载的区域协调发展新格局。本章主要摘编相关区域性战略规划和政策中对投资建设和工程咨询工作具有重要约束或引导作用的内容。

第一节　长江经济带发展的主要任务与政策

长江是货运量位居全球内河第一的黄金水道,长江通道是我国国土空间开发最重要的东西轴线,在区域发展总体格局中具有重要战略地位。长江经济带覆盖上海、江苏、浙江、安徽、江西、湖北、湖南、重庆、四川、云南、贵州等11省市,面积约205万平方公里,人口和生产总值均超过全国的40%。长江经济带横跨我国东中西三大区域,具有独特优势和巨大发展潜力。改革开放以来,长江经济带已发展成为我国综合实力最强、战略支撑作用最大的区域之一。2014年国务院发布《关于依托黄金水道推动长江经济带发展的指导意见》(国发〔2014〕39号),对促进长江经济带发展作出了全面部署和要求,并提出了相关政策措施。

一、总体要求

(一)指导思想

充分发挥市场配置资源的决定性作用,更好发挥政府规划和政策的引导作用,以改革激发活力、以创新增强动力、以开放提升竞争力,依托长江黄金水道,高起点高水平建设综合交通运输体系,推动上中下游地区协调发展、沿海沿江沿边全面开放,构建横贯东西、辐射南北、通江达海、经济高效、生态良好的长江经济带。

基本原则是:改革引领、创新驱动;通道支撑、融合发展;海陆统筹、双向开放;江湖和谐、生态文明。

(二)战略定位

1. 具有全球影响力的内河经济带。发挥长江黄金水道的独特作用,构建现代化综合交通运输体系,推动沿江产业结构优化升级,打造世界级产业集群,培育具有国际竞争力的城市群,使长江经济带成为充分体现国家综合经济实力、积极参与国际竞争与合作的内河经济带。

2. 东中西互动合作的协调发展带。立足长江上中下游地区的比较优势,统筹人口分布、经济布局与资源环境承载能力，发挥长江三角洲地区的辐射引领作用，促进中上游地区有序承接产业转移，提高要素配置效率，激发内生发展活力，使长江经济带成为推动我国区域协调发展的示范带。

3. 沿海沿江沿边全面推进的对内对外开放带。用好海陆双向开放的区位资源，创新开放模式，促进优势互补，培育内陆开放高地，加快同周边国家和地区基础设施互联互通，加强与丝绸之路经济带、海上丝绸之路的衔接互动，使长江经济带成为横贯东中西、连接南北方的开放合作走廊。

4. 生态文明建设的先行示范带。统筹江河湖泊丰富多样的生态要素，推进长江经济带生态文明建设，构建以长江干支流为经脉、以山水林田湖为有机整体，江湖关系和谐、流域水质优良、生态流量充足、水土保持有效、生物种类多样的生态安全格局，使长江经济带成为水清地绿天蓝的生态廊道。

二、主要任务和重点

（一）提升长江黄金水道功能

1. 增强干线航运能力。加快实施重大航道整治工程，下游重点实施 12.5 米深水航道延伸至南京工程；中游重点实施荆江河段航道整治工程，加强航道工程模型试验研究；上游重点研究实施重庆至宜宾段航道整治工程。加快推进内河船型标准化，研究推广三峡船型和江海直达船型，鼓励发展节能环保船舶。

2. 改善支流通航条件。积极推进航道整治和梯级渠化，提高支流航道等级，形成与长江干线有机衔接的支线网络。加快信江、赣江、江汉运河、汉江、沅水、湘江、乌江、岷江等高等级航道建设，研究论证合裕线、嘉陵江高等级航道建设和金沙江攀枝花至水富段航运资源开发。抓紧实施京杭运河航道建设和船闸扩能工程，系统建设长江三角洲地区高等级航道网络，统筹推进其他支流航道建设。

3. 优化港口功能布局。促进港口合理布局，加强分工合作，推进专业化、规模化和现代化建设，大力发展现代航运服务业。加快上海国际航运中心、武汉长江中游航运中心、重庆长江上游航运中心和南京区域性航运物流中心建设。提升上海港、宁波—舟山港、江苏沿江港口功能，加快芜湖、马鞍山、安庆、九江、黄石、荆州、宜昌、岳阳、泸州、宜宾等港口建设，完善集装箱、大宗散货、汽车滚装及江海中转运输系统。

4. 加强集疏运体系建设。以航运中心和主要港口为重点，加快铁路、高等级公路与重要港区的连接线建设，强化集疏运服务功能，提升货物中转能力和效率，有效解决"最后一公里"问题。推进港口与沿江开发区、物流园区的通道建设，拓展港口运输服务的辐射范围。

5. 扩大三峡枢纽通过能力。挖掘三峡及葛洲坝既有船闸潜力，完善公路翻坝转运系统，推进铁路联运系统建设，建设三峡枢纽货运分流的油气管道，积极实施货源地分流。加快三峡枢纽水运新通道和葛洲坝枢纽水运配套工程前期研究工作。

6. 健全智能服务和安全保障系统。完善长江航运等智能化信息系统，推进多种运输方式综合服务信息平台建设，实现运输信息系统互联互通。加强多部门信息共享，建设长江干线全方位覆盖、全天候运行、具备快速反应能力的水上安全监管和应急救助体系。

7. 合理布局过江通道。统筹规划建设过江通道，加强隧道桥梁方案比选论证工作，充分利用江上和水下空间，推进铁路、公路、城市交通合并过江；优化整合渡口渡线，加强渡运安全管理，促进过江通道与长江航运、防洪安全和生态环境的协调发展。

（二）建设综合立体交通走廊

1. 形成快速大能力铁路通道。建设上海经南京、合肥、武汉、重庆至成都的沿江高速铁路和上海经杭州、南昌、长沙、贵阳至昆明的沪昆高速铁路，连通南北高速铁路和快速铁路，形成覆盖50万人口以上城市的快速铁路网。改扩建沿江大能力普通铁路，规划建设衢州至丽江铁路，提升沪昆铁路既有运能，形成覆盖20万人口以上城市客货共线的普通铁路网。

2. 建设高等级广覆盖公路网。以上海至成都、上海至重庆、上海至昆明、杭州至瑞丽等国家高速公路为重点，建成连通重点区域、中心城市、主要港口和重要边境口岸的高速公路网络。提高国省干线公路技术等级和安全服务水平，普通国道二级及以上公路比重达到80%以上。加快县乡连通路、资源开发路、旅游景区路、山区扶贫路建设，实现具备条件的乡镇、建制村通沥青（水泥）路。

3. 推进航空网络建设。加快上海国际航空枢纽建设，强化重庆、成都、昆明、贵阳、长沙、武汉、南京、杭州等机场的区域枢纽功能，发挥南昌、合肥、宁波、无锡等干线机场作用，推进支线机场建设，形成长江上、中、下游机场群。完善航线网络，提高主要城市间航班密度，增加国际运输航线。深化空域管理改革，大力发展通用航空。依托空港资源，发展临空经济。

4. 完善油气管道布局。统筹油气运输通道和储备系统建设，合理布局沿江管网设施。加强长江三角洲向内陆地区、沿江地区向腹地辐射的原油和成品油输送管道建设，完善区域性油气管网，加快互联互通，形成以沿江干线管道为主轴，连接沿江城市群的油气供应保障体系。

5. 建设综合交通枢纽。按照"零距离换乘、无缝化衔接"要求，加强水运、铁路、公路、航空和管道的有机衔接，建设和完善能力匹配的集疏运系统。加快建设上海、南京、连云港、徐州、合肥、杭州、宁波、武汉、长沙、南昌、重庆、成都、昆明、贵阳等14个全国性综合交通枢纽，有序发展区域性综合交通枢纽，提高综合交通运输体系的运行效率，增强对产业布局的引导和城镇发展的支撑作用。

6. 加快发展多式联运。抓紧制定标准规范，培育多式联运经营人，鼓励发展铁水、公水、空铁等多式联运，提高集装箱和大宗散货铁水联运比重。加快智能物流网络建设，增强沿江物流园区综合服务功能，培育壮大现代物流企业，形成若干区域性物流中心，提高物流效率，降低物流成本。

（三）创新驱动促进产业转型升级

1. 增强自主创新能力。强化企业的技术创新主体地位，引导创新资源向企业集聚，培育若干领军企业。设立新兴产业创业投资基金，激发中小企业创新活力。深化产学研合作，鼓励发展产业技术创新战略联盟。在统筹考虑现状和优化整合科技资源的前提下，布局一批国家工程中心（实验室）和企业技术中心。运用市场化机制探索建立新型科研机构，推动设立知识产权法院。深化科技成果使用、处置和收益权改革。发挥上海张江、武汉东湖自主创新示范区和合芜蚌（合肥、芜湖、蚌埠）自主创新综合试验区的引领示范作用，推进长株潭自主创新示范区建设，推进攀西战略资源创新开发。研究制定长江经济带创新驱动产业转型升级方案。

2. 推进信息化与产业融合发展。支持沿江地区加快新一代信息基础设施建设，完善上海、南京、武汉、重庆、成都等骨干节点，进一步加强网间互联互通，增加中上游地区光缆路由密度。大力推进有线和无线宽带接入网建设，扩大4G（第四代移动通信）网络覆盖范围。推进沿江下一代互联网示范城市建设，优化布局数据中心，继续完善上海、云南面向国际的陆海缆建设。充分利用互联网、物联网、大数据、云计算、人工智能等新一代信息技术改造提升传统产业，培育形成新兴产业，推动生产组织、企业管理、商业运营模式创新。推动沿江国家电子商务示范城市建设，加快农业、制造业和服务业的电子商务应用。

3. 培育世界级产业集群。以沿江国家级、省级开发区为载体，以大型企业为骨干，打造电子信息、高端装备、汽车、家电、纺织服装等世界级制造业集群，建设具有国际先进水平的长江口造船基地和长江中游轨道交通装备、工程机械制造基地，突破核心关键技术，培育知名自主品牌。在沿江布局一批战略性新兴产业集聚区、国家高技术产业基地和国家新型工业化产业示范基地。推动石化、钢铁、有色金属等产业转型升级，促进沿江炼化一体化和园区化发展，提升油品质量，加快钢铁、有色金属产品结构调整，淘汰落后产能。

4. 加快发展现代服务业。改革服务业发展体制，创新发展模式和业态，扩大服务业对内对外开放，放宽外资准入限制。围绕服务实体经济，优先发展金融保险、节能环保、现代物流、航运服务等生产性服务业；围绕满足居民需求，加快发展旅游休闲、健康养老、家庭服务、文化教育等生活性服务业。依托国家高技术服务业基地，发展信息技术、电子商务、研发设计、知识产权、检验检测、认证认可等服务产业。积极推动区域中心城市逐步形成以服务业为主的产业结构。充分发挥长江沿线各地独具特色的历史文化、自然山水和民俗风情等优势，打造旅游城市、精品线路、旅游景区、旅游度假休闲区和生态旅游目的地，大力发展特色旅游业，把长江沿线培育成为国际黄金旅游带。

5. 打造沿江绿色能源产业带。积极开发利用水电，在做好环境保护和移民安置的前提下，以金沙江、雅砻江、大渡河、澜沧江等为重点，加快水电基地和送出通道建设，扩大向下游地区送电规模。加快内蒙古西部至华中煤运通道建设，在中游地区适度规划布局大型高效清洁燃煤电站，增加电力、天然气等输入能力。研究制定新城镇新能源新生活行动计划，大力发展分布式能源、智能电网、绿色建筑和新能源汽车，推进能源生产和消费方式变革。立足资源优势，创新体制机制，推进页岩气勘查开发，通过竞争等方式出让页岩气探矿权，建设四川长宁—威远、滇黔北、重庆涪陵等国家级页岩气综合开发示范区。稳步推进沿海液化天然气接收站建设，统筹利用国内外天然气，提高居民用气水平。

6. 提升现代农业和特色农业发展水平。保护和利用好长江流域宝贵农业资源，推进农产品主产区特别是农业优势产业带和特色产业带建设，建设一批高水平现代农业示范区，推进国家有机食品生产基地建设，着力打造现代农业发展先行区。上游地区立足山多草多林多地少的资源条件，在稳定优势农产品生产的基础上，大力发展以草食畜牧业为代表的特色生态农业和以自然生态区、少数民族地区为代表的休闲农业与乡村旅游。中游地区立足农业生产条件较好、耕地资源丰富的基础，强化粮食、水产品等重要农产品供给保障能力，提高农业机械化水平，积极发展现代种业，打造粮食生产核心区和主要农产品优势区。下游地区立足人均耕地资源少、资本技术人才资源优势，在稳定粮食生产的同时，大力发展高效精品农业和都市农业，加快推进标准化生产和集约化品牌化经营。

7. 引导产业有序转移和分工协作。按照区域资源禀赋条件、生态环境容量和主体功能定位，促进产业布局调整和集聚发展。在着力推动下游地区产业转型升级的同时，依托中上游地区广阔腹地，增强基础设施和产业配套能力，引导具有成本优势的资源加工型、劳动密集型产业和具有市场需求的资本、技术密集型产业向中上游地区转移。支持和鼓励开展产业园区战略合作，建立产业转移跨区域合作机制，以中上游地区国家级、省级开发区为载体，建设承接产业转移示范区和加工贸易梯度转移承接地，推动产业协同合作、联动发展。借鉴负面清单管理模式，加强对产业转移的引导，促进中上游特别是三峡库区产业布局与区域资源生态环境相协调，防止出现污染转移和环境风险聚集，避免低水平重复建设。

（四）全面推进新型城镇化

1. 优化沿江城镇化格局。以沿江综合运输大通道为轴线，以长江三角洲、长江中游和成渝三大跨区域城市群为主体，以黔中和滇中两大区域性城市群为补充，以沿江大中小城市和小城镇为依托，促进城市群之间、城市群内部的分工协作，强化基础设施建设和联通，优化空间布局，推动产城融合，引导人口集聚，形成集约高效、绿色低碳的新型城镇化发展格局。

2. 提升长江三角洲城市群国际竞争力。促进长江三角洲一体化发展，打造具有国际竞争力的世界级城市群。充分发挥上海国际大都市的龙头作用，加快国际金融、航运、贸易中心建设。提升南京、杭州、合肥都市区的国际化水平。推进苏南现代化建设示范区、浙江舟山群岛新区、浙江海洋经济发展示范区、皖江承接产业转移示范区、皖南国际文化旅游示范区建设和通州湾江海联动开发。优化提升沪宁合（上海、南京、合肥）、沪杭（上海、杭州）主轴带功能，培育壮大沿江、沿海、杭湖宁（杭州、湖州、南京）、杭绍甬舟（杭州、绍兴、宁波、舟山）等发展轴带。

合理划定中心城市边界，保护城郊农业用地和绿色开敞空间，控制特大城市过度蔓延扩张。

3. 培育发展长江中游城市群。增强武汉、长沙、南昌中心城市功能，促进三大城市组团之间的资源优势互补、产业分工协作、城市互动合作，把长江中游城市群建设成为引领中部地区崛起的核心增长极和资源节约型、环境友好型社会示范区。优化提升武汉城市圈辐射带动功能，开展武汉市国家创新型城市试点，建设中部地区现代服务业中心。加快推进环长株潭城市群建设，提升湘江新区和湘北湘南中心城市发展水平。培育壮大环鄱阳湖城市群，促进南昌、九江一体化和赣西城镇带发展。建设鄱阳湖、洞庭湖生态经济区。

4. 促进成渝城市群一体化发展。提升重庆、成都中心城市功能和国际化水平，发挥双引擎带动和支撑作用，推进资源整合与一体发展，把成渝城市群打造成为现代产业基地、西部地区重要经济中心和长江上游开放高地，建设深化内陆开放的试验区和统筹城乡发展的示范区。重点建设成渝主轴带和沿长江、成绵乐（成都、绵阳、乐山）等次轴带，加快重庆两江新区开发开放，推动成都天府新区创新发展。

5. 推动黔中和滇中区域性城市群发展。增强贵阳产业配套和要素集聚能力，重点建设遵义—贵阳—安顺主轴带，推动贵安新区成为内陆开放型经济示范区，重要的能源资源深加工、特色轻工业和民族文化旅游基地，推进大数据应用服务基地建设，打造西部地区新的经济增长极和生态文明建设先行区。提升昆明面向东南亚、南亚开放的中心城市功能，重点建设曲靖—昆明—楚雄、玉溪—昆明—武定发展轴，推动滇中产业集聚区发展，建设特色资源深加工基地和文化旅游基地，打造面向西南开放重要桥头堡的核心区和高原生态宜居城市群。

6. 科学引导沿江城市发展。依托近山傍水的自然生态环境，合理确定城市功能布局和空间形态，促进城市建设与山脉水系相互融合，建设富有江城特色的宜居城市。加强城区河湖水域岸线管理。集聚科技创新要素，节约集约利用资源，提升信息化水平。延续城市历史文脉，推进创新城市、绿色城市、智慧城市、人文城市建设。加强公共交通、防洪排涝等基础设施建设，提高教育、医疗等公共服务水平，提高承载能力。

7. 强化城市群交通网络建设。充分利用区域运输通道资源，重点加快城际铁路建设，形成与新型城镇化布局相匹配的城际交通网络。长江三角洲城市群要建设以上海为中心，南京、杭州、合肥为副中心，"多三角、放射状"的城际交通网络；长江中游城市群要建设以武汉、长沙、南昌为中心的"三角形、放射状"城际交通网络；成渝城市群要建设以重庆、成都为中心的"一主轴、放射状"城际交通网络，实现城市群内中心城市之间、中心城市与节点城市之间1—2小时通达。建设黔中、滇中城际交通网络，实现省会城市与周边节点城市之间1—2小时通达。

8. 创新城镇化发展体制机制。根据上中下游城镇综合承载能力和发展潜力，实施差别化落户政策。下游地区要增强对农业转移人口的吸纳能力，有序推进外来人口市民化；中上游地区要增强产业集聚能力，更多吸纳农业转移人口。建立健全与居住年限等条件相挂钩的基本公共服务提供机制。探索实行城镇建设用地增加规模与农村建设用地减少挂钩、与吸纳农业转移人口落户数量挂钩政策。稳步推进农村宅基地制度改革。开展新型城镇化试点示范，探索建立农业转移人口市民化成本分担机制，构建多元化、可持续的城镇化投融资机制，建立有利于创新行政管理、降低行政成本的设市设区模式。选择具备条件的开发区进行城市功能区转型试点，引导产业和城市同步融合发展。

此外，该指导意见还从培育全方位对外开放新优势、建设绿色生态廊道和创新区域协调发展体制机制等方面提出了相关任务和重点工作。

第二节　京津冀协同发展的主要目标与任务

北京、天津、河北总人口超过 1 亿，土地总面积 21.6 万平方公里。实现京津冀协同发展、创新驱动，推进区域发展体制机制创新，是面向未来打造新型首都经济圈、实现国家发展战略的需要。

一、发展目标和空间布局

（一）指导思想和基本原则

指导思想：以有序疏解北京非首都功能、解决北京"大城市病"为基本出发点，坚持问题导向，坚持重点突破，坚持改革创新，立足各自比较优势、立足现代产业分工要求、立足区域优势互补原则、立足合作共赢理念，以资源环境承载能力为基础、以京津冀城市群建设为载体、以优化区域分工和产业布局为重点、以资源要素空间统筹规划利用为主线、以构建长效体制机制为抓手，着力调整优化经济结构和空间结构，着力构建现代化交通网络系统，着力扩大环境容量生态空间，着力推进产业升级转移，着力推动公共服务共建共享，着力加快市场一体化进程，加快打造现代化新型首都圈，努力形成京津冀目标同向、措施一体、优势互补、互利共赢的协同发展新格局，打造中国经济发展新的支撑带。

基本原则：一是改革引领，创新驱动；二是优势互补，一体发展；三是市场主导，政府引导；四是整体规划，分步实施；五是统筹推进，试点示范。

（二）功能定位

京津冀整体功能定位：以首都为核心的世界级城市群、区域整体协同发展改革引领区、全国创新驱动经济增长新引擎、生态修复环境改善示范区。

北京功能定位：全国政治中心、文化中心、国际交往中心、科技创新中心。

天津功能定位：全国先进制造研发基地、北方国际航运核心区、金融创新运营示范区、改革开放先行区。

河北功能定位：全国现代商贸物流重要基地、产业转型升级试验区、新型城镇化与城乡统筹示范区、京津冀生态环境支撑区。

（三）发展目标

近期到 2017 年，有序疏解北京非首都功能取得明显进展，在符合协同发展目标且现实急需、具备条件、取得共识的交通一体化、生态环境保护、产业升级转移等重点领域率先取得突破，深化改革、创新驱动、试点示范有序推进，协同发展取得显著成效。

中期到 2020 年，北京市常住人口控制在 2300 万人以内，北京"大城市病"等突出问题得到缓解；区域一体化交通网络基本形成，生态环境质量得到有效改善，产业联动发展取得重大进展。公共服务共建共享取得积极成效，协同发展机制有效运转，区域内发展差距趋于缩小，初步形成京津冀协同发展、互利共赢新局面。

远期到 2030 年，首都核心功能更加优化，京津冀区域一体化格局基本形成，区域经济结构更加合理，生态环境质量总体良好，公共服务水平趋于均衡，成为具有较强国际竞争力和影响力的重要区域，在引领和支撑全国经济社会发展中发挥更大作用。

（四）空间布局

京津冀协同发展的空间布局是"一核、双城、三轴、四区、多节点"。

"一核"即指北京。把有序疏解北京非首都功能、优化提升首都核心功能、解决北京"大城市病"问题作为京津冀协同发展的首要任务。

"双城"是指北京、天津，是京津冀协同发展的主要引擎。

"三轴"指的是京津、京保石、京唐秦三个产业发展带和城镇聚集轴，这是支撑京津冀协同发展的主体框架。

"四区"分别是中部核心功能区、东部滨海发展区、南部功能拓展区和西北部生态涵养区，每个功能区都有明确的空间范围和发展重点。

"多节点"包括石家庄、唐山、保定、邯郸等区域性中心城市和张家口、承德、廊坊、秦皇岛、沧州、邢台、衡水等节点城市，重点是提高其城市综合承载能力和服务能力，有序推动产业和人口聚集。

二、"十三五"规划纲要提出的主要任务

国家"十三五"规划纲要提出，坚持优势互补、互利共赢、区域一体，调整优化经济结构和空间结构，探索人口经济密集地区优化开发新模式，建设以首都为核心的世界级城市群，辐射带动环渤海地区和北方腹地发展。

（一）有序疏解北京非首都功能

积极稳妥推进北京非首都功能疏解，降低主城区人口密度。重点疏解高耗能高耗水企业、区域性物流基地和专业市场、部分教育医疗和培训机构、部分行政事业性服务机构和企业总部等。高水平建设北京市行政副中心。规划建设集中承载地和"微中心"。

（二）优化空间格局和功能定位

构建"一核双城三轴四区多节点"的空间格局。优化产业布局，推进建设京津

冀协同创新共同体。北京重点发展知识经济、服务经济、绿色经济，加快构建高精尖产业结构。天津优化发展先进制造业、战略性新兴产业和现代服务业，建设全国先进制造研发基地和金融创新运营示范区。河北积极承接北京非首都功能转移和京津科技成果转化，重点建设全国现代商贸物流重要基地、新型工业化基地和产业转型升级试验区。

（三）构建一体化现代交通网络

建设高效密集轨道交通网，强化干线铁路建设，加快建设城际铁路、市域（郊）铁路并逐步成网，充分利用现有能力开行城际、市域（郊）列车，客运专线覆盖所有地级及以上城市。完善高速公路网络，提升国省干线技术等级。构建分工协作的港口群，完善港口集疏运体系，建立海事统筹监管新模式。打造国际一流航空枢纽，构建航空运输协作机制。

（四）扩大环境容量和生态空间

构建区域生态环境监测网络、预警体系和协调联动机制，削减区域污染物排放总量。加强大气污染联防联控，实施大气污染防治重点地区气化工程，细颗粒物浓度下降25％以上。加强饮用水源地保护，联合开展河流、湖泊、海域污染治理。划定生态保护红线，实施分区管理，建设永定河等生态廊道。加大京津保地区营造林和白洋淀、衡水湖等湖泊湿地恢复力度，共建坝上高原生态防护区、燕山－太行山生态涵养区。

（五）推动公共服务共建共享

建设区域人力资源信息共享与服务平台，衔接区域间劳动用工和人才政策。优化教育资源布局，鼓励高等学校学科共建、资源共享，推动职业教育统筹发展。建立健全区域内双向转诊和检查结果互认制度，支持开展合作办医试点。实现养老保险关系在三省市间的顺利衔接，推动社会保险协同发展。

第三节　"一带一路"建设的重点与政策

2013年9月和10月，中国国家主席习近平在出访中亚和东南亚国家期间，先后提出共建"丝绸之路经济带"和"21世纪海上丝绸之路"（以下简称"一带一路"）的重大倡议，得到国际社会高度关注。为推进实施"一带一路"重大倡议，中国政府特制定并发布《推动共建丝绸之路经济带和21世纪海上丝绸之路的愿景与行动》，提出了共建原则、合作重点和相关政策措施。

一、时代背景

共建"一带一路"致力于维护全球自由贸易体系和开放型世界经济，旨在促进经济要素有序自由流动、资源高效配置和市场深度融合，推动沿线各国实现经济政策协调，开展更大范围、更高水平、更深层次的区域合作，共同打造开放、包容、均衡、普惠的区域经济合作架构。共建"一带一路"符合国际社会的根本利益，是国际合作以及全球治理新模式的积极探索。

共建"一带一路"致力于亚欧非大陆及附近海洋的互联互通，建立和加强沿线各国互联互通伙伴关系，构建全方位、多层次、复合型的互联互通网络，实现沿线各国多元、自主、平衡、可持续的发展。

推进"一带一路"建设既是中国扩大和深化对外开放的需要，也是加强和亚欧非及世界各国互利合作的需要。

二、共建原则

恪守联合国宪章的宗旨和原则。遵守和平共处五项原则，即尊重各国主权和领土完整、互不侵犯、互不干涉内政、和平共处、平等互利。

坚持开放合作。"一带一路"相关的国家基于但不限于古代丝绸之路的范围，各国和国际、地区组织均可参与，让共建成果惠及更广泛的区域。

坚持和谐包容。倡导文明宽容，尊重各国发展道路和模式的选择，加强不同文明之间的对话，求同存异、兼容并蓄、和平共处、共生共荣。

坚持市场运作。遵循市场规律和国际通行规则，充分发挥市场在资源配置中的决定性作用和各类企业的主体作用，同时发挥好政府的作用。

坚持互利共赢。兼顾各方利益和关切，寻求利益契合点和合作最大公约数，体现各方智慧和创意，各施所长，各尽所能，把各方优势和潜力充分发挥出来。

三、框架思路

丝绸之路经济带重点畅通中国经中亚、俄罗斯至欧洲（波罗的海）；中国经中亚、西亚至波斯湾、地中海；中国至东南亚、南亚、印度洋。21世纪海上丝绸之路重点方向是从中国沿海港口过南海到印度洋，延伸至欧洲；从中国沿海港口过南海到南太平洋。

根据"一带一路"走向，陆上依托国际大通道，以沿线中心城市为支撑，以重点经贸产业园区为合作平台，共同打造新亚欧大陆桥、中蒙俄、中国—中亚—西亚、中国—中南半岛等国际经济合作走廊；海上以重点港口为节点，共同建设通畅安全高效的运输大通道。中巴、孟中印缅两个经济走廊与推进"一带一路"建设关联紧密，要进一步推动合作，取得更大进展。

"一带一路"建设是沿线各国开放合作的宏大经济愿景。努力实现区域基础设施更加完善，安全高效的陆海空通道网络基本形成，互联互通达到新水平；投资贸易便利化水平进一步提升，高标准自由贸易区网络基本形成，经济联系更加紧密，政治互信更加深入；人文交流更加广泛深入，不同文明互鉴共荣，各国人民相知相交、和平友好。

四、合作重点

以政策沟通、设施联通、贸易畅通、资金融通、民心相通为主要内容，重点在以下方面加强合作。

（一）政策沟通

加强政策沟通是"一带一路"建设的重要保障。加强政府间合作，积极构建多层次政府间宏观政策沟通交流机制，深化利益融合，促进政治互信，达成合作新共识。沿线各国可以就经济发展战略和对策进行充分交流对接，共同制定推进区域合作的规划和措施，协商解决合作中的问题，共同为务实合作及大型项目实施提供政策支持。

（二）设施联通

基础设施互联互通是"一带一路"建设的优先领域。沿线国家宜加强基础设施建设规划、技术标准体系的对接，共同推进国际骨干通道建设。

抓住交通基础设施的关键通道、关键节点和重点工程，优先打通缺失路段，畅通瓶颈路段，配套完善道路安全防护设施和交通管理设施设备。推进建立统一的全程运输协调机制，促进国际通关、换装、多式联运有机衔接，逐步形成兼容规范的运输规则。推动口岸基础设施建设，畅通陆水联运通道，推进港口合作建设，增加海上航线和班次，加强海上物流信息化合作。拓展建立民航全面合作的平台和机制，加快提升航空基础设施水平。

加强能源基础设施互联互通合作，共同维护输油、输气管道等运输通道安全，推进跨境电力与输电通道建设，积极开展区域电网升级改造合作。

共同推进跨境光缆等通信干线网络建设，提高国际通信互联互通水平，畅通信息丝绸之路。加快推进双边跨境光缆等建设，规划建设洲际海底光缆项目，完善空中（卫星）信息通道，扩大信息交流与合作。

（三）贸易畅通

投资贸易合作是"一带一路"建设的重点内容。着力研究解决投资贸易便利化问题，消除投资和贸易壁垒，积极同沿线国家和地区共同商建自由贸易区。

加强信息互换、监管互认、执法互助的海关合作，以及检验检疫、认证认可、标准计量、统计信息等方面的双多边合作，推动世界贸易组织《贸易便利化协定》生效和实施。改善边境口岸通关设施条件，加快边境口岸"单一窗口"建设。加强供应链安全与便利化合作，推进跨境监管程序协调，推动检验检疫证书国际互联网核查，开展"经认证的经营者"（AEO）互认。降低非关税壁垒，共同提高技术性贸易措施透明度。

拓宽贸易领域，优化贸易结构，挖掘贸易新增长点。创新贸易方式，发展跨境电子商务等新的商业业态。建立健全服务贸易促进体系，巩固和扩大传统贸易，大力发展现代服务贸易。把投资和贸易有机结合起来，以投资带动贸易发展。

加快投资便利化进程，消除投资壁垒。加强双边投资保护协定、避免双重征税协定磋商，保护投资者的合法权益。

拓展相互投资领域，开展农林牧渔业、农机及农产品生产加工等领域深度合作，积极推进海水养殖、远洋渔业、水产品加工、海水淡化、海洋生物制药、海洋工程技术、环保产业和海上旅游等领域合作。加大煤炭、油气、金属矿产等传统能源资源勘探开发合作，积极推动水电、核电、风电、太阳能等清洁、可再生能源合作，推进能源资源就地就近加工转化合作。加强能源资源深加工技术、装备与工程服务合作。

推动新兴产业合作，按照优势互补、互利共赢的原则，促进沿线国家加强在新一代信息技术、生物、新能源、新材料等新兴产业领域的深入合作，推动建立创业投资合作机制。

优化产业链分工布局，推动上下游产业链和关联产业协同发展，鼓励建立研发、生产和营销体系，提升区域产业配套能力和综合竞争力。扩大服务业相互开放，推动区域服务业加快发展。探索投资合作新模式，鼓励合作建设境外经贸合作区、跨境经济合作区等各类产业园区，促进产业集群发展。

欢迎各国企业来华投资。鼓励本国企业参与沿线国家基础设施建设和产业投资。促进企业按属地化原则经营管理，主动承担社会责任。

（四）资金融通

资金融通是"一带一路"建设的重要支撑。推进亚洲货币稳定体系、投融资体系和信用体系建设。扩大沿线国家双边本币互换、结算的范围和规模。推动亚洲债券市场的开放和发展。以银团贷款、银行授信等方式开展多边金融合作。支持沿线国家政府和信用等级较高的企业以及金融机构在中国境内发行人民币债券。符合条件的中国境内金融机构和企业可以在境外发行人民币债券和外币债券。

充分发挥丝路基金以及各国主权基金作用，引导商业性股权投资基金和社会资金共同参与"一带一路"重点项目建设。

（五）民心相通

民心相通是"一带一路"建设的社会根基。传承和弘扬丝绸之路友好合作精神，广泛开展文化交流、学术往来、人才交流合作、媒体合作、青年和妇女交往、志愿者服务等，为深化双多边合作奠定坚实的民意基础。

五、合作机制

积极利用现有双多边合作机制，推动"一带一路"建设。

推动签署合作备忘录或合作规划，建设一批双边合作示范。建立完善双边联合工作机制，研究推进"一带一路"建设的实施方案、行动路线图。充分发挥现有联委会、混委会、协委会、指导委员会、管理委员会等双边机制作用，协调推动合作项目实施。

强化多边合作机制作用，发挥上海合作组织（SCO）、中国—东盟"10＋1"、亚太经合组织（APEC）、亚欧会议（ASEM）、亚洲合作对话（ACD）、亚信会议（CICA）、中阿合作论坛、中国—海合会战略对话、大湄公河次区域（GMS）经济合作、中亚区域经济合作（CAREC）等现有多边合作机制作用，让更多国家和地区参与"一带一路"建设。

继续发挥沿线各国区域、次区域相关国际论坛、展会以及博鳌亚洲论坛、中国－东盟博览会、中国－亚欧博览会、欧亚经济论坛、中国国际投资贸易洽谈会，以及中国－南亚博览会、中国－阿拉伯博览会、中国西部国际博览会、中国－俄罗斯博览会、前海合作论坛等平台的建设性作用。支持沿线国家地方、民间挖掘"一带一路"历史文化遗产，联合举办专项投资、贸易、文化交流活动，办好丝绸之路（敦煌）国际文化博览会、丝绸之路国际电影节和图书展。倡议建立"一带一路"国际高峰论坛。

六、各地方开放态势

推进"一带一路"建设，中国将充分发挥国内各地区比较优势，实行更加积极主动的开放战略，加强东中西互动合作，全面提升开放型经济水平。

西北、东北地区。发挥新疆独特的区位优势和向西开放重要窗口作用，深化与中亚、南亚、西亚等国家交流合作，形成丝绸之路经济带上重要的交通枢纽、商贸物流和文化科教中心，打造丝绸之路经济带核心区。发挥陕西、甘肃综合经济文化和宁夏、青海民族人文优势，打造西安内陆型改革开放新高地，加快兰州、西宁开发开放，推进宁夏内陆开放型经济试验区建设，形成面向中亚、南亚、西亚国家的通道、商贸物流枢纽、重要产业和人文交流基地。发挥内蒙古联通俄蒙的区位优势，完善黑龙江对俄铁路通道和区域铁路网，以及黑龙江、吉林、辽宁与俄远东地区陆海联运合作，推进构建北京－莫斯科欧亚高速运输走廊，建设向北开放的重要窗口。

西南地区。发挥广西与东盟国家陆海相邻的独特优势，加快北部湾经济区和珠江－西江经济带开放发展，构建面向东盟区域的国际通道，打造西南、中南地区开放发展新的战略支点，形成21世纪海上丝绸之路与丝绸之路经济带有机衔接的重要门户。发挥云南区位优势，推进与周边国家的国际运输通道建设，打造大湄公河次区域经济合作新高地，建设成为面向南亚、东南亚的辐射中心。推进西藏与尼泊尔等国家边境贸易和旅游文化合作。

沿海和港澳台地区。加快推进中国（上海）自由贸易试验区建设，支持福建建设21世纪海上丝绸之路核心区。充分发挥深圳前海、广州南沙、珠海横琴、福建平潭等开放合作区作用，深化与港澳台合作。推进浙江海洋经济发展示范区、福建海峡蓝色经济试验区和舟山群岛新区建设，加大海南国际旅游岛开发开放力度。加强上海、天津、宁波－舟山、广州、深圳、湛江、汕头、青岛、烟台、大连、福州、厦门、泉州、海口、三亚等沿海城市港口建设，强化上海、广州等国际枢纽机场功能。创新开放型经济体制机制，形成参与和引领国际合作竞争新优势，成为"一带一路"特别是21世纪海上丝绸之路建设的排头兵和主力军。发挥海外侨胞以及香港、澳门特别行政区独特优势作用，积极参与和助力"一带一路"建设。为台湾地区参与"一带一路"建设作出妥善安排。

内陆地区。利用内陆纵深广阔、人力资源丰富、产业基础较好优势，依托长江中游城市群、成渝城市群、中原城市群、呼包鄂榆城市群、哈长城市群等重点区域，推动区域互动合作和产业集聚发展，打造重庆西部开发开放重要支撑和成都、郑州、武汉、长沙、南昌、合肥等内陆开放型经济高地。加快推动长江中上游地区和俄罗斯伏尔加河沿岸联邦区的合作。建立中欧通道铁路运输、口岸通关协调机制，打造"中欧班列"品牌，建设沟通境内外、连接东中西的运输通道。支持郑州、西安等内陆城市建设航空港、国际陆港，加强内陆口岸与沿海、沿边口岸通关合作，开展跨境贸易电子商务服务试点。优化海关特殊监管区域布局，创新加工贸易模式，深化与沿线国家的产业合作。

七、共创美好未来

中国愿与沿线国家一道，以共建"一带一路"为契机，平等协商，兼顾各方利益，反映各方诉求，携手推动更大范围、更高水平、更深层次的大开放、大交流、大融合。"一带一路"建设欢迎世界各国和国际、地区组织积极参与。共建"一带一路"的途径是以目标协调、政策沟通为主，不刻意追求一致性，是多元开放的合作进程。

第四节　区域总体战略规划与政策

深入实施西部开发、东北振兴、中部崛起和东部率先的区域发展总体战略，创新区域发展政策，完善区域发展机制，促进区域协调、协同、共同发展。

一、西部大开发战略

西部大开发是中共中央面向新世纪做出的重大战略决策，是全面推进社会主义现代化建设的一个重大战略部署。

（一）西部大开发战略的部署

西部大开发总的战略目标是：经过几代人的艰苦奋斗，到 21 世纪中叶全国基本实现现代化时，从根本上改变西部地区相对落后的面貌，建成一个经济繁荣、社会进步、生活安定、民族团结、山川秀美、人民富裕的新西部。

西部大开发总体规划可按 50 年划分为三个阶段：

（1）奠定基础阶段。从 2001 年到 2010 年，重点是调整结构，搞好基础设施、生态环境、科技教育等基础建设，建立和完善市场体制，培育特色产业增长点，使西部地区投资环境初步改善，生态和环境恶化得到初步遏制，经济运行步入良性循环，增长速度达到全国平均增长水平。

（2）加速发展阶段。从 2010 年到 2030 年，在前段基础设施改善、结构战略性调整和制度建设成就的基础上，进入西部开发的冲刺阶段，巩固提高基础，培育特色产业，实施经济产业化、市场化、生态化和专业区域布局的全面升级，实现经济增长的跃进。

（3）全面推进现代化阶段。从 2031 年到 2050 年，在一部分率先发展地区增强实力，融入国内国际现代化经济体系自我发展的基础上，着力加快边远山区、落后农牧区开发，普遍提高西部人民的生产、生活水平，全面缩小差距。

（二）到 2020 年西部大开发战略的总体思路和工作重点

2010 年 7 月 5 日到 6 日，中共中央、国务院召开的西部大开发工作会议，提出了今后十年深入实施西部大开发战略的指导思想、总体目标以及需重点抓好的工作。

1. 深入实施西部大开发战略的指导思想

进一步解放思想、开拓创新，进一步加大投入、强化支持，以增强自我发展能力为主线，以改善民生为核心，以科技进步和人才开发为支撑，更加注重基础设施建设，着力提升发展保障能力；更加注重生态环境保护，着力建设美好家园和国家生态安全屏障；更加注重经济结构调整和自主创新，着力推进特色优势产业发展；更加注重社会事业发展，着力促进基本公共服务均等化和民生改善；更加注重优化区域布局，着力培育新的经济增长极；更加注重体制机制创新，着力扩大对内对外开放，推动西部地区经济又好又快发展和社会和谐稳定，努力实现全面建设小康社会奋斗目标。

2. 深入实施西部大开发战略的总体目标

深入实施西部大开发战略的总体目标是：

（1）西部地区综合经济实力上一个大台阶，基础设施更加完善，现代产业体系基本形成，建成国家重要的能源基地、资源深加工基地、装备制造业基地和战略性新兴产业基地。

（2）人民生活水平和质量上一个大台阶，基本公共服务能力与东部地区差距明显缩小。

（3）生态环境保护上一个大台阶，生态环境恶化趋势得到遏制。

3. 西部大开发的战略定位

中共中央、国务院召开的西部大开发工作会议，对西部大开发的总体战略定位有明确的表述。西部大开发的战略定位是：

（1）西部大开发在我国区域协调发展总体战略中具有优先位置。

（2）西部大开发在促进社会和谐中具有基础地位。

（3）西部大开发在实现可持续发展中具有特殊地位。

（三）"十三五"规划纲要提出的西部大开发主要任务

1. 把深入实施西部大开发战略放在优先位置，更好发挥"一带一路"建设对西部大开发的带动作用。

2. 加快内外联通通道和区域性枢纽建设，进一步提高基础设施水平，明显改善落后边远地区对外通行条件。

3. 大力发展绿色农产品加工、文化旅游等特色优势产业。

4. 设立一批国家级产业转移示范区，发展产业集群。

5. 依托资源环境承载力较强地区，提高资源就地加工转化比重。

6. 加强水资源科学开发和高效利用。

7. 强化生态环境保护，提升生态安全屏障功能。

8. 健全长期稳定资金渠道，继续加大转移支付和政府投资力度。

9. 加快基本公共服务均等化。

10. 加大门户城市开放力度，提升开放型经济水平。

二、东北地区振兴任务与政策

2003 年党中央、国务院作出实施东北地区等老工业基地振兴战略的重大决策。10 多年来，东北老工业基地振兴取得明显成效和阶段性成果，东北地区经济社会发展取得巨大成就。但目前也面临新的挑战，特别是 2013 年以来经济增速持续回落，部分行业生产经营困难，一些深层次体制机制和结构性矛盾凸显。为此，中央中央和国务院有关部门进一步研究制定了有关支持东北振兴的政策措施。

（一）全面振兴的目标和主要任务

2015 年 12 月中央政治局会议提出了全面振兴东北地区等老工业基地的目标。到 2020 年，东北地区要在重要领域和关键环节改革上取得重大成果，转变经济发展方式和结构性改革取得重大进展，经济保持中高速增长，同步实现全面建成小康社会目标。产业迈向中高端水平，自主创新能力大幅提升，重点行业和企业具备较强国际竞争力；新型工业化、信息化、城镇化、农业现代化协调发展新格局基本形成；城乡居民收入增长和经济发展同步；资源枯竭、产业衰退地区转型发展取得显著成效。在此基础上，争取再用 10 年左右时间，东北地区要成为全国重要的经济支撑带，具有国际竞争力的先进装备制造业基地和重大技术装备战略基地，国家新型原材料基地、现代农业生产基地和重要技术创新与研发基地。

会议还提出，抓好新一轮东北老工业基地振兴，重点要在 4 个方面着力。一是着力完善体制机制，要坚决破除体制机制障碍，形成一个同市场完全对接、充满内在活力的体制机制。二是着力推进结构调整，下大气力改变传统产品占大头、"原"字号"初"字号产品居多的单一产品结构。三是着力鼓励创新创业，把创新作为东北内生发展动力的主要生成点，激发调动全社会创新创业激情。四是着力保障和改善民生，使发展成果更多更公平惠及全体人民，让人民群众有更多获得感。

（二）推进东北城区老工业区搬迁改造

为进一步推进辽宁省、吉林省、黑龙江省和内蒙古自治区东部五盟市的城区老工业区搬迁改造，2015 年国家发展改革委颁布《东北城区老工业区搬迁改造专项实施办法》，提出专项实施目标是，力争到 2020 年，基本完成东北地区的城区老工业区搬迁改造任务，把城区老工业区改造成为经济繁荣、功能完善、生态宜居的现代化城区。

城区老工业区是指依托"一五""二五"和"三线"建设时期国家重点工业项目形成的、工业企业较为集中的城市特定区域。城区老工业区搬迁改造要符合两个基本条件：（1）位于中心城区，总面积 5 平方公里以上，或区内原国有大中型企业 5 家以上。（2）现有工业用地占老工业区总面积 30％以上，且 50％以上工业用地可在现有企业搬迁后腾退出来。

该办法所称专项是指国家发展改革委安排的，用于支持东北城区老工业区搬迁改造项目建设的中央预算内投资专项。该专项的安排原则包括四个方面：（1）科学制定方案。城区老工业区所在城市人民政府负责组织编制搬迁改造实施方案，明确城区老工业区搬迁改造范围及目标、功能布局、主要任务、重点项目、组织模式、实施进度、保障措施等。省级发展改革部门负责组织评估实施方案，上报国家发展改革委。（2）优选建设项目。实施方案要列出企业搬迁改造、新产业培育发展、市政公共设施建设、社会事业发展、生态环境治理、棚户区改造、老厂区老厂房老设施改造和工业遗产保护利用等方面的项目表。专项对列入实施方案，并符合支持条件的项目给予投资补助。（3）持续滚动支持。对纳入支持范围的城区老工业区，搬迁改造整体工作进度和专项资金支持的项目建设进度达到预期目标的，持续给予支持，对每个城区老工业区的支持年限，原则上不超过 3 年；没有达到预期目标的，暂停支持。（4）合理安排资金。国家发展改革委综合考虑各省（区）年度工作计划、地方资金配套情况等因素，统筹确定各省（区）专项资金切块额度。省级发展改革部门根据切块额度组织项目。

该专项的支持方向主要有四个方面：（1）创新能力建设。支持城区老工业区内工业企业，以及原属城区老工业区的搬迁企业建设研发机构，技术水平要在国内同行业领先；围绕老工业城市规划发展的新兴产业，在城区老工业区内建设研发、设计、检测等公共服务平台设施。（2）市政基础设施建设改造。支持城区老工业区供水、供气、供热、排水防涝等地下管网，重点是尚无专项资金支持渠道或现有专项资金难以支持的项目建设。（3）企业环保搬迁改造。支持对环境污染严重、环境风险及安全隐患突出的企业，实施异地迁建和依法关停，支持内容包括地上及地下建筑物、构筑物、生产装置、管线、污染治理设施、有毒有害化学品及储存设施等规范清理和拆除，以及工业污染土地治理、工业废弃土地修复等。此类建设项目须认真编制方案，确保污染处理彻底，防止发生二次污染和次生突发事件。（4）老厂区老厂房老设施改造和工业遗产保护利用。改造企业老厂区老厂房老设施，用于发展研发设计、电子商务、文化创意、工业旅游、养老服务、健康服务等现代服务业；保护具有重要历史文化和科普价值的工业遗产，通过科学合理的改造，使之成为科普基地、爱国主义教育基地和文化科普旅游景点。

申报该专项的项目的主要要求和条件有：（1）项目业主单位必须是独立法人。（2）项目必须具备开工条件，凡未依法获得审批、核准、备案手续，建设地点尚未确定，建设资金不落实，建设方案不成熟的不得申报，确保中央投资计划下达当年项目能开工建设。（3）项目已开工建设，且实际完成投资量超过总投资 50％的不得申报。

为鼓励吸引社会资本参与，优先支持采用政府和社会资本合作（PPP）模式的建设项目。对国家发展改革委经评估确定支持的项目，均按项目固定资产投资额的30％－40％予以补助。

（三）推进东北地区民营经济发展改革

为优化民营经济发展环境，将民营企业培育成为增强经济活力、推动振兴发展的重要力量，2016 年国家发展改革委会同工业和信息化部等部门联合制定《关于推进东北地区民营经济发展改革的指导意见》（发改振兴［2016］623 号）。

推进东北地区民营经济发展改革的主要目标。经过五年左右时间，通过推动民营经济发展改革方面的锐意创新，初步形成具有东北地区区域特色的民营经济发展新模式，以"亲""清"为主要特征的新型政商关系基本建立，促进民营经济健康发展的体制机制和政策体系进一步完善，民营企业的市场经营和投资环境显著改善，民营企业家大量涌现，民营经济规模不断壮大、活力和创造力明显提升。

推进东北地区民营经济发展改革的主要任务有六个方面。探索完善有利于民营经济长足发展的政策环境，探索营造有利于民营经济公平发展的市场环境，探索创造有利于民营经济产融结合互为支撑的金融环境，探索构建有利于民营企业增强创新发展动力的创新环境，探索完善有利于民营经济转型升级的支持举措，探索加强有利于民营经济可持续发展的人才队伍建设

该指导意见还提出了若干试点先行政策。辽宁省可着重在机器人及智能制造、新能源装备、纺织服装、现代金融、电子商务等领域，吉林省可着重在汽车零配件、农产品加工、特色资源、健康养老、文化创意等领域，黑龙江省可着重在农产品加工、林下经济、生物医药、现代物流、生态旅游等领域，内蒙古自治区可着重在畜牧业、新能源等领域，选择若干产业特色鲜明、发展基础良好、改革意愿较强的城市开展试点。

（四）"十三五"规划纲要提出的东北振兴主要任务

1．加快市场取向的体制机制改革，积极推动结构调整，加大支持力度，提升东北地区等老工业基地发展活力、内生动力和整体竞争力。

2．加快服务型政府建设，改善营商环境，加快发展民营经济。

3．大力开展和积极鼓励创业创新，支持建设技术和产业创新中心，吸引人才等各类创新要素集聚，使创新真正成为东北地区发展的强大动力。

4．加快发展现代化大农业，促进传统优势产业提质增效，建设产业转型升级示范区，推进先进装备制造业基地和重大技术装备战略基地建设。

5．支持资源型城市转型发展，组织实施好老旧城区改造、沉陷区治理等重大民生工程。

6．加快建设快速铁路网和电力外送通道。

7．深入推进国资国企改革，加快解决厂办大集体等问题。

8．支持建设面向俄日韩等国家的合作平台。

三、促进中部地区崛起战略

中部地区包括山西、安徽、江西、河南、湖北、湖南六省，国土面积 103 万平

方公里。中部地区是全国"三农"问题最为突出的区域，是推进新一轮工业化和城镇化的重点区域，是内需增长极具潜力的区域，在新时期国家区域发展格局中占有举足轻重的战略地位。2012 年国务院发布《关于大力实施促进中部地区崛起战略的若干意见》（国发〔2012〕43 号），提出了实施促进中部地区崛起战略的总体要求和发展目标。

（一）总体要求

坚持以科学发展为主题，以加快转变发展方式为主线，以扩大内需为战略基点，以深化改革开放为动力，更加注重转型发展，加快经济结构优化升级，提高发展质量和水平；更加注重创新发展，加强区域创新体系建设，更多依靠科技创新驱动经济社会发展；更加注重协调发展，在工业化、城镇化深入发展中同步推进农业现代化，加快形成城乡经济社会一体化发展新格局；更加注重可持续发展，加快建设资源节约型和环境友好型社会，促进经济发展与人口资源环境相协调；更加注重和谐发展，大力保障和改善民生，使广大人民群众进一步共享改革发展成果。

（二）发展目标

到 2020 年，中部地区经济发展方式转变取得明显成效，年均经济增长速度继续快于全国平均水平，整体实力和竞争力显著增强，经济总量占全国的比重进一步提高，区域主体功能定位更加清晰，"三基地、一枢纽"地位更加巩固，城乡区域更加协调，人与自然更加和谐，体制机制更加完善，城乡居民收入与经济同步增长，城镇化率力争达到全国平均水平，基本公共服务主要指标接近东部地区水平，努力实现全面崛起，在支撑全国发展中发挥更大作用。

（三）"十三五"规划纲要提出的促进中部地区崛起主要任务

1. 推动城镇化与产业支撑、人口集聚有机结合，形成重要战略支撑区。

2. 加快建设贯通南北、连接东西的现代立体交通体系和现代物流体系。

3. 培育壮大沿江沿线城市群和都市圈增长极。

4. 有序承接产业转移，加快发展现代农业和先进制造业，支持能源产业转型发展，建设一批战略性新兴产业和高技术产业基地，培育一批产业集群。

5. 加强水环境保护和治理，推进鄱阳湖、洞庭湖生态经济区和汉江、淮河生态经济带建设。

6. 加快郑州航空港经济综合实验区建设。

7. 发展内陆开放型经济。

参考文献

[1]《决胜全面建成小康社会 夺取新时代中国特色社会主义伟大胜利》，十九大报告，2017. 10.

[2]《习近平新时代中国特色社会主义思想三十讲》，中共中央宣传部学习出版社，2018.

[3]《党的十九大报告辅导读本》，人民出版社 2017 年 10 月版.

[4]《中共中央关于全面深化改革若干重大问题的决定》，2013. 11.

[5]《党的十九大报告学习辅导百问》，本书编写组，党建读物出版社，学习出版社，2017.

[6]《"四个全面"党员干部读本》，洪向华主编，中央党史出版社，2015. 3.

[7]《中共中央关于制定国民经济和社会发展第十三个五年规划的建议》辅导读本，人民出版社 2017 年 10 月版.

[8]《中华人民共和国国民经济和社会发展第十三个五年规划纲要》，2016. 3.

[9]《中共中央关于全面推进依法治国若干重大问题的决定》辅导读本，人民出版社，2014. 10.

[10]《中共中央关于全面深化改革若干重大问题的决定》辅导读本，人民出版社，2013. 11.

[11]"马克思主义中国化的重大成果"，钟言闻实，人民日报 2016. 10. 02.

[12]《西方经济学》第五版，高鸿业等，中国人民大学出版社，2011. 5.

[13]《中国统计年鉴》（2015），中国统计出版社.

[14]《国际收支和国际投资头寸》（第六版），国际货币基金组织，2009.

[15]《中华人民共和国宪法》，2004. 3 修正.

[16]《党的十八届三中全会决定学习辅导百问》，习近平等，党建读物出版社，2013. 12.

[17]《中国 21 世纪议程—中国 21 世纪人口、环境与发展白皮书》，1994. 3.

[18]《中国 21 世纪初可持续发展行动纲要》2003. 7.

[19]《国家创新驱动发展战纲要》，2016. 5.

[20]《中华人民共和国国民经济和社会发展第十一个五年规划纲要》，2006. 3.

[21]《中华人民共和国国民经济和社会发展第十二个五年规划纲要》，2011. 3.

[22]"促进区域协调发展是关系我国经济社会发展全局的重大战略"，国家发改委地区司区域政策处，国家发改委网站.

[23]"走好全国一盘棋 —— 论促进区域协调发展"，人民日报，任仲平 2007.

4. 5.

[24]《中华人民共和国中国人民银行法》，2003. 12 修正.

[25] 货币政策，中国人民银行网站货币政策专栏.

[26]《全国主体功能区规划》，2010. 12.

[27] 信贷政策，中国人民银行网站.

[28]《2015 年中央经济工作会议公报》.

[29]"正确理解供给侧结构性改革"，王一鸣 陈昌盛 李承健，人民日报 2016. 3. 29.

[30]《中国供给侧结构性改革》，国家行政学院经济学教研部，人民网－理论频道，2016. 2. 16.

[31]《中共中央 国务院关于深化投融资体制改革的意见》，2016. 7.

[32]《中华人民共和国合同法》，1999. 3.

[33]《中华人民共和国招标投标法》，1999. 8.

[34]《中华人民共和国政府采购法》，2014. 8 修正.

[35]《中华人民共和国建筑法》，2011. 4 修正.

[36]《中华人民共和国城乡规划法》，2015. 4 修正.

[37]《中华人民共和国土地管理法》，2004. 8 修正.

[38]《中华人民共和国矿产资源法》，1996. 8 修正.

[39]《中华人民共和国环境影响评价法》，2016. 7 修正.

[40]《建设工程质量管理条例》（国务院令第 279 号），2000. 1.

[41]《建设工程监理范围和规模标准规定》（建设部令第 86 号），2001. 1.

[42]《关于固定资产投资项目试行资本金制度的通知》（国发［1996］35 号），1996. 8.

[43]《关于调整和完善固定资产投资项目资本金制度的通知》（国发［2015］51 号），2015. 9.

[44]《关于实行建设项目法人责任制的暂行规定》（计建设［1996］673 号），1996. 4.

[45]《关于在公共服务领域推广政府和社会资本合作模式指导意见的通知》（国办发［2015］42 号），2015. 5.

[46]《必须招标的工程项目规定》（发展改革委令第 16 号）.

[47]《必须招标的基础设施和公用事业项目范围规定》（发改法规规［2018］843 号）.

[48]《关于积极有效利用外资推动经济高质量发展若干措施的通知》（国发［2018］19 号）.

[49]《外商投资准入特别管理措施（负面清单）》（2018 年版）.

[50]《自由贸易试验区外商投资准入特别管理措施（负面清单）》（2018 年版）.

［51］《工程咨询业管理办法》（国家发展改革委 2017 年第 9 号令）.

［52］《宏观经济学》（第二版），奥利维尔. 布兰查德，清华大学出版社，2003. 1.

［53］《投资学》，杨文进、何志刚，清华大学出版社，2014. 9.

［54］《财政部关于加强政府非税收入管理的通知》（财综［2004］53 号，2004. 7.

［55］《中华人民共和国预算法》，2014. 12 修正.

［56］《国务院发布推进中央与地方财政事权和支出责任划分改革提出指导意见》，2016. 8.

［57］《中华人民共和国企业国有资产法》（主席令第 5 号），2008. 10.

［58］《中央企业国有资本收益收取管理暂行办法》（财企［2007］309 号），2007. 12.

［59］《关于完善中央国有资本经营预算有关事项的通知》（财企［2010］392 号），2010. 12.

［60］《行政单位国有资产管理暂行办法》（财政部令第 35 号），2006. 5.

［61］《事业单位国有资产管理暂行办法》（财政部令第 36 号），2006. 5.

［62］《中华人民共和国土地管理法》（主席令第 28 号）.

［63］《中华人民共和国森林法》2009. 9 修订.

［64］《中华人民共和国矿产资源法》（主席令第 74 号）.

［65］《中华人民共和国水法》（主席令第 74 号），2002. 8.

［66］《中华人民共和国增值税暂行条例》，2008. 11 修订.

［67］《关于全面推开营业税改征增值税试点的通知》（财税［2016］36 号），2016. 3.

［68］《中华人民共和国消费税暂行条例》，2008. 11 月修订.

［69］《中华人民共和国进出口关税条例》2003. 11.

［70］《中华人民共和国反倾销条例》2004. 3 修订.

［71］《中华人民共和国反补贴条例》2001. 11.

［72］进口关税的概念及分类 2014－09－11 11：20 来源：中国会计网 http：//www. canet. com. cn/.

［73］关税的分类有哪些？来源：中国网 http：//www. china. com. cn/.

［74］《中华人民共和国进出口关税条例》（2017 年修正本）.

［75］"加快建立现代财政制度"，党的十九大报告辅导读本，P257－263。人民出版社 2017. 10.

［76］《中华人民共和国个人所得税法》（2018 修正）.

［77］《中华人民共和国中国人民银行法》.

［78］《中华人民共和国商业银行法》2015. 8 修改.

［79］《中华人民共和国信托法》2001. 4.

[80]《中华人民共和国保险法》2015.4 修正.

[81]《中华人民共和国证券法》2014.8 修订.

[82]《保险资金运用管理暂行办法》2014.4.

[83]《公司债券发行与交易管理办法》（中国证券监督管理委员会令第 113 号），2015.1.

[84]《优先股试点管理办法》（证监会令第 97 号）2014.3.

[85]《国务院关于同意国家开发银行深化改革方案的批复》（国函〔2015〕55 号）2015.4.

[86]《国务院关于同意中国进出口银行改革实施总体方案的批复》（国函〔2015〕56 号）2015.4.

[87]《国务院关于同意中国农业发展银行改革实施总体方案的批复》（国函〔2014〕154 号），2014.12.

[88]《金融知识普及读本》（第二版）中国人民银行金融消费权益保护局，中国金融出版社，2017.5.

[89]《货币金融学》（第七版），费雷德里克.S.米什金，中国人民大学出版社，2006.12.

[90]《关于促进互联网金融健康发展的指导意见》（银发〔2015〕221 号），2015.7.

[91]《推进普惠金融发展规划（2016—2020 年）》.

[92]"第五次全国金融工作会议通稿"，2017.7.

[93]《货币政策执行报告》（2009－2017 年）.

[94] 李华，《政策咨询指南》. 中国国际工程咨询公司创新工程专题研究报告，2009.

[95] 周叔莲等，《中国产业政策研究》. 经济管理出版社，2007.3.

[96] 关信平，《社会政策概论》. 高等教育出版社，2014.10.

[97] 张敏杰，《社会政策论》. 北京大学出版社，2015.4.

[98] 关信平，"当前社会政策的基本目标和本质特征". 行政管理改革，2016.4.

[99]《中共中央国务院关于加快推进生态文明建设的意见》，2015.4.

[100]《生态文明体制改革总体方案》，2015.9.

[101]《中共中央国务院关于全面加强生态环境保护 坚决打好污染防治攻坚战的意见》，2018.6.

[102]《建立国家公园体制总体方案》，2017.9.

[103]《国务院关于加强国民经济和社会发展规划编制工作的若干意见》（国发〔2005〕33 号），2005.10.

[104]《国务院关于编制全国主体功能区规划的意见》（国发〔2007〕21 号），2007.7.

[105]《国务院关于印发全国主体功能区规划的通知》（国发［2010］46号），2010.12.

[106]《国务院办公厅关于开展全国主体功能区规划编制工作的通知》（国办发［2006］85号），2006.10.

[107]《国家发展和改革委员会关于印发〈国家级专项规划管理暂行办法〉的通知》（发改规划［2007］794号），2007.4.

[108]《国家发展改革委关于印发〈国家级区域规划管理暂行办法〉的通知》，（发改地区［2015］1521号），2015.7.

[109] 国家发展和改革委员会，《省级主体功能区划分技术规程（试行）》.

[110] 杨伟民，《发展规划的理论和实践》，清华大学出版社，2010.6.

[111] 约翰 M 利维，《现代城市规划》，中国人民大学出版社，2003.6.

[112]《国家发展改革委贯彻落实主体功能区战略推进主体功能区建设若干政策的意见（发改规划［2013］1154号）》，2013.6.

[113]《国家发展改革委关于开展"十一五"规划《纲要》中期评估工作的通知》（发改规划［2008］1319号），2013.11.

[114]《国家发展改革委关于开展"十二五"规划《纲要》中期评估的通知》（发改规划［2013］328号）》，2013.6.

[115] 中国工程咨询协会，《发展规划咨询理论方法和实践》，中国计划出版社201.10.

[116]《国家新型城镇化规划（2014－2020年）》，2014.3.

[117]《中国制造2025》（国发［2015］28号），2015.5.

[118]《国务院关于积极推进"互联网＋"行动的指导意见》（国发［2015］40号），2015.7.

[119]《全国土地利用总体规划纲要（2006－2020年）》，2008.10.

[120]《"十三五"国家科技创新规划》（国发［2016］43号），2016.7.

[121]《关于依托黄金水道推动长江经济带发展的指导意见》（国发［2014］39号），2014.9.

[122]《推动共建丝绸之路经济带和21世纪海上丝绸之路的愿景与行动》（国家发展改革委 外交部 商务部经国务院授权发布），2015.3.

[123]《国务院关于近期支持东北振兴若干重大政策举措的意见》（国发［2014］28号），2014.8.

[124]《国务院关于大力实施促进中部地区崛起战略的若干意见》（国发［2012］43号），2012.8.